NEGOCIAÇÃO COLETIVA DE TRABALHO

O GEN | Grupo Editorial Nacional – maior plataforma editorial brasileira no segmento científico, técnico e profissional – publica conteúdos nas áreas de concursos, ciências jurídicas, humanas, exatas, da saúde e sociais aplicadas, além de prover serviços direcionados à educação continuada.

As editoras que integram o GEN, das mais respeitadas no mercado editorial, construíram catálogos inigualáveis, com obras decisivas para a formação acadêmica e o aperfeiçoamento de várias gerações de profissionais e estudantes, tendo se tornado sinônimo de qualidade e seriedade.

A missão do GEN e dos núcleos de conteúdo que o compõem é prover a melhor informação científica e distribuí-la de maneira flexível e conveniente, a preços justos, gerando benefícios e servindo a autores, docentes, livreiros, funcionários, colaboradores e acionistas.

Nosso comportamento ético incondicional e nossa responsabilidade social e ambiental são reforçados pela natureza educacional de nossa atividade e dão sustentabilidade ao crescimento contínuo e à rentabilidade do grupo.

ENOQUE RIBEIRO DOS SANTOS

NEGOCIAÇÃO COLETIVA DE TRABALHO

3ª edição | revista e atualizada

- Setores Público e Privado
- Aplicação de arbitragem na resolução de lides individuais de trabalho

■ A EDITORA FORENSE se responsabiliza pelos vícios do produto no que concerne à sua edição (impressão e apresentação a fim de possibilitar ao consumidor bem manuseá-lo e lê-lo). Nem a editora nem o autor assumem qualquer responsabilidade por eventuais danos ou perdas a pessoa ou bens, decorrentes do uso da presente obra.
Todos os direitos reservados. Nos termos da Lei que resguarda os direitos autorais, é proibida a reprodução total ou parcial de qualquer forma ou por qualquer meio, eletrônico ou mecânico, inclusive através de processos xerográficos, fotocópia e gravação, sem permissão por escrito do autor e do editor.

Impresso no Brasil – *Printed in Brazil*

■ Direitos exclusivos para o Brasil na língua portuguesa
Copyright © 2018 by
EDITORA FORENSE LTDA.
Uma editora integrante do GEN | Grupo Editorial Nacional
Travessa do Ouvidor, 11 – Térreo e 6º andar – 20040-040 – Rio de Janeiro – RJ
Tel.: (21) 3543-0770 – Fax: (21) 3543-0896
faleconosco@grupogen.com.br | www.grupogen.com.br

■ O titular cuja obra seja fraudulentamente reproduzida, divulgada ou de qualquer forma utilizada poderá requerer a apreensão dos exemplares reproduzidos ou a suspensão da divulgação, sem prejuízo da indenização cabível (art. 102 da Lei n. 9.610, de 19.02.1998). Quem vender, expuser à venda, ocultar, adquirir, distribuir, tiver em depósito ou utilizar obra ou fonograma reproduzidos com fraude, com a finalidade de vender, obter ganho, vantagem, proveito, lucro direto ou indireto, para si ou para outrem, será solidariamente responsável com o contrafator, nos termos dos artigos precedentes, respondendo como contrafatores o importador e o distribuidor em caso de reprodução no exterior (art. 104 da Lei n. 9.610/98).

■ Capa: Danilo Oliveira

■ Fechamento desta edição: 03.05.2018

■ Esta obra passou a ser publicada pela Editora Forense a partir da 3ª edição.

■ CIP – BRASIL. CATALOGAÇÃO NA FONTE.
SINDICATO NACIONAL DOS EDITORES DE LIVROS, RJ.

S234n
Motta, Carlos Alberto

Negociação coletiva de trabalho / Enoque Ribeiro dos Santos. - 3. ed., rev. atual. – Rio de Janeiro: Forense, 2018.

Inclui bibliografia
ISBN 978-853098105-1

1. Negociação coletiva de trabalho. 2. Direito do trabalho - Brasil. 3. Relações trabalhistas. I. Título.

18-49412 CDU: 349.2(81)

Meri Gleice Rodrigues de Souza - Bibliotecária CRB-7/6439

E ao anjo da Igreja que está na Filadélfia escreve: isto diz o que é santo, o que é verdadeiro, o que tem a chave de Davi, o que abre, e ninguém fecha; e fecha e ninguém abre. Eu sei as tuas obras, eis que diante de ti pus uma porta aberta, e ninguém a pode fechar; tendo pouca força, guardaste a minha Palavra, e não negaste o meu nome.

(Apocalipse, 3,7)

Dedico este livro a duas almas belas e nobres, de meu pai, Roquinho Ribeiro dos Santos, e de minha querida e saudosa Maria José Seki, que Deus me honrou com suas lindas presenças nesta vida, e que tive o privilégio de incorporar ao meu espírito para a eternidade.

Da mesma forma, agradeço à minha esposa, Jucilaine Vieira de Sousa, pelo amor, companheirismo, cumplicidade, dedicação e paciência com que tem me suportado, à minha querida mãe, Virginia Fais dos Santos, e aos meus queridos filhos, Michelle, Ellan e Evelyn Ribeiro dos Santos, por todo sentimento e amor que nos unem.

SUMÁRIO

Introdução 1

Parte I
GÊNESE E EVOLUÇÃO DO DIREITO COLETIVO DO TRABALHO E DOS DIREITOS FUNDAMENTAIS DA PESSOA HUMANA

Capítulo 1 – O direito como fenômeno social, o homem como um ser "coletivo" e o germinar dos direitos humanos fundamentais 13

Capítulo 2 – A coletivização no contexto da gênese do direito coletivo do trabalho e as primeiras declarações de direitos humanos fundamentais 25

Capítulo 3 – Considerações sobre a evolução das relações coletivas de trabalho e dos direitos fundamentais do trabalhador 35

Capítulo 4 – O advento dos direitos humanos como forma de valorização do direito coletivo do trabalho 41

Capítulo 5 – Conceito e características dos direitos humanos fundamentais 47

Capítulo 6 – Internacionalização dos direitos humanos fundamentais e novos direitos individuais e coletivos da pessoa humana. O princípio do não retrocesso social 55

Capítulo 7 – A Declaração de Direitos Fundamentais do Trabalhador de 1998 da Organização Internacional do Trabalho (OIT) 65

Capítulo 8 – O tratamento constitucional da dignidade da pessoa humana e o direito coletivo do trabalho 69

Parte II
A NEGOCIAÇÃO COLETIVA DE TRABALHO NA ÓTICA DOS DIREITOS HUMANOS FUNDAMENTAIS

Capítulo 1 – Autonomia privada coletiva 81
1.1. Denominação 81
1.2. Evolução histórica 82
1.3. Conceito 86
1.4. Autonomia privada coletiva e negociação coletiva 92

Capítulo 2 – Conceito de negociação coletiva 101

Capítulo 3 – Natureza jurídica da negociação coletiva 115

Capítulo 4 – Princípios da negociação coletiva 127
4.1. Princípio da compulsoriedade negocial 127
4.2. Princípio do contraditório 130
4.3. Princípio da boa-fé 131
4.4. Princípio da igualdade 135
4.5. Direito de informação 136
4.6. Princípio da razoabilidade 137
4.7. Princípio da paz social 138
4.8. Princípio da colaboração 139

Capítulo 5 – Funções da negociação coletiva 143
5.1. Função jurídica 146
5.2. Função política 151
5.3. Função econômica 152
5.4. Função social 153
5.5. Função participativa 154
5.6. Função pedagógica 156

Capítulo 6 – A negociação coletiva no contexto da Constituição Federal de 1988 157

Capítulo 7 – Os instrumentos normativos que defluem da negociação coletiva 171

Capítulo 8 – A negociação coletiva no setor público 177
8.1. Introdução 177
8.2. A sociedade, o Estado e a administração pública 178
    8.2.1. Conceito de Estado e sua atual relação com a sociedade 178

	8.2.2.	A administração pública	181
		8.2.2.1. A organização político-administrativa brasileira	181
		8.2.2.2. A administração pública direta e a indireta	182
	8.2.3.	Agentes públicos e a natureza jurídica que os vincula à administração pública	183
8.3.	Negociação coletiva de trabalho		186
	8.3.1.	Autonomia privada coletiva	186
	8.3.2.	Conceito, natureza jurídica, princípios e funções	189
		8.3.2.1. Conceito de negociação coletiva de trabalho no setor público	189
		8.3.2.2. Correntes doutrinárias sobre a supremacia do negociado sobre o legislado	198
		8.3.2.3. Natureza jurídica da negociação coletiva de trabalho	201
	8.3.3.	A negociação coletiva de trabalho na Constituição Federal	203
		8.3.3.1. Os limites constitucionais e infraconstitucionais da negociação coletiva de trabalho	204
		8.3.3.2. A supremacia do negociado em face do legislado (o negociado *versus* o legislado)	210
		8.3.3.2.1. Pacto quanto à jornada de trabalho, observados os limites constitucionais	215
		8.3.3.2.2. Banco de horas anual	218
		8.3.3.2.3. Intervalo intrajornada, respeitado o limite mínimo de trinta minutos para jornadas superiores a seis horas	219
		8.3.3.2.4. Adesão ao Programa Seguro-Emprego (PSE), de que trata a Lei nº 13.189, de 19 de novembro de 2015	219
		8.3.3.2.5. Plano de cargos, salários e funções compatíveis com a condição pessoal do empregado, bem como identificação dos cargos que se enquadram como funções de confiança	220
		8.3.3.2.6. Regulamento empresarial	221
		8.3.3.2.7. Representante dos trabalhadores no local de trabalho	223
		8.3.3.2.8. Teletrabalho, regime de sobreaviso, e trabalho intermitente	223
		8.3.3.2.9. Remuneração por produtividade, incluídas gorjetas percebidas pelo empregado, e remuneração por desempenho individual	227
		8.3.3.2.10. Modalidade de registro de jornada de trabalho	231

8.3.3.2.11. Troca do dia de feriado 233
8.3.3.2.12. Enquadramento do grau de insalubridade 234
8.3.3.2.13. Prorrogação de jornada em ambientes insalubres, sem licença prévia das autoridades competentes do Ministério do Trabalho 235
8.3.3.2.14. Prêmios de incentivo em bens ou serviços, eventualmente concedidos em programas de incentivo 237
8.3.3.2.15. Participação nos lucros ou resultados da empresa 238
8.3.3.2.16. Princípio da intervenção estatal mínima na autonomia da vontade coletiva 241
8.3.3.2.17. Inexigibilidade de indicação expressa de contrapartidas recíprocas 242
8.3.3.2.18. Garantia de emprego em contrapartida à redução salarial 243
8.3.3.2.19. Efeito da nulidade de cláusula de convenção coletiva ou de acordo coletivo de trabalho... 244
8.3.3.2.20. Participação das organizações sindicais como litisconsortes necessários em ações anulatórias de cláusulas normativas 245
8.3.3.3. Cláusula de contenção ou de barreira. Art. 611-B da CLT e o conteúdo ilícito da negociação coletiva 246
    8.3.3.3.1. Proibição de negociação coletiva das normas de identificação profissional 248
    8.3.3.3.2. Seguro-desemprego 248
    8.3.3.3.3. Fundo de garantia do tempo de serviço (FGTS) 249
    8.3.3.3.4. Salário mínimo 249
    8.3.3.3.5. Proteção do valor nominal do décimo terceiro salário 250
    8.3.3.3.6. Proteção do adicional noturno superior ao diurno 250
    8.3.3.3.7. Proteção do salário, na forma da lei 251
    8.3.3.3.8. Salário-família 251
    8.3.3.3.9. Repouso semanal remunerado 252
    8.3.3.3.10. Remuneração do serviço extraordinário superior à do normal 252
    8.3.3.3.11. Número de dias de férias devidas ao empregado 252
    8.3.3.3.12. Proteção da remuneração de férias 252

	8.3.3.3.13. Licença-maternidade, com duração mínima de 120 dias	253
	8.3.3.3.14. Proteção à licença-paternidade;	253
	8.3.3.3.15. Proteção ao trabalho da mulher	253
	8.3.3.3.16. Aviso-prévio proporcional ao tempo de serviço	253
	8.3.3.3.17. Normas de saúde, higiene e segurança no trabalho	254
	8.3.3.3.18. Proteção do adicional de remuneração para atividades penosas, insalubres ou perigosas	254
	8.3.3.3.19. Proteção da aposentadoria	255
	8.3.3.3.20. Seguro contra acidentes de trabalho, a cargo do empregador	255
	8.3.3.3.21. Direito de ação e regra prescricional	256
	8.3.3.3.22. Proteção da pessoa com deficiência	256
	8.3.3.3.23. Proibição do trabalho infantil	257
	8.3.3.3.24. Proteção legal de crianças e adolescentes ...	257
	8.3.3.3.25. Equiparação de direitos para o trabalhador avulso	258
	8.3.3.3.26. Liberdade sindical	258
	8.3.3.3.27. Direito de greve	259
	8.3.3.3.28. Definição dos serviços ou atividades essenciais	259
	8.3.3.3.29. Tributos e outros créditos de terceiros	260
	8.3.3.3.30. Disposições previstas nos arts. 373-A, 390, 392, 392-A, 394, 394-A, 395, 396 e 400 da CLT sobre proteção adicional do trabalho feminino e da maternidade	260
	8.3.3.3.31. Exclusão das regras sobre duração do trabalho e intervalos	267
	8.3.3.3.32. Aplicação dos arts. 611-A e 611-B na negociação coletiva no setor público	268
	8.3.3.4. A reforma trabalhista em Portugal sob a bandeira da austeridade	270
8.4.	Os desdobramentos da negociação coletiva de trabalho	283
	8.4.1. Instrumentos jurídicos que defluem da negociação coletiva de trabalho bem-sucedida	283
	8.4.1.1. Validade, coercibilidade, vigência e prorrogação da CCT e do ACT	283

8.4.2. Efeitos jurídicos da negociação coletiva de trabalho malsucedida 289
    8.4.2.1. Direito à sindicalização, à negociação coletiva de trabalho e à greve 289
    8.4.2.2. Dissídio coletivo de trabalho 291
    8.4.2.3. Vantagens da negociação coletiva de trabalho 292
8.5. Negociação coletiva de trabalho no setor público 294
    8.5.1. As teorias desfavoráveis e as favoráveis à admissibilidade da negociação coletiva no setor público 295
        8.5.1.1. A recente alteração da OJ nº 5 da SDC do TST 299
    8.5.2. Normas internacionais que apoiam a negociação coletiva de trabalho no setor público 301
        8.5.2.1. Convenções e Recomendações da OIT 301
        8.5.2.2. A recente ratificação da Convenção nº 151 e da Recomendação nº 159 da OIT 303
    8.5.3. A experiência brasileira 306
8.6. A aplicabilidade de arbitragem na resolução de lides individuais de trabalho 307
    8.6.1. A crescente importância da arbitragem 308
    8.6.2. Conceito de arbitragem 309
    8.6.3. O desenvolvimento do instituto da arbitragem no direito brasileiro 309
    8.6.4. Posição do Tribunal Superior do Trabalho quanto à aplicabilidade da arbitragem em lides individuais 313
    8.6.5. Posição dos Tribunais Regionais do Trabalho quanto à aplicabilidade da arbitragem às lides individuais 316
    8.6.6. Posição da doutrina quanto à aplicabilidade da arbitragem nas lides individuais de trabalho 321
    8.6.7. Considerações 322
8.7. Conclusões 324

Considerações finais 327
1. O papel dos direitos humanos fundamentais nas relações entre capital e trabalho 327
2. O papel da negociação coletiva de trabalho na edificação dos direitos fundamentais do trabalhador 329
3. O papel dos sindicatos no novo modelo sindical brasileiro 336
4. O potencial da necessária reforma da organização sindical brasileira 339

Referências bibliográficas 343

INTRODUÇÃO

O presente trabalho tem como objetivo o desenvolvimento dos aspectos relacionados à negociação coletiva de trabalho, nos setores privado e público, em conexão com os direitos fundamentais dos trabalhadores, desde seus primórdios, abarcando a gênese, a evolução, a determinação e a afirmação desses direitos na ótica das relações de trabalho, após o advento da Lei nº 13.467/2017 (Reforma Trabalhista), da Medida Provisória nº 808, de 14.11.2017, e da Lei nº 13.509, de 22.11.2017.

A negociação coletiva de trabalho constitui, a nosso ver, um dos fenômenos mais relevantes desta área na atualidade, tanto no plano nacional como no cenário internacional. Além de se apresentar como um instituto do microssistema de tutela coletiva, verdadeiro produtor de normas jurídicas, ao lado dos processos judiciais coletivos e direito social fundamental dos trabalhadores, objeto de várias convenções internacionais, torna-se ainda mais importante e interessante, visto que procuramos analisar a evolução do primado dos direitos humanos à luz do avanço da negociação coletiva de trabalho, trazendo a lume o entendimento jurisprudencial dominante de nossos Tribunais do Trabalho, que será submetido a uma grande revisão em face da Lei nº 13.467/2017.

Esta matéria ainda não apresenta precedentes sob o ângulo de análise tripartite, ou seja, envolvendo direitos humanos, jurisprudência dominante e o instituto da negociação coletiva de trabalho, tanto no setor privado ou público (que ora ganha notável realce no Direito do Trabalho pátrio, por sua ascendência a instituto nuclear, destinada a exercer papel fundamental, e por que não dizer quase que virtualmente compulsório nas relações entre o capital e o trabalho no contexto das profundas transformações que vivenciamos hodiernamente, sobretudo em relação à novidade jurídica da negociação coletiva no setor público, que já é uma realidade nas relações coletivas trabalhistas no Brasil) quanto em âmbito municipal ou mesmo federal, e agora ainda mais com o advento da nova Lei nº 13.467/2017 e da Medida Provisória nº 808/2017.

Não obstante várias tentativas no sentido de modernizar o Direito Sindical brasileiro, adequando-o aos moldes das economias mais avançadas, ainda convivemos com institutos vetustos, verdadeiros entraves à evolução em direção à ampla e profícua autonomia privada coletiva, como o sistema de categorias, datas-bases, dissídios coletivos de natureza econômica, do poder normativo dos Tribunais, e a tentativa do Poder Executivo de promover obstáculos, por meio de tutela jurisdicional, ao exercício do direito fundamental de greve nos serviços públicos, especialmente em relação àqueles setores que foram mais afetados pela política restritiva de revisão geral, anual e constitucional de subsídios, estabelecida nos arts. 37, X, e 39, § 4º, da Constituição Federal de 1988.

Não obstante, com o mote de modernizar a CLT, que já foi objeto de várias intervenções legislativas, a Lei nº 13.467/2017, acrescida pela Medida Provisória nº 808/2017, apresenta uma série de alterações nos direitos sociais dos trabalhadores, retirando-lhes direitos estabelecidos na lei, considerados irreversíveis, e virtualmente revogando inúmeros entendimentos jurisprudenciais do Colendo Tribunal Superior do Trabalho, além de, em análise de controle de convencionalidade, colidir com vários tratados e convenções internacionais da OIT alusivos aos direitos individuais e coletivos dos trabalhadores.

Jamais podemos olvidar que o núcleo fundamental do Direito Individual do Trabalho, o seu verdadeiro "DNA", repousa no princípio protetor e sua tríplice vertente (teoria da norma mais favorável, da condição mais benéfica e do *in dubio pro operario*), pois a relação jurídica nessa seara se estabelece entre um ser individual (trabalhador) e um ser coletivo (empregador), daí por que carece de tutela especial.

De forma diversa, afigura-se o Direito Coletivo do Trabalho, no qual as partes convenentes, o sindicato profissional e o empregador, ou o sindicato patronal, são seres coletivos, no mesmo plano de isonomia, e não carecem de qualquer proteção especial.

É aqui que surge a importância desse estudo, haja vista que a negociação coletiva de trabalho finalmente vai ostentar, nas relações de trabalho no Brasil, o papel que já lhe é reservado há décadas nos países de capitalismo avançado, notadamente os países da União Europeia (França, Inglaterra, Alemanha, Itália, entre outros) e os Estados Unidos da América, pelo fato de ela ser considerada o melhor meio para a solução dos conflitos entre o capital e o trabalho.

O Direito Coletivo do Trabalho, por meio de seus institutos (entre os quais se destaca a negociação coletiva de trabalho, que foi erigida a instituto constitucional, verdadeiro direito fundamental social, insculpida no art. 114, parágrafo 2º, da Constituição Federal de 1988, desde sua afirmação histórica, a partir da Revolução Industrial), tem sido o alicerce e o fundamento dos trabalhadores na construção e defesa dos direitos trabalhistas, entre os quais os direitos fundamentais da pessoa humana, disciplinando os conflitos inerentes à distribuição desigual de poder entre os atores sociais, bem como a produção jurídica autônoma referente às relações de trabalho.

Agora, com o advento da Lei nº 13.467/2017 (Reforma Trabalhista), que teve como vetor principal o instituto da negociação coletiva de trabalho e a inversão da hierarquia das fontes legislativas trabalhistas, com a supremacia do negociado sobre a legislação do trabalho, abre-se um enorme desafio ao sindicalismo brasileiro, que terá de manejar com sabedoria esse importantíssimo instrumento jurídico em face da ampla liberdade que lhe foi outorgada, já que a CLT passa a ter duas leituras jurídicas ou duas faces: uma para os contratos individuais de trabalho e outra para a autonomia privada coletiva.

Percebemos, dessa forma, que a bandeira da negociação coletiva de trabalho que sempre foi empunhada pelos trabalhadores como solução para agregar novos direitos (*in mellius*) agora também passa a ser tremulada pelos empresários, como instrumento de adequação de custos e conveniências das organizações empresariais, no sentido de limitar e mesmo reduzir direitos trabalhistas.

Se a negociação coletiva de trabalho até então se constituiu, assim, na verdadeira pedra angular que tinha por finalidade minimizar, contrabalançar, equilibrar e, de certa forma, corrigir a enorme defasagem de poder em favor dos empregadores, para obter uma convergência de interesses em relação a uma pacificação democrática e justa dos conflitos laborais, agora com o advento da Lei nº 13.467/2017 e da Medida Provisória nº 808/2017 passa, em nome da autonomia coletiva, a ter ampla liberdade para, até mesmo, afastar *in pejus* normas disciplinadas na legislação do trabalho.

No direito comparado, em especial no direito norte-americano, o sindicato é sinônimo de negociação coletiva de trabalho, uma vez que a maioria dos sindicatos naquele país seguiu uma linha não ideológica, mas pragmática, na luta por melhores salários e condições de trabalho. As prioridades de seus sindicatos têm por fim o tratamento justo e igual aos empregados e à segurança no emprego, e a negociação coletiva é considerada o principal meio de conseguir esses objetivos, seguida pela arbitragem privada.

A negociação coletiva de trabalho, em determinado momento histórico, teve papel fundamental nos países de capitalismo avançado, como arma contra a recessão econômica e como um instrumento para restabelecer o elemento de justiça e de democracia no local de trabalho, bem como na redistribuição de renda.

Nessa época, o Estado exerceu papel fundamental nesse processo, incentivando e fomentando a prática da negociação coletiva de trabalho e criando instrumentos de proteção aos sindicatos em face de atos atentatórios à sua liberdade e às práticas desleais de trabalho (*unfair labour practices*).

É nesse sentido que o presente tema adquire especial relevância, porque a reversão do fenômeno da descoletivização e o consequente fortalecimento dos sindicatos constituem, na realidade, uma forte pilastra de blindagem dos direitos dos trabalhadores, dos direitos humanos fundamentais e na consolidação do Direito Coletivo do Trabalho, em busca de uma sociedade mais justa e menos desigual.

Se o processo de descoletivização ou dessindicalização, em outras palavras a contínua diminuição da taxa de sindicalização de trabalhadores, se impõe como ameaça aos sindicatos profissionais, a negociação coletiva de trabalho, por seu turno, apresenta-se como uma solução eficaz e duradoura. Por meio dela, trabalhadores e empresários estabelecem não apenas condições de trabalho e de remuneração, como todas as demais relações entre si, por meio de um procedimento dialético, previamente definido, que se deve pautar pelo bom senso, pela proporcionalidade, pela boa-fé, pela razoabilidade e pelo equilíbrio entre os atores sociais, como também sedimentar uma relação de parceria, solidariedade e cooperação.

Entretanto, de nada vale o avanço e a notabilidade do instituto da negociação coletiva de trabalho na prática das relações cotidianas, sem a prevalência dos direitos humanos fundamentais, especialmente na pessoa do hipossuficiente: o trabalhador.

Daí a intensa crítica da doutrina e dos aplicadores do direito em relação à nova Lei nº 13.467/2017, da Reforma Trabalhista, reforçada pela Medida Provisória nº 808/2017, chamando-a de antítese da CLT, já que revoga, diminui e elimina direitos trabalhistas já incorporados ao patrimônio jurídico do trabalhador e colide frontalmente com normas de tratados e convenções internacionais da OIT, ratificados pelo Brasil e, portanto, inseridos no bloco de constitucionalidade, sob a bandeira da necessidade de modernização da legislação trabalhista para criação de empregos, diminuição da informalidade e aumento da competitividade das empresas no mercado nacional e internacional.

Como já dizia Salomão, no livro de Eclesiastes (1, 9) "*o que foi, isso é o que há de ser; e o que se fez, isso se tornará a fazer: de modo que nada há novo debaixo do sol. Há alguma coisa de que se possa dizer: vê, isto é novo? Já foi nos séculos passados, que foram antes de nós*" se aplica como uma luva na Reforma Trabalhista, objeto da Lei nº 13.467/2017. Na verdade, se replica no Brasil, por meio desta novel legislação, o que já foi aplicado em Portugal e Grécia, na crise econômica e financeira por que passaram esses dois países há alguns anos, para adequar sua enorme dívida fiscal aos parâmetros máximos fixados pelo Tratado de Maastricht, na União Europeia. Reservamos um espaço nesta obra para examinar a reforma trabalhista desenvolvida em Portugal entre 2009 e 2016.

A reforma empreendida em Portugal[1] nas leis trabalhistas culminou com uma redução de aproximadamente 10% nos salários dos funcionários públicos, aliada a um aumento da jornada de trabalho. Idêntica medida ocorreu na Grécia, com a dispensa de um grande número de servidores públicos.

Podemos afirmar que, na prática, esses fenômenos já são sentidos no Brasil. Já não há necessidade de qualquer redução nos subsídios dos servidores públicos, pois essa queda no poder de compra foi emoldurada pelos vários anos sem qualquer revisão nominal em seus vencimentos, em plena colisão com o disposto no art. 37, X,[2] da Constituição Federal. Em outras palavras, o setor público brasileiro já vem pagando a conta do *deficit* fiscal do Estado há longa data.

Procuramos mostrar, neste trabalho, que o novo conjunto de instituições que moldará o recente modelo sindical brasileiro deverá garantir as transformações sociais, com base na dignidade da pessoa humana, dentro de uma visão kantiana, que considera o homem como um fim em si mesmo, e não um meio de exploração do fraco pelo forte.

---

[1] Segundo pesquisa realizada pelo jornal independente *Terra sem Males*: "As medidas de austeridade aplicadas em Portugal nos anos de 2011 e 2012 começaram com cortes de direitos de funcionários públicos. Foram retirados os subsídios de férias e de natal, conquistas de 30 anos. Esse processo de austeridade, precarização no empregado e privatizações em Portugal culminou numa mudança de postura da população, a grande mobilização em junho de 2013, que se internacionalizou em diversos países, sendo que, em Portugal, a motivação foi a crise e a precarização das relações de trabalho após a reforma trabalhista naquele país". In: A reforma trabalhista em Portugal e no Brasil. Disponível em: <https://goo.gl/DRKcbr>. Acesso em: 16 fev. 2018.

[2] X – a remuneração dos servidores públicos e o subsídio de que trata o § 4º do artigo 39 somente poderão ser fixados ou alterados por lei específica, observada a iniciativa privativa em cada caso, assegurada revisão geral anual, sempre na mesma data e sem distinção de índices; (Redação dada ao inciso pela Emenda Constitucional nº 19, de 04.06.1998, *DOU* 05.06.1998).

O principal direito fundamental garantido pela Constituição Federal de 1988 é o da dignidade da pessoa humana, que constitui o arcabouço para a fruição dos demais direitos individuais e coletivos, como podemos depreender do art. 1º, inciso III, da Constituição Federal de 1988. Portanto, esse fundamento pode ser considerado como o princípio básico para a interpretação de todos os demais direitos e garantias conferidos às pessoas, sob a ótica do pós-positivismo jurídico, baseado em princípios e valores, que se sobrepôs ao positivismo e teve seu primado no direito positivo ou nas leis.

Metaforicamente, poderíamos visualizar esses direitos como eflúvios do espírito humano, enraizados e agregados intrinsecamente à nossa própria alma, pelo simples fato de termos nascido na condição humana.

No Brasil, os direitos dos trabalhadores raramente são exercidos *a priori*, de forma preventiva. Não fossem as atuações do Ministério Público do Trabalho, agindo de forma profilática na proteção de direitos sociais indisponíveis dos trabalhadores, por meio de seus instrumentos jurídicos (inquérito civil, termos de ajuste de conduta e ações civis públicas), os trabalhadores estariam ainda mais desamparados e desprotegidos.

O Judiciário trabalhista exerce seu papel, no mais das vezes, *a posteriori*, especialmente após a ruptura do pacto laboral, com raríssimas exceções, quando os magistrados trabalhistas prolatam liminares e antecipações de tutelas. Geralmente, em uma reclamação trabalhista, o trabalhador é obrigado a aguardar meses pela sentença de primeiro grau e vários anos para o resultado de instâncias superiores, em grave atentado e desrespeito à sua pessoa, e mesmo ao texto constitucional que disciplina o prazo razoável de duração do processo, considerando o caráter alimentício desses litígios.

Por essa razão, defendemos neste trabalho a inversão desse procedimento, pela natureza alimentícia dessa prestação jurisdicional, que se deve pautar por meio da utilização de mecanismos jurídicos poderosos, para que ajam *a priori*, e, não *a posteriori*, na garantia dos direitos trabalhistas.

Não concebemos outro instrumento jurídico mais adequado, oportuno e conveniente do que a negociação coletiva de trabalho, à semelhança do que se pratica efetivamente, no dia a dia das relações entre o capital e o trabalho nos países de economia mais avançada e não apenas nas datas-bases, nos quais a concertação social entre empresários e trabalhadores, além do papel de pacificação social, exerce a missão de arrefecer o processo de descoletivização e, desse modo, de valorização das associações de trabalhadores.

Da mesma forma, não podemos nos esquecer de outros instrumentos que também poderão ser extremamente úteis na elucidação das controvérsias laborais coletivas, como a mediação, a conciliação, a arbitragem e a transação.

Assim, a importância do presente estudo reside na análise do fenômeno da evolução dos direitos humanos fundamentais, desde seus primórdios, em comparação com a negociação coletiva de trabalho, nas relações entre o capital e o trabalho no mundo moderno, seja no setor privado, seja no setor público, na perspectiva de uma nova e moderna reconfiguração do modelo sindical no Brasil, que certamente levará em consideração:

- a redução paulatina e gradual dos dissídios coletivos, dando lugar a uma prática mais constante da negociação coletiva de trabalho, não apenas no setor privado como também no setor público, especialmente a partir deste momento inusitado, com o advento da Lei nº 13.467/2017 e da Medida Provisória nº 808/2014, tendo como um de seus pilares a prevalência das normas coletivas (negociadas) sobre o regime legal[3];
- a eventual futura alteração da utilização do sistema de categorias para meios mais modernos de identificação da mutualidade de interesses dos trabalhadores, como o sistema de ramos de atividades econômicas, o sindicalismo por empresa ou por estabelecimento etc.;
- a eliminação do sistema ultrapassado e antidemocrático da contribuição sindical obrigatória, com sua substituição pela cobrança de taxas negociais estabelecida pela Assembleia Geral dos próprios interessados, até determinado limite razoável. A Lei nº 13.467/2017 alterou a contribuição sindical obrigatória, tornando-a facultativa, após o STF ter decidido, no início de 2017, que é ilegal a cobrança da contribuição assistencial de trabalhadores não filiados aos sindicatos;

---

[3] Na reforma trabalhista portuguesa, que seguiu um programa determinado pelos credores internacionais ao país, em face da crise econômica interna ocorrida nos últimos anos, a Comissão Europeia, o Banco Central Europeu e o Fundo Monetário Internacional impuseram, no âmbito trabalhista, medidas relacionadas à diminuição do custo do trabalho, como suposta iniciativa de recuperação econômica, e como exemplos de reduções de custos ocorreram a diminuição da indenização por despedimento, redução pela metade do pagamento de horas extras e de descansos remunerados, supressão de folgas compensatórias, supressão de feriados, flexibilização das normas de banco de horas, entre outras; e, em relação à negociação coletiva, em Portugal foram adotadas medidas intermediárias, de forma que o negociado vale mais que o legislado, mas em alguns temas elencados na lei, só pode prevalecer a negociação coletiva se for mais vantajosa ao trabalhador, privilegiando a autonomia coletiva. In: Jurista Maria do Rosário Palma Ramalho aborda a reforma trabalhista portuguesa em aula inaugural da escola judicial do TRT-RS. Disponível em: <https://goo.gl/Q2dbzu>. Acesso em: 16 fev. 2018.

- a redução gradual do poder normativo nos conflitos de natureza econômica e, no futuro, a limitação desse poder constitucional às lides de natureza jurídica;
- o reforço do papel do Ministério Público do Trabalho, com a utilização dos instrumentos administrativos e jurisdicionais no deslinde de controvérsias coletivas, por meio da mediação, da arbitragem, dos inquéritos civis e dos termos de ajuste de conduta;
- a criação de bases de representação sindical no local de trabalho;
- a coibição de práticas desleais de trabalho (*unfair labour practices*), com o estabelecimento de sanções e multas para os infratores;
- o enquadramento do conceito de greve aos ditames dos ensinamentos da Organização Internacional do Trabalho e o direito de negociação coletiva de trabalho e seus desdobramentos no setor público, envolvendo os servidores públicos estatutários, em face da ratificação pelo Brasil da Convenção nº 151 da OIT.

Nesta breve introdução, cabe uma última palavra aos leitores.

Observamos, no cenário pátrio, nos últimos anos, uma relativa pacificação no setor privado da economia, fruto da prática constante e reiterada da negociação coletiva de trabalho, por meio da qual os sindicatos profissionais vêm logrando êxito em conseguir agregar até mesmo ganhos reais (além dos índices oficiais de inflação) aos salários dos respectivos trabalhadores da categoria profissional, além de impor outras cláusulas normativas de cunho social. O mesmo não se pode dizer em relação ao setor público, em que vigora um enorme descontentamento, pois, enquanto o Poder Público procura aumentar a jornada de trabalho e reduzir direitos, adia-se, sucessivamente, a concessão de aumentos nos subsídios já aprovados em Lei.

Esse fenômeno não encontra paralelo no setor público. Pelo contrário. O Poder Executivo procura por todos os meios, em nome do equilíbrio nas contas públicas e no orçamento, evitar o cumprimento do mandamento constitucional de revisão anual dos subsídios dos servidores públicos, o que tem levado a uma profunda insatisfação dos trabalhadores da Administração Pública, virtualmente em todos os níveis. É sobre esse importante assunto que reservamos um novo capítulo para discutir com os leitores, ansiosos, inclusive, por receber sugestões e críticas, no sentido de revermos, modificarmos ou aperfeiçoarmos nossa posição.

No entanto, o cenário econômico mudou. O desemprego aumentou e temos assistido a uma série de dispensas coletivas por grandes empresas, o que tem impulsionado os sindicatos a negociar acordos coletivos de manutenção de trabalhadores no emprego, inclusive com redução salarial.

Em meio à crise econômica e fiscal do Estado, com meta de *deficit* de R$ 159 bilhões para os anos de 2018 e 2019, o Estado logrou aprovar a Lei nº 13.467/2017, que retirará uma série de direitos dos trabalhadores, atacando o núcleo fundamental do Direito Individual de Trabalho, flexibilizando o banco de horas e a compensação de jornada, inclusive por meio de acordos individuais, no setor da saúde (Medida Provisória nº 808/2017), criando novas formas de organização do trabalho (teletrabalho, trabalho intermitente), a representação dos trabalhadores no local de trabalho, a parametrização do dano moral individual, bem como determinando a prevalência do negociado sobre o legislado nas negociações coletivas de trabalho, mantendo-se, porém, praticamente inalteradas normas de saúde, segurança e medicina do trabalho.

Considerando a mudança estrutural que se verifica no Direito Coletivo do Trabalho com o advento da Lei nº 13.467/2017, seguida da MP nº 808/2017, promovemos uma profunda revisão em todos os seus conceitos no sentido de apreender os contornos da autonomia coletiva, no formato em que ela passa a representar no cenário nacional, acrescendo-se também um capítulo dedicado à negociação coletiva no setor público, este último com a colaboração do Prof. Dr. Bernardo Farina, profícuo estudioso da matéria, tendo sido meu valioso assistente e colaborador ao tempo que oficiei no Ministério Público do Trabalho no Estado do Paraná.

Parte I

GÊNESE E EVOLUÇÃO DO DIREITO COLETIVO DO TRABALHO E DOS DIREITOS FUNDAMENTAIS DA PESSOA HUMANA

1

O DIREITO COMO FENÔMENO SOCIAL, O HOMEM COMO UM SER "COLETIVO" E O GERMINAR DOS DIREITOS HUMANOS FUNDAMENTAIS

O Direito não constitui um simples produto da infraestrutura material da criação do homem. Exerce, desde seus primórdios, um papel transcendental na cultura e moldagem da sociedade.

Para Descartes, o homem, à semelhança de seu Criador, de infinita sabedoria, "é senhor e possuidor da natureza" e elemento propulsor da história da humanidade. Na terceira de suas *Meditações*, o filósofo apresenta provas da existência de Deus, baseadas no princípio de causalidade, como a que afirma que só existindo realmente Deus (causa) pode-se explicar a existência de um ser finito e imperfeito – o eu pensante –, porém dotado da ideia de infinito e de perfeição (efeito). Essa ideia estaria na mente do homem como "a marca do artista impressa em sua obra".[1]

Aristóteles, o grande precursor da Teoria Axiológica, foi o primeiro filósofo a enunciar a frase lapidar: "o homem é um ser coletivo", que já se tornou lugar comum nos estudos das ciências sociais modernas, para corroborar o fato intrínseco de que o "homem é um animal social", aduzindo, ademais que:

> o homem é um animal mais político do que as abelhas ou qualquer outro ser gregário. (...) E é a associação de seres que têm uma opinião comum acerca desses assuntos que faz uma família, ou uma cidade, e o Estado

---

[1] DESCARTES, René. *Vida e obra*: meditações. São Paulo: Nova Cultural, 1999, p. 23 (Os pensadores).

tem, por natureza, mais importância do que a família e o indivíduo, uma vez que o conjunto é necessariamente mais importante do que as partes. (...) Mas, aquele que for incapaz de viver em sociedade, ou que não tiver necessidade disso por ser autossuficiente, será uma besta ou um deus, não uma parte do Estado.[2]

Para esse filósofo, a felicidade dos homens advém de uma vida justa no seio da sociedade, que veio suscitar o princípio da solidariedade, o embrião dos direitos humanos, considerando que a essência da justiça repousa na igualdade.

Segundo ele, a sociedade constitui a cidade, que se basta a si mesma, pois tem uma finalidade eminentemente coletiva: conservar a existência dos cidadãos e propiciar-lhes o bem-estar. A conservação da existência dar-se-á pelo trabalho de cada um, estabelecidas as trocas de mercancia propiciadas pelo espaço físico da cidade, enquanto o bem-estar é objetivo não só material, mas também moral, pois depende de cada um a felicidade e a prosperidade do outro, uma vez que o homem é um animal cívico, que possui o dom da palavra.[3]

Esses ensinamentos vêm demonstrar que o progresso moral e material dos homens se acha intimamente conectado à sua capacidade associativa.

Neste ponto, o Direito incorpora-se no contexto holístico de evolução da sociedade, passando a exercer, de forma crescente, um papel primordial na configuração do devir humano, em seus valores éticos, morais e religiosos.

Goffredo Telles Junior esclarece que "a simples história dos homens, desde as mais remotas eras, leva à convicção de que a recíproca dependência é, realmente, uma lei constitutiva da natureza humana. Não sem razão, as Sagradas Escrituras fazem a eloquente advertência: 'Desgraçado o homem só, pois quando cair, não terá ninguém que o levante' (ECLESIASTES, IV, 9, 10); assim como a afirmação consoladora: 'O irmão que é ajudado por seu irmão, é como uma cidade forte' (PROVÉRBIOS, XVIII, 19). (...) O homem é o mais sociável de todos os animais gregários. Mais sociável do que a abelha, a formiga, a térmita. Por quê? Porque ele é levado a viver em sociedade, não somente pelo seu instinto sociável, mas também pela sua inteligência".[4]

E, entre os elementos propulsores da evolução do homem em sociedade, as forças motrizes são representadas pelo perpétuo processo de

---

[2] ARISTÓTELES. *Política*. São Paulo: Nova Cultural, 1999, p. 146-147 (Os pensadores).
[3] Idem, ibidem, p. 147.
[4] TELLES JÚNIOR, Goffredo. *Filosofia do direito*. São Paulo: Max Limonad, 1967, t. 2, p. 399-400.

inter-relacionamento e os desafios que se apresentam à sua frente. São os relacionamentos e a superação de novos e crescentes obstáculos que vão impulsionando e moldando a história do homem, como ser coletivo.

Para Miguel Reale, de todos os princípios fundamentais da Sociologia e do Direito, nenhum talvez sobreleve em importância àquele que Aristóteles formulou, de maneira cristalina, dizendo que o homem é um animal político, destinado por natureza a viver em sociedade, de sorte que a ideia de homem exige a de convivência civil.[5]

E é por meio desse processo dialético que se caracteriza a arte da política, cujas técnicas da persuasão, do convencimento, da busca da verdade se engendram e produzem a evolução da pessoa humana.

Na mesma senda, Max Weber já assegurava que política nada mais era que a arte ou técnica do exercício do poder.

Rousseau, no seu *Segundo discurso*, ensinava-nos que:

> as relações entre as pessoas, para se tornarem verdadeiras relações, devem se inscrever numa permanência, constituir um estado (...) A desigualdade é uma noção dupla: como relação com as coisas, ela e do rico com o pobre; como relação com os homens, ela é a do dominante com o dominado.[6]

Ao que podemos, ainda, acrescentar a sua celebre frase: "o homem nasceu livre, e em todos os lugares está preso".[7]

O Direito não apenas regula o comportamento dos indivíduos, como também justifica o comportamento humano. Rousseau, no *Contrato social*, também declara que "o mais forte nunca é forte o suficiente para ser sempre o senhor, se ele não transformar sua força em direito e a obediência em dever",[8] expressão perfeitamente aplicável na concepção do capitalismo contemporâneo, sob os preceitos da ideologia neoliberal.

Para Rousseau, se o gênero humano não mudasse seu modo de vida, do individual para o coletivo, ele pereceria. Diz ele:

> como os homens não podem engendrar novas forças, mas somente unir e orientar as já existentes, não têm eles outro meio de conservar-se senão

---

[5] REALE, Miguel. *Fundamentos do direito*. 3. ed. São Paulo: Revista dos Tribunais, 1998, p. 3 (fac símile da 2ª ed.).
[6] LABRUNE, Monique; JAFFRO, Laurent. *A construção da filosofia ocidental*. São Paulo: Mandarim, 1996, p. 438 (Gradus Philosophicus).
[7] Idem, ibidem, p. 439.
[8] ROUSSEAU, Jean-Jacques. *Do contrato social ou os princípios do direito político*. São Paulo: Nova Cultural, 1999, p. 69-70, livro I (Os pensadores).

formando, por agregação, um conjunto de forças, que possa sobrepujar a resistência, impelindo-as para um só móvel, levando-as a operar em concerto. Essa soma de forças só pode nascer do concurso de muitos. Encontrar uma forma de associação que defenda e proteja a pessoa e os bens de cada associado com toda a força comum, e pela qual cada um, unindo-se a todos, só obedece contudo a si mesmo, permanecendo assim tão livre quanto antes. Esse, o problema fundamental cuja solução o contrato social oferece.[9]

Verifica-se, dessa forma, que os mesmos princípios idealizados por Rousseau para a construção de uma sociedade harmônica podem ser aplicados às formas associativas dos trabalhadores na conquista, defesa e consolidação de seus interesses, como classe. Assim, o Direito pode ser utilizado como efetivo instrumental de consecução de resultados sociais, além de se justificar como regulador do comportamento do homem em sociedade.

A ideia do contrato social e o princípio da vontade geral, de Rousseau, para quem o homem é naturalmente bom, naturalmente livre e naturalmente igual aos outros homens, pode ser confrontada com a concepção social e política de Hobbes, que estaremos desenvolvendo a seguir. O contrato social, única forma de associação legítima para Rousseau, manifesta-se em um pacto estabelecido entre o povo e os governantes. Este pacto estabelece a submissão dos governantes, assim como de todos os cidadãos, à vontade geral. Esta se volta não para os bens particulares, mas para o bem comum. Nas assembleias, a vontade geral seria manifestada pela maioria absoluta, se bem que o número não crie essa vontade, ela apenas indica onde ela se encontra. O caminho trilhado por Rousseau foi anunciado por Locke, ao formular a teoria do estado da natureza como condição da liberdade e da igualdade e com a afirmação da pessoa humana como sujeito de todo direito e, portanto, fonte e norma de toda lei.[10]

Verificamos, no pensamento de Rousseau, o embrião do princípio associativo que, embora com finalidade eminentemente pública de pautar o viver do homem em sociedade, se projetado nos tempos modernos, pode se aplicar perfeitamente à geração dos interesses coletivos pelos grupos profissionais e econômicos, particularmente quando ele afirma que:

> a realização concreta do eu comum e da vontade geral implicam necessariamente um contrato social, ou seja, uma livre associação de seres

---

[9] ROUSSEAU, Jean-Jacques. *Do contrato social ou os princípios do direito político*. São Paulo: Nova Cultural, 1999, p. 69-70, livro I (Os pensadores).

[10] Idem. *Do contrato social*. Tradução de Lourdes Santos Machado. São Paulo: Nova Cultural, 1999, p. 17.

humanos inteligentes, que deliberadamente resolvem formar um certo tipo de sociedade, à qual passam a prestar obediência. O contrato social seria, assim, a única base legítima para uma comunidade que deseja viver de acordo com os pressupostos da liberdade humana.[11]

O Direito, como ciência positiva, tem perfeita identificação com o poder, constituindo a base da afirmação de Hobbes[12] na construção do Estado Moderno, quando diz: "não é a sabedoria, mas a autoridade que faz a lei, pois a lei é um comando dela, ou de quem tem o poder soberano". Este filósofo, que tinha um profundo interesse pelos problemas sociais, ainda enfatiza que:

> é graças a esta autoridade que lhe é dada por cada indivíduo no Estado, é-lhe conferido o uso de tamanho poder e força que o terror assim inspirado o torna capaz de conformar as vontades de todos eles, no sentido da paz em seu próprio país, e da ajuda mútua contra os inimigos estrangeiros.

Uma das frases lapidares e repetidas de Hobbes é "o homem é o lobo do homem", coroada por outra, menos citada, mas não menos importante: "guerra de todos contra todos". Ambas são fundamentais como síntese do que Hobbes pensa a respeito do estado natural em que vivem os homens. O estado de natureza é o modo de ser que caracteriza o homem antes de seu ingresso no estado social. No estado de natureza, a utilidade é a medida do direito. Isso significa que, levado por suas paixões, o homem precisa conquistar o bem, ou seja, as comodidades da vida, aquilo que resulta em prazer. O altruísmo não seria, portanto, natural. Natural seria o egoísmo, inclinação geral do gênero humano, constituído por um "perpétuo e irrequieto desejo de poder e mais poder que só termina com a morte".[13]

Essa configuração do homem hobbesiano também é compartilhada por Taylor Caldwell, que nos informa que:

> o destino do homem não lhe pertence, como o Messias não se cansou de nos dizer. Seu destino está na eternidade; sua carne é a de um animal e nada mais. Vive da mesma forma que vivem os animais e ninguém pode

---

[11] Idem, ibidem, p. 18.
[12] HOBBES, Thomas. *Leviatã ou matéria, forma e poder de um estado eclesiástico e civil*. São Paulo: Nova Cultural, 1999, p. 143-144 (Os pensadores).
[13] HOBBES, Thomas. *Leviatã ou matéria, forma e poder de um estado eclesiástico e civil*. São Paulo: Nova Cultural, 1999, p. 13.

fazer distinção, pois o homem como animal é inferior a um bicho, já que não possui sua lealdade, pureza e simplicidade, nem sua sinceridade de objetivo ou mesmo seu valor.[14]

Este fato social é facilmente observável na realidade atual de nossas cidades, com o aumento desenfreado da violência e da banalização da vida que, às vezes, não vale mais do que um par de tênis, fazendo com que novos fenômenos sociais emerjam, como a concentração de pessoas em suas atividades em locais mais seguros, com o simples fim de se proteger do próprio homem.

A concepção que Hobbes tem do estado de natureza distancia-o da maior parte dos filósofos políticos, que acreditam haver, no homem, disposição natural para viver em sociedade. O instinto da preservação é básico, conforme esse pensador. Para ele, os indivíduos entram em sociedade apenas quando a preservação da vida está ameaçada. Os homens não vivem em cooperação natural, como o fazem as abelhas ou as formigas, pois o acordo entre elas é natural; entre os homens, para Hobbes, só pode ser artificial.[15]

Neste sentido, os homens são levados a estabelecer contratos entre si. O contrato é uma transferência mútua de direito. O pacto, isto é, a promessa de cumprir o contrato, vale enquanto a conservação da vida não estiver ameaçada. Para que a paz obtida com o contrato social seja durável, é necessário que a multidão de associados seja tão grande que os adversários de sua segurança não tenham a esperança de que a adesão de um pequeno número baste para assegurar-lhes a vitória. Para que a vida seja viável, impõe-se uma sociedade civil. Assim, a paz imprescindível à conservação da vida que a razão solicita cria o pacto social e, por meio deste, o homem é introduzido em uma ordem moral.[16]

Para Celso Lafer, o pensamento hobbesiano representa a matriz de um pensamento inspirador, no mundo moderno, da convergência entre o direito e o poder, que faz do direito um instrumento de gestão governamental, criado ou reconhecido por uma vontade estatal soberana, e não pela razão dos indivíduos ou pela prática da sociedade. Explica-se, assim, a ontologização do direito positivo e também o entendimento de que a função do direito é a de comandar condutas e não de qualificá-las de boas ou más, a partir de uma permanente vinculação entre ética e direito.[17]

---

[14] CALDWELL, Taylor. *O grande amigo de Deus*. 6. ed. Rio de Janeiro: Record, 1996, p. 324.
[15] HOBBES, Thomas. Op. cit., p. 14.
[16] Idem, ibidem, p. 14.
[17] LAFER, Celso. *A ruptura totalitária e a reconstrução dos direitos humanos*: um diálogo com Hannah Arendt. 3. reimp. São Paulo: Companhia das Letras, 1999, p. 39.

Hobbes[18] ainda afirmava, no século XVII, que:

> as leis da natureza – como a justiça, a equidade, a modéstia, a piedade, ou, em resumo, fazer aos outros o que queremos que nos façam – por si mesmas, na ausência do temor de algum poder capaz de levá-las a ser respeitadas, são contrárias a nossas paixões naturais, as quais nos fazem tender para a parcialidade, o orgulho, a vingança e coisas semelhantes. E os pactos sem a espada não passam de palavras, sem força para dar a menor segurança a ninguém.

Para este pensador, o ponto de partida da ação humana, moral e política é o esforço ou empenho (movimento), considerando a vida como sendo uma corrida na qual é preciso vencer sempre; começa com um esforço inicial, que é a sensação, o desejo; ser continuamente ultrapassado corresponderia à miséria; e ultrapassar quem está adiante de nós corresponderia à felicidade. Essa representação corresponde a um tipo de homem que pode ser identificado com o burguês, que está buscando a ascendência social e econômica.[19]

Nesta linha de pensamento, Hobbes ainda destacou:

> para todo o homem, outro homem é um concorrente, como ele, ávido de poder sob todas as suas formas. (...) Concorrência, desconfiança recíproca, avidez de glória ou de fama têm por resultado a guerra perpétua de cada um contra cada um, de todos contra todos.[20]

Neste ponto, novamente nos valemos da sabedoria de Max Weber, extraída de seu clássico *Economia e sociedade*, para quem poder nada mais é do que a faculdade ou prerrogativa de alguém impor sua vontade mesmo em face de resistências. Em outras palavras, o poder é a faculdade que alguém possui de impor sua vontade pessoal em relação a determinado objeto ou assunto em face de outras pessoas, classes ou grupos, mesmo diante da resistência ou oposição destas.

Seguindo a tendência do direito natural da época, John Locke[21] procura alinhar algumas considerações sobre a formação da sociedade política a

---

[18] HOBBES, Thomas. *Leviatã ou matéria, forma e poder de um estado eclesiástico e civil...*, cit., p. 14.
[19] HOBBES, Thomas. *De cive*: elementos filosóficos a respeito do cidadão. Petrópolis: Vozes, 1993, p. 50.
[20] CHEVALIER, Jean-Jacques. *As grandes obras políticas de Maquiavel a nossos dias*. Rio de Janeiro: Agir, 1982, p. 69.
[21] LOCKE, John. *Segundo tratado sobre o governo civil*. Madrid: Alianza, 1990, p. 97.

partir dos referenciais de comportamento existentes na natureza, partindo da análise das relações entre os homens. Para ele, o único modo em que alguém se priva de sua liberdade natural e se submete às ataduras de uma sociedade civil se dá mediante um acordo com outros homens, segundo o qual todos se unem formando uma comunidade, a fim de conviverem uns com os outros de uma maneira confortável, segura e pacífica, desfrutando sem riscos suas respectivas propriedades e estando mais bem protegidos frente àqueles que não formam parte dessa sociedade.

Podemos depreender desses notáveis ensinamentos que palavras, por si só, não detêm a força coercitiva e, dessa forma, não garantem os pactos que possibilitam aos homens, estes seres individualistas e competitivos, conviver em harmonia e paz.

Neste sentido, o Direito Coletivo do Trabalho, por meio de um de seus institutos basilares – a associação de trabalhadores ou de empregadores – principalmente de sindicatos, consiste no estabelecimento de pactos, pelos quais os associados buscam a conquista, preservação e aumento dos interesses do grupo, para que os atores sociais, individualmente, tenham uma vida digna e civilizada. E o Estado moderno, como representante da ordem pública e referência de todos os membros da comunidade política, exerce papel fundamental na proteção dos pactos, constituindo o guardião dos interesses coletivos.

Em nossa civilização, desde o início dos séculos, o homem gozou de uma posição privilegiada em relação às demais criaturas, pois é dotado de corpo e alma, de raciocínio e de capacidade de pensamento. Estando, portanto, no ápice da pirâmide evolutiva, muito embora seja capaz de praticar atrocidades contra seus semelhantes, em flagrante atentado contra a dignidade da pessoa humana, o que levou Hannah Arendt a asseverar:

> o antissemitismo, o imperialismo e o totalitarismo – um após o outro, um mais brutalmente que o outro – demonstraram que a dignidade humana precisa de nova garantia, somente encontrável em novos princípios políticos e em uma nova lei na terra, cuja vigência desta vez alcance toda a humanidade, mas cujo poder deve permanecer estritamente limitado, estabelecido e controlado por entidades territoriais novamente definidas[22].

O homem não é, conforme ensinamentos de Vicente Rao[23] "uma unidade matemática, simples material de construção de suas estruturas, frequentemente

---

[22] ARENDT, Hannah. *Origens do totalitarismo*. São Paulo: Companhia das Letras, 2000, p. 13.
[23] RAO, Vicente. *O direito e a vida dos direitos*. 3. ed. Revista e atualizada por Ovidio Rocha Barros Sandoval. São Paulo. Revista dos Tribunais, 1991, v. 1, p. 19.

sustentadas pelas colunas de algarismos que certas estatísticas mais ou menos científicas fabricam".

Vicente Rao esclarece (no que estamos concordes) que:

> para estudar o Direito, ou para aplicá-lo, já não se parte do estudo do homem, de sua personalidade, de sua natureza de ser dotado de vida física e psíquica, isto é, material, mental, moral e espiritual. Parte-se, ao contrário, ora, em companhia de sutis autores germânicos, do pressuposto do Estado, ora, ao lado de sociólogos contemporâneos, do pressuposto de sociedade, para, em seguida e só em seguida, encontrar-se a conceituação do direito, aquela conceituação que relega o homem a um plano secundário, como se possível fosse criar-se uma coletividade próspera e feliz, formada por criaturas infelizes e miseráveis, despidas de seus mais elementares direitos, sem os quais a própria dignidade da vida perece.[24]

A ideia de que os indivíduos e grupos humanos podem ser reduzidos a um conceito ou categoria geral – que a todos engloba –, é de elaboração recente na história. Como observou um antropólogo,[25] nos povos que vivem à margem do que se convencionou classificar como civilização, não existe palavra que exprima o conceito de ser humano: os integrantes do grupo são chamados "homens", mas os estranhos ao grupo são designados por outra denominação, a significar que se trata de indivíduos de uma espécie animal diferente.[26]

Fábio Konder Comparado informa-nos que:

> foi durante o período axial da História, que despontou a ideia de uma igualdade essencial entre todos os homens. Mas foram necessários vinte e cinco séculos para que a primeira organização internacional a englobar a quase-totalidade dos povos da terra proclamasse, na abertura de uma Declaração Universal de Direitos humanos, que todos os homens nascem livres e iguais em dignidade e direitos.[27]

Ainda no contexto da valorização do ser humano, sob os auspícios da dignidade humana e de ocupante legítimo do ápice na pirâmide da evolução social, temos que recorrer a Kant, que, de forma magistral, expressou essa verdade, ao afirmar, por meio de seu postulado ético:

---

[24] Idem, ibidem, p. 14-15.
[25] LÉVY-STRAUSS, Claude. *Athropologie structurale deux*. Paris: Plon, 1973, p. 383-384.
[26] COMPARATO, Fábio Konder. *A afirmação histórica dos direitos humanos*. São Paulo: Saraiva, 1999, p. 11-12.
[27] Idem, ibidem, p. 12.

> os seres, cuja existência não depende de nossa vontade, mas da natureza, se estiverem privados de razão, só têm um valor relativo, o dos meios, sendo por isso que se lhes chama coisas; enquanto, pelo contrário, se dá o nome de pessoas aos seres racionais, porque a sua própria natureza faz deles fins em si mesmos, quer dizer, algo que não deve ser empregue simplesmente como meio e que, consequentemente, restringe o arbítrio de cada um.[28]

E prossegue:

> a natureza racional existe como fim em si. O homem representa necessariamente assim a sua existência da mesma maneira que eu, e, por isso, este princípio é simultaneamente, um princípio objetivo, de onde se deve poder deduzir, como de um princípio prático supremo, todas as leis da vontade. Portanto, o imperativo prático será o seguinte: Age de tal modo que trates a humanidade, tanto na tua pessoa, como na pessoa dos outros, sempre e ao mesmo tempo, como fim e nunca simplesmente como meio.[29]

Podemos extrair da concepção kantiana de dignidade da pessoa humana como um fim, a condenação de muitas práticas de aviltamento da pessoa à condição de coisa, e não apenas da escravidão clássica, do trabalho infantil, do trabalho abusivo e precário. De acordo com Fábio Konder Comparato:

> se o fim natural de todos os homens é a realização de sua própria felicidade, como aliás destaca o art. 1º da Constituição dos Estados Unidos da América, não basta agir de modo a não prejudicar ninguém. Este seria um adágio puramente negativo. Dentro da concepção da alteridade, tratar o outro como um fim em si implica o dever de favorecer, tanto quanto possível, o fim de outrem. Pois sendo o sujeito um fim em si mesmo, é preciso que os fins de outrem sejam por mim considerados também como meus.[30]

Mas o verdadeiro embrião dos direitos humanos despontou, acima de tudo, com o valor da liberdade. Surge então o germe da autonomia privada individual e coletiva, matéria que estaremos desenvolvendo ao longo deste trabalho.

Explica-se assim por que para Rousseau:

> renunciar à liberdade é renunciar à qualidade de homem, aos direitos da humanidade, e até aos próprios deveres. Tal renúncia não se compadece com a natureza do homem, e destituir-se voluntariamente de toda e qualquer liberdade equivale a excluir a moralidade de suas ações. Enfim,

---

[28] KANT, Emmanuel. *Fundamentos da metafísica dos costumes*. Tradução de Antonio Maia da Rocha. Lisboa: Didática, 1999, p. 60.
[29] Idem, ibidem, p. 61.
[30] COMPARATO, Fábio Konder. Op. cit., p. 11-12.

é uma inútil e contraditória convenção a de que, de um lado, estipula uma autoridade absoluta e, de outro, uma obediência sem limites.[31]

Foi, porém, à margem dos castelos medievais que os burgos novos ou burgos de fora (*forisburgus*, termo do qual surgiu o *faubourg* do francês atual) tornaram-se rapidamente os locais de concentração das grandes fortunas mercantis e os centros de irradiação do primeiro capitalismo, palco da gênese do Direito do Trabalho. Foi nas cidades comerciais da Baixa Idade Média que teve início a primeira experiência histórica de sociedade de classes, onde a desigualdade social já não era determinada pelo direito, mas resultava, principalmente, das diferenças de situação patrimonial de famílias e indivíduos.[32]

Os burgos novos transformaram-se, desde logo, em território da liberdade pessoal, e isso não apenas para a classe dos mercadores, doravante conhecidos como burgueses. Os servos da gleba, que lograram residir mais de ano e dia num burgo novo, desvinculavam-se de pleno direito, das peias feudais: era uma espécie de usucapião da liberdade, calcado no regime possessório dos bens materiais. O provérbio alemão diz tudo: o ar da cidade liberta (*die Stadtluft macht frei*).[33]

Na esteira dos avanços nos direitos sociais e trabalhistas, os cidadãos, entre eles, os trabalhadores, tiveram que se organizar, se associar, pois caso contrário, as conquistas individuais seriam extremamente difíceis, senão quase impossíveis de se concretizar.

Neste ponto, achamos oportuno destacar o pensamento de Gustav Radbruch (1974), quando declara que "o indivíduo vinha a ser, para esse individualismo, o mesmo que a liberdade humana idealmente personalizada, vindo a achar-se enunciado, ao mesmo tempo, com esta concreção de uma liberdade despida de toda a individualidade, o axioma da igualdade de todos os indivíduos. Todavia, vimos também como, contra esse conceito de um indivíduo assim despojado de todas as suas propriedades vitais e desenraizado do seu meio social, se contrapunha a concepção oposta – a de um direito social – e como esta última procurava substituir o conceito de 'indivíduo' pelo conceito de 'homem concreto', que vive em sociedade, como era, por exemplo, o do patrão e o do operário, o do trabalhador e o do empregado,

---

[31] ROUSSEAU, Jean-Jacques. *Do contrato social*. Tradução de Lourdes Santos Machado. São Paulo: Nova Cultural, 1999, p. 62.
[32] MONTESQUIEU, Charles de Secondat. *Mes pensées*. Paris: Gallimard, 1978, v. 1, p. 981 (Oeuvres complètes).
[33] PIRENNE, Henri. *História econômica e social da Idade Média*. 5. ed. São Paulo: Mestre Jou, 1979, p. 78.

nas suas múltiplas características, tanto sociais como econômicas. Seja, porém, como for, o certo é que nenhuma destas considerações afeta no mínimo o conceito de 'pessoa' como um conceito de igualdade, dentro do qual se acham equiparados não só o fraco como o poderoso, não só o rico como o pobre, mas ainda a débil personalidade da pessoa singular com a gigantesca personalidade da pessoa coletiva".[34]

Após o estágio inicial de evolução da conquista de direitos sociais, Sergio Pinto Martins (2001) informa que o Direito Coletivo do Trabalho nasce com o reconhecimento do direito de associação dos trabalhadores, o que veio a ocorrer após a Revolução Industrial, no século XVIII, podendo-se dizer que o berço do sindicalismo foi a Inglaterra, onde, em 1720, foram formadas associações de trabalhadores para reivindicar melhores salários e condições de trabalho, inclusive limitação da jornada de trabalho.[35]

Para Mozart Victor Russomano (2002):

> poder-se-á afirmar que o sindicato nasceu no momento em que a corporação de ofício explodiu, sob a pressão exercida, de dentro para fora, pelos aprendizes e, sobretudo, pelos companheiros; ou, de fora para dentro, pelo início do processo industrial e pela vitória das ideias liberais. (...) Neste sentido, podemos afirmar que o nascimento do sindicalismo é a culminação de um longo processo histórico, cheio de antecedentes numerosos e importantes, que tinha por desaguadouro o ideal comum de valorização do homem como pessoa e de reconhecimento dos direitos essenciais à defesa de seus interesses e à expansão de sua personalidade. As causas que determinaram o fim das corporações, em última análise, foram as mesmas que provocaram o advento do sindicato. Por motivo de fácil explicação histórica, a Grã-Bretanha foi o berço do sindicalismo contemporâneo.[36]

Não podemos negar o papel predominante exercido pelos sindicatos no mundo do trabalho. A experiência decorrente do surgimento dos sindicatos de trabalhadores teve importância transcendental na afirmação histórica dos direitos que deram origem às garantias sociais. Ao longo do século XX, a presença ostensiva dos sindicatos influenciou a trajetória do Direito Coletivo do Trabalho, criando um vínculo do seu desempenho aos graus de liberdade e de autonomia que foram gradualmente sendo adquiridos por eles.

---

[34] RADBRUCH, Gustav. *Filosofia do direito*. 5. ed. Trad. L. Cabral de Moncada. Coimbra: Arménio Amado, 1974, p. 261.
[35] MARTINS, Sergio Pinto. *Direito do trabalho*. 14. ed. São Paulo: Altas, 2001, p. 612.
[36] RUSSOMANO, Mozart Victor. *Princípios gerais do direito sindical*. 2. ed. Rio de Janeiro: Forense, 2002, p. 15-17.

2

A COLETIVIZAÇÃO NO CONTEXTO DA GÊNESE DO DIREITO COLETIVO DO TRABALHO E AS PRIMEIRAS DECLARAÇÕES DE DIREITOS HUMANOS FUNDAMENTAIS

O Direito do Trabalho acha-se umbilicalmente relacionado com o desenvolvimento do capitalismo, o que pode ser constatado pelo surgimento das primeiras normas trabalhistas, que foram inicialmente direcionadas para a preservação da capacidade física do obreiro, de sorte a manter sua capacidade laboral na prestação dos serviços.

Ao mesmo tempo que o Estado concretizava em normas jurídicas a sustentada liberdade formal, a Constituição Francesa de 1791 negava a condição de cidadão ao trabalhador assalariado, o que posteriormente foi adotado pela Constituição Brasileira de 1824. Essa dualidade de posturas ideológicas articula-se de maneira inevitável a partir do fato de que a sociedade capitalista vai desenvolvendo-se tanto na consolidação da apropriação dos meios de produção, como nos mecanismos de dominação.[1]

Mario Elffman afirma que o surgimento das primeiras leis se orientava para a preservação das forças produtoras: trata-se da limitação da jornada diária de trabalho, da regulamentação dos descansos semanais e das atividades consideradas insalubres.[2]

A relação entre os sujeitos – empregador e empregado – é típica de uma formação econômico-social capitalista, que se concretiza como relações de

---

[1] MISAILADIS, Mirta Lerena de. *Os desafios do sindicalismo brasileiro diante das atuais tendências*. São Paulo: LTr, 2001, p. 19.
[2] ELFFMAN, Mario. La polémica historia del derecho del trabajo. *Derecho Laboral*, Montevidéo, 1998, n. 152, p. 737-738.

propriedade, ou seja, relações com os meios de produção. Como a titularidade dos resultados de produção são relações de dominação e, consequentemente, de exploração, tais relações são inevitavelmente antagônicas.

É sob tais condições que nasce o Direito do Trabalho, o conjunto de institutos, normas, princípios que regulam as relações entre trabalhadores e empregadores, individual e coletivamente, a partir do pressuposto lógico de desigualdade contratual, para tentar atenuar e limitar os efeitos nocivos da subordinação econômica do trabalhador em relação ao empregador.[3]

Fica implícita no relacionamento do empregado-empregador uma relação de poder e de dominação, na qual prevalece a supremacia do segundo em relação ao primeiro, em incontestável superioridade econômica e financeira e, na maioria das vezes, social, que o Direito do Trabalho vai tentar contrabalançar mediante uma desigualdade jurídica.

Percebe-se, desta forma, que o núcleo fundamental ou "DNA" do Direito Individual do Trabalho tem como base o princípio tutelar e sua tríplice vertente, que repousa no princípio da norma mais favorável, da condição mais benéfica e do *in dubio pro operario*, pois se trata de uma relação jurídica desigual entre um ser individual (trabalhador) e um ser coletivo (empregador), o que já não acontece nas relações jurídicas de Direito Coletivo, em que figuram como convenentes dois seres coletivos: sindicato profissional e sindicato patronal ou o empregador. Daí, é fato que a relação jurídica de direito individual trabalhista se alicerça em uma relação de poder e de dominação.

Poder, que na lição de Max Weber, manifesta-se em toda probabilidade de impor a própria vontade numa relação social, mesmo contra resistências, seja qual for o fundamento dessa probabilidade, enquanto a dominação consiste na probabilidade de encontrar obediência a uma ordem de determinado conteúdo, entre determinadas pessoas indicáveis. A esses conceitos, podemos ainda acrescentar que na relação entre o trabalhador e a empresa, prevalece ainda uma estrita disciplina, ou seja, a probabilidade de se encontrar obediência pronta, automática e esquemática a uma ordem, entre uma pluralidade indicável de pessoal.[4]

Entretanto, o Direito do Trabalho veio encontrar uma série de percalços em seu desenvolvimento, sobretudo porque, se a Constituição não considerava o trabalhador de forma isolada como cidadão, é natural que também

---

[3] MISAILIDIS, Mirta Lerena de. Op. cit., p. 20.
[4] WEBER, Max. *Economia e sociedade*. 3. ed. Brasília: Universidade de Brasília, 1994, v. 1, p. 33.

não haveria de reconhecê-lo em conjunto, ou seja, na sua forma associativa ou coletiva, como o direito de sindicalização ou de associação.

Muito embora a Declaração Universal dos Direitos do Homem e do Cidadão, de 1789, tenha reconhecido o direito à livre associação, a famosa Lei *Le Chapelier*, de 1791, veio proibir, de forma peremptória, todas as formas de coalizão de trabalhadores, bem como abolir as corporações de ofício. Se isso não bastasse, o Código Penal francês, de 1810, fixou penas privativas de liberdade para as pessoas que tentassem reunir-se para a defesa de seus interesses profissionais ou reivindicar quaisquer direitos. Essa lei francesa acabou sendo adotada pela maioria dos países capitalistas da época.[5]

Entre o período de proibição e a tolerância dos sindicatos pelo Estado, até seu reconhecimento jurídico, existiu um período de grandes penúrias para a classe trabalhadora, o que demonstra que estava ausente a consciência de transformar essa realidade, uma vez que as constituições liberais se limitavam a reafirmar a passividade do Estado e a assegurar o direito de trabalhar e de associar-se, o que constitui a pré-história do Direito do Trabalho, em uma pré-história que é sua própria negação dialética.[6]

As declarações de direitos dos Estados Unidos, juntamente com a Declaração Francesa de 1789, representaram a emancipação histórica do indivíduo perante os grupos sociais aos quais ele sempre se submeteu: a família, o clã, o estamento, as organizações religiosas. Mas, em contrapartida, a perda da proteção familiar, estamental ou religiosa tornou o indivíduo muito mais vulnerável às vicissitudes da vida. A sociedade liberal ofereceu-lhe, em troca, a segurança da legalidade, com a garantia da igualdade de todos perante a lei. Mas essa isonomia cedo se revelou uma pomposa inutilidade para a legião crescente de trabalhadores, compelidos a se empregarem nas empresas capitalistas. Patrões e operários eram considerados, pela majestade da lei, como contratantes perfeitamente iguais em direito, com inteira liberdade para estipular o salário e as demais condições de trabalho. Fora da relação de emprego assalariado, a lei assegurava imparcialidade a todos, ricos e pobres, jovens e velhos, homens e mulheres, a possibilidade jurídica de prover livremente a sua subsistência e enfrentar as adversidades da vida, mediante um comportamento disciplinado e o hábito da poupança.[7]

---

[5] MARTINS, Sergio Pinto. *Direito processual do trabalho*. 17. ed. São Paulo: Atlas, 2001, p. 243.
[6] ELLFMAN, Mario. Op. cit., p. 735.
[7] COMPARATO, Fábio Konder. *A afirmação histórica dos direitos humanos*. Op. cit., p. 41.

O resultado dessa atomização social, como não poderia deixar de ser, foi a brutal pauperização das massas proletárias, já na primeira metade do século XIX. Ela acabou, afinal, por suscitar a indignação dos espíritos bem formados e a provocar a indispensável organização da classe trabalhadora. A Constituição Francesa de 1848,[8] retomando o espírito de certas normas das Constituições de 1791 e 1793, reconheceu algumas exigências econômicas e sociais. Mas a plena afirmação desses novos direitos humanos só veio a ocorrer no século XX, com a Constituição Mexicana de 1917[9] e a Constituição de Weimar de 1919.[10]

Na evolução do Direito do Trabalho, podemos verificar que a fonte mais dinâmica de seu desenvolvimento decorre da negociação direta entre os sindicatos profissionais e os representantes patronais, em que o Estado cumpre papel limitado de controle da legalidade dos referidos pactos. Apesar de suas instituições emergirem do sistema de produção capitalista, o que determina seus limites, trata-se de um ramo do direito que não é resultado das concessões das classes e setores dominantes, mas das conquistas e reivindicações obtidas pelas constantes lutas do operariado.

Para Mozart Victor Russomano:

> através das obrigações contratuais e, sobretudo, das criações normativas que resultam da convenção coletiva, os sindicatos exercem sua mais alta e nobre função. A negociação coletiva assegura a unidade e a força das categorias interessadas e chega à obtenção de melhores, justas e equilibradas condições de trabalho. Através dessas relações coletivas – e daí sua importância admirável – o Direito do Trabalho não apenas assegura, fortemente, o cumprimento das leis, como, igualmente, as suplementa, indo além delas, pois estas nada mais são do que o limite inferior das garantias devidas ao trabalhador.[11]

Neste ponto que se afigura para nós a teoria da pirâmide invertida, ou seja, enquanto que na hierarquia das leis, a Constituição Federal posta-se como *Grundnorm* ou norma fundamental, estando, pois, no ápice da pirâmide normativa, ao revés, no que respeita aos direitos dos trabalhadores, a norma constitucional se apresenta como o assoalho, o piso mínimo normativo, o patamar mínimo de civilidade, como diriam alguns doutrinadores trabalhistas, a exemplo, do ministro Mauricio Godinho Delgado, podendo

---

[8] Idem, ibidem, p. 42.
[9] Idem, ibidem, p. 43.
[10] Idem, ibidem, p. 43.
[11] RUSSOMANO, Mozart Victor. *Princípios gerais de direito sindical*. Op. cit., p. 46.

ser, isto sim, suplantada em direitos pelas cláusulas normativas advindas dos instrumentos coletivos representados pelos acordos e convenções coletivas de trabalho, fruto da negociação coletiva bem-sucedida.

Na Revolução Industrial, acelera-se a atividade produtiva, crescem os centros urbanos, e surge a classe operária. Apesar da origem diversa – alguns operários provinham dos antigos artesãos, outros, de migrações camponesas – e da falta de homogeneidade profissional, até mesmo entre os que trabalhavam em ofícios análogos ou na mesma indústria, teve início a proletarização.[12]

É nesse meio social, cada vez mais massificado, que o sindicalismo se desenvolve e conquista sua plenitude. Mas, se podemos considerar que é no proletariado industrial que o sindicalismo encontra o terreno propício para seu desenvolvimento, não é o sindicalismo, em si mesmo, um fenômeno de massificação, dada sua aspiração de conscientizar esse proletariado. Alejandro Gallart Folch, nesse sentido, considera ser a sindicalização do proletariado a passagem da condição de massa para a de classe.[13]

No início da Revolução Industrial, a imposição de trabalho pelo empregador, a exigência de excessivas jornadas de trabalho, a exploração das mulheres e menores, que constituíam mão de obra barata, os acidentes ocorridos com os trabalhadores no desempenho de suas atividades e a insegurança quanto ao futuro e aos momentos nos quais fisicamente não tivessem condições de trabalhar, foram as constantes da nova era no meio proletário, às quais se podem acrescentar também os baixos salários.[14]

Se o patrão estabelece as condições de trabalho a serem cumpridas pelos empregados, é porque, principalmente, não havia um direito regulamentando o problema.

Amauri Mascaro Nascimento, citando Mario de La Cueva, observa que:

> o contrato de trabalho podia resultar do livre acordo das partes, mas, na realidade, era o patrão quem fixava as normas, e, como jamais existiu contrato escrito, o empregador podia dar por terminada a relação de emprego à sua vontade ou modificá-la ao seu arbítrio. (...) Às vezes eram impostos contratos verbais a longo prazo, até mesmo vitalícios; portanto,

---

[12] MISAILIDIS, Mirta Lerena de. *Os desafios do sindicalismo brasileiro diante das atuais tendências*. Op. cit., p. 20-21.

[13] FOLCH, Alejandro Gallart. *El sindicalismo como fenómeno social*. Buenos Aires: Victor P. Zavalla, 1957, p. 48.

[14] NASCIMENTO, Amauri Mascaro. *Curso de direito do trabalho*. 8. ed. Atual. São Paulo: Saraiva, 1989, p. 10.

uma servidão velada, praticada especialmente nas minas nas quais temia--se pela falta de mão de obra.[15]

O Direito do Trabalho constituiu-se em decorrência de lutas, resistências, conflitos e reivindicações da classe dos trabalhadores, em busca de melhores meios de vida no seio da sociedade e de condições de trabalho, inicialmente no chão das fábricas. Aos poucos, os trabalhadores foram se conscientizando de seus direitos e configurando-se como uma verdadeira classe operária, com características objetivas e subjetivas próprias e, entre seus principais instrumentos de luta, encontrava-se o sindicato.

Fábio Konder Comparato, a propósito, esclarece que:

> os direitos humanos de proteção do trabalhador são, portanto, fundamentalmente anticapitalistas, e, por isso mesmo, só puderam prosperar a partir do momento histórico em que os donos do capital foram obrigados a se compor com os trabalhadores. Não é de admirar, assim, que a transformação radical das condições de produção do final do século XX, tornando cada vez mais dispensável a contribuição da força de trabalho e privilegiando o lucro especulativo, tenha enfraquecido gravemente o respeito a esses direitos pelo mundo afora.[16]

A fase de internacionalização dos direitos dos trabalhadores tomou outra dinâmica com a criação da Organização Internacional do Trabalho (OIT), em 1919, e a proteção do trabalhador assalariado passou também a ser objeto de uma regulação convencional entre os diferentes Estados. Até o início da Segunda Guerra Mundial, a OIT havia aprovado nada menos que sessenta e sete convenções internacionais, das quais apenas três não contaram com nenhuma ratificação. Várias delas, porém, foram ratificadas por mais de uma centena de Estados, como a Convenção nº 11, de 1921, sobre o direito de associação e de coalizão dos trabalhadores agrícolas (113 ratificações); a Convenção nº 14, de 1921, sobre descanso semanal nas empresas industriais (112 ratificações); a Convenção nº 19, de 1925, sobre igualdade de tratamento entre trabalhadores estrangeiros e nacionais em matéria de indenização por acidentes de trabalho (113 ratificações); a Convenção nº 26, de 1928, sobre métodos para fixação de salários-mínimos (101 ratificações); e a Convenção nº 29, de 1930, sobre o trabalho forçado ou obrigatório (134 ratificações).[17]

---

[15] Idem, ibidem, p. 42.
[16] COMPARATO, Fábio Konder. Op. cit., p. 42.
[17] Todas elas foram promulgadas pelo Brasil pelo Decreto nº 41.721, de 25 de junho de 1957.

Entre a crise de 1929 e logo após a Segunda Guerra Mundial verifica-se, no campo político, uma profunda diferença entre os países com democracia representativa e aqueles com regimes totalitários. Nos primeiros, existe uma prevalência da classe dominante, com medidas legislativas que outorgam maior autonomia nas relações de trabalho, além de uma gradual melhoria das condições econômicas e normativas do trabalho assalariado. Nos regimes autoritários – fascismo, comunismo – existe um profundo intervencionismo do Estado nas relações laborais, o que limita o papel dos outros atores sociais.[18]

Nesse período de reconhecimento dos direitos trabalhistas é que surgiu a expressão *Welfare State* que, segundo Flora e Heidenheimer,[19] começou a ser usada na Inglaterra em 1941 pelo arcebispo Temple, no intuito de estimular o patriotismo britânico para enfatizar o contraste com o *Welfare State* nazista. Para esses autores, só depois da publicação do Relatório Beveridge, em 1942, é que o termo se difundiu associado aos benefícios sociais.

Nesse período, ocorreu um notável desenvolvimento sindical: o sindicato tomava seus postos na empresa ou fora dela e se generalizavam as políticas sociais a favor dos trabalhadores.

Para Claus Offe:[20]

> historicamente, o *Welfare State* foi o resultado combinado de uma variedade de fatores que se compuseram de modo específico em cada país. Reformismo socialdemocrata, socialismo cristão, elites políticas e econômicas conservadoras, mas ilustradas, e grandes organizações de trabalhadores industriais foram as principais forças que lutaram e concederam esquemas de seguros compulsórios mais e mais abrangentes, legislação de proteção ao trabalho, salários-mínimos, expansão das facilidades de saúde e educação e subsídios estatais para moradia, assim como reconhecimento dos sindicatos, como representantes, na economia e na política, dos trabalhadores.

É incontestável que o reconhecimento oficial de direitos dos trabalhadores pelo Estado ou pela autoridade política competente dá muito mais segurança às relações sociais exercendo, ademais, uma função pedagógica no

---

[18] MISAILIDIS, Mirta Lerena de. Op. cit., p. 22.
[19] FLORA, P;. HEIDENHEIMER, A. (Org.). *The development of welfare states in Europe and America*. Londres: Transaction Books, 1981, p. 34.
[20] OFFE, Claus. *Some contracditions of the modern Welfare State*. Massachusetts: The MIT, 1984, p. 148.

seio da comunidade para fazer prevalecer os grandes valores éticos, os quais, sem esse reconhecimento oficial, tardariam a se impor na vida coletiva.[21]

Mas nada assegura que certos privilégios da minoria dominante não sejam também inseridos no ordenamento jurídico e mesmo na Constituição, sob a denominação de direitos fundamentais. Isto nos remete, necessariamente, à busca de um fundamento mais profundo do que o simples reconhecimento estatal para a vigência desses direitos.

A teoria positivista considera, no entanto, essa indagação como despida de sentido, a partir do postulado não demonstrado de que não há direito fora da organização política estatal, ou do concerto dos Estados no plano internacional quando, na verdade, na maioria das vezes, os direitos que protegem as liberdades civis e políticas dos cidadãos se configuram contra a prepotência dos órgãos estatais.[22] Cada vez mais se vai firmando na doutrina e na jurisprudência que, em caso de conflitos de direito, há de prevalecer sempre a regra mais favorável ao sujeito de direito, pois a proteção da dignidade da pessoa humana é a finalidade última e a razão de ser de todo o ordenamento jurídico.[23]

Os direitos dos trabalhadores encontram-se, nos dias de hoje, severamente abalados pela hegemonia da chamada política neoliberal, que nada mais é do que um retrocesso ao capitalismo vigorante em meados do século XIX. Criou-se, na verdade, uma situação de exclusão social de populações inteiras, inimaginável para os autores do Manifesto Comunista. Marx e Engels, com efeito, em sua análise do capitalismo, haviam partido do pressuposto de que o capital sempre dependeria do trabalho assalariado, o que daria aos trabalhadores unidos a força necessária para derrotar o capitalismo no embate final da luta de classes. Esse pressuposto revelou-se totalmente falso. No final do século XX, verificou-se em todas as partes do mundo que a massa trabalhadora havia se tornado um insumo perfeitamente dispensável no sistema capitalista de produção. "O que se nos depara", escreveu Hannah Arendt logo após a Segunda Guerra Mundial, "é a possibilidade de uma sociedade de trabalhadores sem trabalho, isto é, sem

---

[21] COMPARATO, Fábio Konder. *A afirmação histórica dos direitos humanos*. Op. cit., p. 46.
[22] Idem, ibidem, p. 47.
[23] Sobre este ponto, cf. no Brasil, os trabalhos de CANÇADO TRINDADE, Antônio Augusto. *Tratado internacional dos direitos humanos*. Porto Alegre: Fabris, 1997, v. 1, p. 434 e ss., e PIOVESAN, Flávia. *Direitos humanos e o direito constitucional internacional*. São Paulo: Max Limonad, 1996, p. 121 e ss.

a única atividade que lhes resta". E acrescentou com razão: "Certamente, nada poderia ser pior".[24]

As revoluções do final do século XVIII assentaram, com a abolição dos privilégios estamentais, a igualdade individual perante a lei. Abriu-se, com isso, uma nova divisão da sociedade, fundada não já em estamentos, mas sim em classes: os proprietários e os trabalhadores. Em 1847, aliás, Tocqueville já antevia: "dentro em pouco, a luta política irá estabelecer-se entre homens de posses e homens desprovidos de posses; o grande campo de batalha será a propriedade".[25]

Foi justamente para corrigir e superar o individualismo, próprio da civilização burguesa, fundado nas liberdades privadas e na isonomia, que o movimento socialista fez atuar, a partir do século XIX, o princípio da solidariedade como dever jurídico, ainda que inexistente no meio social a fraternidade enquanto virtude cívica.[26]

A solidariedade prende-se à ideia de responsabilidade de todos pela carência ou necessidades de qualquer indivíduo ou grupo social. É a transposição, no plano da sociedade política, da *obligatio in solidum* do direito privado romano. O fundamento ético desse princípio encontra-se na ideia de justiça distributiva (de Aristóteles – ou seja, dar a cada um o que é seu), entendida como a necessária compensação de bens e vantagens entre as classes sociais, com a socialização dos riscos normais da existência humana.[27]

Com o fim da Primeira Guerra Mundial surgiu o reconhecimento, pela ordem jurídica, da liberdade sindical e das normas coletivamente negociadas.[28] Mas o desenvolvimento de um direito do trabalho baseado em contratos coletivos é interrompido no período corporativista, quando o Estado passa a ser o centro de elaboração de normas. Na Europa, após uma guerra mundial, o movimento dos trabalhadores reconquista a autonomia de celebrar contratos coletivos.

A partir do final da Segunda Guerra consolida-se, também, o direito dos trabalhadores participarem nas decisões tomadas pela empresa. O que está na ordem do dia, atualmente, está expresso no *Code de Travail*

---

[24] ARENDT, Hannah. *A condição humana*. Rio de Janeiro: Forense; Salamandra: São Paulo: Universidade de São Paulo, 1982, p. 13 (a edição norteamericana, sob o título *The human condition*, foi publicada em Chicago em 1958).
[25] COMPARATO, Fábio Konder. *A afirmação...* Op. cit., p. 51.
[26] Idem, ibidem, p. 51.
[27] Idem, ibidem, p. 52.
[28] JAVILLIER, Jean-Claude. *Droit du travail*. 4. ed. Paris: LCDJ, 1992, p. 14.

francês, de 1982: a cidadania na empresa ao lado do princípio da negociação coletiva.[29]

---

[29] RUDIGER, Dorothee. *O contrato coletivo no direito privado*: contribuições do direito do trabalho para a teoria geral do contrato. São Paulo: LTr, 1999, p. 18. JAVILLIER, Jean Claude. Op. cit., p. 14.

3

CONSIDERAÇÕES SOBRE A EVOLUÇÃO DAS RELAÇÕES COLETIVAS DE TRABALHO E DOS DIREITOS FUNDAMENTAIS DO TRABALHADOR

A história das relações coletivas de trabalho e dos direitos fundamentais do trabalhador seguramente confunde-se com a própria história do Direito do Trabalho.

Para Amauri Mascaro Nascimento:

> nas relações coletivas, os sujeitos são os grupos de trabalhadores e de empregadores, representados, em regra, pelos sindicatos profissionais e patronais, apresentando-se como relações intersindicais. São coletivas as relações entre sindicatos de trabalhadores e, diretamente, uma empresa, ou mais de uma empresa. Quando o sindicato representa os trabalhadores da empresa perante esta, sem a intermediação do sindicato patronal, estar-se-á diante de uma relação coletiva.[1]

Segundo Mazzoni:

> é a relação jurídica constituída entre dois ou mais grupos respectivos de empregadores e de trabalhadores, sindicalmente representados, ou entre um empresário e um ou vários sindicatos de trabalhadores, para regular as condições de trabalho dos sócios representados e o comportamento

---

[1] NASCIMENTO, Amauri Mascaro. *Compêndio de direito sindical*. 2. ed. São Paulo: LTr, 2000, p. 31.

dos grupos tendentes a ordenar as relações de trabalho ou os interesses coletivos do grupo.[2]

O interesse que aqui move as partes é de caráter coletivo, "que é o interesse de uma pluralidade de pessoas com vista a um bem apto para satisfazer a uma necessidade comum".[3]

Para Francesco Santoro-Passarelli:

> interesse coletivo é o de uma pluralidade de pessoas por um bem idôneo apto a satisfazer uma necessidade comum. Não é a soma dos interesses individuais, mas a sua combinação. É indivisível, pois se satisfaz, não por muitos bens, aptos a satisfazerem necessidades individuais, mas por um único bem apto a satisfazer a necessidade da coletividade. O interesse coletivo, que não é o interesse geral de toda a coletividade organizada, também se distingue do individual. É por si mesmo um interesse privado.[4]

Amauri Mascaro Nascimento, sob esse tópico, ainda esclarece que:

> as relações coletivas, que Mazzoni vê como uma nova dimensão do Direito, complementam as relações individuais. Desempenham uma função ordenadora das relações individuais. Criam normas gerais e instituem obrigações. São, portanto, integrativas dos ordenamentos jurídicos, enquanto as relações individuais não têm o mesmo escopo constitutivo, embora da autonomia individual possam resultar acordos individuais, fundados no princípio contratual do *pacta sunt servanda*. A dimensão constitutiva e normativa das relações coletivas é ampla e genérica, enquanto a das relações individuais é restrita e concreta à esfera do individual. Das relações coletivas podem resultar convenções coletivas de trabalho. Das individuais decorrem contratos individuais de trabalho, ajustes negociais, dos quais resultam cláusulas do contrato individual de trabalho, denominadas, no direito do trabalho, normas e condições de trabalho, denominação que tem a finalidade de realçar o aspecto material, mais do que o formal, do contrato de trabalho. As relações coletivas têm, ainda, finalidade compositiva dos conflitos coletivos. Paradoxalmente, são relações que podem ser de conflito. Delas

---

[2] MAZZONI, Giuliano. *Manuale de diritto del lavoro*. Milano: Giuffrè, 1977, t. 2, p. 1206.

[3] BAYÓN, Chacon; PEREZ, Botija. *Manual de derecho del trabajo*. 9. ed. Madrid: D. Marcial Pons, 1975, t. 2, p. 679.

[4] SANTORO-PASSARELLI, Francesco. *Noções de direito do trabalho*. São Paulo: Revista dos Tribunais, 1973, p. 11.

nasce o conflito, e pode surgir, também, a solução do conflito. Daí a sua fisionomia dupla, conflitiva e pacificadora.[5]

Para Betty W. Justice, os sindicatos, no sentido moderno de ação concertada dos trabalhadores para aumentar seus salários e melhorar as condições de trabalho, puderam se desenvolver apenas em um sistema de troca salário-prestação de serviços. Nesse contexto, os trabalhadores descobriram que poderiam melhorar efetivamente seus salários e condições de trabalho por meio das negociações coletivas com os empregadores. Individualmente, sentiam-se desprovidos de poder e compelidos pela realidade econômica a competir uns contra os outros em termos de salários e condições que eles poderiam aceitar.[6]

Na evolução do Direito Coletivo e na luta pela conquista de seus direitos, os trabalhadores tomavam posição para pleitear os benefícios que lhes eram devidos e, para fortalecer sua ação, muito cooperou o desenvolvimento do espírito sindical. Provocavam-se greves, criavam-se organizações proletárias, travavam-se por vezes choques violentos entre essas massas e as forças policiais, ainda movimentadas pela classe capitalista. Surgiram atos de sabotagem, e tornou-se famosa a luta sob o nome de *cacanny,* ou braços caídos. No campo político, a voz dos trabalhadores já se fazia ouvir em parlamentos, quer por meio de líderes operários, quer pelos políticos que se fizeram porta-vozes de seus anseios.[7]

Segadas Vianna destaca que:

> a Primeira Guerra Mundial (1914-1918) levou às trincheiras milhões de trabalhadores e, pondo-os lado a lado com soldados vindos de outras camadas sociais, fê-los compreender que, para lutar e morrer, os homens eram todos iguais, e que deveriam, portanto, ser iguais para o direito de viver. Os governos, tangidos pela necessidade de manter a tranquilidade nas retaguardas, faziam concessões à medida que as reivindicações eram apresentadas e reconheciam a importância do trabalho operário para o êxito da luta que se travava nas trincheiras.[8]

---

[5] NASCIMENTO, Amauri Mascaro. *Compêndio de direito sindical.* Op. cit., p. 32.
[6] JUSTICE, Betty W. *Unions, workers and the law.* Washington: Bureau of National Affairs, 1983, p. 1.
[7] VIANNA, Segadas. Antecedentes históricos. In: SUSSEKIND, Arnaldo; MARANHÃO, Délio; VIANNA, José de Segadas; TEIXEIRA FILHO, João de Lima. *Instituições de direito do trabalho.* 18. ed. Atual. por Arnaldo Sussekind e Lima Teixeira. São Paulo: LTr, 1999, v. 1, p. 43.
[8] Idem, ibidem, p. 44.

Orlando Gomes e Elson Gottschalk esclarecem que:

> não se pode obscurecer o fato histórico de que o Direito do Trabalho surgiu como um direito de caráter social na sua acepção técnica, influenciando, ulteriormente, todas as áreas do pensamento social, político, jurídico e econômico. Fato histórico este que empresta colorido e força às modernas teorias de Estado, que veem na quebra do monopólio jurídico do Estado, na autonomia coletiva dos grupos profissionais, na plurinormatividade dos grupos sociais infraestatais a base de um reconhecimento pelo Estado contemporâneo, desde suas Constituições Políticas, desse direito nascido espontaneamente no seio da sociedade civil através dos grupos que a compõem, e não apenas pela forma de uma "autolimitação de competência" (JELLINEK) ou por efeito de um *jure delegato* (KELSEN).[9]

O Direito das Relações Coletivas do Trabalho, sob o ponto de vista jurídico-sociológico, foi o fator principal, a mola propulsora do Direito do Trabalho, muito embora o reconhecimento pelo Estado da existência desse ramo do Direito tenha começado pela regulamentação do Direito Individual do Trabalho.[10]

Orlando Gomes e Elson Gottschalk[11] também nos informam que:

> não obstante, o Direito Coletivo do Trabalho assegura ao empregado uma proteção real e efetiva, de maneira indireta, na ordem sociológica, e não estritamente jurídica,[12] porquanto permite o agrupamento de grandes massas de trabalhadores nos sindicatos e dá aos mesmos, nas suas relações com os empregadores, a força que deriva do número, da disciplina, da organização técnica e do poder material. Com isso, atenua a inferioridade da condição econômica e coloca o empregado em plano de igualdade com o empregador para a ação e negociação coletivas. Daí a superioridade deste ramo do Direito, sobre o que se limita a regular o contrato individual de trabalho.

O princípio da liberdade sindical, conforme preconizada pela Convenção nº 87 da Organização Internacional do Trabalho (OIT), constitui a razão de ser deste ramo do Direito, o que denota o atraso e incompatibilidade do Direito

---

[9] GOMES, Orlando; GOTTSCHALK, Elson. *Curso de direito do trabalho*. 16. ed. Revista e atualizada de acordo com a Constituição de 1988 por José Augusto Rodrigues Pinto. Rio de Janeiro: Forense, 2002, p. 3.
[10] Idem, ibidem, p. 4.
[11] Idem, ibidem, p. 498.
[12] DURAND, Paul: VITU, André. *Traité de droit du travail*. Paris: Dalloz, 1956, t. 3, p. 14.

Coletivo pátrio com o Direito Coletivo dos países mais avançados economicamente, onde este ramo do direito apresenta franca e notável evolução.

Podemos, ainda, destacar que os corolários da liberdade sindical, no contexto do Direito Coletivo do Trabalho são: o reconhecimento da autonomia privada coletiva (*Autonomie-gedanke*), que se consubstancia no poder de organizar, por suas próprias decisões, as relações de trabalho, sobretudo por meio de convenções coletivas; a organização do Direito Coletivo, segundo as regras da democracia política; seu caráter liberal – a liberdade sindical; e, finalmente, a independência dos grupos profissionais em face do Estado.[13]

---

[13] DURAND, Paul; VITU, André. Op. cit., p. 14.

4

O ADVENTO DOS DIREITOS HUMANOS COMO FORMA DE VALORIZAÇÃO DO DIREITO COLETIVO DO TRABALHO

Podemos categoricamente afirmar que o mais universal de todos os direitos é o dos direitos humanos – à liberdade, à vida, à segurança, à saúde, ao trabalho etc. –, que o homem possui pelo simples fato de ser homem. Da mesma forma que, para a sabedoria, para o conhecimento e para a caridade não existem limites, também não devem existir limites ou exceções para os direitos humanos, e deles são merecedores todos os seres humanos.

Qualquer que seja a posição econômica, social ou legal dos indivíduos, todos merecem esses direitos. Assim, independentemente da origem, raça, credo, cor, religião, profissão, nacionalidade – os direitos humanos, por seu caráter universal, podem e devem ser reclamados por todo indivíduo ou comunidade, visto que todos os seres humanos são iguais em relação a eles.

A origem dos direitos individuais do homem remonta ao antigo Egito e Mesopotâmia, no terceiro milênio antes de Cristo, onde já eram previstos alguns mecanismos para proteção individual em relação ao Estado. O Código de Hamurabi (1690 a.C.) é uma das primeiras codificações a consagrar um elenco de direitos comuns a todos os homens, quer sejam eles derivados da vida, propriedade, honra, dignidade, família, quer quando preveem, inclusive, a supremacia das leis relativamente aos governantes.

A influência filosófico-religiosa nos direitos do homem pôde ser sentida com a propagação das ideias de Buda, basicamente sobre a igualdade de todos os homens (500 a.C.). Posteriormente, inclusive de forma mais coordenada (porém com uma concepção ainda muito diversa da atual), surgem na Grécia vários estudos sobre a necessidade de igualdade e liberdade do homem, destacando-se as previsões de participação política dos cidadãos (democracia direta de Péricles); a crença na existência de um Direito natural anterior e superior às leis escritas, defendida no pensamento dos sofistas e estoicos (por exemplo, na obra *Antígona* – 441 a.C., em que Sófocles defende a existência de normas não escritas e imutáveis, superiores aos direitos escritos pelo homem). Foi o Direito romano que estabeleceu um complexo mecanismo de interditos visando a tutelar os direitos individuais em relação aos arbítrios estatais. A "Lei das Doze Tábuas", porém, pode ser considerada a origem dos textos escritos consagradores da liberdade, da propriedade e da proteção aos direitos do cidadão.[1]

Os conceitos religiosos trazidos pelo Cristianismo, imbuídos na mensagem de igualdade de todos os homens, independentemente de raça, origem, sexo ou credo, influenciou tenazmente a consagração dos direitos fundamentais à dignidade da pessoa humana.

Marilena Chaui destaca que, diferentemente de outras religiões da antiguidade, que eram nacionais e políticas, o Cristianismo nasce como religião de indivíduos que não se definem por seu pertencimento a uma nação ou a um Estado, mas por sua fé num mesmo e único Deus. Em outras palavras, enquanto nas demais religiões antigas, a divindade se relaciona com a comunidade social e politicamente organizada, o Deus cristão relaciona-se diretamente com os indivíduos que nele creem. Isto significa, antes de mais nada, que a vida ética do cristão não será definida por sua relação com a sociedade, mas por sua relação espiritual e interior com Deus.[2]

Ainda segundo a autora, até o Cristianismo, a filosofia moral localizava a conduta ética nas ações e nas atitudes visíveis do agente moral, ainda que tivessem como pressuposto algo que se realizava no interior do agente, em sua vontade racional ou consciente. Eram as condutas visíveis que eram julgadas virtuosas ou viciosas. O Cristianismo, porém, é uma religião da interioridade, que afirma que a vontade e a lei divina não estão escritas nas pedras, nem nos pergaminhos, mas inscritas nos corações dos seres humanos. A primeira relação ética, portanto, se estabelece entre o coração do indivíduo e Deus, entre a alma invisível e a divindade. Como consequência, passou-se a considerar como submetido ao julgamento ético tudo quanto, invisível aos olhos humanos, e visíveis ao espírito de Deus (onisciente, onipresente e onipotente), portanto, tudo quanto acontece em nosso interior.[3]

---

[1] MORAES, Alexandre de. *Direitos humanos fundamentais*. 4. ed. São Paulo: Atlas, 2002, p. 25.
[2] CHAUI, Marilena. *Convite à filosofia*. São Paulo: Ática, 1994, p. 354 e ss.
[3] Idem, ibidem, p. 358.

Nesse sentido, o dever não se refere apenas às ações visíveis, mas também às intenções invisíveis que passam a ser julgadas eticamente. Eis por que um cristão, quando se confessa, obriga-se a confessar pecados, cometidos por atos, palavras e intenções (pensamentos). Sua alma invisível tem o testemunho do olhar de Deus, que a julga. Se compararmos as virtudes definidas pelo Cristianismo com as virtudes aristotélicas, tomando a *Ética a Nicômaco*, com sua síntese das virtudes que constituam a aretê (a virtude ou excelência ética), descobrimos que embora as aristotélicas não sejam afastadas, deixam de ser as mais relevantes. Entre as virtudes mais importantes no quadro cristão encontramos as virtudes teologais: a fé, esperança e caridade, que constituem a relação do homem com Deus; e as virtudes cardeais: coragem, justiça, temperança, prudência, que suscitam a relação dos homens entre si.[4]

Sem dúvida que as fortes concepções do Cristianismo propulsionaram a sedimentação e deram força ao reconhecimento dos direitos humanos. A Igreja Católica foi quem contribuiu para enaltecer e aprofundar a necessidade de se colocar em práticas esses princípios fundamentais.

Leão XIII[5] dizia que "a melhoria da condição operária é requerida por motivos de justiça", acrescentando que "a ideia de justiça está em causa em todas as relações sociais e constitui o único princípio capaz de dar à questão operária uma solução verdadeira e conforme com a equidade, pregada pelo Evangelho", donde conclui: "a caridade é a norma fundamental de toda a vida social, e a justiça é uma norma objetiva universal de todas as relações que se travam na sociedade".

O preceito da caridade, que se assemelha à compaixão, isto é, ao amor sobrenatural fundado no amor de Deus em relação aos homens e destes entre si, cujo fundamento se encontra na Epístola de Paulo aos Romanos, capítulo 13, versículo 9: amarás ao teu próximo como a ti mesmo, a nosso ver, o constituinte de 1988 agasalhou-o na Constituição Federal de 1988. Apenas o substituiu por solidariedade, ao estatuir no art. 3º, I, entre os objetivos fundamentais da República Federativa do Brasil: a construção de uma sociedade livre, justa e solidária, fazendo do primado da dignidade da pessoa humana um dos alicerces do texto constitucional.

No processo de construção e de desenvolvimento dos direitos humanos tivemos importantes antecedentes históricos, advindos de várias declarações

---

[4] Idem, ibidem, p. 359.
[5] CALVEZ, Jean-Yvez; PERRIN, Jacques. Igreja e sociedade econômica – ensino social dos Papas: de Leão XIII a Pio XII (1878-1958). *Caridade e justiça*. Carta aos bispos da Polônia, 19 mar. 1895, BP, IV, p. 66.

de direitos até a promulgação da Declaração Universal dos Direitos Humanos, de 1948, que se transformou na matriz suprema dessa conquista histórica.

Torna-se oportuno, nesta etapa, jogarmos uma rápida luz nesse tema, para o que sintetizamos o desenvolvimento de Alexandre de Moraes[6] a respeito, como segue: entre os importantes antecedentes históricos das declarações de direitos humanos encontram-se, primeiramente, na Inglaterra, onde podemos citar a *Magna Charta Libertatum*, outorgada por João Sem Terra, em 1215; a *Petition of Right*, de 1628; o *Habeas Corpus Act*; de 1679, o *Bill of Rights*; de 1689; e o *Act of Seattlement*, de 1701. Posteriormente, e com idêntica importância na evolução dos direitos humanos, encontramos a participação da Revolução dos Estados Unidos da América, onde podemos citar os históricos documentos: Declaração de Direitos da Virgínia, de 1776; Declaração de Independência dos Estados Unidos da América, 1776, produzida basicamente por Thomas Jefferson; e a Constituição dos Estados Unidos da América, 1787.

A consagração normativa dos direitos humanos fundamentais coube à França, em 1789, por meio de Assembleia Nacional, quando promulgou a Declaração dos Direitos do Homem e do Cidadão, com 17 artigos. Entre eles podemos destacar: princípio da igualdade, liberdade, propriedade, segurança, resistência à opressão, associação política, princípio da legalidade, princípio da reserva legal e anterioridade em matéria penal, princípio da presunção de inocência, liberdade religiosa, livre manifestação de pensamento.

A Constituição Francesa de 1791 trouxe novas formas de controle do poder estatal, porém coube à Constituição Francesa de 1793, melhor regulamentação dos direitos humanos fundamentais, cujo preâmbulo assim se apresenta:

> o povo francês, convencido de que o esquecimento e o desprezo dos direitos naturais do homem são as causas das desgraças do mundo, resolveu expor, numa declaração solene, esses direitos sagrados e inalienáveis, a fim de que todos os cidadãos, podendo comparar sem cessar os atos do governo com a finalidade de toda a instituição social, nunca se deixem oprimir ou aviltar pela tirania; a fim de que o povo tenha sempre perante os olhos as bases da sua liberdade e da sua felicidade; o magistrado, a regra dos seus deveres; o legislador, o objeto da sua missão. Por consequência, proclama, na presença do Ser Supremo, a seguinte declaração dos direitos do homem e do cidadão.

---

[6] MORAES, Alexandre de. *Direitos humanos fundamentais*. 4. ed. São Paulo: Atlas, 2002, p. 27-33.

A maior efetivação dos direitos humanos fundamentais continuou durante o constitucionalismo liberal do século XIX, tendo como exemplos a Constituição Espanhola, de 1812, a Constituição Portuguesa de 1822, a Constituição Belga de 1831 e a Declaração Francesa de 1848.

A Declaração de Direitos da Constituição Francesa de 1848 apresentou uma ampliação em termos de direitos humanos fundamentais, que seria posteriormente definitiva, a partir dos diplomas constitucionais do século XX. Além dos direitos humanos tradicionais, em seu art. 13 previa, como direitos dos cidadãos garantidos pela Constituição, a liberdade do trabalho e da indústria, a assistência aos desempregados, às crianças abandonadas, aos enfermos e aos velhos sem recursos, cujas famílias não os pudessem socorrer.

O início do século XX trouxe diplomas constitucionais essencialmente marcados pelas preocupações sociais, como se percebe por seus principais textos: Constituição Mexicana, de 1917; Constituição de Weimar, em 1919, seguida pela primeira Constituição Soviética, 1918; e Carta do Trabalho, da Itália fascista de 1927, utilizada posteriormente por Getúlio Vargas no Brasil, em 1937.

A Constituição de Weimar, que representa um dos marcos da evolução dos direitos coletivos do trabalho, apresentava na sua Seção V, grande ênfase nos direitos socioeconômicos, prevendo a proteção especial em relação ao trabalho, a liberdade de associação para defesa e melhoria das condições de trabalho e de vida (art. 159), a obrigatoriedade de existência de tempo livre para os empregados e operários poderem exercer seus direitos cívicos e funções públicas gratuitas (art. 160), sistema de seguridade social, para conservação da saúde e da capacidade de trabalho, proteção da maternidade e prevenção dos riscos da idade, da invalidez e das vicissitudes da vida (art. 161).

Além desses direitos sociais expressamente previstos, a Constituição de Weimar apresentou um forte espírito de defesa dos direitos dos trabalhadores ao instituir que o Império procuraria obter uma regulamentação internacional da situação jurídica dos trabalhadores que assegurasse ao conjunto da classe operária da humanidade um mínimo de direitos sociais, e que os operários e empregados seriam chamados a colaborar, em pé de igualdade, com os patrões, na regulamentação dos salários e das condições de trabalho, bem como no desenvolvimento das forças produtivas.[7] Podemos dizer que aqui se encontram fortalecidos os princípios reguladores da negociação coletiva de trabalho.

---

[7] MORAES, Alexandre de. Op. cit., p. 33.

A Carta do Trabalho de 1927, embora impregnada fortemente pela doutrina do Estado fascista italiano, trouxe um avanço em relação aos direitos sociais dos trabalhadores, prevendo, principalmente: liberdade sindical, magistratura do trabalho, possibilidade de contratos coletivos de trabalho, maior proporcionalidade de retribuição financeira em relação ao trabalho, remuneração especial ao trabalho noturno, garantia do repouso semanal remunerado, previsão de férias após um ano de serviço ininterrupto, indenização em virtude de dispensa arbitrária ou sem justa causa, previsão de previdência, assistência, educação e instrução sociais.[8]

---

[8] Idem, ibidem, p. 33-34.

5

CONCEITO E CARACTERÍSTICAS DOS DIREITOS HUMANOS FUNDAMENTAIS

O conjunto de direitos e garantias da pessoa humana tem por finalidade básica o respeito à sua dignidade, segurança e bem-estar, por meio de sua proteção contra o arbítrio do poder do Estado, demais entidades representativas de poder, incluindo-se aqui os representantes da sociedade civil, bem como o estabelecimento de condições mínimas de vida para o desenvolvimento da personalidade humana.

A Organização das Nações Unidas para a Educação (UNESCO), em sua definição clássica de direitos humanos fundamentais, apresenta, de um lado, uma rede protetora de maneira institucionalizada dos direitos da pessoa humana contra os excessos do poder cometidos pelos órgãos do Estado e, por outro, regras para se estabelecerem condições humanas de vida e desenvolvimento da personalidade humana.[1]

O conceito da expressão direitos humanos pode ser atribuído aos valores ou direitos inatos e imanentes à pessoa humana, pelo simples fato de ter ela nascido com esta qualificação jurídica. São direitos que pertencem à essência ou à natureza intrínseca da pessoa humana, que não são acidentais e suscetíveis de aparecerem e desaparecerem em determinadas circunstâncias. São direitos eternos, inalienáveis, imprescritíveis que se agregam à natureza da pessoa humana, pelo simples fato de ela existir no mundo do direito.

José Afonso da Silva, ao tratar do conceito dos direitos humanos, afirma que:

> os direitos fundamentais do homem constituem a expressão mais adequada a este estudo, porque, além de referir-se a princípios que resumem a con-

---

[1] UNESCO. *Les dimensions internationales des droits de l´homme*. 1978, p. 11.

cepção do mundo e informam a ideologia política de cada ordenamento jurídico, é reservada para designar, no nível do direito positivo, aquelas prerrogativas e instituições que ele concretiza em garantias de uma convivência digna, livre e igual de todas as pessoas.[2]

Ainda mais importante que apenas caracterizar os aspectos intrínsecos dos direitos humanos, para este autor não basta, a liberdade formalmente reconhecida, pois a dignidade da pessoa humana, como fundamento do Estado Democrático de Direito, reclama condições mínimas de existência, existência digna conforme os ditames da justiça social como fim da ordem econômica. É de lembrar que constitui um desrespeito à dignidade da pessoa humana um sistema de profundas desigualdades, uma ordem econômica em que inumeráveis homens e mulheres são torturados pela fome, inúmeras crianças vivem na inanição, a ponto de milhares delas morrerem na tenra idade. Não é concebível uma vida com dignidade entre a fome, miséria e a incultura, pois a liberdade humana com frequência se debilita quando o homem cai na extrema necessidade.[3]

Discorrendo sobre o tema, John Rawls desenvolve dois princípios fundamentais de justiça para favorecer os indivíduos, quais sejam: 1) cada pessoa deve ter o direito igual ao mais extenso sistema de liberdades básicas que seja compatível com um sistema de liberdades idêntico para as outras; 2) as desigualdades econômicas e sociais devem ser distribuídas de forma que, simultaneamente: a) proporcionem a maior expectativa de benefícios aos menos favorecidos; b) estejam ligadas a funções e a posições abertas a todos em posição de igualdade equitativa de oportunidades.[4]

No Brasil, a teoria do mínimo existencial criada por John Rawls – representada pela posição equitativa de oportunidades como um conjunto de condições materiais mínimas, como pressuposto não apenas do princípio da diferença, mas também do princípio da liberdade, uma vez que a carência daquele mínimo existencial inviabiliza a utilização pelo homem das liberdades que a ordem jurídica lhe assegura – foi desenvolvida por Ricardo Lobo Teixeira, que entende o mínimo existencial como o "conjunto imprescindível de condições iniciais para o exercício da liberdade".[5]

---

[2] SILVA, José Afonso da. *Direito constitucional positivo*. 21. ed. São Paulo: Malheiros, 2002, p. 178.
[3] SILVA, José Afonso da. *Poder constituinte e poder popular*. São Paulo: Malheiros, 2000, p. 149.
[4] RAWLS, John. *Uma teoria da justiça*. Tradução de Carlos Pinto Correia. Lisboa: Presença, 1993, p. 166.
[5] TORRES, Ricardo Lobo. *Direitos humanos e a tributação*: imunidade e isonomia. Rio de Janeiro: Renovar, 1995, p. 135. O autor distingue o mínimo existencial, a

Pérez Luño apresentou uma definição de direitos humanos que mais se aproximou do conteúdo desenvolvido por vários autores, que assim se dispõe: "conjunto de faculdades e instituições que, em cada momento histórico, concretizam as exigências da dignidade humana, a liberdade e igualdade humanas, as quais devem ser reconhecidas positivamente pelos ordenamentos jurídicos a nível nacional e internacional".[6]

José Castan Boneñas, por sua vez, define direitos humanos como aqueles direitos fundamentais da pessoa humana, considerada tanto em seu aspecto individual como comunitário, que correspondem a ela em razão de sua própria natureza (de essência ao mesmo tempo corpórea, espiritual e social), e que devem ser reconhecidos e respeitados por todo poder e autoridade, inclusive as normas jurídicas positivas, cedendo, não obstante, em seu exercício, ante as exigências do bem comum.[7]

Mas, se falamos tanto em direitos humanos e dignidade, como podemos afinal, conceituar dignidade da pessoa humana?

A dignidade da pessoa humana pode ser concebida como uma conquista da razão ética e jurídica da humanidade, atribuída a todas as pessoas, como fruto da reação de todos os povos contra as atrocidades cometidas pelo homem contra o próprio homem, que marcaram a experiência do homem na Terra. As experiências errôneas do passado, que culminaram em verdadeiros atentados à pessoa humana, geraram a consciência de que se devia proteger, preservar, a dignidade da pessoa humana, a qualquer custo. É somente entendendo as violações praticadas contra a dignidade humana que podemos tentar defini-la.

É por isso que a própria Constituição da Alemanha Ocidental do pós-guerra, palco de enorme desrespeito ao ser humano na Segunda Guerra Mundial, por meio da experiência nazista, traz estampada no seu artigo de introdução que "a dignidade da pessoa humana é intangível. Respeitá-la e protegê-la é obrigação de todo o poder público".[8]

---

parcela mínima das condições materiais sem a qual o homem não sobrevive aos direitos econômicos e sociais. Aquele, em sua concepção e direito pré-constitucional, que decorre do direito básico de liberdade, tem validade *erga omnes* e diretamente sindicável. Os direitos econômicos e sociais, por outro lado, fundamentam-se não na ideia de liberdade, mas de justiça social e dependem da concessão do legislador.

[6] LUÑO, Perez; CASTRO, J. L. Cascajo; CID, B. Castro; TORRES, C. Gomes. *Los derechos humanos*: significación, estatuto jurídico y sistema. Sevilha: Universidad de Sevilhha, 1979, p. 43.

[7] TOBEÑAS, José Castan. *Los derechos del hombre*. Madrid: Reus, 1976, p. 13.

[8] Art. 1º da Constituição Federal da Alemanha. Tradução do Governo Alemão, publicado pelo Departamento de Imprensa e Informação do Governo Federal, Bonn.

O autor que, com muita propriedade, desenvolve essa afirmativa é Chaim Perelman, que assim se pronuncia a respeito:

> se é o respeito pela dignidade humana a condição para uma concepção jurídica dos direitos humanos, se se tratar de garantir esse respeito de modo que se ultrapasse o campo do que é efetivamente protegido, cumpre admitir; como corolário, a existência de um sistema de direito com um poder de coação. Nesse sistema, o respeito pelos direitos humanos imporá, a um só tempo, a cada ser humano – tanto no que concerne a si próprio quanto no que concerne aos outros homens – e ao poder incumbido de proteger tais direitos, a obrigação de respeitar a dignidade da pessoa. Com efeito, corre-se o risco, se não se impuser esse respeito ao próprio poder, de este, a pretexto de proteger os direitos humanos, tornar-se tirânico e arbitrário. Para evitar esse arbítrio, é, portanto, indispensável limitar os poderes de toda autoridade incumbida de proteger o respeito pela dignidade das pessoas, o que supõe um Estado de direito é a independência do poder judiciário. Uma doutrina dos direitos humanos que ultrapasse o estádio moral ou religioso é, pois, correlativa de um Estado de direito.[9]

Idêntico raciocínio desenvolve Celso Antonio Pacheco Fiorillo,[10] ao afirmar que há um piso vital mínimo imposto pela Constituição Federal de 1988, como garantia da possibilidade de realização histórica e real da dignidade da pessoa humana no meio social. Para esse autor, para começar a respeitar a dignidade da pessoa humana, tem-se que assegurar concretamente os direitos sociais previstos no art. 6º da Constituição que, por sua vez, está atrelado ao *caput* do art. 225 – normas estas que garantem como direitos sociais, a educação, a saúde, o trabalho, o lazer, a segurança, a previdência social, a proteção à maternidade e à infância, a assistência aos desamparados, na forma da Constituição, assim como direito ao meio ambiente equilibrado, essencial à sadia qualidade de vida.[11]

Para Rizzato Nunes, no que estamos de pleno acordo, existem autores que entendem que é a isonomia a principal garantia constitucional, como, efetivamente, ela é importante. Contudo, no atual diploma constitucional, o principal direito fundamental constitucionalmente garantido é o da dignidade

---

Wiesbaden: Wiesbadener Graphische Betriebe, 1983, p. 16.

[9] PERELMAN, Chaim. *Ética e direito*. São Paulo: Martins Fontes, 1999, p. 400.

[10] FIORILLO, Celso Antonio Pacheco. *O direito de antena em face do direito ambiental no Brasil*. São Paulo: Saraiva, 2000, p. 47.

[11] Idem, ibidem, p. 48 e ss.

da pessoa humana. É ela, a dignidade, o primeiro fundamento de todo o sistema constitucional posto, e o último arcabouço de guarida dos direitos individuais. A isonomia serve, é verdade, para gerar equilíbrio real, porém visando a concretizar o direito à dignidade. É a dignidade que dá a direção, o comando a ser considerado primeiramente pelo intérprete.[12]

O autor ainda destaca que, após a soberania, aparece, no texto constitucional, a dignidade como fundamento da República Brasileira, como se vê no art. 1º:

> Art. 1º A República Federativa do Brasil, formada pela união indissolúvel dos Estados e Municípios e do Distrito Federal, constitui-se em Estado Democrático de Direito e tem como fundamentos:
>
> I – a soberania;
>
> II – a cidadania;
>
> III – a dignidade da pessoa humana;
>
> (...)

Portanto, o fundamento da dignidade humana pode ser encarado como o princípio nuclear para a interpretação de todos os direitos e garantias conferidos às pessoas, de acordo com o texto constitucional.

É importante ainda destacar que os direitos humanos fundamentais, conjuntamente com as garantias que lhe são inerentes, contrapõem-se à ingerência do Estado nas esferas individuais e coletivas e a eventuais atos arbitrários perpetrados por quaisquer instituições que detenham poder econômico, social ou político. O reconhecimento e a consagração da dignidade humana assumem, nos dias de hoje, projeção planetária, com expressa anuência por parte da maioria dos Estados, seja em nível constitucional, infraconstitucional, seja em nível consuetudinário ou mesmo por meio de tratados e convenções internacionais.

A aplicação desses direitos assume na maioria dos países *status* de norma constitucional em relação aos demais direitos previstos no ordenamento jurídico, apresentando dentre suas características mais importantes, as que passamos a enumerar: imprescritibilidade, irrenunciabilidade, inviolabilidade, inalienabilidade, universalidade, efetividade, interdependência e complementaridade.

---

[12] NUNES, Rizzatto. *O princípio constitucional da dignidade da pessoa humana*. São Paulo: Saraiva, 2002, p. 45.

Alexandre de Moraes[13] sintetiza da seguinte forma essas características dos direitos humanos fundamentais:

- imprescritibilidade: os direitos humanos fundamentais não se perdem pelo decurso do prazo;
- inalienabilidade: não há possibilidade de transferência dos direitos humanos fundamentais, seja a título gratuito, seja a título oneroso;
- irrenunciabilidade: os direitos humanos fundamentais não podem ser objeto de renúncia. Desta característica surgem discussões importantes na doutrina, como a renúncia ao direito à vida e a eutanásia, o suicídio e o aborto;
- inviolabilidade: impossibilidade de desrespeito por determinações infraconstitucionais ou por atos das autoridades públicas, sob pena de responsabilização civil, administrativa e criminal;
- universalidade: a abrangência desses direitos engloba todos os indivíduos, independentemente de sua nacionalidade, sexo, raça, credo ou convicção político-filosófica;
- efetividade: a atuação do Poder Público deve ser para garantir a efetivação dos direitos e garantias previstos, com mecanismos coercitivos para tanto, uma vez que a Constituição Federal não se satisfaz com o simples reconhecimento abstrato;
- interdependência: as várias previsões constitucionais, apesar de autônomas, possuem diversas intersecções para atingirem suas finalidades. Assim, por exemplo, a liberdade de locomoção está intimamente ligada à garantia do *habeas corpus*, bem como prever a prisão somente por flagrante delito ou por ordem da autoridade judicial competente;
- complementaridade: os direitos humanos fundamentais não devem ser interpretados isoladamente, mas sim de forma conjunta com a finalidade de alcance dos objetivos previstos pelo legislador constituinte.

Existe uma corrente doutrinária que defende a tese de que os direitos sociais elencados no art. 6º da Constituição Federal podem ser definidos como integrantes das cláusulas pétreas, insuscetíveis de retirada ou de eliminação do texto constitucional, postando-se ao lado dos demais direitos enunciados no art. 60, § 4º, da Constituição Federal, sob o manto da teoria do não retrocesso social, da lavra do jurista J. J. Gomes Canotilho.

E na clássica distinção entre os direitos humanos e os direitos humanos fundamentais podemos esclarecer que os primeiros são tidos como gênero

---

[13] MORAES, Alexandre de. *Direitos humanos fundamentais*. Op. cit., p. 41.

e os segundos são considerados espécie. Portanto, os direitos humanos são aqueles direitos inalienáveis, imprescritíveis, impenhoráveis, não oneráveis, enfim, direitos universais e eternos que o ser humano possui pelo simples fato de ter nascido na condição humana, enquanto os direitos humanos fundamentais são espécies do gênero, que em determinado momento de evolução histórica, cultural, econômica, política e social de um povo, este houve por bem selecionar alguns daqueles direitos humanos para eternizá-los em seu Texto Maior, ou seja, inseri-los em nossa Constituição Federal.

E esse conjunto de direitos humanos divide-se atualmente em dimensões e não mais em gerações, em face de seu conteúdo mais elástico, e pelo fato de que uma dimensão de direitos humanos se integra às demais, formando um tecido uniforme de direitos humanos que passa a constituir algo que se assemelha a uma segunda natureza da pessoa humana.

Temos, então, atualmente, cinco dimensões de direitos humanos. As três primeiras dimensões são retiradas da bandeira da revolução francesa de 1789: *liberté, égalité e fraternité*. Em outras palavras, os direitos de liberdade constituem a primeira dimensão de direitos humanos, enquanto os direitos de igualdade, na qual se insere o direito do trabalho, a proteção contra discriminações se apresenta como de segunda dimensão. Por seu turno, os direitos difusos e coletivos aparecem como direitos de solidariedade ou de fraternidade, envolvendo as presentes e futuras gerações de pessoas, como direitos humanos de terceira dimensão.

Os direitos humanos de quarta dimensão estão representados pelos direitos à paz, à democracia, à informação, à disposição de partes do próprio corpo e à biogenética, enquanto os direitos de quinta dimensão estão relacionados à cibernética, à informática, às redes sociais (MSN, Facebook etc.) e ao dano moral puro, desvinculado do direito material.

6

INTERNACIONALIZAÇÃO DOS DIREITOS HUMANOS FUNDAMENTAIS E NOVOS DIREITOS INDIVIDUAIS E COLETIVOS DA PESSOA HUMANA. O PRINCÍPIO DO NÃO RETROCESSO SOCIAL

Nesta linha evolutiva dos direitos da pessoa humana, percebe-se o advento de uma clara transformação: da concepção primitiva de delimitar as áreas em que a vontade individual e coletiva poderiam livremente atuar, com fulcro nos princípios da autonomia privada, individual e coletiva, em que o Estado não poderia interferir, passamos para a aquisição de novos direitos não apenas pela sociedade como um todo, como também de algumas especificidades pela classe trabalhadora.

Não há dúvida de que os direitos do homem constituem uma classe variável e estão em franca mutação, suscetíveis de transformação e de ampliação, dependendo do momento histórico em que se situam. O elenco desses direitos continuará a se modificar permanentemente de acordo com a própria evolução da sociedade, em face de novas invenções, novas tecnologias, novas formas de produção e de gestão da força de trabalho.

A dinâmica da vida social é responsável pelo surgimento de novos direitos e novas obrigações, e uma lei recentemente promulgada já pode nascer sob o estigma do atraso em face da velocidade das mudanças engendradas pelo advento das novas tecnologias da informação, da telemática e da informática. Da mesma forma, existem povos que ainda lutam pela conquista dos direitos de primeira dimensão, os direitos de liberdade em face da opressão do Estado ditatorial, quando uma única pessoa – geralmente um ditador – toma o poder, conjuntamente com seu grupo de apaniguados ou asseclas, uma pequena elite política favorecida, e se apropria do patrimônio público que, a rigor, pertence ao povo, transformando-o em patrimônio pessoal ou particular, passando a se beneficiar de todas as benesses do poder, enquanto a população contínua à míngua, na pobreza e na miséria. Geralmente tais países proíbem o acesso a outros direitos fundamentais, como o direito à informação, às redes sociais, para evitar o conhecimento e reprimenda internacional diante das barbáries cometidas contra os direitos humanos. Na prática, porém, em casos que tais, várias dimensões de direitos humanos são sonegados ao povo.

Para Norberto Bobbio, o desenvolvimento dos direitos do homem passou por três fases: em um primeiro momento afirmaram-se os direitos de liberdade, isto é, todos aqueles direitos que tendem a limitar o poder do Estado e a reservar para o indivíduo (ou para os grupos particulares) uma esfera de liberdade em relação a ele; em um segundo momento, foram propugnados os políticos, os quais – concebendo a liberdade não apenas negativamente, como não impedimento, mas positivamente, como autonomia – tiveram como consequência a participação cada vez mais ampla, generalizada e frequente dos membros de uma comunidade no poder político (ou liberdade no Estado); finalmente, foram proclamados os direitos sociais, que expressam o amadurecimento de novas exigências – podemos mesmo dizer, de novos valores – como os do bem-estar e da igualdade não apenas formal, mas que poderíamos chamar de liberdade *através* ou *por meio* do Estado.[1]

Modernamente, entre os direitos econômicos e sociais destacam-se o direito ao trabalho, a fixação de um salário mínimo, o estabelecimento de uma duração máxima para o trabalho, o amparo ao desempregado, à proteção a mulher e ao menor, o auxílio em caso de doença, invalidez, a concessão de aposentadoria, a garantia de acesso à educação, o direito de formar sindicatos, de liberdade sindical, o direito de greve, entre outros.

A explosão demográfica, as guerras mundiais, as agressões ao meio ambiente, a competição econômica internacional e o advento da globalização econômica ensejaram o aparecimento de uma nova classe de direitos, mais modernos, que se convencionou rotular de direitos de solidariedade ou de fraternidade, ou seja, os direitos de terceira dimensão.

Com efeito, tais direitos sucedem no tempo os direitos resultantes das revoluções liberais, do século XVIII, e os direitos decorrentes das agitações operárias, do século XIX. Entre eles destacam-se o direito à paz, ao desenvolvimento, ao meio ambiente, ao patrimônio comum da humanidade, à

---

[1] BOBBIO, Norberto. *A era dos direitos*. Tradução de Carlos Nelson Coutinho. Rio de Janeiro, Campus: 1992, p. 25.

autodeterminação dos povos etc. Tais direitos, mais do que nos ordenamentos jurídicos internos dos Estados, desenvolveram-se, sobretudo, no plano do Direito Internacional.[2]

Como dito, os direitos de quarta dimensão, que dizem respeito à democracia, ao direito à informação e o direito ao pluralismo. De acordo com Paulo Bonavides:

> a democracia positivada enquanto direito da quarta geração, há de ser, de necessidade, uma democracia direta. Materialmente possível graças aos avanços da tecnologia de comunicação, e legitimamente sustentável, graças à informação correta e às aberturas pluralistas do sistema. Desse modo, há de ser também uma democracia isenta já das contaminações da mídia manipuladora, já do hermetismo de exclusão, de índole autocrática e unitarista, familiar aos monopólios do poder.[3]

De acordo com Celso D. de Albuquerque Mello, o tema direitos humanos é a grande ideologia do momento, sendo que a própria expressão "Direitos Humanos" é recente e só penetrou no cotidiano com a carta da Organização das Nações Unidas (ONU), de 1945. Segundo esse autor, na década de 1990, os estados integrantes da comunidade europeia passaram a exigir uma série de condições que deviam ser atendidas pelos Estados surgidos do desmoronamento da URSS e Iugoslávia. Entre essas condições, estão a garantia dos direitos das minorias e grupos étnicos e os princípios da Ata de Helsinki (1975). Nesta última, figura o respeito aos direitos do homem e às liberdades fundamentais, neles incluídas a liberdade de pensamento, de consciência, de religião ou de convicção.[4]

Mas, se os direitos humanos atualmente são reconhecidos virtualmente por todos os povos, com poucas exceções, o problema é torná-los efetivos. É por esse fato que Norberto Bobbio pondera que o maior problema dos direitos humanos atualmente não é o de fundamentá-los, e sim de protegê-los.[5]

A verdadeira consolidação dos direitos humanos surgiu em meados do século XX, como decorrência da Segunda Guerra Mundial. Seu desenvolvimento pode ser atribuído às monstruosas violações de direitos

---

[2] CANÇADO TRINDADE, Antônio Augusto. *Proteção internacional dos direitos humanos*. São Paulo: Saraiva, 1991, p. 247.
[3] BONAVIDES, Paulo. *Curso de direito constitucional*. São Paulo: Malheiros, 2000, p. 516-526.
[4] MELLO, Celso D. Albuquerque. Direitos humanos e conflitos *armados*. Rio de Janeiro: Renovar, 1997, p. 2.
[5] BOBBIO, Norberto. Op. cit., p. 25.

humanos da era Hitler e à crença de que parte destas violações poderia ser prevenida se existisse um efetivo sistema de proteção internacional de direitos humanos.[6]

A rigor, a barbárie do advento totalitarista representou uma verdadeira ruptura dos mais elementares direitos humanos, por meio da negação do ser humano, como sujeito de direitos no mundo jurídico. Naquele momento histórico deplorável, não havia qualquer respeito à dignidade da pessoa humana, que se tornou uma espécie de joguete nas mãos dos detentores do poder tirânico, simples objetos descartáveis e supérfluos, desprovidos de qualquer fonte de valor. Para Flávia Piovesan, em face dessa ruptura, emerge a necessidade de reconstrução dos direitos humanos, como referencial e paradigma ético que aproxime o direito da moral.[7] Neste cenário, o maior direito passa a ser, adotando a terminologia de Hannah Arendt, o direito a ter direitos, ou seja, o direito a ser sujeito de direitos.[8]

Os direitos do homem são aqueles que estão consagrados nos textos internacionais e legais, não impedindo que novos direitos sejam consagrados no futuro. Uma vez conquistados e adquiridos, os direitos não podem ser retirados, uma vez que são necessários para que o homem realize plenamente a sua personalidade em dado momento histórico. Alguns veem os direitos humanos como produto da própria natureza humana, outros doutrinadores pregam que eles advêm do desenvolvimento da vida social, posto que o homem nunca existiu isoladamente.[9]

Essa linha de pensamento imbuída no princípio do não retrocesso social foi desenvolvida por J. J. Gomes Canotilho, para quem:

> a ideia da proibição de retrocesso social também tem sido designada como proibição de contrarrevolução social ou da evolução reacionária. Com isto quer dizer-se que os direitos sociais econômicos (ex.: direitos dos trabalhadores, direito à assistência, direito à educação), uma vez obtido um determinado grau de realização, passam a constituir, simultaneamente, uma garantia institucional e um direito subjetivo.[10]

---

[6] BUERTENTHAL, Thomas. *International human rights*. Minnesota: West, 1988, p. 17.
[7] PIOVESAN, Flávia. *Direitos humanos e direito constitucional internacional*. São Paulo: Max Limonad, 1996, p. 140.
[8] LAFER, Celso. *A reconstrução dos direitos humanos...* Op. cit., p. 26.
[9] MELLO, Celso D. Albuquerque. *Direitos humanos e conflitos armados*. Op. cit., p. 5.
[10] CANOTILHO, J. J. Gomes. *Direito constitucional*: teoria da constituição. 3. ed. Coimbra: Almedina, 1998, p. 326.

J. J. Gomes Canotilho,[11] a respeito, nos ensina que:

> o princípio da democracia econômica e social aponta para a proibição de retrocesso social. A ideia aqui expressa também tem sido consignada como proibição de contra-revolução social ou da evolução reacionária. Com isso, quer dizer-se que os direitos sociais e econômicos (ex: direitos dos trabalhadores, direito à assistência, direito à educação), uma vez obtido um determinado grau de realização, passam a constituir, simultaneamente, uma garantia institucional e um direito subjectivo. A 'proibição de retrocesso social'[12] nada pode fazer contra as recessões e crises

---

[11] CANOTILHO, J. J. Gomes. *Direito Constitucional e Teoria da Constituição*. Lisboa: Almedina, 1998, p. 320 e ss.

[12] De acordo com reportagem sob o título: Tribunal Constitucional deixa passar lei das 40 horas na função pública: "O Tribunal Constitucional decidiu que os trabalhadores da função pública vão mesmo ter de cumprir 40 horas semanais, em vez das 35 que vigoravam até julho. Num acórdão enviado nesta segunda-feira aos grupos parlamentares da oposição, os juízes do Palácio Ratton declaram a proposta de lei do Governo conforme a Constituição, numa decisão tomada por sete votos contra seis. No total, os funcionários públicos passam a trabalhar 40 horas por semana e oito por dia, em vez das sete que vigoravam antes de o diploma ter sido aprovado na Assembleia da República. (...) Igualdade no público e no privado. A maioria dos juízes entendeu que a lei das 40 horas, (...) corresponde a *uma nova opção fundamental do legislador* [itálico no acórdão], inserindo-se no quadro de uma reforma da administração pública e do estatuto dos seus trabalhadores que visa aproximar este do regime do contrato individual de trabalho. Trata-se de uma solução destinada a garantir a eficácia imediata da alteração do período normal de trabalho dos trabalhadores em funções públicas e que todos estes trabalhadores fiquem colocados numa situação inicial de igualdade, a partir da qual, futuramente, se poderão estabelecer as diferenciações que, em função dos diferentes sectores de actividade e pelos modos previstos nos regimes próprios aplicáveis, sejam consideradas convenientes", lê-se no acórdão. Os juízes do Palácio Ratton reconhecem que ao aumento de cinco horas semanais de trabalho corresponde um 'grande prejuízo' de tempo para os trabalhadores da função pública. Além da diminuição de 'tempo disponível para si mesmos', os juízes também sinalizaram a 'perda salarial real' que advém de um aumento da carga horária diária sem que a tal corresponda um aumento salarial. Mas essa perda salarial, fundamentam, 'limita-se à remuneração do trabalho suplementar'. Quanto à violação da obrigação de fixar um limite máximo do horário de trabalho, alegada pelo PS por considerar que aquele limite máximo não é absoluto, dado que a fixação do período normal de trabalho em oito horas por dia e 40 por semana não prejudica a previsão, por diploma próprio, de períodos superiores, o TC também não viu nenhuma inconstitucionalidade. 'Esses limites só podem ser excedidos pelos mecanismos de flexibilização taxativamente fixados na lei, com especial destaque para a adaptabilidade e para o banco de horas', sustentam os juízes. E, nos casos em que a lei aceite que se excedam as 40 horas, 'o regime coincide inteiramente com

econômicas (reversibilidade fáctica), mas o princípio em análise limita a reversibilidade dos direitos adquiridos (ex: segurança social, subsídio de desemprego, prestações de saúde), em clara violação do princípio da proteção da confiança e da segurança dos cidadãos no âmbito econômico, social e cultural, e do núcleo essencial da existência mínima inerente ao respeito pela dignidade da pessoa humana.

Continua o mestre informando que:

> o reconhecimento desta proteção de direitos prestacionais de propriedade, subjetivamente adquiridos, constitui um limite jurídico do legislador e, ao mesmo tempo, uma obrigação de prossecução de uma política congruente com os direitos concretos e as expectativas subjectivamente alicerçadas. Assim, a violação do núcleo essencial efectivado justificará a sanção de inconstitucionalidade relativamente aniquiladoras da chamada justiça social. Assim, por ex., será inconstitucional uma lei que extinga o direito de subsídio de desemprego ou pretenda alargar desproporcionalmente o tempo de serviço necessário para a aquisição do direito à reforma (...). De qualquer modo, mesmo que se afirme sem reservas a liberdade de conformação do legislador nas leis sociais, as eventuais modificações destas leis devem observar os princípios do Estado de direito vinculativos

---

o consagrado no Código do Trabalho. E o Tribunal Constitucional já decidiu, nos acórdãos 338/2010 e 602/2013, que tal não representava uma restrição ilegítima ao direito ao repouso e ao lazer dos trabalhadores', justifica o acórdão. Para os juízes que aprovaram este acórdão, a Lei n.º 68/2013 é 'mais uma etapa' do 'processo de laboralização da função pública', no âmbito do qual tem sido reconhecida 'a convergência entre o regime laboral privado e as regras do trabalho público, em termos de flexibilidade da parte do trabalhador e condicionalismos do empregador'. 'O objectivo, declarado, de convergência, gradual e tendencial, entre o regime laboral dos trabalhadores do sector privado e do sector público é um propósito admissível no actual quadro jurídico-constitucional, pelo menos no que respeita a boa parte das matérias disciplinadas pelo regime jurídico do emprego público, de que não se exclui a duração do tempo de trabalho. Daí não se poder falar de justificada expectativa de manutenção do *statu quo*', conclui o acórdão. No final, os juízes consideram ainda que a lei é positiva e necessária. No primeiro caso, porque 'proporciona um alargamento dos horários de funcionamento e atendimento ao público dos serviços da administração, o que não poderá deixar de considerar-se como um efeito positivo, não só a nível individual, para cada utente, como em termos globais, para a sociedade'. No segundo, porque se insere num 'pacote de medidas de contenção de despesa pública que constam da Sétima Revisão do Programa de Ajustamento para Portugal constante do Memorando de Entendimento sobre as Condicionalidades de Política Económica', visando 'a diminuição da massa salarial do sector público através de restrições ao emprego e a redução da remuneração do trabalho extraordinário e de compensações.'" (Disponível em: <https://goo.gl/AMvRtr>. Acesso em: 17 fev. 2018).

da atividade legislativa e o núcleo essencial dos direitos. O princípio da proibição do retrocesso social pode formular-se assim: o núcleo essencial dos direitos já realizados e efectivados através de medidas legislativas (lei da segurança social, lei do subsídio de desemprego, lei do serviço de saúde) deve considerar-se constitucionalmente garantido sendo inconstitucionais quaisquer medidas estaduais que, sem a criação de outros esquemas alternativos ou compensatórios, se traduzam na prática numa "anulação", "revogação" ou "aniquilação" pura e simples desse núcleo essencial. A liberdade de conformação do legislador e inerente auto-reversibilidade têm como limite o núcleo essencial já realizado.[13]

Na ordem contemporânea, o tema de proteção dos direitos humanos apresenta-se como ponto central não apenas no direito interno, como também e principalmente no direito internacional.

A Organização Internacional do Trabalho (OIT), o Direito Humanitário e a Liga das Nações apresentam-se como os primeiros marcos do processo de internacionalização dos direitos humanos. Para Flávia Piovesan, para que os direitos humanos se internacionalizassem, foi necessário redefinir o âmbito e o alcance do tradicional conceito de soberania estatal, a fim de que se permitisse o advento dos direitos humanos como questão de legítimo interesse internacional, ao mesmo tempo que também foi necessário redefinir o *status* do indivíduo no cenário internacional, para que se tornasse verdadeiro sujeito de direito internacional.[14]

Cançado Trindade, ao tratar do tema, destaca que:

> ao regular novas fórmulas de relação jurídica, imbuído dos imperativos de proteção, o Direito Internacional dos Direitos Humanos vem naturalmente questionar e desafiar certos dogmas do passado, invocados até nossos dias em meio a uma falta de espírito crítico e à persistência em certos círculos, de um positivismo jurídico degenerado. Talvez um dos mais significativos resida no próprio tratamento das relações entre o direito internacional e o direito interno, tradicionalmente enfocados *ad nauseam* à luz da polêmica clássica, estéril e ociosa, entre dualistas e monistas, erigida sobre falsas premissas. Contra essa visão estática insurge o Direito Internacional dos Direitos Humanos, a sustentar que o ser humano é sujeito tanto de direito interno quanto de direito internacional, dotado em ambos de personalidade e capacidade jurídica próprias.[15]

---

13   CANOTILHO, J. J. Gomes. Op. Cit., p. 320 e ss.
14   PIOVESAN, Flávia. Op. cit., p. 132-133.
15   CANÇADO TRINDADE, Antônio Augusto. Op. cit., p. 22.

Ainda segundo o mesmo autor:

> no presente domínio de proteção, o direito internacional e o direito interno, longe de operarem de modo estanque ou compartimentalizado, se mostram em constante interação, de modo a assegurar a proteção eficaz do ser humano. Como decorre de disposições expressas dos próprios tratados de direitos humanos, e da abertura do direito constitucional, não mais cabe insistir na primazia das normas de direito interno, como na doutrina clássica, porquanto o primado é sempre da norma – de origem internacional ou interna – que melhor proteja os direitos humanos.[16]

Percebe-se, assim, que em se tratando de direitos fundamentais da pessoa humana, ocorre até mesmo uma relativização da soberania estatal, para que tais direitos sejam protegidos em sua máxima eficácia, integrando-se ao ordenamento jurídico interno em posição de proeminência – como norma constitucional – consoante dispõe o art. 5º, § 2º, da Carta Magna de 1988.

Se o Direito Humanitário foi a primeira expressão, no plano internacional, a impor limites à liberdade e à autonomia dos Estados, ainda que na hipótese de conflitos armados, a Liga das Nações, por sua vez, veio reforçar esta mesma concepção, apontando a necessidade de relativização da soberania dos Estados. Criada após a Primeira Guerra Mundial, a Liga das Nações tinha como finalidade promover a cooperação, paz e segurança internacional, condenando agressões externas contra a integridade territorial e independência política dos seus membros. Por meio da Convenção da Liga das Nações Unidas, de 1920, dentre outras coisas, os Estados comprometiam-se a assegurar condições justas e dignas de trabalho para homens, mulheres e crianças.[17]

A Organização Internacional do Trabalho, em paralelo ao Direito Humanitário e à Liga das Nações, contribuiu efetivamente para o processo de internacionalização dos direitos humanos.

Criada em 1919, pelo Tratado de Versalhes, a Organização Internacional do Trabalho tinha por finalidade promover padrões internacionais de condições de trabalho e bem-estar. Atualmente, essa organização já conta com mais de uma centena de Convenções Internacionais promulgadas, a maior parte delas ratificadas pelos Estados-membros, que se comprometem a assegurar um padrão justo e digno nas relações de trabalho.

---

[16] Idem, ibidem, p. 22-23.
[17] PIOVESAN, Flávia. *Direitos humanos e direito constitucional internacional.* Op. cit., p. 134.

É certo, dessa forma, afirmar que a criação da Organização Internacional do Trabalho e o advento da Liga das Nações e do Direito Humanitário vieram reforçar não apenas os direitos humanos fundamentais, como também diretamente o próprio Direito Coletivo do Trabalho, haja vista que tais direitos se interpenetram e são interdependentes e indivisíveis. Em outras palavras, os direitos humanos fundamentais poderiam refletir uma figura concêntrica, dentro da qual poderíamos visualizar os direitos coletivos do trabalho, representados pelas relações entre empresários, trabalhadores, sindicatos e o Estado.

Embora tenhamos tido algumas declarações de direitos humanos na França e nos Estados Unidos da América do Norte, devemos conceber que, no plano concreto, a declaração que veio promover a dignidade da pessoa humana foi a Declaração Universal dos Direitos Humanos, de 16 de dezembro de 1948, data em que foi aprovada, de forma unânime, por 48 Estados, com 8 abstenções. A Declaração consolida a afirmação de uma ética universal, ao consagrar um consenso sobre valores de cunho universal a serem seguidos pelos Estados. No preâmbulo, encontramos uma eloquente afirmação: "o reconhecimento da dignidade inerente a todos os membros da família humana e de seus direitos iguais e inalienáveis é o fundamento da liberdade, da justiça e da paz no mundo".[18]

A Declaração de 1948 foi a forma jurídica encontrada pela comunidade internacional de eleger os direitos essenciais para a preservação da dignidade do ser humano. Em sua real dimensão, esse documento deve ser visto como um libelo contra toda e qualquer forma de totalitarismo. Seus 30 artigos têm como meta dois pontos essenciais que se complementam: incrustar o respeito da dignidade da pessoa humana na consciência da comunidade universal, e evitar o ressurgimento da ideia e da prática da descartabilidade do homem, da mulher e da criança.[19]

No Preâmbulo da Declaração Universal dos Direitos Humanos, de 1948, encontramos, também, a alusão à essencialidade de promover o desenvolvimento de relações amistosas entre as nações, e que os povos das Nações Unidas, reafirmaram, na Carta, sua fé nos direitos humanos fundamentais, na dignidade e no valor da pessoa humana, na igualdade de direitos entre

---

[18] ATHAYDE, Austregésilo de; IKEDA, Daisaku. *Diálogo*: direitos humanos no século XXI. Rio de Janeiro: Record, 2000, p. 89.

[19] ALMEIDA, Guilherme Assis de. A declaração universal dos direitos humanos de 1948: matriz do direito internacional dos direitos humanos. In: ALMEIDA, Guilherme Assis de; PERRONE-MOISÉS, Cláudia (Coord.) *Direitos internacionais dos direitos humanos*. São Paulo: Atlas, 2002, p. 14.

homens e mulheres, e que decidiram promover o progresso social e melhorar condições de vida em uma liberdade mais ampla.

Consoante Amartya Sen, desenvolvimento é o fortalecimento da liberdade de escolha do indivíduo para levar o tipo de vida que lhe é importante. Essas escolhas são denominadas capacidades e sua abordagem, no campo dos direitos humanos, relaciona as questões de desenvolvimento à liberdade, que implica o alargamento das escolhas nas esferas civis, políticas, sociais, econômicas e culturais.[20]

Nesse contexto, podemos enfatizar que um dos meios mais efetivos de fortalecer a capacidade das pessoas é facilitar sua participação no processo de tomada e implementação de decisões que afetam o desenvolvimento. Vê-se, desta forma, íntima correlação dos preceitos da Declaração Universal dos Direitos Humanos de 1948 da Organização das Nações Unidas (ONU), com o desenvolvimento dos fundamentos do Direito Coletivo do Trabalho, pois é por intermédio de seus institutos basilares de negociação coletiva que o homem busca a realização de seus anseios individuais e coletivos, ao mesmo tempo que aprimora seu aperfeiçoamento.

---

[20] SEN, Amartya. *Development of freedom*. New York: Knopf, 1988, p. 87.

7

A DECLARAÇÃO DE DIREITOS FUNDAMENTAIS DO TRABALHADOR DE 1998 DA ORGANIZAÇÃO INTERNACIONAL DO TRABALHO (OIT)

Em 1998, a Organização Internacional do Trabalho divulgou sua declaração de direitos fundamentais do trabalhador, no sentido de evocar todos os Países-Membros a envidar esforços no sentido de fazer valer tais direitos do trabalhador nos seus respectivos territórios.

Transcrevemos abaixo, na íntegra, referida declaração de direitos, a título de ilustração, *in verbis*:

> Declaración de la OIT relativa a los principios y derechos fundamentales en el trabajo 86ª reunión Ginebra, junio de 1998
>
> Considerando que la creación de la OIT procedía de la convicción de que la justicia social es esencial para garantizar una paz universal y permanente;
>
> Considerando que el crecimiento económico es esencial, pero no suficiente, para asegurar la equidad, el progreso social y la erradicación de la pobreza, lo que confirma la necesidad de que la OIT promueva políticas sociales sólidas, la justicia e instituciones democráticas;
>
> Considerando que, por lo tanto, la OIT debe hoy más que nunca movilizar el conjunto de sus medios de acción normativa, de cooperación técnica y de investigación en todos los ámbitos de su competencia, y en particular en los del empleo, la formación profesional y las condiciones de trabajo, a fin de que en el marco de una estrategia global de desarrollo económico y social, las políticas económicas y sociales se refuercen mutuamente con miras a la creación de un desarrollo sostenible de base amplia;
>
> Considerando que la OIT debería prestar especial atención a los problemas de personas con necesidades sociales especiales, en particular los desempleados y los trabajadores migrantes, movilizar y alentar los esfuerzos nacionales,

regionales e internacionales encaminados a la solución de sus problemas, y promover políticas eficaces destinadas a la creación de empleo;

Considerando que, con el objeto de mantener el vínculo entre progreso social y crecimiento económico, la garantía de los principios y derechos fundamentales en el trabajo reviste una importancia y un significado especiales al asegurar a los propios interesados la posibilidad de reivindicar libremente y en igualdad de oportunidades una participación justa en las riquezas e cuya creación han contribuido, así como la de desarrollar plenamente su potencial humano;

Considerando que la OIT es la organización internacional con mandato constitucional y el órgano competente para establecer Normas Internacionales del Trabajo y ocuparse de ellas, y que goza de apoyo y reconocimiento universales en la promoción de los derechos fundamentales en el trabajo como expresión de sus principios constitucionales;

Considerando que en una situación de creciente interdependencia económica urge reafirmar la permanencia de los principios y derechos fundamentales inscritos en la Constitución de la Organización, así como promover su aplicación universal;

La Conferencia Internacional del Trabajo:

1. Recuerda:

(a) que al incorporarse libremente a la OIT, todos los Miembros han aceptado los principios y derechos enunciados en su Constitución y en la Declaración de Filadelfia, y se han comprometido a esforzarse por lograr los objetivos generales de la Organización en toda la medida de sus posibilidades y atendiendo a sus condiciones específicas;

(b) que esos principios y derechos han sido expresados y desarrollados en forma de derechos y obligaciones específicos en convenios que han sido reconocidos como fundamentales dentro y fuera de la Organización.

2. Declara que todos los Miembros, aun cuando no hayan ratificado los convenios aludidos, tienen un compromiso que se deriva de su mera pertenencia a la Organización de respetar, promover y hacer realidad, de buena fe y de conformidad con la Constitución, los principios relativos a los derechos fundamentales que son objeto de esos convenios, es decir:

(a) la libertad de asociación y la libertad sindical y el reconocimiento efectivo del derecho de negociación colectiva;

(b) la eliminación de todas las formas de trabajo forzoso u obligatorio;

(c) la abolición efectiva del trabajo infantil; y

(d) la eliminación de la discriminación en materia de empleo y ocupación.

3. Reconoce la obligación de la Organización de ayudar a sus Miembros, en respuesta a las necesidades que hayan establecido y expresado, a alcan-

zar esos objetivos haciendo pleno uso de sus recursos constitucionales, de funcionamiento y presupuestarios, incluida la movilización de recursos y apoyo externos, así como alentando a otras organizaciones internacionales con las que la OIT ha establecido relaciones, de conformidad con el artículo 12 de su Constitución, a respaldar esos esfuerzos:

(a) ofreciendo cooperación técnica y servicios de asesoramiento destinados a promover la ratificación y aplicación de los convenios fundamentales;

(b) asistiendo a los Miembros que todavía no están en condiciones de ratificar todos o algunos de esos convenios en sus esfuerzos por respetar, promover y hacer realidad los principios relativos a los derechos fundamentales que son objeto de esos convenios;

(c) ayudando a los Miembros en sus esfuerzos por crear un entorno favorable de desarrollo económico y social.

4. Decide que, para hacer plenamente efectiva la presente Declaración, se pondrá en marcha un seguimiento promocional, que sea creíble y eficaz, con arreglo a las modalidades que se establecen en el anexo que se considerará parte integrante de la Declaración.

5. Subraya que las normas del trabajo no deberían utilizarse con fines comerciales proteccionistas y que nada en la presente Declaración y su seguimiento podrá invocarse ni utilizarse de otro modo con dichos fines; además, no debería en modo alguno ponerse en cuestión la ventaja comparativa de cualquier país sobre la base de la presente Declaración y su seguimiento.

Puesta al día por SN. Aprobada por AC. Última actualización: 15 de julio de 2001.[1]

Por uma simples leitura da declaração supracitada, inferimos que um dos compromissos que a OIT tenta obter dos países-membros é justamente o que se relaciona com a liberdade de associação e a liberdade sindical, bem como o reconhecimento efetivo do direito da negociação coletiva.

---

[1] ORGANIZAÇÃO INTERNACIONAL DO TRABALHO. Disponível em: <https://goo.gl/k66Dcd>. Acesso em: 16 fev. 2018.

8

O TRATAMENTO CONSTITUCIONAL DA DIGNIDADE DA PESSOA HUMANA E O DIREITO COLETIVO DO TRABALHO

Traçado um cenário geral acerca da evolução dos direitos humanos ao longo do tempo, a fundamentação social da dignidade humana e de suas condições materiais mínimas de eficácia, cumpre-nos, neste momento, um aprofundamento no estudo do ordenamento jurídico brasileiro, particularmente do texto constitucional.

Deste exame, poderemos observar a posição predominante ocupada pela dignidade humana no ordenamento máximo do país e seus reflexos nos principais institutos do Direito Coletivo do Trabalho.

O sistema constitucional introduzido pela Constituição Federal de 1988 sobre a dignidade humana é bastante complexo, não apenas pela dispersão no tratamento da matéria ao longo do texto, como também porque a Constituição da República parte do princípio mais fundamental exposto no art. 1º, III – "A República Federativa do Brasil (...) tem como fundamentos: (...) III – a dignidade da pessoa humana, utilizando na construção desse quadro temático várias modalidades de normas jurídicas, ou seja, princípios, subprincípios e regras."

No capítulo IV – Dos Direitos Políticos – o constituinte apresentou a noção de dignidade da pessoa humana por meio de vários conteúdos, entre os quais os chamados direitos individuais, políticos, sociais, culturais e econômicos. Para não fugirmos do tema central de nosso trabalho, trataremos apenas dos direitos sociais, que envolvem as condições materiais da dignidade humana.

Um dos principais obstáculos que se afigura no desfrute dos direitos humanos pela sociedade é a desinformação, o desconhecimento, a ignorância, decorrentes do baixo grau de escolaridade do povo brasileiro. Em geral, as pessoas não sabem que têm algum direito e, ainda que o saibam, desconhecem como usufruí-lo, ou como fazer para torná-lo exequível, ou ainda como implementá-lo.

Nota-se assim a necessidade contingencial do Estado em fomentar a educação em todos os níveis, não apenas para a classe trabalhadora, como para toda a população brasileira.

As várias formas de tutela coletiva de direitos emanadas da Constituição, por meio das associações em geral (art. 5º, XXI e LXX, *b*), dos partidos políticos com representação no Congresso Nacional (art. 5º, LXX, *a*), dos sindicatos (art. 8º, III) e do Ministério Público (art. 129, III) – são tentativas que têm por objetivo a superação do problema da desinformação e buscam a proteção dos direitos constitucionalmente reconhecidos.

A Constituição Federal de 1988 não apenas demarca, no campo jurídico, o processo de democratização de nosso país, ao consolidar a ruptura com o regime autoritário militar instaurado em 1964 (que se caracterizou pela supressão de direitos), como também pode ser concebida como o marco da institucionalização dos direitos humanos fundamentais. Podemos até mesmo afirmar que a partir da Constituição de 1988, os direitos da pessoa humana ganharam notável avanço, constituindo-se em um dos documentos mais abrangentes e pormenorizados sobre os direitos humanos já implementados no Brasil.

A partir de seu preâmbulo, a Constituição de 1988 promove a consolidação de um Estado Democrático de Direito "destinado a assegurar o exercício dos direitos sociais e individuais, a liberdade, a segurança, o bem-estar, o desenvolvimento, a igualdade e a justiça como valores supremos de uma sociedade fraterna, pluralista e sem preconceitos". Para José Joaquim Gomes Canotilho,[1] a juridicidade, a constitucionalidade[2] e os direitos fundamentais

---

[1] CANOTILHO, J. J. Gomes. *Direito constitucional e teoria da constituição*. 3. ed. Op. cit., p. 357.

[2] JARDIM, Rodrigo Guimarães. O princípio da proibição do retrocesso sob o enfoque da jurisprudência luso-brasileira. Disponível em: <https://goo.gl/njGxJn>. Acesso em: 17 fev. 2018. Extraímos excerto do artigo que assim se posiciona: "Onde a Constituição contenha uma ordem de legislar, suficientemente precisa e concreta, de tal sorte que seja possível 'determinar, com segurança, quais as medidas jurídicas necessárias para lhe conferir exequibilidade' (cfr. Acórdão nº 474/02), a margem de liberdade do legislador para retroceder no grau de proteção já atingido é necessariamente mínima, já que só o poderá fazer na estrita medida em que a alteração legislativa pretendida não venha a consequenciar uma inconstitucionalidade por omissão – e terá sido essa a situação

são as três dimensões essenciais de um Estado de Direito. Percebe-se, assim, que o texto de 1988 agasalha completamente essas dimensões, ao estatuir, em seus primeiros artigos (arts. 1º e 3º), princípios esses que corroboram os fundamentos e objetivos do Estado Democrático de Direito.

Dentre os fundamentos que afirmam o Estado Democrático de Direito no Brasil, podemos extrair a cidadania e dignidade da pessoa humana (art. 1º, incs. II e III). Depreende-se desse fato a convergência do princípio do Estado Democrático de Direito e dos direitos humanos fundamentais, o que nos leva, certamente, à conclusão de que os direitos humanos constituem elemento basilar para a consecução do princípio democrático, posto que desenvolvem uma função nitidamente democrática.

Nesse contexto, podemos afirmar categoricamente que o valor da dignidade da pessoa humana constitui a essência ou o núcleo basilar e informador de nosso ordenamento jurídico, exercendo um papel axiológico na orientação, na compreensão e na hermenêutica do sistema constitucional.

De acordo com Flávia Piovesan, considerando que toda Constituição há de ser compreendida como uma unidade e como um sistema que privilegia determinados valores sociais, pode-se declarar que a Carta de 1988 elege o valor da dignidade humana como um valor essencial que lhe doa unidade de

---

que se entendeu verdadeiramente ocorrer no caso tratado no já referido Acórdão nº 39/84. (...) Assim, verifica-se que a jurisprudência portuguesa adota o entendimento de que o princípio da separação dos poderes, que foi concebido com um limitador ao Poder Executivo, não confere plena liberdade de atuação ao legislador. Ao contrário, consiste também numa limitação à esfera de disponibilidade do Poder Legislativo, a ser apreciada pelo Poder Judiciário, pois, uma vez que o Estado cumpriu um mandamento da lei fundamental, nasce o dever de não atacar essa realização. Está assentada a possibilidade de controle à inconstitucionalidade por omissão superveniente, sendo plenamente possível a declaração de inconstitucionalidade da norma revogadora daquela cuja presença no ordenamento jurídico é exigida pela Constituição. A problemática é mais fácil de ser resolvida nos casos em que ocorre a chamada 'inconstitucionalidade por omissão superveniente'. No entanto, o princípio da proibição do retrocesso tem um alcance ainda mais amplo, alcance esse que aumenta a tensão com o princípio da separação de poderes. Imagine-se, pois, que o Poder Legiferante, em cumprimento a Lex Matter, adotou as medidas legais que considerou melhores visando a um 'estado de coisas a ser promovido', especificamente na realização de um direito social, e mais tarde chegou à conclusão de que os atos praticados eram ineficientes, pretendendo adotar uma nova política para promover esse dito 'estado das coisas'. Em outros termos, pretende-se a realização de um fim constitucionalidade protegido/exigido; dentre os meios possíveis para tanto, escolheu-se um, porém, mais tarde, o Legislativo deseja utilizar outro dos meios adequados. Frise-se que não haverá uma lacuna no ordenamento porque um ato normativo substituirá o outro."

sentido. Isto é, o valor da dignidade humana informa a ordem constitucional de 1988, imprimindo-lhe uma feição particular.[3]

Ainda de acordo com essa autora, a Constituição de 1988 não se atém apenas em alterar a topografia constitucional tradicional e elevar à cláusula pétrea[4] os direitos e garantias individuais. O texto de 1988 ainda inova, ao alargar a dimensão dos direitos e garantias, não mais se limitando a assegurar direitos individuais. Passa a incorporar a tutela dos direitos coletivos e difusos, aqueles pertinentes a determinada classe ou categoria social e estes pertinentes a todos e a cada um, caracterizados que são pela indefinição objetiva e indivisibilidade de seu objeto.[5] A esse respeito, basta verificar a denominação atribuída ao Capítulo I do Título II da Constituição de 1988 – "Dos direitos e deveres individuais e coletivos".

A tudo isso, soma-se o fato de que a Constituição Federal de 1988 instituiu o princípio da aplicabilidade imediata das normas definidoras de direitos e garantias fundamentais, com o objetivo de reforçar a imperatividade das normas relativas a eles, de acordo com o art. 5º, § 1º. Para Luís Roberto Barroso,[6] as normas definidoras de direitos investem o jurisdicionado no poder de exigir do Estado – ou de outro eventual destinatário da regra – prestações positivas ou negativas, que proporcionem o desfrute dos bens jurídicos nelas consagrados.

Esse princípio tem por escopo e fundamento o estabelecimento de uma força vinculante na aplicação das normas dos direitos e garantias

---

[3] PIOVESAN, Flávia. A proteção dos direitos humanos no sistema constitucional brasileiro. *Revista da Procuradoria Geral do Estado de São Paulo*, São Paulo, p. 87, jan./dez. 1999.

[4] O art. 60, § 4º informa as cláusulas pétreas da Constituição Federal de 1988, que constituem o núcleo duro e intocável da Constituição.
Art. 60. (...)
§ 4º Não será objeto de deliberação a proposta de emenda tendente a abolir: I - a forma federativa de Estado;
II – o voto direto, secreto, universal e periódico;
III – a separação dos Poderes;
IV – os direitos e garantias individuais.
§ 5º A matéria constante de proposta de emenda rejeitada ou havida por prejudicada não pode ser objeto de nova proposta na mesma sessão legislativa.

[5] PIOVESAN, Flávia. Op. cit., p. 88.

[6] BARROSO, Luís Roberto. *O direito constitucional e a efetividade de suas normas*: limites e possibilidades da Constituição brasileira. 2. ed. Rio de Janeiro: Renovar, 1993, p. 228.

fundamentais, isto é, tem em seu bojo a finalidade de os tornarem perfeitamente exequíveis e de aplicabilidade imediata pelos poderes Legislativo, Executivo e Judiciário. Para J. J. Gomes Canotilho, o sentido fundamental dessa aplicabilidade direta está em reafirmar que:

> os direitos, liberdades e garantias são regras e princípios jurídicos, imediatamente eficazes e atuais, por via direta da Constituição e não através da *auctoritas interpositio* do legislador. Não são simples *norma normarum* mas norma normata, isto é, não são meras normas para a produção de outras normas, mas sim normas diretamente reguladoras de relações jurídico-materiais.[7]

Os direitos individuais e coletivos agasalhados no texto constitucional correspondem aos direitos diretamente ligados ao conceito de pessoa humana e de sua própria personalidade, como, por exemplo: vida, dignidade, honra, liberdade. Contudo, os direitos sociais caracterizam-se como verdadeiras liberdades positivas, de observância obrigatória em um Estado social de Direito, tendo por finalidade a melhoria das condições de vida aos hipossuficientes, visando à concretização da igualdade social, que configura um dos fundamentos de nosso Estado Democrático, conforme preleciona o art. 1º, IV.[8]

Percebe-se que a Constituição Federal ao realçar os direitos humanos, coletivos e difusos, acabou por redimensionar o próprio Direito Coletivo do Trabalho, promovendo uma acentuada valorização da organização sindical, da negociação coletiva de trabalho, e propiciando o amplo exercício do direito de greve, embora com restrições aceitáveis em um ambiente democrático.

Apesar de já ter evoluído significativamente, sobretudo nos últimos anos, em face da crise do emprego, o sindicalismo brasileiro ainda está longe de atingir a maturidade e o desenvolvimento ideais, de forma a cumprir sua missão social, que é a busca do bem-estar e da satisfação das necessidades de seus associados.

Ao longo da evolução histórica do sindicalismo brasileiro, o sistema sindical permaneceu virtualmente estático. Mesmo com as mudanças propiciadas pela Constituição de 1988, remanesceram institutos arcaicos e corporativistas, como o primado do monopólio de representação, cognominado unicidade sindical, do poder normativo dos Tribunais do Trabalho e do direito de greve restrito e reprimido.

---

[7] CANOTILHO, J. J. Gomes. Op. cit., p. 578.
[8] MORAES, Alexandre de. *Direitos humanos fundamentais*. Op. cit., p. 43.

A Lei nº 13.467, de 13.7.2017 promoveu uma série de mudanças na legislação trabalhista, como estaremos analisando em capítulo próprio nesta obra, bem como promoveu a revogação da contribuição sindical obrigatória.

A plena liberdade sindical, sob a égide da Convenção n. 87 da Organização Internacional do Trabalho, a ampla negociação coletiva de trabalho, em todos os níveis, o direito de greve, a organização dos trabalhadores[9] no chão

---

[9] A Lei nº 13.467/2017 (Reforma Trabalhista) nos traz o novel artigo 510: "A. Nas empresas com mais de duzentos empregados, é assegurada a eleição de uma comissão para representá-los, com a finalidade de promover-lhes o entendimento direto com os empregadores. § 1º A comissão será composta: I – nas empresas com mais de duzentos empregados e até três mil empregados, por três membros; II – nas empresas com mais de três mil e até cinco mil empregados, por cinco membros; III – nas empresas com mais de cinco mil empregados, por sete membros. § 2º No caso de a empresa possuir empregados em vários Estados da Federação e no Distrito Federal, será assegurada a eleição de uma comissão de representantes dos empregados por Estado ou no Distrito Federal, na mesma forma estabelecida no § 1º deste artigo. Art. 510- B. A comissão de representantes dos empregados terá as seguintes atribuições: I – representar os empregados perante a administração da empresa; II – aprimorar o relacionamento entre a empresa e seus empregados com base nos princípios da boa-fé e do respeito mútuo; III – promover o diálogo e o entendimento no ambiente de trabalho com o fim de prevenir conflitos; IV – buscar soluções para os conflitos decorrentes da relação de trabalho, de forma rápida e eficaz, visando à efetiva aplicação das normas legais e contratuais; V – assegurar tratamento justo e imparcial aos empregados, impedindo qualquer forma de discriminação por motivo de sexo, idade, religião, opinião política ou atuação sindical; VI – encaminhar reivindicações específicas dos empregados de seu âmbito de representação; VII – acompanhar o cumprimento das leis trabalhistas, previdenciárias e das convenções coletivas e acordos coletivos de trabalho. § 1º As decisões da comissão de representantes dos empregados serão sempre colegiadas, observada a maioria simples. § 2º A comissão organizará sua atuação de forma independente. Art. 510-C. A eleição será convocada, com antecedência mínima de trinta dias, contados do término do mandato anterior, por meio de edital que deverá ser fixado na empresa, com ampla publicidade, para inscrição da candidatura. § 1º Será formada comissão eleitoral, integrada por cinco empregados, não candidatos, para a organização e o acompanhamento do processo eleitoral, vedada interferência da empresa e do sindicato da categoria. § 2º Os empregados da empresa poderão candidatar-se, exceto aqueles com contrato de trabalho por prazo determinado, com contrato suspenso ou que estejam em período de aviso-prévio, ainda que indenizado. § 3º Serão eleitos membros da comissão de representantes dos empregados os candidatos mais votados, em votação secreta, vedado o voto por representação. § 4º A comissão tomará posse no primeiro dia útil seguinte à eleição ou ao término do mandato anterior. § 5º Se não houver candidatos suficientes, a comissão de representantes dos empregados poderá ser formada com número de membros inferior ao previsto no art. 510-A desta Consolidação. § 6º Se não houver registro

de fábrica ou no local de trabalho constituem os instrumentos jurídicos que devem ser implementados, e de forma derivada ser incorporados às normas aplicáveis aos instrumentos coletivos, de forma a compatibilizar o Direito Coletivo do Trabalho com os fundamentos da dignidade da pessoa humana alicerçados na Constituição Federal de 1988.

A liberdade sindical é reconhecida pela Organização Internacional do Trabalho, bem como pela mais abalizada doutrina, como legítima expressão dos direitos fundamentais da pessoa humana.

Sala e Montesinos discorrem sobre a relação entre liberdade sindical e liberdades civis, declaram ser óbvio que as liberdades sindicais individuais e coletivas pressupõem a existência das necessárias liberdades civis. Afirmam que o Comitê de Liberdade Sindical da OIT destacou que "um movimento sindical realmente livre e independente somente pode desenvolver-se dentro de um regime que garante os direitos humanos fundamentais".[10]

Afirmam ainda, esses juristas, que a Resolução referente aos direitos sindicais e suas relações com as liberdades civis, adotada pela Conferência Internacional do Trabalho da OIT, em 1970, dá destaque especial às liberdades civis, definidas pela Declaração Universal dos Direitos do Homem, que são essenciais ao exercício dos direitos sindicais, a saber: a) o direito à liberdade e à segurança da pessoa, bem como à proteção contra as detenções e prisões arbitrárias; b) a liberdade de opinião e de expressão e, em particular, o direito de não ser molestado por suas opiniões é o de buscar, receber e difundir sem consideração de limites, informações e ideias de toda índole, por qualquer que seja o meio de expressão; c) a liberdade de reunião; d) o direito a um

---

de candidatura, será lavrada ata e convocada nova eleição no prazo de um ano. Art. 510- D. O mandato dos membros da comissão de representantes dos empregados será de um ano. § 1º O membro que houver exercido a função de representante dos empregados na comissão não poderá ser candidato nos dois períodos subsequentes. § 2º O mandato de membro da comissão de representantes dos empregados não implica suspensão ou interrupção do contrato de trabalho, devendo o empregado permanecer no exercício de suas funções. § 3º Desde o registro da candidatura até um ano após o fim do mandato, o membro da comissão de representantes dos empregados não poderá sofrer despedida arbitrária, entendendo-se como tal a que não se fundar em motivo disciplinar, técnico, econômico ou financeiro. § 4º Os documentos referentes ao processo eleitoral devem ser emitidos em duas vias, as quais permanecerão sob a guarda dos empregados e da empresa pelo prazo de cinco anos, à disposição para consulta de qualquer trabalhador interessado, do Ministério Público do Trabalho e do Ministério do Trabalho."

[10] SALA FRANCO, Tomás; ALBIOL MONTESINOS, Ignácio. *Derecho sindical*. 3. ed. Valência: Tirant lo Blanch, 1994, p. 74.

juízo equitativo por um Tribunal independente e imparcial; e) o direito à proteção dos bens sindicais.[11]

Para que os institutos do Direito Coletivo do Trabalho sejam efetivamente desenvolvidos e instrumentalizados pelos sindicatos é necessária uma completa reformulação da organização sindical brasileira. A partir deste momento, cremos que o sindicalismo brasileiro poderá reverter seu declínio, em termos de representação coletiva, mitigando os efeitos da descoletivização e caminhando para incorporar novos associados, daí resolvendo os conflitos entre o capital e o trabalho a partir do chão das fábricas e criando melhores e mais justas condições de trabalho para a classe trabalhadora.

Com a eliminação da contribuição sindical obrigatória, os sindicatos menores terão grande dificuldade de manutenção de suas atividades e terão uma oportunidade histórica de exercer o papel autêntico exigido pela comunidade de trabalhadores, na conquista de direitos de seus representados, estabelecendo um diálogo perene com os empregadores do ramo em que operam, especializando-se na técnica da negociação coletiva e por fim, mas não menos importante, conquistar novos associados de forma a oxigenar seus quadros.

Nunca devemos esquecer que cabe aos sindicatos, atuando em uma democracia pluralista, em permanente conexão com outros corpos intermediários (instituições públicas, como o Ministério do Trabalho e Emprego, Ministério Público do Trabalho, Defensoria Pública, partidos políticos, seitas religiosas, ONG, associações civis, entidades filantrópicas e de fomento), uma função vital a desempenhar na sociedade multifacetária dos dias de hoje, com todas as suas contradições e antagonismos. Ou seja, dar uma contribuição decisiva para a justiça social e na medida do possível, servir como um instrumento de equalização de oportunidades para os trabalhadores, por meio de uma participação junto ao Estado, na formulação de suas políticas macroeconômicas.

Nunca é demais mencionar que a Constituição Federal de 1988 engendrou a formação de novos canais de acesso ao sistema de justiça, de modo que os trabalhadores, como parte da sociedade civil organizada passou a ter pleno acesso a várias instituições públicas, e mesmo privadas, no sentido de buscar a concretização de seus direitos.

Neste sentido é essencial que os sindicatos, como um dos canais de acesso ao sistema de justiça, também funcionem como um *locus* genuinamente livre, como estabelece os ditames da Constituição de 1988 e dos valores inerentes

---

[11] Idem, ibidem, p. 74-75.

à dignidade da pessoa humana, para que os trabalhadores e empregadores dirimam seus conflitos que, na dinâmica da vida econômica e em face das dificuldades crescentes trazidas pelo processo de globalização e de acirrada competição, tendem a se perenizar ao longo da vida social.

Parte II

A NEGOCIAÇÃO COLETIVA DE TRABALHO NA ÓTICA DOS DIREITOS HUMANOS FUNDAMENTAIS

1

AUTONOMIA PRIVADA COLETIVA

Considerando que a negociação coletiva tem por base a teoria da autonomia privada coletiva, iniciaremos nossos estudos neste capítulo, pelo desenvolvimento dos aspectos mais relevantes desse instituto jurídico.

1.1. DENOMINAÇÃO

Em primeiro plano, devemos investigar a origem ou o significado da palavra autonomia.

Autonomia é uma palavra derivada do grego, que significa direito de se reger por suas próprias leis, indicando a faculdade que possui determinada pessoa ou instituição em traçar as normas de sua conduta, sem que sinta imposições restritivas de ordem estranha. Neste sentido, seja em relação às pessoas, seja em relação às instituições, o vocábulo tem significado todo idêntico ao que expressa independência.[1]

De acordo com Aurélio Buarque de Holanda Ferreira, autonomia significa a faculdade de se governar por si mesmo, ou o direito ou faculdade de se reger por leis próprias ou, ainda, a propriedade pela qual o homem pretende poder escolher as leis que regem sua conduta.[2]

Encontramos várias denominações correlatas à autonomia privada coletiva, dentre as quais podemos citar autonomia sindical, autonomia coletiva sindical e autonomia privada coletiva.

---

[1] SILVA, De Plácido e. *Vocabulário jurídico*. 3. ed. Rio de Janeiro: Forense, 1993, v. III e IV, p. 251.
[2] FERREIRA, Aurélio Buarque de Holanda. *Novo dicionário básico da língua portuguesa*. Rio de Janeiro: Nova Fronteira, 1995, p. 74.

Para Sergio Pinto Martins, autonomia sindical diz respeito à autonomia do sindicato, quanto a sua criação, elaboração de seus estatutos, registro sindical, desnecessidade de intervenção ou interferência estatal, bem como a possibilidade de o sindicato estabelecer normas.[3]

A expressão mais utilizada na doutrina é autonomia privada coletiva, em contraposição à autonomia privada individual. De acordo com Amauri Mascaro Nascimento:

> o direito italiano dá ênfase ao princípio da autonomia coletiva privada, abandono da concepção publicística do direito corporativo, do intervencionismo estatal do fascismo nas relações de trabalho, e meta de realização de uma nova ordem, pautada em princípios democráticos, de liberdade sindical.[4]

Entretanto, Enzo Roppo afirma que autonomia significa, etimologicamente, poder de modelar por si – e não por imposição externa – as regras da própria conduta; e autonomia privada, ou autonomia contratual, significa liberdade de os sujeitos determinarem com sua vontade, eventualmente aliada à vontade de uma contraparte no "consenso" contratual, o conteúdo das obrigações que pretendem assumir, das modificações que pretendem introduzir no seu patrimônio.[5]

1.2. EVOLUÇÃO HISTÓRICA

A autonomia privada individual tem sua origem na Revolução Francesa, que buscou sua fonte de inspiração na famosa tríade: liberdade, igualdade e fraternidade. É na Revolução Industrial do século XVIII que encontramos suas primeiras manifestações, nas palavras de Amauri Mascaro Nascimento, "como fonte de instauração de vínculos de atributividade que se expressam por meio de atividade negocial dos particulares".[6]

Com efeito, a autonomia privada individual está intrinsecamente ligada à ideia da liberdade para contratar. Então, nada mais natural que ela nascesse e assumisse enorme importância, juntamente com o desenvolvimento dos negócios, nos primórdios da primeira Revolução Industrial, tornando-se essencial no ordenamento jurídico capitalista e no sistema de livre mercado.

---

[3] MARTINS, Sergio Pinto. *O pluralismo no direito do trabalho*. São Paulo: Atlas, 2001, p. 117.
[4] NASCIMENTO, Amauri Mascaro. *Compêndio de direito sindical*. Op. cit., p. 131.
[5] ROPPO, Enzo. *O contrato*. Coimbra: Almedina, 1988, p. 128.
[6] NASCIMENTO, Amauri Mascaro. *Curso de direito do trabalho*. 17. ed. São Paulo: Saraiva, 2001, p. 822.

Esses preceitos eram defendidos pelos filósofos do iluminismo, cujas ideias deram legitimidade à Revolução Francesa, dentre os quais Spinoza e Rousseau, para os quais o fim do Estado era a garantia da liberdade, enquanto para Locke era a garantia da propriedade, que é um direito individual. As mais altas expressões dessas garantias individuais são as declarações dos direitos americanos e franceses, nas quais é solenemente enunciado o princípio de que o Estado é para o indivíduo, e não o indivíduo para o Estado.[7]

Com efeito, a Revolução Francesa aboliu as corporações de ofício, que tiveram importante papel no desenvolvimento e florescimento do direito comercial na Idade Média. Ao discorrer sobre essas instituições, Waldemar Ferreira declara que:

> negociantes, banqueiros, industriais, artesãos, e quantos se sentiram atraídos por interesses comuns, se organizavam em corporações, sujeitas a rigorosa disciplina, em que residia o segredo de sua força. Tornaram-se poderosas. Investiram-se no direito de regular por si mesmas seu interesse próprio e de seus componentes. Passaram, assim, a exercitar poderes que eram, normalmente, do Estado. Presidiam, por via de seus oficiais, as feiras e mercados, organizando-os e neles mantendo a ordem. Protegiam seus membros no estrangeiro. Prestavam assistência religiosa e caritativa. Tinham patrimônio adquirido com as contribuições dos sócios.[8]

De acordo com Fábio Ulhoa Coelho, com a Revolução Francesa, a burguesia ascendeu à classe dominante e concluiu o processo de fortalecimento do Estado moderno, com a extinção das corporações de ofício e o surgimento de um direito unificado para a sociedade, sob a égide do princípio revolucionário da igualdade. Não desapareceu, entretanto, a disciplina autônoma da profissão dessa classe social, que apenas deixou de se originar, formalmente, de uma entidade corporativa para ser produzida pelo Estado. O direito comercial passou, então, a buscar sua identificação na natureza do ato jurídico praticado, e não no sujeito que o pratica.[9]

No entanto, o operador econômico do capitalismo, na verdade, necessita ser livre não só na fixação, a seu arbítrio, dos termos concretos da operação

---

[7] BOBBIO, Norberto. *Estado, governo, sociedade*: para uma teoria geral da política. 5. reimp. Tradução de Marco Aurélio Nogueira. Rio de Janeiro: Paz e Terra, 1995, p. 64-65.
[8] FERREIRA, Waldemar. *Tratado de direito comercial*: o estatuto histórico e dogmático do direito comercial. São Paulo: Saraiva, 1960, v. I, p. 40.
[9] COELHO, Fábio Ulhoa. *Manual de direito comercial*. 9. ed. Revista e atualizada. São Paulo: Saraiva, 1997, p. 4.

realizada, mas também e – sobretudo – na decisão de efetuar ou não uma certa operação, na escolha de sua efetivação com esta ou aquela contraparte, no decidir realizar um determinado gênero de operação em vez de outro. Tudo isso tem a sua tradução jurídica: no conceito de autonomia privada compreende-se, de fato, tradicionalmente, além do poder de determinar o conteúdo do contrato, também o poder de escolher livremente contratar ou não contratar; escolher com quem contratar, recusando, por hipótese, ofertas provenientes de determinadas pessoas; enfim, decidir em que tipo contratual enquadrar a operação que se pretende, privilegiando um ou outro dos tipos legais codificados, ou mesmo concluir contratos que não pertençam aos tipos que têm uma disciplina particular.[10]

Com o desenvolvimento do capitalismo, o contrato tornou-se o principal instrumento de regulação das relações jurídicas entre os particulares. O contrato era a consolidação da autonomia privada.[11]

Orlando Gomes destaca que o liberalismo econômico, a ideia basilar de que todos são iguais perante a lei e devem ser igualmente tratados, e a concepção de que o mercado de capitais e o mercado de trabalho devem funcionar livremente em condições, todavia, que favoreçam a dominação de uma classe sobre a economia considerada em seu conjunto, permitiram fazer do contrato o instrumento jurídico por excelência da vida econômica.[12]

Contudo, o trabalho humano ganhou contornos e desdobramentos peculiares no relacionamento entre o empregado e empregador, com a ocorrência da Revolução Industrial.

Sendo fato econômico, por excelência, a Revolução Industrial respondeu por profundas mudanças no modo de equacionar a eterna relação entre os mais e os menos capazes socialmente, porque alterou o conteúdo das relações jurídicas de trabalho e das relações sociais entre trabalhadores e patrões. Acima de tudo, criou condições para o deslocamento de um velho eixo de equilíbrio.[13]

Essa fase histórica também proporcionou uma troca de postura dos que eram mandados, diante de seus dominadores, e isso rachou decisivamente, na área das relações de trabalho, a estrutura estabelecida do direito civil.[14]

---

[10] ROPPO, Enzo. Op. cit. P. 132-133.
[11] MARTINS, Sergio Pinto. *O pluralismo no direito do trabalho*. Op. cit., p. 116.
[12] GOMES, Orlando. *Contratos*. 12. ed. Rio de Janeiro: Forense, 1991, p. 7.
[13] PINTO, José Augusto Rodrigues. *Direito sindical e coletivo do trabalho*. São Paulo: LTr, 1998, p. 23.
[14] Idem, ibidem, p. 23.

Verifica-se que o patrão era o proprietário e detentor das máquinas e dos meios de produção tendo, assim, o poder de direção em relação ao trabalhador. Isso já denotava a desigualdade a que estava submetido o trabalhador, pois este nada possuía, a não ser sua força de trabalho e sua energia física e intelectual para colocar a serviço do capital.

O liberalismo do século XVIII, surgido com a Revolução Francesa, que pregava um Estado alheio à área econômica e que, quando muito, iria ser árbitro nas questões sociais, suscitou uma tomada de consciência coletiva da classe operária e, como resposta, provocou o surgimento do Direito Coletivo do Trabalho, que veio corrigir as desigualdades econômicas por meio das desigualdades jurídicas.

O liberalismo tinha, e ainda tem, por base, a igualdade abstrata entre os indivíduos que compõem a sociedade. Ao figurar como fundamento do Estado capitalista, a igualdade abstrata exerce a função de ocultamento das relações de exploração no seio da sociedade. Assim, a ação coercitiva do Estado, quando empregada, não é vista como uma atitude em prol de uma dominação, mas sim como a legítima exigência de sujeitos juridicamente iguais que contrataram livremente o que está no direito.[15]

Adam Smith, considerado pela maioria dos autores como o apologista da nascente classe industrial capitalista, declarava que "se o governo se abstiver de intervir nos negócios econômicos, a Ordem Natural poderá atuar".[16]

Porém, nem por isso podemos execrar os ideais da Revolução Francesa que, se por um lado permitiu uma notável desigualdade social, um tratamento desumano ao trabalhador, (representado inclusive por mulheres e menores), a formação do proletariado, a indignidade das condições de vida dos operários etc., por outro lado contribuiu para o progresso da história da humanidade. A propósito, Miguel Reale destaca que a Revolução Francesa afirmou valores, como a autossuficiência dos direitos inatos do homem, a autonomia da vontade como fonte geradora da ordem social e política, e o livre consentimento como fundamentação da convivência social.[17]

O Estado não reconhecia o poder do sindicato de editar normas, vindo a proibir quaisquer formas de coalizão de trabalhadores e mesmo de empregadores, através da Lei *Le Chapelier*, de 1791. A coalizão, por algum tempo,

---

[15] ANDRADE, Vera Regina Pereira de. *Dogmática jurídica*: esforço de sua configuração e identidade. Porto Alegre: Livraria do Advogado, 1996, p. 121.
[16] SMITH, Adam. *Richesse des nations*. Paris: Canan, 1937, p. 421.
[17] REALE, Miguel. *Nova fase do direito moderno*. 2. ed. São Paulo: Saraiva, 2001, p. 73 e ss.

foi um movimento considerado criminoso. Na França, uma lei de 1849 a qualificava, tanto a patronal como a dos trabalhadores, um delito passível de prisão de seis dias a três meses, diretriz que já era seguida pelo Código Penal, revogada em 1864. Na Inglaterra, uma lei de 1824 proclamou a liberdade de coalizão. Na Alemanha (1869) e na Itália (1889), as coalizões de trabalhadores deixaram de ser delito.[18]

A partir do reconhecimento e evolução dos sindicatos como legítimos representantes dos trabalhadores, em decorrência de fatores políticos nos sistemas corporativos, eles passaram a exercer atividade delegada do poder público. Eram considerados como órgãos ou corporações do Estado. Surge então o porquê das normas elaboradas pelos sindicatos serem consideradas de direito público. Este sistema prevaleceu na Itália e no Brasil. O Estado detinha absoluto controle dos sindicatos, podendo intervir ou interferir a seu livre alvedrio na vida sindical, ou seja, desde sua constituição e até na nomeação de seus dirigentes.

De forma alternativa, nos regimes políticos em que prevalece a liberdade sindical, o sindicato pode ser criado livremente, editar as normas que julgar necessárias, observando tão somente as de ordem pública estabelecidas pelo Estado ou normas mínimas por ele previstas.

Deste simples desenvolvimento podemos depreender que o Direito, e como ramo deste, o Direito do Trabalho, pauta-se pela dinâmica da vida social e está em constante transformação. Miguel Reale esclarece, com notável lucidez, este aspecto, quando afirma que:

> o direito é, antes de mais nada, fato social, realidade psicológica e social em perene transformação, de modo que as normas não subsistem, nem são possíveis, sem a realidade de que resultam como conclusões necessárias que se impõem a todos, tanto aos governantes como aos governados.[19]

1.3. CONCEITO

Autonomia privada para Pontes de Miranda é o autorregramento da vontade.[20] Para ele, a vontade constitui o suporte fático, ao qual as regras

---

[18] NASCIMENTO, Amauri Mascaro. *Compêndio de direito sindical*. Op. cit., p. 42.
[19] REALE, Miguel. *O direito como experiência*: introdução à epistemologia jurídica. São Paulo: Saraiva, 1968, p. 102.
[20] MIRANDA, Pontes de. *Tratado de direito privado*. 3. ed. Rio de Janeiro: Borsoi, 1970, p. 54.

jurídicas aludem. Considera, ademais, a vida social fundamentada em interesses aquém da esfera jurídica e esta como "zona colorida em que: a) os fatos se fazem jurídicos; b) relações nascidas independentemente do direito se tornam jurídicas; c) relações jurídicas nascidas, portanto, no direito, se estabelecem".[21] Neste sentido, apenas parte da atividade humana é captada e absorvida pelo direito. Este deixa aos particulares um campo de ação, para o exercício de suas vontades, que não são repelidas pelo direito. Portanto, a autonomia privada nada mais seria do que a possibilidade de os atos dos particulares se tornarem jurídicos, constituindo regras ou normas de conduta ou de comportamento.

Diz Octavio Bueno Magano que a autonomia é o poder de autorregulamentação dos próprios interesses, e sua caracterização supõe, antes de mais nada, um sistema de normas ao qual se submete a própria entidade de onde nasceram. Além disso, é preciso sublinhar que se trata de poder derivado, limitado pelo poder estatal. Nem por isso deixa de ser poder genuíno porque gera, *motu proprio*, normas jurídicas, não se resolvendo em mera faculdade de agir.[22]

A autonomia sindical é típica: o seu âmbito encontra-se circunscrito pela ordem estatal, mas de nenhum modo se reduz à mera concreção ou individuação daquela, impondo-se, ao contrário, a conclusão de que a autonomia implica a possibilidade de criação de normas próprias não identificadas com as da ordem estatal. A autonomia deve ser também concebida como subproduto da concepção pluralista da sociedade, fundada na observação de que nesta não existe apenas um, senão vários centros geradores de normas jurídicas.[23]

Nelson Mannrich ensina que:

> autonomia, no âmbito do direito constitucional e da política, significa poder de autogovernar-se e regular os próprios interesses. No direito civil, significa capacidade das partes de se auto-obrigarem mediante manifestação de vontade, através do contrato. Porém, no direito do trabalho, indica a capacidade de os grupos profissionais de se autorregularem e de disciplinarem seus próprios interesses. Uma das questões centrais para a doutrina é saber se a referida autonomia é delegada ou concessão do Estado, ou se é um poder originário do grupo (...). Assim, autonomia privada coletiva representa o poder próprio que os grupos profissionais têm de elaborar

---

[21] Idem, ibidem, p. 54.
[22] MAGANO, Octavio Bueno. *Manual de direito do trabalho*: direito coletivo do trabalho. 2. tir. São Paulo: LTr, 1986, v. III, p. 14.
[23] Idem, ibidem, p. 15.

normas e vincular-se às fontes do direito. Estas, por sua vez, indicam os processos ou meios em virtude dos quais as regras jurídicas se positivam com legítima força obrigatória, ou seja, com vigência e eficácia.[24]

Para Francesco Santoro-Passarelli, a autonomia privada é o poder de os próprios interessados criarem normas jurídicas, ou seja, é o poder de regularem os seus interesses intrínsecos,[25] enquanto Luigi Ferri informa que a autonomia privada é uma manifestação de um poder de criar normas jurídicas, diversas das previstas pelo Estado e, em certos casos, complementando as normas editadas por ele.[26]

Salvatore Pugliatti, por sua vez, destaca que autonomia privada significa "o poder de dar-se um ordenamento". Esse poder (*potestas*) tem uma conotação política, não constituindo simples liberdade na criação de normas. Permite a criação de um ordenamento jurídico privado, que é subordinado e reconhecido pelo Estado. Ainda de acordo com Pugliatti, no seio de uma sociedade, há uma pluralidade de ordenamentos jurídicos: o ordenamento estatal, que tem uma posição proeminente e tendencialmente monopolística e a comunidade dos privados, composta por corpos sociais, com seus ordenamentos jurídicos próprios e independentes. A manifestação de vontade e o ato negocial são expressões da autonomia privada, destinada ao autorregulamento de interesses próprios dos privados.[27]

No seio da concepção jusnaturalista, a faculdade de os particulares regularem seus próprios interesses, por meio de negócios jurídicos celebrados livremente, aparece como atributo natural dos homens, que a ordem positiva apenas deveria reconhecer e assegurar. A vontade humana, neste contexto, é a fonte dos direitos. Com a evolução das ideias políticas e jurídicas, a partir da era moderna, a possibilidade de autorregulação dos interesses passa a ser entendida, em certa medida, não mais como direito natural, mas, sim, como faculdade outorgada pelo direito positivo. Assim, limita-se o seu exercício

---

[24] MANNRICH, Nelson. A administração pública do trabalho em face da autonomia privada coletiva. In: MALLET, Estevão; ROBORTELLA, Luiz Carlos Amorim (Coord.) *Direito e processo do trabalho*: estudos em homenagem a Octavio Bueno Magano. São Paulo: LTr, 1996, p. 545.

[25] SANTORO-PASSARELLI, Francesco. *Saggi di diritto civile*. Nápoles: Eugenio Jovene, 1961, p. 255.

[26] FERRI, Luigi. L'autonomia privata. In: *Enciclopedia del Diritto*. V. IV, Milano: Giuffrè, 1959, p. 345.

[27] PUGLIATTI, Salvatore. Autonomia privata. In: *Enciclopedia del Diritto*. V. IV, Milano: Giuffrè, 1959, p. 348.

aos quadrantes definidos pela ordem jurídica. Largos, durante períodos de liberalização econômica, e estreitos, no decorrer de processos de intervenção do Estado capitalista na economia, tais quadrantes estabelecem as balizas dentro das quais atua a vontade dos particulares.[28]

Declara Miguel Reale que se reconhece, em última instância, como uma conquista impostergável da civilização o que, técnica e tradicionalmente, se denomina autonomia da vontade, isto é, o poder que tem cada homem de ser, de agir e de omitir-se nos limites das leis em vigor, tendo por fim alcançar algo de seu interesse – o que, situado no âmbito da relação jurídica, se denomina bem jurídico.[29] O fato é que, por assim terem livremente convencionado, homens e grupos dão nascimento a formas ou modelos jurídicos de ação, que os vinculam à prática dos direitos e deveres avençados. Essas avenças geralmente se aplicam a modelos legais previstos nos Códigos ou em leis complementares, mas nada impede que as partes constituam estruturas negociais atípicas, isto é, não correspondentes aos tipos normativos elaborados pelo legislador.[30]

Para Walküre Lopes Ribeiro da Silva:

> nem sempre fica claro o conceito de autonomia privada, que abrange tanto a esfera individual como a coletiva. Via de regra, os autores afirmam que o negócio jurídico constitui a expressão da autonomia coletiva e é o quanto basta (...). Podemos afirmar que ao menos no campo da autonomia privada coletiva esta caracteriza um poder originário, seja quanto a suas origens, uma vez que o Estado não o conferiu aos particulares, mas efetuou mero reconhecimento de sua existência, seja quanto a seu exercício, pois são previstos critérios autônomos de representação, procedimento, competência, etc.[31]

Os sujeitos privados são livres para obrigar-se como quiserem. Mas, quando o fazem, obrigam-se verdadeiramente: aquilo que livremente pactuaram torna-se vínculo rigoroso dos seus comportamentos e, se violam a palavra empenhada, respondem por isso e sujeitam-se a sanções. É o nexo

---

[28] COELHO, Fábio Ulhoa. *Curso de direito comercial*. Op. cit., p. 9.
[29] REALE, Miguel. *Lições preliminares de direito*. 16. ed. São Paulo: Saraiva, 1988, p. 179.
[30] Idem, ibidem, p. 180.
[31] SILVA, Walküre Lopes Ribeiro da. Autonomia privada, ordem pública e flexibilização do direito do trabalho. In: NASCIMENTO, Amauri Mascaro (Coord.). Anais. *Jornal do Congresso Brasileiro de Direito Coletivo do Trabalho*, 9, 1994, SP: LTr, p. 68-69, 23-25 nov. 1994.

da liberdade contratual – responsabilidade contratual, segundo o qual o "contrato tem força de lei entre as partes".[32]

Depreende-se desses conceitos, que a autonomia privada coletiva pressupõe que o Estado abdica de parte de sua jurisdição e do monopólio de criar normas, em favor dos grupos sociais, entre eles os sindicatos, as associações, os partidos políticos, para que estes tenham a liberdade de auto-organização e de autorregramento de seus próprios interesses.

Para Gino Giugni, a autonomia coletiva assumiu características publicistas em relação à natureza de direito público dos sindicatos e, com o restabelecimento da liberdade sindical, os sindicatos voltaram à esfera do direito privado e a autonomia sindical voltou a ser autonomia privada. Essa forma particular de autonomia privada tem natureza coletiva, porque os sujeitos que a expressam (associações sindicais dos trabalhadores e dos empresários) são portadores do interesse de uma pluralidade de pessoas (associados), por um bem idôneo para satisfazer a necessidade comum de todos (interesse coletivo), e não a necessidade individual de uma ou de algumas pessoas.[33]

Giuliano Mazzoni apresenta a autonomia coletiva como sendo o mesmo direito de liberdade sindical visto pelo aspecto coletivo e organizado: não mais a liberdade individual de associação ou não associação, mas a liberdade do grupo, isto é, a liberdade de associação como tal.[34]

A autonomia coletiva é o poder que o Estado reconhece a determinados indivíduos e grupos sociais, de autorregularem amplamente seus próprios interesses, ou seja, de agir com independência no contexto do ordenamento jurídico,[35] produzindo normas jurídicas próprias.[36] É a faculdade de produ-

---

[32] ROPPO, Enzo. Op. cit., p. 128.
[33] GIUGNI, Ginio; CURZIO, Petro; GIOVANNI, Mario. *Direito sindical*. Tradução de Eiko Lúcia Itioka. São Paulo: LTr, 1991, p. 117.
[34] MAZZONI, Giuliano. *Manuale di diritto del lavoro*. Milano: Giuffrè, 1990, v. II, p. 235.
[35] DONATO, Messias. Liberdade sindical. In: MAGANO, Octavio Bueno (Org.). *Curso de direito do trabalho*: estudos em homenagem a Mozart Victor Russomano. São Paulo: Saraiva, 1991, p. 471.
[36] PEDREIRA, Luiz de Pinho. A autonomia coletiva profissional. In: ROMITA, Arion Sayão (Org.). *Sindicalismo, economia e estado democrático*: estudos. São Paulo: LTr, 1993, p. 39.

zirem o seu ordenamento jurídico por sua própria iniciativa, sem pressão ou coação prévia de qualquer entidade.[37]

Essa liberdade de associação está atualmente consagrada e assegurada na Declaração Universal dos Direitos Humanos, inclusive para organizar sindicatos,[38] medindo-se a autonomia coletiva pelo grau de interferência ou de intervenção do Estado na criação dos sindicatos.

Amauri Mascaro Nascimento, fazendo menção das concepções mista e ampla da autonomia coletiva dos particulares, declara que para a primeira, autonomia coletiva dos particulares significa o poder conferido aos representantes institucionais dos grupos sociais de trabalhadores e de empregadores de criar vínculos jurídicos regulamentadores das relações de trabalho, constituindo a negociação coletiva seu procedimento de concretização. De acordo com a segunda concepção, de maior abrangência, a autonomia coletiva dos particulares é o princípio que fundamenta não só a negociação coletiva mas também a liberdade sindical e a autotutela dos trabalhadores, sendo, sob essa visão tríplice, portanto, a sua dimensão; como poder de instituir normas e condições de trabalho, poder normativo; como liberdade de organizar associações sindicais independentemente de autorização prévia do Estado e, sem interferências deste, nelas ingressas ou delas sair; como permissão para que, pela paralisação do trabalho ou outros atos coletivos legítimos, possam os trabalhadores promover a defesa dos seus direitos ou interesses.[39]

Não podemos olvidar que o direito, além de ser uma estrutura normativa, constitui também uma relação social, intimamente conectada a fatores que interagem, como a forma de produção econômica predominante, as necessidades formuladas pela formação social e o exercício do poder político. Logo, no âmbito do capitalismo avançado, as prioridades são dirigidas aos direitos sociais, aos direitos dos grupos, aos direitos relativos às diferenças étnicas, de defesa das minorias, aos problemas do meio ambiente e de consumo, bem como ao acesso à Justiça. No caso dos países de capitalismo dependente, como o Brasil, as preocupações voltam-se para a defesa dos direitos civis, políticos e socioeconômicos, bem como para o

---

[37] GARCIA ABELLÁN, Juan. *Introducción al derecho sindical*. Madrid: Aguillar, 1961, p. 105.
[38] "Todos têm direito a organizar sindicatos e a neles ingressar para a proteção de seus interesses" (art. 23).
[39] NASCIMENTO, Amauri Mascaro. *Curso de direito do trabalho*. Op. cit., p. 208.

controle de conflitos de todas as espécies que dizem respeito à satisfação de necessidades básicas e de sobrevivência.[40]

Portanto, discorrer sobre autonomia privada coletiva significa partilhar da concepção de que o direito não emerge apenas do Estado, admitindo-se a existência de outros centros de produção e positivação da normativa, quer na esfera supraestatal (organizações internacionais, como a OIT), quer na esfera infraestatal (grupos associativos, corpos intermediários, organizações comunitárias e movimentos sociais), dentre os quais se situam as organizações de trabalhadores e de empregadores.

Exemplo desse fenômeno é a negociação coletiva de consumo, regulada pela Lei nº 8.078/90, em seu art. 107, *in verbis*:

> DA CONVENÇÃO COLETIVA DE CONSUMO.
> Art. 107. As entidades civis de consumidores e as associações de fornecedores ou sindicatos de categoria econômica podem regular, por convenção escrita, relações de consumo que tenham por objeto estabelecer condições relativas ao preço, à qualidade, à quantidade, à garantia e características de produtos e serviços, bem como à reclamação e composição do conflito de consumo.
> (...)

Nesse sentido, segundo Antonio Carlos Wolkmer, a despeito da doutrina oficial que delimita as fontes clássicas do direito, a sociedade surge como sua fonte primária. Entre os corpos intermediários privilegia-se, não só pela sua abrangência, mas também por suas características peculiares, em especial, a prática de transformar as suas demandas por satisfação de necessidades em afirmação por direitos.[41]

1.4. AUTONOMIA PRIVADA COLETIVA E NEGOCIAÇÃO COLETIVA

A origem da autonomia privada coletiva coincide com a das negociações coletivas, das quais é pressuposto básico, e é atribuída à fase na qual o Estado era omissivo diante da questão social, diante da sua política liberalista, com o que surgiu a espontânea necessidade de organização dos

---

[40] SILVA FILHO, José Carlos Moreira da. *Filosofia jurídica da alteridade*: por uma aproximação entre o pluralismo jurídico e a filosofia da libertação latino-americana. Curitiba: Juruá, 1999, p. 191.

[41] WOLKMER, Antonio Carlos. *Pluralismo jurídico*: fundamentos de uma nova cultura no direito. São Paulo: Alfa-Ômega, 1994, p. 139-149.

trabalhadores em torno dos sindicatos. Com a força da greve, os trabalhadores conseguiram levar seus empregadores a concessões periódicas, especialmente de natureza salarial, e a outros tipos de pretensões, hoje as mais generalizadas.[42]

Para Amauri Mascaro Nascimento, formou-se assim um direito do trabalho autônomo que, para alguns, é denominado direito profissional; para outros, como Gurvitch, direito social, na Itália contemporânea merecendo aceitação a teoria da autonomia coletiva dos particulares. Essa teoria é defendida pelos doutrinadores peninsulares, dentre os quais Giugni, em sua obra *Introduzione allo studio dell'autonomia colletiva* (1960); Giovani Tarello, no seu livro *Teorie e ideologie nel diritto sindicale*, (1972), e outros. O novo modelo de relações coletivas trabalhistas, que a teoria procura explicar, opõe-se ao intervencionismo estatal do período corporativista e considera a atividade dos sindicatos e as convenções coletivas segundo um prisma de direito privado, formando uma ordem jurídica não estatal, conforme o princípio do livre jogo de forças no conflito entre as organizações sindicais.[43]

Desse modo, vemos que se a autonomia individual nasceu sob o signo da liberdade, diante da omissão do Estado Liberal, nos desígnios da Revolução Francesa, na famosa tríade *laissez faire, laissez passer* e *laissez aller*, sua natureza jurídica era eminentemente privada. Não obstante, em determinado momento da evolução histórica, tivemos a prevalência do corporativismo, particularmente no socialismo, no Leste Europeu, na Itália, e mesmo no Brasil, após o Estado Novo de 1937 até o advento da Constituição Federal de 1988, quando o sindicato era mera extensão do Estado, ocupando uma posição delegada de poder público.

O direito do trabalho contemporâneo, dentre suas múltiplas fontes, tem na autonomia privada coletiva uma de suas mais notáveis fontes de criação de normas jurídicas, compatibilizando-se o direito coletivo do trabalho com a realidade empresarial, dentro de suas peculiaridades, que se materializa pela negociação coletiva.

Diferentemente da liberdade contratual individual, a autonomia privada coletiva é a organização da vontade do grupo como necessidade natural de convivência normativa social.[44] Nos regimes democráticos e pluralistas, com plena liberdade sindical, nos moldes da Convenção nº 87 da Organização

---

[42] NASCIMENTO, Amauri Mascaro. *Curso de direito do trabalho*. Op. cit., p. 205.
[43] Idem, ibidem, p. 205.
[44] NASCIMENTO, Amauri Mascaro. *Curso de direito do trabalho*. Op. cit., p. 209.

Internacional do Trabalho (OIT), a autonomia coletiva é privada. Desde o advento da Constituição de 1988, a autonomia coletiva é privada no Brasil, pois o art. 8º, I, estatui que o Estado não pode interferir na organização sindical, muito embora ainda remanesçam instrumentos corporativistas, incompatíveis com um sistema de plena liberdade sindical.

Mozart Victor Russomano, ao enaltecer o instituto da negociação coletiva, afirma que:

> as convenções coletivas nasceram e atingiram o apogeu nas nações industrializadas, ou seja, na Europa ocidental e nos Estados Unidos da América do Norte. Ao contrário, na América Latina, na Ásia e na África – continentes, historicamente, de economia agrária e subdesenvolvida – o sistema de negociação coletiva não teve importância, a não ser a partir do momento em que começou a sua industrialização. O primeiro ponto que sublinhamos, portanto, é a estreita vinculação existente entre o desenvolvimento econômico nacional e o sistema de convenções coletivas. E, aqui, tomamos a expressão "desenvolvimento econômico nacional" em sentido estrito, que tem como pressuposto imperativo a industrialização do país. Sem que ocorra esse fenômeno, não existirá, em nenhuma nação, massa operária sindicalizada organizada e resistente, capaz de participar, com êxito, da negociação direta com os empresários.[45]

Continua esse professor declarando que:

> o desenvolvimento econômico em sentido globalista tem ponto alto no desenvolvimento industrial dos Estados. Esse desenvolvimento industrial favorece o desenvolvimento do sindicalismo. O sindicalismo autêntico, forte, atuante, consciente de seu valor e de suas possibilidades, é a pedra angular da negociação coletiva. A consequência direta e inevitável, quando se instala em qualquer nação um sindicalismo de tais características, é o progressivo abandono das reivindicações junto ao Estado e a formação de amplo sistema de convenções coletivas, adotadas pelas próprias partes interessadas. A segunda consequência, derivada da primeira, é que a negociação coletiva, além de ser característica das sociedades industrializadas, constitui, também, traço marcante na economia das nações democráticas.[46]

---

[45] RUSSOMANO, Mozart Victor. *Princípios gerais de direito sindical*. Op. cit., p. 145.
[46] Idem, ibidem, p. 145.

A negociação coletiva é nos dias de hoje considerada o melhor meio para a solução dos conflitos ou problemas que surgem entre o capital e o trabalho. Por meio dela, trabalhadores e empresários estabelecem não apenas condições de trabalho e de remuneração, como também todas as demais relações entre si, mediante um procedimento dialético previamente definido, que se deve pautar pelo bom senso, boa-fé, razoabilidade e equilíbrio entre as partes diretamente interessadas.

Apesar de variar de país para país, em decorrência das peculiaridades, tradições e costumes próprios de cada cultura, a negociação coletiva apresenta uma característica virtualmente universal: trata-se de um processo negocial, com notável flexibilidade em seus métodos, cujos interesses transcendem os dos atores diretamente envolvidos – a que visam proteger e agregar direitos – fazendo com que seus efeitos se esterilizem na própria sociedade.

Alfredo J. Ruprecht declara que:

> a negociação coletiva baseou-se sempre no princípio de contradição entre as partes intervenientes, mas, na atualidade, esse princípio deixou de ser intocável e outro começou a surgir. Referimo-nos ao princípio da cooperação. É verdade que sempre haverá luta entre os interesses patronais e os dos trabalhadores, mas não se deve esquecer que o funcionamento regular e constante da empresa dá segurança aos trabalhadores que continuam percebendo seus salários.[47]

No Brasil, a estrutura sindical foi moldada durante o Estado Novo, durante o governo Getúlio Vargas, que propugnava estabelecer em nosso país, uma réplica do Estado corporativo inspirado no fascismo italiano de Mussolini. Muito embora a legislação contemplasse o instituto da negociação coletiva e disciplinasse a matéria de forma detalhada, sob o título de convenção coletiva, o regime político prevalecente não ensejava a liberdade de atuação de que o sindicato necessitava. Dessa forma, na época, inexistiam condições políticas e econômicas que fomentassem a negociação coletiva.

Foi somente com o advento da Constituição de 1988 que a estrutura sindical brasileira foi radicalmente alterada: introduziram-se vários aspectos de democracia sindical, com razoável valorização da negociação coletiva, acompanhando um novo estágio de desenvolvimento econômico e industrial do país, mas, ao mesmo tempo, paradoxalmente, foram mantidos certos ranços corporativistas que entravavam o pleno desenvolvimento da negociação

---

[47] RUPRECHT, Alfredo J. *Relações coletivas de trabalho*. São Paulo: LTr, 1995, p. 261-262.

coletiva, ou seja: o poder normativo da Justiça do Trabalho, a contribuição sindical obrigatória – agora alterada pela Lei nº 13.467/2017 (Reforma Trabalhista), que passa a ser facultativa, tanto para empregados como para empregadores –, a unicidade ou monopólio sindical e o regime de categorias.

Portanto, não é difícil concluir-se que, no Brasil, por suas condições peculiares, ainda nos dias de hoje, mais importante do que a negociação coletiva é a lei do Estado, pois esta, como norma de proteção ao trabalho, a um só tempo, supre a insuficiência do sindicalismo brasileiro e mantém as reivindicações operárias no limite das possibilidades nacionais.[48]

No entanto, com o advento da Lei nº 13.467/2017, a negociação coletiva primará pela supremacia dos acordos e convenções coletivas sobre as disposições estabelecidas na CLT, exceto para questões relacionadas às normas de identificação profissional, salário mínimo, remuneração do trabalho noturno superior ao diurno, repouso semanal remunerado, remuneração do serviço extraordinário no mínimo 50% superior ao normal, número de dias de férias, saúde, segurança e higiene no trabalho, FGTS, 13º salário, seguro-desemprego, salário-família, licença-maternidade de 120 dias, aviso prévio proporcional ao tempo de serviço e outros, elencados no art. 611-B, que na prática funcionará como uma cláusula de contenção ou de barreira a uma atuação negocial *in pejus* mais agressiva.

Além disso, os empregados portadores de diploma de nível superior e que recebem remuneração igual ou superior a duas vezes o limite máximo dos benefícios do Regime Geral de Previdência Social (atualmente, o limite máximo é de R$ 5.531,31) poderão estipular livremente as condições de trabalho de forma individual, sendo que tais estipulações terão eficácia legal e supremacia sobre eventuais normas coletivas.

Da mesma forma, a novel legislação admite a utilização da arbitragem por tais trabalhadores, como se deflui dos seguintes artigos:

> Art. 507-A. Nos contratos individuais de trabalho cuja remuneração seja superior a duas vezes o limite máximo estabelecido para os benefícios do Regime Geral de Previdência Social, poderá ser pactuada cláusula compromissória de arbitragem, desde que por iniciativa do empregado ou mediante a sua concordância expressa, nos termos previstos na Lei 9.307, de 23 de setembro de 1996.

---

[48] RUSSOMANO, Mozart Victor. Op. cit., p. 148.

Art. 507-B. É facultado a empregados e empregadores, na vigência ou não do contrato, firmar termo de quitação anual de obrigações trabalhistas, perante o sindicato dos empregados da categoria.

Esta supremacia do negociado sobre o legislado já foi objeto de análise pelo Supremo Tribunal Federal, que se manifestou no sentido de que é a própria Constituição que assegura como um direito fundamental dos trabalhadores o reconhecimento das convenções e acordos coletivos em geral, de forma que a eficácia de seus termos deve ser respeitada e garantida pelo Poder Público (art. 7º, XXVI).

Desta forma, o princípio constitucional consiste na intervenção mínima na autonomia coletiva, cabendo ao Judiciário, em termos gerais, respeitar e garantir a eficácia das convenções e acordos coletivos, mesmo quando aparentemente eles reduzam direitos ou garantias previstos na legislação.

Isto é o que se depreende da decisão unânime do Plenário do Supremo Tribunal Federal (RE 590.415 – tema 152 da repercussão geral, *DJe* 29.05.2015), em voto da Relatoria do Ministro Luís Roberto Barroso, de cujo acórdão extraímos o seguinte trecho:

> a Constituição reconheceu as convenções e os acordos coletivos como instrumentos legítimos de prevenção e de autocomposição de conflitos trabalhistas; tornou explícita a possibilidade de utilização desses instrumentos, inclusive para a redução de direitos trabalhistas (...) a Constituição de 1988 (...) prestigiou a autonomia coletiva da vontade como mecanismo pelo qual o trabalhador contribuirá para a formulação das normas que regerão a sua própria vida, inclusive no trabalho (art. 7º, XXVI, CF) (...) não deve ser vista com bons olhos a sistemática invalidação dos acordos coletivos de trabalho com base em uma lógica de limitação da autonomia da vontade exclusivamente aplicável às relações individuais de trabalho (...) as regras autônomas juscoletivas podem prevalecer sobre o padrão geral heterônomo, mesmo que sejam restritivas dos direitos dos trabalhadores, desde que não transacionem setorialmente parcelas justrabalhistas de indisponibilidade absoluta.

Observe-se que, de acordo com esta posição do STF, a negociação coletiva deve ser respeitada, como instrumento de pacificação de índole constitucional, ainda que aparentemente reduza ou restrinja direitos previstos na legislação de regência, estabelecendo, desta forma, o marco regulatório do princípio da intervenção mínima. Extraímos ainda do acórdão do STF que o Poder Judiciário tão somente poderá analisar o conteúdo dos acordos e convenções coletivas negociadas coletivamente, na hipótese de que tenha havido violação a direitos considerados de indisponibilidade absoluta, e não pelo fato de que o negociado não corresponda àquilo que a lei preveja.

Em outra decisão do Supremo Tribunal Federal, publicada em 13.09.2016 no *Diário de Justiça Eletrônico*, da lavra do Ministro Teori Zavascki, foi provido um recurso extraordinário (RE 895.759) reformando decisão do Tribunal Superior do Trabalho (TST), a qual havia anulado uma cláusula de acordo coletivo, que excluía o pagamento das horas *in itinere*. No caso, o sindicato e a empresa haviam negociado essa exclusão em troca de outros benefícios mais vantajosos financeiramente aos empregados. O Ministro, nessa nova decisão, fazendo remissão ao caso BESC, ressaltou que "Não se constata, por outro lado, que o acordo coletivo em questão tenha extrapolado os limites da razoabilidade, uma vez que, embora tenha limitado direito legalmente previsto, concedeu outras vantagens em seu lugar, por meio de manifestação de vontade válida da entidade sindical". Em outras e diretas palavras, assentou que deve se respeitar o negociado, mesmo que se limite direito legalmente previsto.

Nas nações industrializadas, que viveram intensamente as metamorfoses irreversíveis da indústria manufatureira e da tecnologia, as convenções coletivas de trabalho – outro nome dado ao processo de negociação coletiva – constituíram reivindicação operária, a que, após grandes hesitações, aderiram os empresários. Essa elaboração normativa por via convencional sofreu o impacto da oposição do Estado. Mas, apesar de tudo, suas notórias vantagens fizeram com que, indo além dessa barreira oficial, as convenções continuassem sendo celebradas. Criou-se o costume. E tudo isso, somado ao crescente poderio sindical e à presença dos grupos de trabalhadores nas decisões políticas, nacionais, compeliu o legislador a reconhecer a legitimidade da convenção coletiva.[49]

Porém, não devemos jamais confundir o criador e suas criaturas. Negociação coletiva de trabalho é o processo mediante o qual os seres coletivos de trabalhadores e de empregadores entabulam uma série de discussões, pelo menos 60 dias antes da data-base, munidos de uma pauta de reivindicação devidamente autorizada pela assembleia geral dos trabalhadores, que são os titulares do direito material trabalhista, com a finalidade de estabelecer novas condições de trabalho e de remuneração. Se a negociação coletiva é o processo (e não simples procedimento diante de sua enorme complexidade negocial e jurídica), os instrumentos normativos que dela defluem, estes sim são as suas criaturas jurídicas, no caso de ser frutífera ou bem sucedida, pois passarão a reger a vida das presentes e futuras gerações de trabalhadores da

---

[49] Idem, ibidem, p. 148.

respectiva categoria profissional, pelo menos, enquanto estiver em vigor e em plena eficácia.

Vê-se, dessa forma, que a negociação coletiva, nos países de capitalismo avançado, foi fruto de prática costumeira, e, como ensina Mozart Victor Russomano:

> prova disso está no regime vigente na Inglaterra, onde as convenções têm eficácia, não por força de normas cogentes que as reconheçam, nem por estarem insertas no sistema de *common law*, mas, apenas, porque constituem uma espécie de *gentlemen agreement*. E, apesar de não possuírem força obrigatória, tais convenções sempre foram fielmente cumpridas na prática da vida sindical.[50]

Analisando os países da América Latina, entre eles o Brasil, o fenômeno deu-se de maneira inversa.

A pressão para que o Estado e empregadores aceitassem e legitimassem o instituto da negociação coletiva não foi levado a efeito pelas organizações sindicais. De acordo com Russomano:

> os legisladores, percebendo a utilidade social e jurídica do novo instituto, através, sobretudo, da experiência europeia e norte-americana, trataram de adotá-la, nas suas leis e nos seus códigos, colocando, dessa forma, ao alcance dos trabalhadores, aquele poderoso instrumento de reivindicação. Se em sua grande maioria os sindicatos latino-americanos não usaram, durante muito tempo, esse instrumento, foi porque lhes faltava força para manejá-lo, isto é, a força que emana de um *background* sindical suficientemente forte para sustentar os líderes que, de pé sobre o terreno, desafiam o poder patronal. Nas nações industrializadas, em síntese, as convenções coletivas nasceram da prática popular e chegaram à lei, através do costume. Vieram dos fatos para os códigos. Por outras palavras, de baixo para cima. Nas nações subdesenvolvidas, inversamente, as convenções foram consagradas pelo legislador. Oferecidas pela lei aos sindicatos. O instituto, assim, veio dos códigos para os fatos. Ou seja: de cima para baixo.[51]

A negociação coletiva que, atualmente, tem a mesma natureza jurídica, e supostamente deveria ter a mesma eficácia e legitimidade, tanto nos países de capitalismo avançado, quanto nos em desenvolvimento, tem, nestes últimos, o estigma do esforço do legislador para oferecer às organizações sindicais um

---

[50] Idem, ibidem, p. 149.
[51] Idem, ibidem, p. 149.

efetivo instrumento de proteção e de apoio à classe trabalhadora, para fazer valer seus direitos, ao passo que naqueles outros países, mantém as marcas de um produto natural, derivado da evolução histórica e política, ditada pelo costume e pela tradição.

Mas, agora a negociação coletiva de trabalho mudou de cara. Se antes do advento da Lei nº 13.467/2017, pelo menos para nós, consistia em instrumento normativo para apenas melhorar as condições de trabalho e de remuneração para a classe trabalhadora, agora passa também a ser manejada pelos empregadores, como instrumento de adequação de custos, de gestão de recursos humanos e de reorganização empresarial, utilizando-se de ampla liberdade para afastar a legislação trabalhista *in pejus*, se necessário.

2

CONCEITO DE NEGOCIAÇÃO COLETIVA

Muito embora a nossa Constituição de 1988 reconheça o direito de negociação coletiva aos servidores públicos,[1] consoante os arts. 37, VI, e 7º, XXVI – direitos de sindicalização e greve, e reconhecimento das convenções e acordos coletivos de trabalho – com exceção dos servidores militares e dos servidores ou empregados públicos de alto nível, assim considerados aqueles cujas funções compõem o poder decisório do Estado, estaremos desenvolvendo essa temática, mais adiante, em capítulo próprio ao longo deste trabalho, por ela apresentar peculiaridades, inerentes à sua natureza e às limitações do serviço público, cujo tratamento é diferenciado em relação aos trabalhadores privados.

No âmbito internacional, o instituto da negociação coletiva está regulado pelas Convenções nºs 98 e 154 da Organização Internacional do Trabalho (OIT), ambas ratificadas pelo Brasil. Recentemente, o País também ratificou a Convenção nº 151 e a Recomendação nº 159 da OIT, que tratam das relações de trabalho na administração pública.

A Organização Internacional do Trabalho conceitua a negociação coletiva da seguinte forma:

> entende-se por negociação coletiva (ou expressões equivalentes) não só as discussões que culminam num contrato (convenção ou acordo) coletivo conforme o define e regulamenta a lei, além disso, todas as formas de tratamento entre empregadores e trabalhadores ou entre seus respectivos

---

[1] SILVA, Luiz de Pinho Pedreira da. A negociação coletiva no setor público. In: PRADO, Ney (Coord.). *Direito sindical brasileiro*: estudos em homenagem ao ao prof. Arion Sayão Romita. São Paulo: LTr, 1998, p. 257-261.

representantes, sempre e quando suponham uma negociação no sentido corrente da palavra.[2]

Ainda de acordo com a Organização Internacional do Trabalho:

> o direito de negociação coletiva é um prolongamento direto do direito sindical, uma vez que um dos objetivos mais importantes das organizações de empregadores e de trabalhadores é a definição de salários e de outras condições de emprego mediante contratos coletivos em lugar de contratos individuais de trabalho.[3]

A Convenção nº 98, de 1949, sobre o direito sindical e de negociação coletiva, estabelece esse direito no art. 4º, que dispõe o seguinte:

> Medidas adequadas às condições nacionais deverão ser adotadas, quando necessário, para estimular e fomentar entre os empregadores e as organizações de empregadores, de uma parte, e as organizações de trabalhadores, de outra, o pleno desenvolvimento e uso de procedimentos de negociação voluntária, com o objetivo de regulamentar, por meio de contratos coletivos, as condições de emprego.[4]

Nos instrumentos da OIT, posteriormente adotados sobre o mesmo assunto, utilizam-se termos semelhantes. A Convenção nº 154 e a Recomendação nº 163, de 1981, sobre a negociação coletiva dispõem, por exemplo, que "as medidas adequadas às condições nacionais deverão ser adotadas para fomentar a negociação coletiva" (art. 5º da Convenção), e que essas medidas "não deverão ser concebidas ou aplicadas de modo a restringir a liberdade de negociação coletiva" (art. 8º da Convenção).[5]

O art. 4º da Convenção nº 98 põe em destaque dois fatores: incumbe aos governos o fomento da negociação coletiva e o procedimento de negociação entre as partes, que devem ser voluntários. Portanto, a principal obrigação é que os governos fomentem e estimulem a negociação coletiva, mas nem os governos nem as partes estão obrigados a concluir contratos coletivos. Nessas bases, têm-se formulado regras para uma série de questões referentes à negociação coletiva.[6]

---

[2] ORGANIZAÇÃO INTERNACIONAL DO TRABALHO. *La negociación colectiva en países industrializados con economía de mercado*. Genebra: OIT, 1974, p. 7.
[3] ORGANIZAÇÃO INTERNACIONAL DO TRABALHO. *A liberdade sindical*. Tradução de Edilson Alkmin Cunha. São Paulo: LTr, 1993, p. 95.
[4] Idem, ibidem, p. 95.
[5] Idem, ibidem, p. 95.
[6] Idem, ibidem, p. 96.

A Recomendação nº 163 da OIT declara que o direito de negociação deve ser amplo, assegurado a todas as organizações, em qualquer nível de empresa, estabelecimento, ramo de indústria, região ou até em nível nacional, coordenados esses níveis entre si. Assinala a conveniência da disponibilidade de informações facilitadas entre as partes, para que ambas possam negociar conhecendo a situação uma da outra, também pelo Estado, que dispõe de dados econômicos e sociais globais do país. O mesmo documento sugere que conste das convenções coletivas a previsão de mecanismos que serão adotados pelas partes para a solução das controvérsias que resultarem da sua aplicação, como a mediação e a arbitragem privada.[7]

O comitê de liberdade sindical da OIT tem sempre sustentado que o direito de negociação coletiva das organizações de empregadores e de trabalhadores, com referência às condições de trabalho, é um elemento essencial da liberdade sindical, e que os sindicatos deveriam ter o direito – mediante a negociação coletiva ou por outros meios lícitos – de melhorar as condições de vida e de trabalho daqueles que representam. Além disso, o comitê considera que as autoridades públicas deveriam abster-se de intervir de qualquer forma que possa cercear esse direito ou dificultar seu legítimo exercício: semelhante introdução violaria o princípio de que as organizações de trabalhadores e de empregadores devem ter o direito de organizar suas atividades e formular seu programa de ação com total liberdade. Ademais, o comitê atribui muita importância ao princípio de que tanto os empregadores como os sindicatos devem negociar de boa-fé e fazer esforços para chegarem a um acordo.[8]

Esse comitê da OIT considera não apenas que os sindicatos, mas também federações e confederações, devem ter legitimidade para negociar. Essa legitimação deve ser admitida nos casos de entidades sindicais registradas e não registradas.[9]

São poucos os princípios estabelecidos pelo comitê sobre o procedimento das negociações. O principal ocupa-se do caráter voluntário de que deve revestir-se. Surge então o Informe nº 614, cujo teor é o seguinte: "Nenhuma disposição do art. 4º da Convenção nº 98, obriga um governo a impor, coercitivamente, um sistema de negociações coletivas a uma organização determinada, intervenção governamental que, claramente, alternaria o caráter de tais condições". No mesmo sentido, da espontaneidade do procedimento, é

---

[7] NASCIMENTO. Amauri Mascaro. O debate sobre negociação coletiva. *Revista LTr*, São Paulo, v. 64, n. 9, p. 1115, set. 2000.
[8] OIT. *Liberdade sindical*. Op. cit., p. 96.
[9] NASCIMENTO, Amauri Mascaro. *O debate...* Op. cit., p. 1115.

o Informe nº 615: "quando um governo, em virtude de sua legislação, reconhece o direito dos sindicatos de regulamentar as relações de trabalho, não está obrigado a fazer obrigatórias as negociações coletivas".[10]

A Convenção nº 98 da OIT, especialmente seu art. 4º, relativo ao estímulo e fomento da negociação coletiva, aplica-se tanto no setor privado como nas empresas nacionalizadas e nos órgãos públicos; só os funcionários públicos podem ser excluídos de sua aplicação.[11]

Para Sergio Pinto Martins, a negociação coletiva é uma forma de ajuste de interesses entre as partes, que acertam os diferentes entendimentos existentes, visando a encontrar uma solução capaz de compor suas posições. Envolve a negociação coletiva um processo que objetiva a realização da convenção ou do acordo coletivo de trabalho. Qualifica-se, assim, pelo resultado. As partes acabam conciliando seus interesses, a fim de resolver o conflito.[12]

Pedro Paulo Teixeira Manus, por sua vez, destaca que "a negociação coletiva destina-se à celebração do instrumento normativo que irá regular os contratos de trabalho de todos os trabalhadores e empregadores submetidos aos limites da representação das partes convenentes ou acordantes".[13]

José Augusto Rodrigues Pinto conceitua negociação coletiva como:

> o complexo de entendimentos entre representantes de categorias de trabalhadores e empresas, ou suas representações, para estabelecer condições gerais de trabalho destinadas a regular as relações individuais entre seus integrantes ou solucionar questões que estejam perturbando a execução normal dos contratos.[14]

Consoante João de Lima Teixeira Filho:

> a negociação coletiva de trabalho pode ser singelamente definida como o processo democrático de autocomposição de interesses pelos próprios atores sociais, objetivando a fixação de condições de trabalho aplicáveis a uma coletividade de empregados de determinada empresa ou de toda uma categoria econômica e a regulação entre as entidades estipulantes.[15]

---

[10] Idem, ibidem, p. 1116.
[11] OIT. *A liberdade sindical*. Op.cit., p. 97.
[12] MARTINS, Sergio Pinto. *O pluralismo no direito do trabalho*. Op. cit., p. 127.
[13] MANUS, Pedro Paulo Teixeira. *Negociação coletiva e contrato individual de trabalho*. São Paulo: Atlas, 2001, p. 109.
[14] PINTO, José Augusto Rodrigues. *Direito sindical e coletivo do trabalho*. Op. cit., p. 168.
[15] TEIXEIRA FILHO, João de Lima et al. *Instituições de direito do trabalho*. Op. cit., p. 1131.

Alfred J. Ruprecht entende que:

> a negociação coletiva é a que se celebra entre empregadores e trabalhadores ou seus respectivos representantes, de forma individual ou coletiva, com ou sem a intervenção do Estado, para procurar definir condições de trabalho ou regulamentar as relações laborais entre as partes.[16]

Entendem Octavio Bueno Magano e Estêvão Mallet que:

> negociação coletiva é o processo tendente à superação do conflito coletivo. Dela devem necessariamente participar os sindicatos dos trabalhadores e dos empregadores (*Constituição*, art. 8º, VI) salvo quando as negociações estiverem voltadas à celebração de acordo coletivo, que, por definição, prescinde da participação do sindicato patronal.[17]

Constitui pressuposto essencial à negociação coletiva a participação insubstituível e mediadora dos corpos intermediários baseada no princípio da subsidiariedade. Segundo esse princípio, o Estado tem apenas função supletiva, só devendo centralizar ou desempenhar aqueles papéis que não possam ser assumidos diretamente pelos cidadãos ou pelos corpos sociais intermédios: os sindicatos, as empresas ou outras instituições que se interpõem entre os cidadãos e o Estado.[18]

A visão triangular do Direito Coletivo do Trabalho proposta por Mario de La Cueva[19] elucida bem a importância do direito à negociação coletiva:

> a doutrina poderia ser representada graficamente como um triângulo equilátero, cujos ângulos, todos idênticos em graduação, seriam o sindicato, a negociação e a contratação coletiva e a greve, de tal maneira que nenhuma das três figuras da trilogia poderia faltar porque desapareceria o triângulo. Donde resulta falsa e enganosa a afirmação de que a associação profissional é possível na ausência do direito à negociação e contratação coletivas ou da greve, pois se o Direito do Trabalho assegura a vida dos sindicatos é para que lutem pela realização de seus fins.

---

[16] RUPRECHT, Alfredo. *Relações coletivas de trabalho*. Op. cit., p. 265.
[17] MAGANO, Octavio Bueno; MALLET, Estevão. *O direito do trabalho na Constituição*. Rio de Janeiro: Forense, 1993, p. 294.
[18] VIANNA, Segadas; TEIXEIRA FILHO, João de Lima. Negociação coletiva de trabalho. In: SUSSEKIND, Arnaldo; MARANHÃO, Délio; VIANNA, Segadas; TEIXEIRA FILHO, João de Lima. *Instituições de direito do trabalho*. 13. ed. São Paulo: LTr, 1993, p. 1042.
[19] CUEVA, Mario de La. El trabajador público y los convenios colectivos. *Derecho Laboral*, Montevidéo, n. 143, p. 423, jul/sep. 1986.

Para Mozart Victor Russomano:

> através das obrigações contratuais e, sobretudo, das criações normativas que resultam da convenção coletiva, os sindicatos exercem sua mais alta e nobre função. A negociação coletiva assegura a unidade e a força das categorias interessadas e chega à obtenção de melhores, justas e equilibradas condições de trabalho. Através dessas relações coletivas – e daí sua importância admirável – o direito do Trabalho não apenas assegura, fortemente, o cumprimento das leis, como, igualmente, as suplementa, indo além delas, pois estas nada mais são do que o limite inferior das garantias devidas ao trabalhador.[20]

Prossegue este doutrinador asseverando, no que estamos concordes, que:

> ao mesmo tempo, porém, que se processa o fenômeno de crescente restrição da autonomia da vontade no que concerne aos contratos individuais, abre-se, através da negociação coletiva, larga janela ao Direito do Trabalho. À medida que vai minguando a área da contratação livre entre trabalhadores e empresários, considerados individualmente, aumentam a importância e a intensidade dos convênios coletivos de trabalho. O direito coletivo de trabalho visto desse ângulo representa visível renascimento da livre contratação trabalhista. As leis, é claro, não podem ser atingidas pela negociação coletiva. Mas, essas leis traçam o limite inferior dos direitos trabalhistas. E se o trabalhador, individualmente, de modo geral, não tem meio para obter melhores condições de trabalho além daqueles que o legislador lhe concede, poderá consegui-las através da pressão de sua entidade sindical.[21]

Vista sob esse foco, a negociação coletiva, além de aumentar o espectro da contratação trabalhista, amplia as possibilidades de obtenção de melhores condições de trabalho e de remuneração para a classe trabalhadora.

Amauri Mascaro Nascimento destaca que:

> a negociação coletiva é, como procedimento, mais simplificada do que a lei. Menores são os seus trâmites, comparados com os da legislação, e as suas formalidades, reduzidas, em alguns países, simplesmente, àquelas que os próprios interlocutores sociais estabelecem. Além de mais simples, é mais rápida. A elaboração da lei pode demorar, passa por debates entre partidos políticos, comissões e mais de uma casa do Legislativo, uma série

---

[20] RUSSOMANO, Mozart Victor. *Princípios gerais de direito sindical*. Op. cit., p. 46.
[21] Idem, ibidem, p. 51.

de obstáculos nem sempre facilmente transponíveis. A negociação tem maior possibilidade de atender as peculiaridades de cada setor econômico e profissional ou cada empresa para a qual é instituída. A legislação é geral, uniforme, para toda a sociedade. A negociação é específica, para segmentos menores. Permite a autorregulamentação de detalhes que a lei, norma de ordem geral, para toda a sociedade, não pode nem deve reger.[22]

De acordo com Carlos Alberto Etala:

> a negociação se apresenta como um processo desenvolvido entre as partes – a parte empresarial e a parte obreira – que invocam e defendem interesses distintos, no curso do qual ambas se comunicam e interatuam influenciando-se reciprocamente e como resultado desse desenvolvimento normalmente se logra a elaboração de um produto mutuamente aceito – o convênio coletivo de trabalho – destinado a regular – com eficácia normativa – as condições de trabalho da atividade, profissão, ofício ou categoria de que se trate e eventualmente acordem matérias que atendam às relações entre as associações pactuantes.[23]

Margaret C. Jasper, ao conceituar a negociação coletiva, no direito do trabalho norte-americano, ensina que:

> o seu propósito é promover a paz industrial. A exigência de negociar de boa-fé tem sido interpretada como significando que as partes são obrigadas a se reunir e discutir os termos, mas elas não são compelidas a chegar a um acordo. Na realidade, a negociação coletiva envolve uma luta de poder entre os trabalhadores e a empresa. Armas econômicas são utilizadas antes, durante e após o processo de negociação por ambas as partes para tentar forçar o outro lado a ceder às suas demandas. Ambos os lados devem considerar cuidadosamente suas opções. O sindicato deve considerar se se pode dar ao luxo de conduzir seus associados para a greve e submetê-los a um possível locaute. Por outro lado, o empregador deve considerar se pode dar-se ao luxo de uma greve ou locaute.[24]

Prossegue essa autora informando que, na negociação coletiva:

> é reconhecido que às partes devem ser dadas grande latitude durante as negociações, sem a interferência do Estado em matérias substantivas. Não

---

[22] NASCIMENTO, Amauri Mascaro. *Compêndio de direito sindical*. Op. cit., p. 270.
[23] ETALA, Carlos Alberto. *Derecho colectivo del trabajo*. Buenos Aires: Astrea, 2001, p. 271.
[24] JASPER, Margaret C. *Labor law*. New York: Oceana, 1998, p. 19.

é o papel do Estado regular as armas usadas como parte deste sistema de negociação. Se assim o fosse, o Estado seria capaz de influenciar nos termos substantivos do acordo. Por exemplo, a pressão econômica não é inconsistente com a negociação de boa-fé. Existe um equilíbrio de poder, e não é responsabilidade do Estado equilibrar esse poder. Se uma arma econômica é retirada de um sindicato, o empregador fica mais poderoso, e vice-versa.[25]

Neste aspecto, a negociação coletiva objetiva estabelecer salários, jornada de trabalho, benefícios e condições de emprego, o tipo de trabalho que a unidade negociadora desenvolve e os procedimentos de queixa ou de reivindicação (*grievance procedures*). Assim, um acordo estabelecido por meio da negociação coletiva garante estabilidade de trabalho. Um empregado não pode ser dispensado sem justa causa. Isso contrasta com a doutrina do *at will employment*, por meio da qual o empregado pode ser dispensado por qualquer motivo, exceto aqueles proibidos pela lei, tal como discriminação.[26]

Um acordo por meio da negociação coletiva oferece maior proteção ao empregado porque existem métodos informais de resolução de conflitos disponíveis sem ser necessário levar o assunto diretamente para a justiça. O sindicato, como representante dos empregados, está sob a obrigação de representar os direitos dos empregados. Isto é conhecido como o dever de justa representação (*fair representation*). Se um sindicato quebra essa obrigação, uma ação pode ser impetrada pelo empregado contra essa entidade.[27]

Para Betty W. Justice:

> a negociação coletiva [*collective bargaining*] é o processo pelo qual os trabalhadores participam na produção das decisões que afetam suas vidas no trabalho. Através da negociação coletiva, trabalhadores, representados pelo seu sindicato, são capazes de impor restrições à autoridade largamente irrestrita dos empregadores ao produzir decisões envolvendo suas condições de trabalho. O coração da negociação coletiva repousa no fato de que os empregadores devem compartilhar alguns de seus previamente e exclusivos poderes de tomadas de decisão e participar com os empregados na determinação conjunta de salários, jornadas de trabalho e outras condições de emprego.[28]

---

[25] Idem, ibidem, p. 19.
[26] Idem, ibidem, p. 20.
[27] Idem, ibidem, p. 20.
[28] JUSTICE, Betty W. *Unions, workers and the law*. Op. cit., p. 69.

Gérard Lyon-Caen, ao discorrer sobre o tema na França, destaca que:

> a negociação coletiva implica um equilíbrio de poderes, que a autoridade estatal deve favorecer. Do contrário, negociação não passará de uma palavra-álibi. Às vezes de modo excessivo – negociação coletiva é oposta a legislação. A negociação coletiva seria a elaboração de normas por outras pessoas que não o poder público – exatamente as pessoas por elas atingidas: os empregadores e os empregados. Assim se difunde a ideia muito simplificadora de autonomia; na realidade, essa autonomia só existe em virtude do consentimento do Estado, por delegação.[29]

O autor francês prossegue afirmando que:

> o direito do trabalho moderno só nasce quando a lei favorece a negociação coletiva, quando a torna pelo menos possível, ao levar em consideração o peso dos dois poderes que se defrontam. O exemplo é a lei Wagner de 1935, lei que favorece a negociação. (...) Por outro lado, os próprios princípios do liberalismo econômico preconizam – a exemplo da organização e da proteção dos consumidores – a organização e a proteção daqueles que negociam os salários, se quiser que a negociação coletiva não dissimule a prepotência patronal ou o abuso da posição dominante. É impossível desenvolver a negociação coletiva sem desenvolver o sindicalismo. O poder de negociar deve ser reservado às organizações sindicais representativas, mas com a condição de que esta afirmativa seja bem entendida.[30]

Jean-Claude Javillier entende que a:

> negociação coletiva é um dos elementos centrais da dinâmica do direito do trabalho. Empregadores e trabalhadores, representados pelos seus sindicatos, elaboram normas destinadas a reger suas relações. A convenção coletiva de trabalho é um instrumento jurídico muito antigo. No início do século XX, a negociação coletiva se desenvolveu consideravelmente não somente no direito do trabalho, mas também irradiou outros campos do direito (direito da Previdência Social, direito dos seguros, direito do consumo, direito da habitação, etc.). A técnica da convenção coletiva parece como única apta a tratar de questões para as quais uma relação direta e individual entre contratantes parece pouco pertinente. Pelo menos

---

[29] LYON-CAEN, Gérard. Tentativa de definição de negociação coletiva. In: GONÇALVES, Nair Lemos; ROMITA, Arion Sayão (Org.). *Curso de direito do trabalho*: homenagem a Evaristo de Moraes Filho. São Paulo: LTr, 1998, p. 151.
[30] Idem, ibidem, p. 156.

para que sejam realmente considerados os interesses de uma das partes (o assalariado, o consumidor, o locatário, etc.).[31]

Outros doutrinadores entendem que a prática da negociação coletiva deveria ser obrigatória, como forma preventiva de resolução dos conflitos trabalhistas.

Entre eles, encontramos Marie-Armelle Souriac, que defende seu ponto de vista da seguinte forma:

> em definitivo, o exercício do direito de greve não faz nascer, por si só, a obrigação de negociar, aquilo que jovens autores lamentam, desejando uma reforma legislativa sobre esse ponto. Não é menos verdade que uma certa prevenção do conflito faz parte dos objetivos perseguidos com a instauração da obrigação anual de negociar. A negociação coletiva regular, institucionalizada, dessa forma encorajada, pode evitar a ocorrência de certos conflitos, que não teriam outro objetivo a não ser fazer que as partes se sentem à mesa de negociação.[32]

Hugo Gueiros Bernardes defende com veemência a plena adoção do sistema de negociação coletiva no Brasil, ao enfatizar que:

> é necessária nova mentalidade a respeito de negociação: o dever de negociar precisa ser fortalecido, a partir das próprias sentenças normativas, que não podem deixar de definir a esfera de sua atuação e a da negociação coletiva, dando evidente prevalência à negociação coletiva. (...) No sistema intervencionista brasileiro, há um estreito gargalo (lei e poder normativo) a impedir a vazão das insatisfações sociais e a aumentar a pressão dos interesses insatisfeitos. Não podemos continuar assim: a negociação coletiva, sobre a qual muito temos que aprender é o escoadouro que está faltando para a administração dos conflitos trabalhistas.[33]

Edward Amadeo nos informa que:

> o prestígio à negociação coletiva vem se demonstrando em diversas medidas do Ministério do Trabalho. O tom das propostas tem sido a criação de modalidades contratuais, de modo a ampliar o espectro de barganha,

---

[31] JAVILLIER, Jean-Claude. *Manual de direito do trabalho*. São Paulo: LTr, 1988, p. 233.
[32] SOURIAC, Marie-Armelle. Conflits du travail et négociacion collective: quelques aspects. *Droit Social*, n. 7-8, p. 707, juil./août, 2001.
[33] BERNARDES, Hugo Gueiros. O desenvolvimento da negociação coletiva no Brasil. *Revista LTr*, São Paulo, v. 54, n. 12, p. 1445, dez. 1990.

sempre sob o guarda-chuva da negociação coletiva. O objetivo é facilitar o acordo e a formação de compromissos, esperando-se com isso que as relações entre capital e trabalho tornem-se mais estáveis e sólidas.[34]

Desses conceitos de doutrinadores pátrios e estrangeiros inferimos que a negociação coletiva constitui um sistema fundamental para a solução dos conflitos trabalhistas, em uma sociedade democrática. É necessário, porém, um poder de negociação suficientemente forte para promover o equilíbrio dos poderes: o patronal e o dos sindicatos, sem o que a balança da justiça acabará pendendo para o lado mais forte. Para que isto não ocorra é imperativa a existência de um sindicato forte, independente e representativo para engendrar uma negociação eficaz.

Podemos assim, conceituar negociação coletiva como o processo dialético por meio do qual os trabalhadores e as empresas, ou seus representantes, debatem uma agenda de direitos e obrigações, de forma democrática e transparente, envolvendo as matérias pertinentes à relação trabalho – capital, na busca de um acordo que possibilite o alcance de uma convivência pacífica, em que impere o equilíbrio, a boa-fé e a solidariedade humana.

A negociação coletiva para ser autêntica e legítima, pressupõe a igualdade – quebra-se a antiga desigualdade das partes e a relação de poder e de dominação que prevalece no contrato individual de trabalho – para dar lugar a um novo tipo de dinâmica negocial entre dois sujeitos coletivos: o sindicato, representativo dos interesses de seus associados e o sindicato dos empregadores ou a empresa.

A inovação que a negociação coletiva apresenta como forma de solução de conflitos trabalhistas é por meio da coletivização dos trabalhadores, proporcionando a equalização de poder das partes contratantes e uma espécie de reequilíbrio de forças, que se manifesta nos instrumentos normativos que dela defluem.

A pedra angular da negociação coletiva reside na junção de forças dos trabalhadores, objetivando uma meta em comum para o grupo. O trabalhador isolado é praticamente impotente em face da força, do poder político e econômico do empresário. O valor em jogo deve ser o coletivo, que envolve direitos transindividuais, direitos indivisíveis e pessoas indeterminadas.

Nesse aspecto, a negociação coletiva de trabalho assemelha-se aos demais institutos de tutela dos direitos difusos e coletivos de nosso ordenamento

---

[34] AMADEO, Edward. *Sob o guarda-chuva da negociação coletiva.* Disponível em: <http://Busca-Legis.ccj.ufsc.br>. p. 1-2.

jurídico, como por exemplo, o Código do Consumidor, que se abeberou em vários institutos do Direito Coletivo do Trabalho.

Podemos chamar de direitos transindividuais, apoiando-nos na definição de Rodolfo Camargo Mancuso, que assim qualifica os interesses que ultrapassam a esfera de atuação dos indivíduos isoladamente considerados, para surpreendê-los em sua dimensão coletiva.[35]

São eles direitos de natureza indivisível, a saber, uma espécie de comunhão, tipificada pelo fato de que a satisfação de um só dos membros da associação de trabalhadores implica, por força, a satisfação de todos os membros, assim como a lesão de um só membro constitui, *ipso facto*, lesão da inteira coletividade.[36]

Da mesma forma, são titulares dos direitos, pessoas indeterminadas ligadas por circunstâncias de fato, ou seja, o direito de apenas um indivíduo abrange, na verdade, toda uma categoria de indivíduos unificados por possuírem um denominador fático qualquer em comum.[37]

Os interesses coletivos dizem respeito ao homem socialmente vinculado, e não ao homem isoladamente considerado. Existe aqui um vínculo jurídico básico, que une os indivíduos pertencentes ao grupo. É o que ocorre nas relações de parentesco, no grupo familiar, na qualidade de integrante de determinada categoria profissional, com a qualidade de membro da corporação funcional profissional etc.[38]

Elucidativo a respeito da coletivização é o pensamento de Mauro Cappelletti:

> o consumidor isolado, sozinho, não age; se o faz, é um herói; no entanto, se é legitimado a agir não meramente para si, mas pelo grupo inteiro do qual é membro, tal herói será subtraído ao ridículo destino de Dom Quixote, em vã e patética luta contra o moinho de vento. Os heróis de hoje não são mais, pois sim, os cavaleiros errantes da Idade Média, prontos a lutar sozinhos contra o prepotente em favor do fraco e inocente; mas são, mais ainda, os Ralph Nader, são os Martin Luther King, são aqueles, isto sim, que sabem organizar seus planos de luta em grupo em defesa

---

[35] MANCUSO, Rodolfo Camargo. *Comentários ao Código de proteção ao consumidor*. São Paulo: Saraiva, 1991, p. 275.
[36] FIORILLO, Celso Antonio Pacheco. *Os sindicatos e a defesa dos interesses difusos no direito processual civil brasileiro*. São Paulo: Revista dos Tribunais, 1995, p. 93.
[37] Idem, ibidem, p. 93.
[38] BASTOS, Celso. *Curso de direito constitucional*. 20. ed. São Paulo: Saraiva, 1999, p. 252.

dos interesses difusos, coletivos, metaindividuais, tornando a submeter as tradicionais estruturas individualísticas de tutela – entre as quais aquelas judiciais – às necessidades novas, típicas da moderna sociedade de massa.[39]

Assim, emerge a importância do instituto da negociação coletiva, como forma de pacificação de conflitos coletivos de trabalho, de índole constitucional, produzindo instrumentos jurídicos (acordos e convenções coletivas) que se postam ao lado, no mesmo nível de igualdade, de outros instrumentos com idêntico desiderato: a sentença normativa, a sentença arbitral, as sentenças com condenações específicas provenientes das ações civis públicas e as sentenças com condenação genérica provindas das ações civis coletivas, além dos Termos de Ajustamento de Conduta celebrados pelo Ministério Público do Trabalho com os empregadores.

Acreditamos que as necessidades da sociedade moderna estão a demandar novas combinações de força, de pesos e contrapesos, de poderes e de controles, e que a formação de novas sociedades intermediárias está em curso, entre elas, as organizações de trabalhadores – com legitimidade, em um ambiente de pluralidade jurídica, para agir não somente para seus próprios e diretos interesses, mas, também, pelos interesses coletivos do grupo ou da categoria ideologicamente representada.

---

[39] CAPPELLETTI, Mauro. Formações sociais e interesses coletivos diante da justiça civil. *Revista de Processo*, São Paulo, ano 2, n. 5, p. 139, 1977.

3

NATUREZA JURÍDICA
DA NEGOCIAÇÃO COLETIVA

Analisar a natureza jurídica da negociação coletiva nada mais é do que determinar de onde ela provém, ou seja, a sua razão de ser, a sua própria essência ou substância ou, ainda, sua compleição que dela não se separa sem que a modifique ou a mostre diferente ou sem os atributos que são de seu caráter. A rigor, todos esses adjetivos estão ligados ao princípio criador ou à inteligência diretora deste instituto.[1]

Natureza jurídica de um instituto, portanto, nada mais é que as suas características imanentes, intrínsecas, peculiares, bem como o seu enquadramento em um dos dois grandes ramos do direito, o público ou o privado.

De acordo com Amauri Mascaro Nascimento, a natureza jurídica das convenções coletivas depende do contexto jurídico-político em que estão inseridas. O corporativo estatal publicizou os sindicatos e o interesse coletivo, fazendo, das convenções coletivas, regulamentos *erga omnes* de eficácia normativa; o liberalismo privatizou os sindicatos e as categorias, fazendo das convenções coletivas contratos de direito comum, aplicáveis aos sócios das associações estipulantes ou, em outra versão, acordos de cavalheiros (*gentlemen agreements*, na Inglaterra) sem natureza normativa ou eficácia jurídica.[2]

Para ele, independentemente da natureza contratual ou regulamentar, a convenção coletiva é uma norma, desde que se dissocie o conceito de norma do conceito de lei ou ato estatal, pois na teoria jurídica moderna, norma não é, unicamente, um ato estatal. Há normas privadas. O contrato é, também,

---

[1] SILVA, De Plácido e. *Vocabulário jurídico*. 3. ed. Rio de Janeiro: Forense, 1993, v. III e IV, p. 230-231.
[2] NASCIMENTO, Amauri Mascaro. *Compêndio de direito sindical*. Op. cit., p. 279.

norma. Norma individualizada, como ensina Kelsen. De outro lado, o pluralismo jurídico demonstra que há produção do direito positivo não estatal, do qual as convenções coletivas são uma forma.

Para Gérard Lyon-Caen e Jean Pélissier:

> foi uma regra no primeiro quarto do século XX se opor duas concepções para explicar a natureza jurídica da negociação coletiva, cada qual com seus defensores: uma defendia sua natureza contratual, ao criar obrigações entre as partes, e outra defendia a natureza de um regulamento de trabalho (*réglement de travail*), de onde emanavam normas que eram impostas aos sujeitos que a ele se submetiam.[3]

Antônio Álvares da Silva afirma que "do mesmo modo que o contrato de trabalho já tivera justificativa por um contrato de direito civil, também a convenção coletiva haveria de explicar-se contratualmente".[4]

Na mesma linha de raciocínio, Márcia Flávia Santini Picarelli declara que:

> não há dúvida que a convenção coletiva é um contrato, e, como tal, regido pelas regras do direito civil, isto é, concebido como fonte de normas objetivas emanadas de particulares, o que a identifica como um ato de direito privado. O fundamento de sua existência é a assimilação da autonomia privada, que, em seu caso, é sob a forma coletiva, por serem as partes os sindicatos ou grupos profissionais – autonomia privada coletiva.[5]

Indalécio Gomes Neto, ao escrever sobre o tema, ponderou que:

> não se pode negar a face contratualista da negociação coletiva, pois é um ajuste intersindical, pelo qual os pactuantes também assumem obrigações, como por exemplo, a de não deflagrar greve na vigência da convenção. Todavia, sua natureza jurídica não se esgota no âmbito contratual, pois na convenção coletiva são ajustadas normas para reger as atuais e futuras relações individuais do trabalho no âmbito da categoria representada.[6]

Para Arnaldo Süssekind, os instrumentos da negociação coletiva contêm, sem dúvida, cláusulas que configuram sua *normatividade abstrata*, ao lado

---

[3] LYON-CAEN, Gérard; PÉLISSIER, Jean. *Droit du travail*. 16. ed. Paris: Précis Dalloz, 1992, p. 716.
[4] SILVA, Antônio Alvares da. *Direito coletivo do trabalho*. Rio de Janeiro: Forense, 1979, p. 181.
[5] PICARELLI, Márcia Flávia Santini. *A convenção coletiva de trabalho*. São Paulo: LTr, 1986, p. 69.
[6] GOMES NETO, Indalécio. Modalidades da negociação coletiva. *Gênesis*, Curitiba, n. 35, p. 566, 1995.

de outras de índole contratual, que estipulam *obrigações concretas* para as partes. As cláusulas normativas constituem o principal objetivo da negociação coletiva e o núcleo essencial do diploma que a formaliza. Correspondem a fontes formais do direito, incorporando-se aos contratos individuais dos trabalhadores que, durante sua vigência, forem empregados da empresa à qual se aplicar a convenção ou acordo coletivo.[7]

Na lição de Krotoschin, numa convenção coletiva de trabalho:

> os dois aspectos – o normativo e o obrigacional – sempre se encontram unidos, pois não se concebe uma convenção coletiva desse tipo na qual as associações pactuantes não assumam, pelo menos, a obrigação recíproca de executá-la fielmente. Isso está de acordo com a segunda função sociológica da convenção, que consiste em assegurar o estado de paz.[8]

No entendimento de Gino Giugni:

> as organizações sindicais – como os partidos políticos – encontravam-se na condição jurídica de associações não reconhecidas, sujeitas unicamente à disciplina extremamente reduzida prevista pelo Código Civil italiano (arts. 36 e seguintes) para este tipo de associação. Quanto aos contratos coletivos que as associações de trabalhadores e de empresários recomeçaram a estipular bem depressa, tratavam-se de atos jurídicos de expressão do poder de autorregulamentação de interesses de sujeitos de Direito Privado: a autonomia reassumia, também, conotações privatistas (...). Hoje, então, com exceção do emprego público que constitui realidade muito diferente, o contrato coletivo chamado de direito comum é o que regula relações individuais de trabalho e relações intersindicais na medida qualitativa e quantitativamente dominante. A natureza jurídica "privatista" deste contrato coletivo é pacífica na jurisprudência e é sustentada pela maior parte dos estudiosos, mesmo que não tenham faltado tentativas de reconstruir a instituição como fonte heterônoma de direito objetivo.[9]

Diferentemente, nos dias de hoje no Brasil, as organizações sindicais são consideradas pessoas jurídicas de direito privado, devidamente reconhecidas pelo Estado, na forma de associações. Assim dispõe o art. 44 do Código Civil Brasileiro:

---

[7] SÜSSEKIND, Arnaldo. *Direito constitucional do trabalho*. Rio de Janeiro: Renovar, 1999, p. 412.

[8] KROTOSCHIN, Ernesto. *Instituciones del derecho del trabajo*. Buenos Aires: Depalma, 1947, v. 1, p. 183.

[9] GIUGNI, Gino et al. Op. cit., p. 112.

Art. 44. São pessoas jurídicas de direito privado:
I – as associações;
(...)

Orlando Gomes também nos adverte, ao discorrer sobre a negociação coletiva e seu entrelaçamento com o princípio da autonomia da vontade, que esta última:

> particulariza-se no direito contratual na liberdade de contratar. Significa o poder dos indivíduos de suscitar, mediante declaração de vontade, efeitos reconhecidos e tutelados pela ordem jurídica. No exercício desse poder, toda pessoa capaz tem aptidão para provocar o nascimento de um direito, ou para obrigar-se.[10]

No livre exercício da negociação coletiva, as organizações de trabalhadores e de empresários poderão criar normas jurídicas trabalhistas, que serão inseridas nos contratos individuais de trabalho da categoria. Este tipo de autonomia coletiva manifesta-se por meio dos contratos coletivos, acordos e convenções coletivas que, uma vez legitimados, passam a ter efeito *erga omnes*, dentro do princípio do *pacta sund servanda*.

A autonomia privada coletiva tem por finalidade captar o interesse do grupo e não dos associados, singularmente considerados. Há prevalência do coletivo sobre o individual. O interesse é do grupo profissional. Esse interesse fica situado numa linha intermediária entre o interesse coletivo (representado pelo Estado) e o dos indivíduos,[11] sendo que o titular da autonomia é o sindicado ou o grupo.

De acordo com Luigi Ferri, a autonomia privada deve corresponder a uma função social, enquanto a atividade negocial deve perseguir finalidades socialmente apreciáveis.[12]

Na autonomia privada coletiva, o sindicato não vai criar direito estatal, mas normas jurídicas decorrentes de sua autonomia, que dirão respeito, por exemplo, às condições de trabalho aplicáveis à categoria de empregados e empregadores, às normas previstas no estatuto que regula o funcionamento do sindicato e à conduta dos associados. Na maioria das vezes, são criadas normas não previstas em lei, que acabam complementando as segundas.[13]

---

[10] GOMES, Orlando. Op. cit., p. 25.
[11] PALERMO, Antonio. *Interessi collettivi e diritto sindicali*: il diritto del lavoro. Roma: Diritto del Lavoro, 1964, v. 38, p. 110.
[12] FERRI, Luigi. La autonomía privada. *Revista de Derecho Privado*, Madrid, p. 11, 1969.
[13] MARTINS, Sergio Pinto. *O pluralismo...* Op. cit., p. 121.

Quanto aos aspectos objetivo e subjetivo da autonomia privada coletiva, Giuliano Mazzoni esclarece que, do ponto de vista subjetivo, a autonomia privada coletiva diz respeito a uma coletividade de pessoas que têm um mesmo interesse a ser defendido. O aspecto objetivo da autonomia privada coletiva é o próprio ordenamento sindical ou a particularidade desse ordenamento, que começa com o estatuto do sindicato. A rigor, esse estatuto constitui um ordenamento diferenciado, que fixa as normas de convivência do grupo organizado.[14]

Desta forma, a negociação coletiva constitui um produto original de evolução do direito, que se renova dia a dia, de acordo com os fatos políticos, sociais, econômicos e culturais de um povo. É plenamente possível, assim, a inclusão neste instrumento normativo de cláusulas sociais ou normativas que tenham por objetivo a proteção do trabalhador em face de discriminação no local de trabalho, que regulamentem a dispensa com ou sem justa causa, limitação do poder disciplinar do empregador, higidez no meio ambiente de trabalho, entre inúmeros outros.

Norberto Bobbio destaca, neste particular, que o poder de negociação é:

> outra fonte de normas de um ordenamento jurídico, é o poder atribuído aos particulares de regular, mediante atos voluntários, os próprios interesses. Se se coloca em destaque a autonomia privada, entendida como capacidade dos particulares de dar normas a si próprios numa certa esfera de interesses, e se considerarmos os particulares como constituintes de um ordenamento jurídico menor, absorvido pelo ordenamento estatal, essa vasta fonte de normas jurídicas é concebida de preferência como produtora independente de regras de conduta, que são aceitas pelo Estado.[15]

Buscando explicar a natureza jurídica da negociação coletiva, Orlando Gomes, que via neste instituto um cunho nitidamente revolucionário de renovação e rejuvenescimento do direito, caracterizando-se por uma reação enérgica contra os princípios individualistas, oriundos do direito romano, que foi elaborado numa sociedade de base escravagista, ensina que:

> é precisamente nesse ponto que maiores e mais profundas têm sido as divergências. O conceito que se há de formar da instituição depende do ponto de vista em que se coloque o observador, de referência à natureza

---

[14] MAZZONI, Giuliano. *Relações coletivas de trabalho*. São Paulo: Revista dos Tribunais, 1972, p. 66.
[15] BOBBIO, Norberto. *Teoria do ordenamento jurídico*. 7. ed. Brasília: Universidade de Brasília, 1996, p. 40.

jurídica do fenômeno. Mas como é essencial dele ter, preliminarmente, uma noção, vamos obtê-la destacando os seus traços característicos.[16]

Observamos que Orlando Gomes, ao estudar o fenômeno da negociação coletiva, utilizou a expressão convenção coletiva, ou seja, em vez de tratar do processo como um todo (a negociação coletiva), focava em um de seus instrumentos normativos – a convenção coletiva. Esse fato pode explicar, por si só, por que o legislador pátrio ao legislar sobre o fenômeno, no ordenamento jurídico ordinário, deu mais destaque à convenção e ao acordo coletivo.

No direito norte-americano, encontramos uma delimitação, a nosso ver mais acertada, para a tratativa dessa temática. Os doutrinadores americanos cuidam da negociação coletiva como um processo (*collective bargaining*), ao passo que, ao discorrer sobre seus instrumentos, denominam-nos de acordos bem sucedidos (*collective bargaining agreements*).

Para Orlando Gomes:

> o objeto da convenção coletiva é a regulação das condições de trabalho. Seu fim é delimitar o círculo dentro do qual se devem ajustar os contratos individuais de trabalho. Esta característica a distingue, imediatamente, de outras figuras jurídicas que se lhe assemelham. Não se confunde, assim, com o contrato de trabalho, com a locação de serviços, nem o aniquila. Unicamente o disciplina. A natureza das obrigações que ambos engendram é totalmente diversa. O contrato individual de trabalho gera para o patrão ou locatário a obrigação de remunerar os serviços do trabalhador ou locador e, para este, a obrigação de trabalhar. A convenção coletiva de trabalho não engendra nenhuma dessas obrigações. Gera, apenas, uma obrigação negativa para os convenentes: a de não celebrarem nenhum contrato individual de trabalho que contrarie as condições nela estipuladas. É uma delimitação convencional da liberdade de contratar, porque traça limites dentro dos quais deverão os futuros contratantes estipular as cláusulas do contrato de trabalho. Esse caráter normativo da instituição lhe imprime traços inconfundíveis.[17]

De forma brilhante, Orlando Gomes esclarece que:

> as condições de trabalho sempre foram ditadas imperiosamente pelos detentores da riqueza social. O regime inaugurado pelo liberalismo assentava teoricamente no princípio da liberdade de contratar. Incumbiram-se os fatos de demonstrar que, no contrato de trabalho, um dos contratantes –

---

[16] GOMES, Orlando. *A convenção coletiva de trabalho*. São Paulo: LTr, 1995, p. 12-13.
[17] Idem, ibidem, p. 18.

o trabalhador – vivendo, por força da entrosagem econômica, em um verdadeiro estado de "menoridade social", não tinha liberdade de discutir as condições de trabalho, submetendo-se, sempre, às imposições patronais.[18]

Prossegue o autor afirmando que:

a convenção coletiva vem remediar essa situação de flagrante disparidade, opondo ao patrão que, por si só, constitui uma coalizão, no dizer de Adam Smith, a coalizão obreira, restaurando, assim, praticamente, o equilíbrio de forças. São duas potências sociais que se encontram para, no mesmo pé de igualdade, estabelecer o seu *modus vivendi*.[19]

Nesse contexto, destaca o aspecto convencional da instituição, ressaltando à primeira vista que isso tem dado margem a que se acredite em sua preponderância sobre o aspecto normativo, o que firmaria a natureza jurídica da negociação coletiva como sendo contratual, ou seja, é produto de um acordo celebrado entre empregadores e empregados. Não deixa, contudo, de salientar os traços característicos e imprescindíveis que devem nortear a negociação coletiva e seu produto jurídico, a convenção coletiva, que se estriba em três pilares: o normativo, o coletivo e o convencional.[20]

Várias teorias tentam explicar a natureza jurídica da negociação coletiva, e a maioria delas procura enquadrar essa nova figura jurídica dentro dos princípios da teoria contratualista. Em oposição aos contratualistas, situaram-se os defensores das teorias normativistas, segundo os quais, os instrumentos da negociação coletiva não são contratos, mas, sim, fontes criadoras de normas jurídicas.

A título meramente indicativo e esquemático, podemos mencionar que, entre as teorias contratualistas que constituem uma derivação evidente dos princípios gerais do direito civil, encontramos:

a) Teoria do mandato: preconiza que o sindicato, quando celebra a convenção coletiva, age em nome de seus associados, através de uma representação jurídica bem definida. Exerce, em outras palavras, o mandato que lhe foi outorgado pelos associados no momento em que estes, aderindo ao sindicato, implicitamente adotaram seus estatutos.[21]

---

[18] Idem, ibidem, p. 18.
[19] Idem, ibiem, p. 19.
[20] Idem, ibidem, p. 19.
[21] RUSSOMANO, Mozart Victor. Op. cit., p. 155.

b) Teoria da gestão de negócio: esta teoria criou uma abstração até certo ponto surpreendente: o sindicato, na negociação coletiva, disseram seus defensores, é gestor de negócios de terceiros, ou seja, dos trabalhadores e empresários individualmente considerados. Mas, os requisitos da gestão de negócios são estes: b1) o gestor atua em nome de outrem, sem autorização do mesmo; b2) os atos praticados pelo gestor devem estar de acordo com a vontade presumível do titular do direito; b3) o gestor não tem interesse direto no negócio; b4) pelos atos que pratica, o gestor é responsável perante aquele em nome de quem age, bem como perante as pessoas com quem contrata; b5) na gestão de negócios, o gestor realiza os atos e o titular do negócio fica alheio à intervenção do gestor.[22] Vemos que isso não acontece na prática das negociações coletivas. O sindicato inicia a negociação autorizada pela assembleia geral dos associados, que volta a reunir-se para ratificar a convenção. Do início até o final da elaboração do convênio coletivo, o sindicato atua com pleno conhecimento de seus associados, por eles autorizado e na dependência da concordância da assembleia geral. A vontade manifesta nessas assembleias – através da maioria dos sindicalizados – não é presumida. Ao contrário, deve ser expressa. A participação dos trabalhadores ou empresários nos trâmites internos da negociação coletiva é ostensiva, permanente e indispensável, de modo a ficarem desfiguradas as características essenciais da gestão de negócios nas convenções coletivas de trabalho.[23]

c) Teoria da estipulação em favor de terceiros: esta teoria diz que o sindicato dos trabalhadores fixa, como estipulante, juntamente com o sindicato de empregadores ou com as empresas, determinadas condições, consubstanciadas nas cláusulas da convenção. Essas cláusulas são estabelecidas em favor de terceiros, ou seja, dos associados do sindicato ou, quando for o caso, da totalidade do grupo profissional ou econômico. A crítica simplista oposta a tal opinião é esta: nas convenções coletivas, nem tudo que o sindicato estipula é, necessariamente, em favor de seu associado. Pode ser cláusula que, ao contrário, diminua os salários dos associados, conforme se depreende do art. 7º, VI, da Carta Magna de 1988 (irredutibilidade do salário, salvo o disposto em convenção ou acordo coletivo).

d) Teoria do contrato inominado: neste item, se englobam duas correntes diferenciadas. A primeira – teoria da personalidade moral

---

[22] Art. 861 do Código Civil Brasileiro de 2002.
[23] RUSSOMANO, Mozart Victor. Op.cit., p. 157.

fictícia – considera o sindicato, em si, identificado com a pessoa de seus associados, de modo que estes (os associados), são os verdadeiros contratantes. Quanto àqueles que venham a associar-se ao sindicato, considera-se que, pelo simples pedido de inscrição, manifestam aquiescência aos termos da convenção coletiva adotada anteriormente. A segunda corrente, sustentando que a convenção coletiva é contrato *sui generis*, faz a síntese ou combinação entre a teoria do mandado e a teoria da estipulação em favor de terceiros. O sindicato, em síntese, atuaria como mandatário, mas simultaneamente, na negociação coletiva, estipularia em favor de terceiros (associados).[24]

e) Teoria da solidariedade necessária: esta teoria representa, segundo a opinião de alguns juristas, um momento decisivo na história do pensamento jurídico, ou seja, o instante em que a doutrina começou a abandonar a ideia de que era indispensável indicar a natureza jurídica da convenção coletiva de trabalho através das ideias tradicionalmente assentadas pelo direito das obrigações. O primeiro passo, nesse sentido, teria sido dado quando se tratou de libertar o estudo da natureza da convenção coletiva das ideias de vontade individual e de interesse particular. Existindo, por motivos profissionais ou econômicos, o interesse comum ou coletivo que leva à constituição de grupos e, inclusive, determina a formação do sindicato, cria-se, através daquele interesse, uma solidariedade necessária entre trabalhadores ou empresários. A razão de ser da convenção coletiva não residiria, em pacto contratual prévio, celebrado entre associados do sindicato, em nome de seus interesses particulares. Acima dos interesses individuais estariam os interesses coletivos, aqueles submetidos a estes, em nome da solidariedade necessária, onde reside o fundamento da convenção coletiva.[25]

Opondo-se aos contratualistas, os defensores das teorias normativistas destacam que o sindicato tem caráter institucional, ocupando posição própria e exercendo atribuições *sui generis* no contexto do Estado. De marcada tendência corporativista, esta doutrina – denominada "Teoria da Instituição Corporativa" – sustenta que através da convenção, o sindicato dita verdadeiras leis profissionais, pois esse poder legiferante é perfeitamente natural no Estado fascista. Se admitisse o acerto de seu ponto de partida, esta teoria explicaria a razão pela qual as convenções coletivas, editando leis profissionais, no que

---

[24] Idem, ibidem, p. 158.
[25] Idem, ibidem, p. 158.

possuem de normativo, são obrigatórias, indistintamente, para as maiorias e minorias, para os associados e os não associados do sindicato.[26]

Depreendemos, claramente, dessa assertiva que esta proposta somente seria admissível nos sistemas políticos corporativistas.

No entendimento de Mozart Victor Russomano:

> a convenção coletiva – produto que é da negociação coletiva – é instituto *sui generis* e o erro fundamental dos velhos teóricos do direito do trabalho consistiu em querer enquadrá-la nas formas pré-fabricadas do direito civil. Originando-se de realidades inéditas, a convenção coletiva, em si mesma, é figura nova, no sentido de que se distingue, não apenas por sua forma externa, como também por seu conteúdo e seus efeitos, de todos os outros institutos.[27]

Prossegue aquele doutrinador:

> em primeiro lugar, enfrenta-se o problema de saber em nome de que razão doutrinária o sindicato atua, convencionando com outro sindicato ou com empresas a adoção de cláusulas da convenção coletiva. Esse poder de representação radica uma realidade sociológica: a categoria profissional ou econômica, da qual o sindicato é órgão único e porta-voz exclusivo. Dessa vinculação entre a realidade social e o órgão que, de fato e de direito, a exprime, nasce a possibilidade jurídica de estipulação de cláusulas contratuais e, também, de cláusulas normativas, de eficácia geral e abstrata. A legitimidade dessa representação (sem que se precise falar em mandato ou mesmo em representação legal) é sociológica e natural, recolhida pelo direito positivo e por ele chancelada em virtude da necessidade que tem o Estado de disciplinar o comportamento jurídico. Admitida a naturalidade da representação sindical e partindo do exercício normal desse poder representativo, poder-se-á ver, no ato da convenção, a forma de um contrato, tal como o conhece o direito civil.[28]

Russomano conclui seu parecer afirmando que:

> a convenção coletiva tem o feitio de um arranjo bilateral de vontades convergentes no sentido de determinado objeto jurídico. Assim, quanto às chamadas cláusulas contratuais, que obrigam as partes convenentes através de compromissos diretos, concretos e pessoais, a única originalidade da negociação coletiva está na representação sindical. Mas, ao lado

---

[26] Idem, ibidem, p. 159.
[27] Idem, ibidem, p. 162.
[28] Idem, ibidem, p. 163.

daquele objeto, que é secundário, a convenção coletiva tem por finalidade principal a formulação de normas de conduta (cláusulas normativas), que serão respeitadas na prática dos contratos individuais de trabalho.[29]

A negociação coletiva, por intermédio de seus produtos jurídicos – entre nós a convenção, o acordo coletivo e o contrato coletivo dos portuários – possibilita a criação de normas, por meio convencional, e seus efeitos são diversos daqueles produzidos pelos demais contratos, regidos sob a égide do direito civil.

Na pluralidade de ordenamentos e na coexistência de todos eles no âmbito do ordenamento jurídico estatal, o produto da negociação coletiva traz algo de totalmente original e heterônomo. De um lado, temos as criações jurídicas unilaterais – a lei, como ato de criação legislativa do Estado e, em outro extremo, como ordenamento jurídico privado, o regulamento de empresa. A negociação coletiva nunca poderia ser unilateral: ela só existe na bilateralidade.

A sua originalidade manifesta-se pela capacidade de delimitar e influenciar os contratos individuais de trabalho, de associados e de não associados, com eficácia *erga omnes*, por meio de seus efeitos normativos, funcionando, além disso, como fator de equilíbrio e de convergência de interesses nas relações de trabalho, inclusive complementando e incorporando novos direitos sociais à legislação trabalhista.

Arnaldo Süssekind assevera que a convenção e o acordo coletivo de trabalho são a um só tempo: a) um ato-regra, de caráter normativo, aplicável às empresas e aos empregados que pertençam ou venham a pertencer aos grupos representados; b) um contrato, no que tange às cláusulas que obrigam, direta ou reciprocamente, as respectivas partes.[30]

Daí podermos concluir este tópico, concordando com Délio Maranhão, que lançando um facho de luz à natureza jurídica de negociação e seus instrumentos – entre os quais a convenção coletiva –, acertadamente asseverar que:

> este duplo aspecto da convenção coletiva leva-nos necessariamente a uma concepção dualista de sua natureza jurídica. O ato jurídico é um só. Mas não é só contrato, nem ato-regra. É, por isso, uma figura *sui generis*: normativa, por um lado, contratual, por outro. Um contrato normativo que não se enquadra nos moldes clássicos do contrato.[31]

---

[29] Idem, ibidem, p. 163.
[30] SÜSSEKIND, Arnaldo. *Direito constitucional do trabalho*. Op. cit., p. 414.
[31] MARANHÃO, Délio. *Direito do trabalho*. 15. ed. Rio de Janeiro: Fundação Getulio Vargas, 1988, p. 309.

Diante de todo o exposto, podemos conceituar a negociação coletiva de trabalho como o processo por meio do qual os seres coletivos, sindicatos profissionais e sindicatos econômicos ou empresas, devidamente autorizados pelas respectivas assembleias gerais, entabulam uma série de discussões, a partir de 60 dias anteriormente à respectiva data-base, com o objetivo de fixar novas condições de trabalho e de remuneração para as respectivas categorias.

Portanto, serão os seguintes os desdobramentos da negociação coletiva de trabalho: se bem-sucedida, engendrará a formação dos instrumentos coletivos representativos do acordo, convenção ou contrato coletivo (dos portuários); se malsucedida, poderá acabar na arbitragem, greve ou nos dissídios coletivos de natureza econômica.

Aliás, isto é justamente o que se depreende dos arts. 7º, XXVI, 8º, VI, combinado com o art. 114, § 2º, da Constituição Federal de 1988:

> Art. 7º São direitos dos trabalhadores urbanos e rurais, além de outros que visem à melhoria de sua condição social:
> (...)
> XXVI – reconhecimento das convenções e acordos coletivos de trabalho;
> (...)
> Art. 8º (...)
> VI – é obrigatória a participação dos sindicatos nas negociações coletivas de trabalho.
> (...)
> Art. 114. (...)
> § 1º Frustrada a negociação coletiva, as partes poderão eleger árbitros.
> § 2º Recusando-se qualquer das partes à negociação coletiva ou à arbitragem, é facultado às mesmas, de comum acordo, ajuizar dissídio coletivo de natureza econômica, podendo a Justiça do Trabalho decidir o conflito, respeitadas as disposições mínimas legais de proteção ao trabalho, bem como as convencionadas anteriormente. (Redação dada pela EC nº 45/2004)

No capítulo (8.3.3.1), referente aos limites da negociação coletiva de trabalho, discutiremos as inovações promovidas pela Lei nº 13.467/2017 e pela MP nº 808/2017, especialmente em relação à supremacia do negociado em relação aos dispositivos legais da CLT, bem como à disciplina das matérias que não poderão ser objeto de negociação *in pejus* em nosso ordenamento jurídico, o art. 611-B, o qual denominamos de cláusula de barreira ou de contenção da negociação coletiva de trabalho.

4

PRINCÍPIOS DA NEGOCIAÇÃO COLETIVA

A negociação coletiva, por se tratar de uma relação dialética entre os sujeitos estipulantes, possui determinados princípios que lhe são próprios. Na verdade, esses princípios constituem verdadeiros postulados éticos e vivenciais, delineando o processo negocial, que se vai aperfeiçoando a cada nova rodada de negociação.

Não poderíamos deixar de analisar os princípios próprios do processo da negociação coletiva, pois eles são vistos, pela doutrina, como a viga mestra de um sistema, suas proposições básicas fundamentais, entendidos na visão escorreita de Celso Antônio Bandeira de Mello[1] como:

> mandamento nuclear de um sistema, verdadeiro alicerce dele, disposição fundamental que se irradia sobre diferentes normas, compondo-lhes o espírito e servindo de critério para sua exata compreensão e inteligência, exatamente por definir a lógica e a racionalidade do sistema normativo, no que lhe confere a tônica e lhe dá sentido harmônico.

Assim, passamos a analisar os princípios básicos aplicados no processo da negociação coletiva.

4.1. PRINCÍPIO DA COMPULSORIEDADE NEGOCIAL

Uma das funções transcendentais dos interlocutores sociais é participar dos debates e discussões em assuntos que digam respeito aos reais interesses da coletividade que representam, com a finalidade de se chegar a uma solução amigável e, se possível, consensual.

---

[1] MELLO, Celso Antônio Bandeira de. *Curso de direito administrativo*. 8. ed. São Paulo: Malheiros, 1997, p. 573.

Esse princípio tem por fundamento a necessidade imperativa, ou mesmo obrigatória, de que as partes integrantes no processo da negociação coletiva não a rechacem de plano.

Negar-se a negociar, sob qualquer tipo de subterfúgio, significa negar a existência dos próprios sujeitos coletivos e colocar por terra esse instituto – a negociação coletiva – exatamente no momento em que a Constituição de 1988 a erigiu a direito constitucional, e o constituinte a colocou à disposição dos sindicatos para regerem, de *per si*, seus próprios interesses imanentes às relações de trabalho com suas contrapartes empresariais.

Observa-se ainda que o próprio "comum acordo" estabelecido no § 2º do art. 114 da Constituição Federal de 1988 exige que as partes convenentes entabulem a negociação coletiva, no sentido de que, em caso desta restar frustrada, as partes possam se valer do dissídio coletivo na busca de seus interesses.

João de Lima Teixeira Filho afirma que:

> a Constituição vigente foi a primeira a tratar da negociação coletiva em seus múltiplos aspectos: a) como espécie do gênero "solução pacífica das controvérsias" para alcançar a "harmonia social e comprometida" (Preâmbulo); b) quanto a seus atores (art. 8º, VI); c) reconhecendo a autonomia privada coletiva; d) como mecanismo exclusivo para a flexibilização de direitos (art. 7º, VI, XIII e XIV); e d) aludindo às formas de heterocomposição, quando fracassado o diálogo direto (art. 114, §§ 1º e 2º). Tão inigualável quantidade de comandos sobre o tema, sistematicamente interpretados, leva o operador do Direito e os agentes coletivos a captar a sinalização emitida pelo legislador constituinte no sentido de valorizar a negociação coletiva na determinação das condições de trabalho e exercitá-la como forma democrática de entendimento harmônico e comprometido.[2]

O citado autor ainda esclarece que:

> é certo que a Constituição Federal prevê o dissídio coletivo, "recusando-se qualquer das partes à negociação ou à arbitragem" (art. 114, § 2º). Sucede que a recusa pressupõe uma negociação tentada. Não se recusa o que inexiste. Também recusada pode ser a continuidade da negociação por um incidente nela verificado, em qualquer de suas fases. Afinal, o processo de

---

[2] TEIXEIRA FILHO, João de Lima. Princípios da negociação coletiva. In: SILVESTRE, Rita Maria; NASCIMENTO, Amauri Mascaro (Coord.). *Os novos paradigmas do direito do trabalho*: homenagem a Valentim Carrion. São Paulo: Saraiva, 2001, p. 123.

entendimento não tem de, necessariamente, desaguar em acordo. Esse é o ideal a ser perseguido, e, para tanto, não se pode abortar mera tentativa do diálogo social. Configurada essa hipótese, cumpre ao sindicato recorrer à greve. Nem mesmo é possível instar a Justiça do Trabalho a proferir sentença normativa. Faltaria preencher uma das condições específicas da ação coletiva: tentativas reais de negociação coletiva.[3]

Esse princípio suscita que as partes, movidas pela responsabilidade, se não por sanções pecuniárias (multas aos recalcitrantes), são levadas a exaurir o processo negocial, se for o caso, trancando-se a portas fechadas durante 24 a 48 horas ininterruptas, até chegarem a um acordo. Não se pode permitir que os sujeitos estipulantes busquem, na primeira oportunidade, o caminho mais fácil, como acontece em nosso país: a remessa do impasse à Justiça do Trabalho.

Países com tradição em negociação coletiva, como os Estados Unidos da América, nunca cogitam remeter um impasse dessa natureza a um Tribunal do Trabalho, para que se estabeleça o que as partes devem fazer. Quando muito, o caso é submetido à arbitragem ou mediação.[4]

Cabe à justiça assegurar o cumprimento de leis, interpretar normas jurídicas, regular as relações e o comportamento dos indivíduos na sociedade e não decidir sobre negócios que devem ser resolvidos pelos próprios interessados.

Entendemos que compete ao Ministério Público do Trabalho uma maior dinâmica e participação na negociação coletiva de trabalho, nos moldes do que ocorre com as controvérsias coletivas nos Estados Unidos da América, seja por meio da mediação ou da arbitragem, esta, aliás, prevista no art. 83, IV, da Lei Complementar nº 75/93, na medida em que a este órgão federal cabe a defesa dos direitos difusos, coletivos e individuais homogêneos indisponíveis dos trabalhadores, *in verbis*:

> Art. 83. Compete ao Ministério Público do Trabalho o exercício das seguintes atribuições junto aos órgãos da Justiça do Trabalho:
>
> (...)
>
> IV – propor as ações cabíveis para declaração de nulidade de cláusula de contrato, acordo coletivo ou convenção coletiva que viole as liberdades individuais ou coletivas ou os direitos individuais indisponíveis dos trabalhadores;

---

[3] Idem, ibidem, p. 123-124.
[4] PASTORE, José. As lições de uma megagreve. Greve na GM mostra quão desnecessária é a intervenção da justiça em conflito de natureza econômica. *O Estado de S. Paulo*, p. B2, 4. ago. 1998.

V – exercer outras atribuições que lhe forem conferidas por lei, desde que compatíveis com sua finalidade.

(...)

XI – atuar como árbitro, se assim for solicitado pelas partes, nos dissídios de competência da Justiça do Trabalho;

Ora, se o *Parquet* trabalhista detém legitimidade para desconstituir cláusulas de acordo ou convenção coletiva, administrativamente, por meio de celebração de TAC – termo de ajuste de conduta – com os seres coletivos, de modo inverso, como seus membros possuem o *expertise* jurídico e são vocacionados para a tutela de direitos difusos e coletivos, da mesma forma, detém legitimidade para auxiliarem na formação das cláusulas normativas e obrigacionais do instrumento coletivo que irá reger a vida dos trabalhadores.

É cediço que a função do Ministério Público do Trabalho, em sede de negociação coletiva, se inicia exatamente quando o Ministério do Trabalho e Emprego exaure suas atribuições, geralmente as mesas redondas. Como os auditores fiscais do trabalho não detêm de competência para movimentar a máquina judiciária, este papel é atribuído aos procuradores do trabalho no deslinde das controvérsias de índole coletiva.

4.2. PRINCÍPIO DO CONTRADITÓRIO

Tal princípio constitui um dos principais elementos da negociação coletiva, ou seja, é da dialética inerente a esse processo que as partes chegarão a um acordo de interesses.

José Augusto Rodrigues Pinto, neste particular, assevera que este é o ponto de partida necessário, pois o diálogo tem que decorrer sempre da contradição de pretensões e teses que se busca harmonizar. A negociação coletiva sem contraditório de pretensões constitutivas de um contencioso a eliminar padece de um vazio absoluto de objeto.[5]

O contraditório é parte integrante do diálogo social, especialmente quando travado entre interesses quase sempre antagônicos, que emergem nas relações de trabalho, mesmo que haja convergência em alguns tópicos de interesse mútuo, como o desejo de harmonização, de paz, de perenidade das atividades da empresa etc.

---

[5] PINTO, José Augusto Rodrigues. *Direito sindical e coletivo do trabalho*. Op. cit., p. 172.

4.3. PRINCÍPIO DA BOA-FÉ

Este princípio aplica-se a todos os contratos, de forma geral. Sua consequência é adequar a conduta a um tipo social médio: "bom trabalhador" e, no direito comercial, o "bom homem de negócio" (*standard of reasonable man*), condutas médias que implicam um agir correto, sem desvios. É agir de boa-fé.[6]

O Novo Código Civil de 2002 passou a agasalhar o princípio da boa-fé no art. 113, *in verbis*:

> Os negócios jurídicos devem ser interpretados conforme a boa-fé e os usos do lugar de sua celebração.

Da mesma forma, o Código de Processo Civil de 2015, adotando o princípio do neoprocessualismo, nos trouxe os artigos:

> Art. 5º Aquele que de qualquer forma participa do processo deve comportar-se de acordo com a boa-fé.
>
> Art. 6º Todos os sujeitos do processo devem cooperar entre si para que se obtenha, em tempo razoável, decisão de mérito justa e efetiva.

A rigor, trata-se de um princípio ético, para que haja uma convivência pacífica e frutífera entre as partes no curso da negociação, dentro do espírito de uma justiça aristotélica, ou seja, "o dar a cada um o que é seu". Assim, podemos dizer que boa-fé objetiva constitui o agir com lealdade, retidão, honestidade, na ótica "daquilo que é seu é seu e o que é do outro é do outro".

Hugo Gueiros Bernardes esclarece muito bem este ponto, ao sustentar que:

> os princípios a serem investigados hão de ter importância maior no plano ético, do que propriamente no plano jurídico. Isto porque a negociação coletiva, ao contrário da legislação, produz composição de interesses em um conflito não normatizado pela lei, e, em tais circunstâncias, as partes negociadoras para alcançarem acordo entre si, se devem mutuamente um comportamento ético adequado à vontade de conciliar e não de confrontar, como seria conatural ao conflito. É precisamente dessa exigência de um espírito de transação que se constrói a ética da negociação e, em consequência, se torna possível propor alguns princípios norteadores da

---

[6] RUPRECHT, Alfredo J. *Os princípios do direito do trabalho*. São Paulo: LTr, 1995, p. 86.

conduta das partes em conflito com vistas à composição de interesses em clima de lealdade.[7]

Forero Rodriguez considera que:

> a boa-fé significa que as pessoas devem celebrar seus negócios, cumprir suas obrigações e, em geral, ter com os demais uma conduta leal, e que a lealdade no direito desdobra-se em duas direções: primeiramente, toda pessoa tem o dever de ter com as demais uma conduta leal, uma conduta ajustada às exigências do decoro social; em segundo lugar, cada qual tem o direito de esperar dos demais essa mesma lealdade. Trata-se de uma lealdade (ou boa-fé ativa), se consideramos a maneira de agir para com os demais e de uma lealdade passiva, se considerarmos o direito que tem cada qual de confiar em que os demais ajam conosco com decoro.[8]

Para João de Lima Teixeira Filho, a existência da boa-fé resulta até de presunção *juris tantum*. A boa-fé na negociação coletiva deve estar presente não só na fase de confecção do assenso, pela concentração de esforços para a conclusão com êxito da negociação, mas também na fase de fiel execução do que for pactuado.[9]

No direito laboral norte-americano, o dever de negociar de boa-fé acha-se consubstanciado na seção 8a e 8b da *National Labour Relations Act* (NLRA), que assim estabelece:

> ambos o empregador e o sindicato certificado [*certified union*] são requeridos a negociar de boa-fé.[10] A seção 8(b) do mesmo Ato ainda estatui que: será considerada uma prática desleal de trabalho para uma organização de trabalhadores (...) recusar a negociar coletivamente com o empregador, desde que ela é a representante dos empregados.[11]

A rigor, o dever de negociar de boa-fé é uma obrigação mútua entre os sindicatos e os empregadores. O objetivo é promover a paz industrial. A exigência de negociar de boa-fé significa que as partes são obrigadas a se

---

[7] BERNARDES, Hugo Queiros. Op. cit., p. 358.
[8] RODRIGUEZ, Rafael Foreno. La buena o mala fe patronal. In: *Juslaboralismo en Iberoamerica*: libro homenaje al Dr. Victor M. Alvarez. Caracas: Academía de Ciencias Políticas y Sociales, 1990, p. 390.
[9] TEIXEIRA FILHO, João de Lima. *Negociação coletiva de trabalho*. Op. cit., p. 1176.
[10] JASPER, Margaret C. *Labor law*. New York: Oceana, 1998, p. 19.
[11] Idem, ibidem, p. 19.

reunir e a discutir os termos do acordo, embora eles não sejam obrigados a chegar a um acordo.[12]

Betty W. Justice declara que:

> para promover a negociação coletiva, requer-se um padrão de conduta demonstrando a boa-fé – uma mente aberta e um desejo de tentar encontrar um chão comum. Boa-fé é o padrão de conduta por meio do qual as partes devem trazer para a negociação, a fim de se protegerem contra uma penalidade de recusa (*charge of refusal*) a negociar com a outra parte na negociação.[13]

Na verdade, no direito laboral norte-americano, coube ao *National Labor Relations Board* (NLRB) e ao Judiciário, ao longo dos anos, a responsabilidade de dar substância aos termos da boa-fé na negociação coletiva, à qual estão submetidos os empregadores e os sindicatos, cujo rol pode ser assim resumido: a) tentativa de ajustar diferenças e alcançar bons termos para ambas as partes; b) as contrapropostas devem ser oferecidas quando aquela da outra parte for rejeitada; c) a posição da parte, em cada termo do contrato, deve estar clara, não se permitindo constantes mudanças; d) não é permitido comportamento evasivo durante as negociações, e deve existir boa vontade entre os contratantes para ajudar e incorporar ao contrato termos oralmente acertados. A pedra angular da política nacional do trabalho é a negociação coletiva de boa-fé, o que não significa que as partes devam alcançar um acordo. Os acordos são encorajados, porém o NLRB não tem o poder de ordenar às partes que incorporem sua proposta no mesmo.[14]

Cotejando este princípio com os institutos do direito processual civil, observamos que ele guarda alguma analogia com o art. 77 do CPC/2015[15], que assim dispõe:

---

[12] Idem, ibidem, p. 19.
[13] JUSTICE, Betty. Op. cit., 75.
[14] GUGEL, Maria Aparecida. Abordagem de alguns aspectos do sistema legal trabalhista dos Estados Unidos da América do Norte na área do direito coletivo do trabalho. NATIONAL LABOR RELATIONS BOARD. *Revista do Ministério Público do Trabalho*, Brasília, n. 8, p. 71-72, set. 1994.
[15] CPC/2015, Art. 80. Considera-se litigante de má-fé aquele que:
I – deduzir pretensão ou defesa contra texto expresso de lei ou fato incontroverso;
II – alterar a verdade dos fatos;
III – usar do processo para conseguir objetivo ilegal;
IV – opuser resistência injustificada ao andamento do processo;
V – proceder de modo temerário em qualquer incidente ou ato do processo;

Art. 77. Além de outros previstos neste Código, são deveres das partes, de seus procuradores e de todos aqueles que de qualquer forma participem do processo:

I – expor os fatos em juízo conforme a verdade;

II – não formular pretensão ou de apresentar defesa quando cientes de que são destituídas de fundamento;

III – não produzir provas e não praticar atos inúteis ou desnecessários à declaração ou à defesa do direito;

IV – cumprir com exatidão as decisões jurisdicionais, de natureza provisória ou final, e não criar embaraços à sua efetivação;

V – declinar, no primeiro momento que lhes couber falar nos autos, o endereço residencial ou profissional onde receberão intimações, atualizando essa informação sempre que ocorrer qualquer modificação temporária ou definitiva;

VI – não praticar inovação ilegal no estado de fato de bem ou direito litigioso.

§ 1º Nas hipóteses dos incisos IV e VI, o juiz advertirá qualquer das pessoas mencionadas no *caput* de que sua conduta poderá ser punida como ato atentatório à dignidade da justiça.

§ 2º A violação ao disposto nos incisos IV e VI constitui ato atentatório à dignidade da justiça, devendo o juiz, sem prejuízo das sanções criminais, civis e processuais cabíveis, aplicar ao responsável multa de até vinte por cento do valor da causa, de acordo com a gravidade da conduta.

§ 3º Não sendo paga no prazo a ser fixado pelo juiz, a multa prevista no § 2º º será inscrita como dívida ativa da União ou do Estado após o trânsito em julgado da decisão que a fixou, e sua execução observará o procedimento da execução fiscal, revertendo-se aos fundos previstos no art. 97.

§ 4º A multa estabelecida no § 2º poderá ser fixada independentemente da incidência das previstas nos arts. 523, § 1º, e 536, § 1º.

§ 5º Quando o valor da causa for irrisório ou inestimável, a multa prevista no § 2º poderá ser fixada em até 10 (dez) vezes o valor do salário mínimo.

§ 6º Aos advogados públicos ou privados e aos membros da Defensoria Pública e do Ministério Público não se aplica o disposto nos §§ 2º a 5º, devendo eventual responsabilidade disciplinar ser apurada pelo respectivo órgão de classe ou corregedoria, ao qual o juiz oficiará.

VI – provocar incidente manifestamente infundado;

VII – interpuser recurso com intuito manifestamente protelatório.

§ 7º Reconhecida violação ao disposto no inciso VI, o juiz determinará o restabelecimento do estado anterior, podendo, ainda, proibir a parte de falar nos autos até a purgação do atentado, sem prejuízo da aplicação do § 2º.

§ 8º O representante judicial da parte não pode ser compelido a cumprir decisão em seu lugar.

4.4. PRINCÍPIO DA IGUALDADE

Diferentemente do que ocorre no contrato individual de trabalho, onde a supremacia econômica do empregador tem de ser mitigada pela desigualdade jurídica a favor do obreiro, visto que geralmente um ser coletivo se antepõe a um ser individual, com base no princípio de proteção e sua tríplice vertente (subteorias da norma mais favorável, da condição mais benéfica e do *in dubio pro operario*), na negociação coletiva, os dois polos contratantes situam-se no mesmo nível de igualdade, de poder e de persuasão.

Deparam-se na negociação coletiva dois sujeitos coletivos: os sindicatos de empregados e o patronal, ou empresa, que não deixa de constituir um ser coletivo. Geralmente é dotada de pelo menos dois sócios, tem diretoria, várias mentes pensantes, assessoria econômica, jurídica etc.

Na seara do Direito Coletivo do Trabalho, não há lugar para o princípio da proteção e sua tríplice vertente, nem dos demais princípios do direito individual, pois que regido por princípios, normas e instituições próprias e peculiares.

Os negociadores profissionais são indispensáveis na cesta básica dos empresários, principalmente quando chega a hora de encarar uma negociação coletiva. Seus méritos: sabem quando a outra parte está blefando, têm paciência para enfrentar reuniões que avançam pela madrugada, analisam todas as hipóteses colocadas na mesa e têm poder para decidir acordos trabalhistas. Vieram à tona com a proposta de reduzir salário e jornada e com as discussões para flexibilizar o contrato de trabalho. No desmonte do Estado paternalista, são eles que põem a mão na massa.[16]

Atualmente, os sindicatos de empregados também se utilizam largamente de pessoal técnico e especializado no processo da negociação coletiva, para lhes dar sustentação e apoio jurídico de alto nível na formatação dos convênios coletivos.

---

[16] BARELLI, Suzana. Eles vivem de negociação. *Folha de S. Paulo*, São Paulo, Caderno Dinheiro, p. 11, 18 jan. 1998.

Em artigo jornalístico, Martin Wolf demonstra a dificuldade em se estabelecer uma forma de igualdade nas relações entre o capital e trabalho:

> a questão mais espinhosa sobre o capitalismo é de que maneira as empresas podem ser controladas. Trata de uma questão para a qual ninguém tem a resposta correta. A onda de escândalos nos Estados Unidos da América sugere que a resposta adotada durante os anos 90 foi, pelo menos sob alguns aspectos, a errada. A resposta padrão é que o controle final deve ser dos acionistas, porque cabe a eles o risco. Esse é um argumento poderoso, mas não onipotente. Se é difícil redigir contratos de emprego adequados, sociedades fechadas podem funcionar melhor do que sociedades sobre controle de acionistas. O mesmo vale para as chamadas empresas sob controle dos grupos de interesse.[17]

No entendimento de José Augusto Rodrigues Pinto:

> a igualdade dos negociadores é possivelmente o aspecto mais delicado na fixação dos preceitos fundamentais da negociação, porquanto esta se desenrola entre dois polos separados pela hierarquia da empresa e pela subordinação jurídica da relação individual de emprego. Fundamental, portanto, para a frutificação do diálogo entre os negociadores, que a hierarquia e a subordinação jurídica sejam circunstancialmente **derrogadas pela evidente incompatibilidade**.[18]

4.5. DIREITO DE INFORMAÇÃO

A organização de trabalhadores tem o direito de que haja transparência nas informações oferecidas pelos empregadores, para que formule a pauta de negociações que dará início ao processo da negociação coletiva de trabalho. Essas informações dizem respeito às reais condições econômico-financeiras da empresa ou do setor de atividade econômica, consistindo em balanços patrimoniais, balancetes recentes, demonstrativos de resultados (lucros e perdas), relação mensal de faturamento, fluxo de caixa e outros indicadores de desempenho empresarial.

Se o empregador adotar uma posição defensiva na divulgação dessas informações, rotulando-as de secretas, é muito provável que a negociação coletiva não prospere. De outra parte, o sindicato de trabalhadores não se pode

---

[17] WOLF, Martin. Um plano de resgate para o capitalismo. *Folha de S. Paulo*, p. B4, 7. jul. 2002.

[18] PINTO, José Augusto Rodrigues. *Direito sindical e coletivo do trabalho*. Op. cit., p. 173.

dar ao luxo de, a pretexto da negociação coletiva, exigir dos empregadores informações confidenciais ou planos estratégicos, que de nada acrescentariam ao processo negocial. Essas exigências certamente devem se pautar no bom senso das partes estipulantes.

De acordo com João de Lima Teixeira Lima:

> todos os cuidados devem ser tomados para que o direito de informação não sirva de instrumento que, de alguma maneira, frustre o entendimento direto. De qualquer modo, o certo é que a informação deve guardar pertinência com as matérias postas em negociação.[19]

A transparência e acuidade das informações são essenciais para captar e consolidar a boa intenção e lealdade das partes, num momento em que grassa grande desconfiança em relação aos números divulgados pelas empresas, não apenas no Brasil, como especialmente nos países de capitalismo avançado. Casos típicos foram os resultados econômico-financeiros camuflados apresentados pela Enron, Worldcom, Xerox e Merck, nos Estados Unidos.[20]

Sem contabilidade confiável, auditoria independente e com reputação e idoneidade de procedimentos, novas ampliações na assimetria de informações poderão destruir o objeto intrínseco da negociação coletiva de trabalho.

4.6. PRINCÍPIO DA RAZOABILIDADE

A negociação coletiva é um processo caracterizado pelo poder e racionalidade. Por meio do exercício do poder econômico e da discussão racional, as partes são capazes de diminuir suas diferenças e chegar a um acordo sobre o elenco de matérias ou reivindicações que regerão o local de trabalho.[21]

Entretanto, para se chegar a um acordo, é necessário que a pauta de reivindicações do sindicato de trabalhadores seja razoável, isto é, exequível. Em outras palavras: após sopesar a real situação econômico-financeira do empregador, seu patrimônio, seus resultados, suas perspectivas presentes e futuras, é preciso que se chegue à conclusão de que as reivindicações são plenamente possíveis de serem atendidas, sem uma sobrecarga desmesurada

---

[19] TEIXEIRA FILHO, João de Lima. *Negociação coletiva de trabalho*. Op. cit., p. 1176.
[20] DÁVILA, Sérgio. Merck bate novo recorde de fraude nos EUA. *Folha de S. Paulo*, Caderno Dinheiro, p. B1, 7 jul. 2002.
[21] RAY, Douglas E.; SHARPE, Calvin William; STRASSFELD, Robert N. *Understanding Labor law*. New York: Matthew Bender, 1999, p. 198.

economicamente da parte do empregador. Nota-se que o princípio da razoabilidade acha-se intrinsecamente ligado ao direito de informação.

A razoabilidade das pretensões traz a lume, a presença específica de um princípio geral do direito, cuja essência, nas palavras de Plá Rodriguez, é que nas suas relações jurídicas "o ser humano procede e deve proceder conforme a razão".[22]

Compromete a eficácia do processo negocial, a formulação de pleitos que não tenham a mínima condição de serem atendidos, assim como a apresentação de contraproposta, pela empresa, muito aquém das suas reais possibilidades de dar a justa recompensa aos trabalhadores na negociação coletiva. Não podem as partes construir um fosso intransponível, fruto de posições extremadas, e querer transformar a negociação coletiva em panaceia.[23]

Esse princípio pode ficar comprometido se as empresas adotarem uma postura unilateral de maximização de valor para os acionistas, por meio de atividades agressivas de reestruturação, redução de custos, reengenharia, sob o enfoque de que a palavra final deve ser sempre dos empresários, porque a eles cabe o risco do empreendimento. Tal posicionamento, pela falta de bom-senso, certamente conduzirá a um entrave no desfecho da negociação coletiva.

O princípio da razoabilidade foi erigido a princípio constitucional com o advento da Emenda Constitucional nº 45/04, que o inseriu no inciso LXXVIII do art. 5º do Texto Maior, *in verbis*:

> LXXVIII – a todos, no âmbito judicial e administrativo, são assegurados a razoável duração do processo e os meios que garantam a celeridade de sua tramitação. (Inciso acrescentado pela Emenda Constitucional nº 45, de 8.12.2004, *DOU* 31.12.2004)

4.7. PRINCÍPIO DA PAZ SOCIAL

Mesmo que, à primeira vista, este princípio pareça ser um elemento de segundo plano na negociação coletiva, será, na verdade, o objetivo mais depurado a que seu êxito poderá levar. Por isso, a paz social deve ser olhada não apenas sob esse aspecto culminante, mas como um fator de trégua dos interlocutores para a boa discussão de seu conflito.[24]

---

[22] RODRIGUES, Américo Plá. Op. cit., p. 245.
[23] TEIXEIRA FILHO, João de Lima. *Negociação coletiva de trabalho*. Op. cit., p. 1176.
[24] PINTO, José Augusto Rodrigues. Op. cit., p. 174.

Néstor de Buen assevera que "o contrato coletivo de trabalho é instrumento de equilíbrio e, no fundo, de paz social. É conquistado com a guerra, na qual desempenha importante papel o exercício possível do direito de greve. Mas, uma vez celebrado, e durante sua vigência, tem o caráter de um trato de paz".[25]

Essa regra, contudo, não é absoluta. Ocorrendo fatos supervenientes que venham a alterar o equilíbrio contratual, provocando uma onerosidade excessiva a uma das partes da convenção ou acordo coletivo, geralmente aos empregados, sob o fulcro da cláusula *rebus sic stantibus* (teoria da imprevisão dos contratos), a parte lesada poderá denunciar o pacto previamente celebrado, exigindo a sua revisão e o retorno ao *status quo ante bellum*, ou seja, à situação de equilíbrio anterior.

Aplica-se a cláusula *rebus sic stantibus*, de modo a eximir as partes de cumprirem o que tiver sido avençado, apenas quando houver justificado motivo, decorrente de prejuízos comprovados ou alteração substancial das condições acordadas, que possam proporcionar o enriquecimento sem causa de uma das partes, em detrimento exclusivo da outra.

4.8. PRINCÍPIO DA COLABORAÇÃO

Nos dias de hoje, vemos que alguns institutos do direito do trabalho vão aos poucos se deslocando para o direito civil, que passa a abrigar todos os tipos de contratos de prestação de serviços, envolvendo trabalhadores por conta própria e assalariados flexíveis, muitas vezes até mesmo ex-funcionários formais que assumem essa nova representação no mundo do trabalho.

Nessa nova configuração do emprego e do trabalho, passam a ser imprescindíveis para a revitalização do direito do trabalho, os princípios da cooperação[26] e da solidariedade entre os atores sociais: empregados, empregadores e sindicatos. Afinal, todos nós estamos entrelaçados no mesmo

---

[25] BUEN, Néstor de; COSMÓPOLIS, Mario Pasco (Coord.) *Los sindicatos en Iberoamerica*. Lima: Aele, 1988, p. 183.

[26] O CPC/2015 adotou o princípio do neoprocessualismo, isto é, adotou e incorporou os princípios fundamentais do processo (estabelecidos na Constituição Federal em seus arts. 1º ao 8º), entre eles:
Art. 6º Todos os sujeitos do processo devem cooperar entre si para que se obtenha, em tempo razoável, decisão de mérito justa e efetiva.
Art. 7º É assegurada às partes paridade de tratamento em relação ao exercício de direitos e faculdades processuais, aos meios de defesa, aos ônus, aos deveres e à aplicação de sanções processuais, competindo ao juiz zelar pelo efetivo contraditório.

tecido social. Embora nossos olhos não vejam e nossas faculdades físicas não apalpem, prejudicar um significa prejudicar todos, da mesma forma que auxiliar um significa auxiliar a todos.[27]

Para Alfredo J. Ruprecht, capital e trabalho vêm-se enfrentando. Os sindicatos de trabalhadores – perseguidos, reconhecidos e protegidos sucessivamente – costumam ver no empresário um adversário, um inimigo. A luta de classes é tremenda, mas dela nascem situações e ideias que, postas em prática, aumentam a solidariedade. Assim, de um sindicalismo francamente de confrontação se está chegando a um sindicalismo de colaboração. As convenções coletivas de trabalho são uma das formas de demonstração desse fato. Nelas se estabelecem de comum acordo (colaboração) condições de trabalho, solução de contendas operário-patronais, política trabalhista seguida pelas empresas, formação profissional, gestões comuns na empresa etc. E, quando essas convenções atingem um caráter amplo – regional, estadual, nacional e já se começa a descortinar o internacional –, a colaboração alcança um desenvolvimento muito importante.[28]

Cooperar significa "trabalhar em comum, ajudar, auxiliar",[29] disposição de ânimo de que não podem abrir mão aqueles que pretendem solucionar um contraditório.[30]

Hugo Gueiros Bernardes[31] fornece-nos uma síntese dos princípios da negociação coletiva, classificando-os em quatro grupos, que julgamos oportuno sintetizar: 1) princípios relativos à boa-fé ou lealdade; 2) os referentes ao procedimento; 3) os relativos ao direito de greve; 4) aqueles concernentes à responsabilidade das partes.

Toda negociação coletiva deve partir de um pressuposto básico: o de que as partes se comprometem a negociar de boa-fé e a proceder com lealdade em todos os seus entendimentos, assim como na execução do que vier a ser acordado. Este é um princípio fundamental, que gera inúmeros

---

Art. 8º Ao aplicar o ordenamento jurídico, o juiz atenderá aos fins sociais e às exigências do bem comum, resguardando e promovendo a dignidade da pessoa humana e observando a proporcionalidade, a razoabilidade, a legalidade, a publicidade e a eficiência.

[27] SANTOS, Enoque Ribeiro dos. *O direito do trabalho e o desemprego*. São Paulo: LTr, 1999, p. 277.
[28] RUPRECHT, Alfredo J. *Os princípios do direito do trabalho*. São Paulo: LTr, 1995, p. 99.
[29] FERREIRA, Aurrélio Buarque de Holanda. Op. cit., p. 177.
[30] PINTO, José Augusto Rodrigues. Op. cit., p. 173.
[31] BERNARDES, Hugo Gueiros. Op. cit., p. 357-358.

desdobramentos: a) o dever formal de negociar: as partes se obrigam a examinar as propostas recíprocas e a formular contrapropostas convergentes, substitutivas, modificativas ou supressivas, de maneira que a rejeição de uma determinada proposta deve levar à discussão dos motivos que justificam a recusa, motivos esses que a parte se obriga a explicitar. No dever formal de negociar, encontram-se as seguintes diretivas: obrigatoriedade de reuniões periódicas, prazo mínimo de duração das negociações e de cada discussão, fundamentação de cada proposta ou contraproposta etc.; b) as partes precisam pôr-se de acordo, antecipadamente, sobre a finalidade e o alcance da negociação, que deve envolver interesses relacionados com a fixação de normas de condições de trabalho, incremento da produtividade e a harmonia nas relações de trabalho; c) o conglobamento – entendido como uma norma técnica que não admite a invocação de prejuízo como objeção a uma dada cláusula, sem o exame do conjunto da negociação. O objetivo é que as partes desenvolvam uma garantia de unidade de negociação, não se desviando do conjunto das discussões, nem repetindo argumentos.[32]

No grupo de princípios relativos ao procedimento da negociação coletiva, o autor reconhece a necessidade de fixação de regras mínimas, entre as quais enumera: a) o dever de paz, entendido como a abstenção do uso de medidas de força, como a greve, durante um período determinado; b) antecedência em relação à data-base, para evitar convocações súbitas, ao fim do prazo; c) exaustão da pauta, obrigando-se as partes a examinar e responder a cada item ou cláusula; d) credenciamento dos representantes das partes na negociação, a fim de evitar perda de tempo em debates com pessoas não autorizadas a apresentar e aceitar propostas; e) garantia formal de cumprimento de todos os compromissos assumidos; f) dever de influência, por meio do qual as partes se comprometem a influir sobre os seus liderados para garantir a efetividade do que for ajustado, não somente para obedecer às regras acordadas, mas também para fazer cessar quaisquer atitudes contrárias; g) dever de adequação, em que as partes se comprometem a proceder com racionalidade, adequando suas pretensões e respostas às possibilidades reais da economia como um todo e de cada empreendimento em particular; h) dever de informação, segundo o qual as partes se prestarão reciprocamente às informações necessárias à justificação de suas propostas e respostas, o que interessa, sobretudo, aos empregados, que assim podem obter dados a respeito da situação econômica, financeira e comercial das empresas.[33]

---

[32] Idem, ibidem, p. 358-359.
[33] Idem, ibidem, p. 359.

Os princípios relativos ao direito de greve explicitados pelo referido autor foram assim enumerados: a) indispensabilidade da conciliação prévia, para evitar a greve desleal, assim entendida aquela que se faz sem uma tentativa anterior de negociação; b) proporcionalidade, concebida como uma noção que envolve o uso do recurso de forma proporcional aos seus fins, para que o dano à empresa e ao interesse público não seja maior do que o objetivo econômico ou social a alcançar; c) *ultima ratio*, ou a concepção de greve como uma medida extrema, o último recurso dos trabalhadores, a ser utilizado somente depois da tentativa de conciliação, a mediação ou a arbitragem; d) efeito suspensivo da greve sobre a execução dos contratos de trabalho, com a não obrigatoriedade de pagamento de salários durante o período de paralisação; e) dever de salvaguarda, significando que as partes devem prescrever regras de condenação dos abusos e de prevenção dos prejuízos ao interesse público; f) limitação das greves de solidariedade, que devem ser apenas simbólicas, movimentos com intensidade muito menor, para não ter caráter abusivo ou desproporcional; g) limitação do objeto dos piquetes, que devem se limitar a persuadir os trabalhadores quanto à greve e seus motivos, pela disseminação pacífica das informações, ficando vedadas as ações agressivas ou intimidatórias.[34]

Com relação ao princípio da responsabilidade das partes, o autor assevera a necessidade da especificação geral do dever das partes de zelar pelo respeito aos princípios e normas da negociação, e a fixação da responsabilidade patrimonial das entidades de trabalhadores e empregadores, por meio de sanções – multa ou pagamento dos salários do período da greve, para o empregador; multa ou proibição temporária de fazer greve, para os trabalhadores.[35]

---

[34] Idem, ibidem, p. 359.
[35] Idem, ibidem, p. 370.

5

FUNÇÕES DA NEGOCIAÇÃO COLETIVA

A importância da negociação coletiva, agora erigida ao patamar constitucional em nosso país, uma vez inserida no § 2º do art. 114 da Constituição Federal de 1988, faz-se presente não apenas em países de capitalismo avançado, com economia estável, mas sobretudo, em países emergentes, como o Brasil, onde prevalece uma conjuntura econômica e financeira volátil, com acentuadas oscilações na taxa cambial, na taxa de juros e na inflação, o que provoca a perda real do valor dos salários, e mais se acentua a necessidade de entendimentos que restaurem ou preservem a paz e o equilíbrio social.

Se não há pacificação nas relações de trabalho, sejam públicas ou privadas, ocorre um tumulto nas condições econômicas e sociais, que reflete diretamente na produção de bens e serviços do país.

Exemplo disso são os recentes movimentos de trabalhadores dos serviços públicos de transportes de alguns estados brasileiros, após negociação coletiva de trabalho frustrada, que levaram à virtual paralisação dos serviços públicos de transporte coletivo de passageiros e, virtualmente, à estagnação econômica nos períodos de conflito.

Isto porque as greves deflagradas no serviço público, diferentes do que ocorre no setor privado, acabam afetando muito mais os usuários destes serviços, a população trabalhadora, do que os empregadores, em muitos casos, empresas ligadas ao setor público. Mas isto é um assunto para o capítulo em que tratamos da negociação coletiva no setor público, mais adiante neste trabalho.

Oscar Ermida Uriarte esclarece-nos a respeito da importância e da função da negociação coletiva, ao declarar que:

> o direito coletivo do trabalho tem uma estrutura triangular, na qual elementos essenciais são o sindicato, a negociação coletiva e a greve.

A inexistência ou imperfeição de qualquer destes três pilares determina o mau funcionamento do direito coletivo do trabalho e, consequentemente, o cumprimento insuficiente ou o descumprimento da função de autotutela.[1]

Para João de Lima Teixeira Filho, apesar de a principal fonte de produção do direito do trabalho no Brasil ser a lei, a negociação coletiva passa a desempenhar crescente papel de aprimoramento dos institutos contidos na CLT e de criação de condições de trabalho no vácuo da lei. Há, neste último caso, uma tendência de propagação da vantagem obtida por categoria mais expressiva para aquela com menor poder de pressão por meio da convenção coletiva, que é de categoria, da sentença normativa, quando frustrada a autocomposição, ou mesmo de lei.[2]

A finalidade da negociação coletiva é conseguir melhores condições de trabalho para a classe trabalhadora e, principalmente, manter os empregos, pois estes constituem a causa principal da luta das associações de trabalhadores, não apenas para o trabalhador individualmente, como para a coletividade. O emprego é o núcleo, o bem jurídico principal da relação de trabalho, do qual as condições de trabalho e de remuneração são derivativos ou bens jurídicos acessórios, pois não subsistem sem a causa principal.

Quando bem sucedido, o processo de negociação coletiva se concretiza em instrumentos jurídicos – acordo coletivo, convenção coletiva e contrato coletivo – fontes formais de direito, cujo conteúdo tem aplicação cogente sobre os contratos individuais de trabalho, pelo menos durante a vigência de um daqueles instrumentos. Da negociação coletiva podem ainda resultar obrigações para as próprias partes (sindicatos ou empresas) no caso das cláusulas punitivas, com a imposição de multas, bem como as que implicam receitas do sindicato profissional, como no caso das contribuições confederativa e assistencial.

Não obstante a importância e a necessidade da negociação coletiva nos países de capitalismo avançado, no Brasil, esse instituto encontra-se ainda em fase de desenvolvimento. De acordo com José Francisco Siqueira Neto, a fragilidade das negociações coletivas no Brasil pode ser explicada como consequência de um sistema sindical corporativista decorrente de uma sociedade autoritária em sua essência.[3]

---

[1] URIARTE, Oscar Ermida. *Apuntes sobre la huelga*. Montevideo: FCU, 1983, p. 7.
[2] TEIXEIRA FILHO, João de Lima. *Negociação coletiva de trabalho*. Op. cit., p. 1177.
[3] SIQUEIRA NETO, José Francisco. *Contrato coletivo de trabalho*. São Paulo: LTr, 1991, p. 20.

João de Lima Teixeira Filho afirma que:

> o modelo sindical brasileiro, de inspiração mussoliniana, é bastante inflexível, na medida em que é imposta a (1) unicidade representativa, os sindicatos são seccionados (2) base territorial e, dentro destas (3), por categorias. Estas por sua vez, fracionam-se em categorias (a) preponderantes, (b) diferenciadas e (c) profissionais de nível superior. Este atomizado cenário de representação de trabalhadores, que se vinculam ao sindicato pelo simples fato de pertencerem a uma categoria, não por manifestação de vontade, constitui elemento dificultador ao desenvolvimento da negociação coletiva. Raramente os empregados de uma empresa são representados por um único sindicato. A regra é que as empresas tenham em seus quadros motoristas, ascensoristas, advogados, engenheiros, entre outros, os quais possuem representação diferenciada, qualquer que seja a atividade preponderante da empresa.[4]

Complementa o citado doutrinador, afirmando que:

> isso dificulta o afinamento de posições pelo lado dos trabalhadores, tão mais díspares quão maior seja o número de sindicatos, e também pelo lado do empregador, que se defronta com interesses que não são uniformes. E se a negociação coletiva tem lugar sem a presença de todos os sindicatos representativos daquelas três categorias de trabalhadores, as condições de trabalho não se aplicam uniformemente a todos os empregados, eis que o efeito normativo do instrumento que as consubstancia exaure-se no âmbito da categoria acordante.[5]

Octavio Bueno Magano,[6] em várias oportunidades, enaltece a importância da negociação coletiva, preconizando sua maior utilização nas relações coletivas de trabalho em nosso país. Diz ele:

> a convenção coletiva tem-se mostrado instrumento de flexibilidade, incomparavelmente superior aos mecanismos de tutela. Adapta-se melhor aos particularismos regionais e, sobretudo, às peculiaridades dos grupos profissionais, cada vez mais segmentados. Generalizou-se, por outro lado, a utilização da contratação coletiva não apenas para alterar *in mellius*

---

[4] TEIXEIRA FILHO, João de Lima et al. *Instituições de direito do trabalho*. Op. cit., p. 1127.
[5] Idem, ibidem, p. 1128.
[6] MAGANO, Octávio Bueno. Tutela e autocomposição. Convenção coletiva mostra-se um instrumento de flexibilidade superior. *O Estado de S. Paulo*, São Paulo, Caderno de Economia. p. B2, 29 jun. 1998.

condições de trabalho, o que corresponde à sua função tradicional, mas também *in pejus*, o que exterioriza prática recente.

É em vista dos fatos que obstaculizam o pleno evolver da negociação coletiva, que urge uma reforma nos institutos de nosso direito coletivo, de cuja matéria trataremos, em capítulo próprio.

A negociação coletiva possui várias funções, que passamos a enumerar.

5.1. FUNÇÃO JURÍDICA

Esta função jurídica se desdobra em três subespécies: a normativa, a obrigacional e a compositiva, como veremos abaixo:

a) Função normativa

Consiste na criação de normas aplicáveis aos contratos individuais de trabalho, em alguns casos, até mesmo *in pejus*, como se infere do art. 7º, VI, da Constituição Federal de 1988. Por intermédio da negociação coletiva, podem ser criadas normas e regras, direitos e obrigações ainda não previstos em lei. Na verdade, a negociação coletiva atua no espaço vazio deixado pela lei, podendo vir a complementá-la, no futuro, como geralmente ocorre.

Como sabemos, as principais cláusulas emanadas da negociação coletiva bem sucedida são as cláusulas normativas e as cláusulas obrigacionais. As primeiras – normativas, que são incorporadas aos contratos individuais de trabalho de todos os trabalhadores da categoria – dizem respeito às condições de trabalho e de remuneração da classe obreira, tendo como exemplo, o reajuste salarial negociado e aplicado *erga omnes* a todos os integrantes da categoria, o adicional de horas extras, vale-transporte, vale-alimentação, cesta básica, adicionais de plano de saúde, aposentadoria etc.

É neste sentido a Súmula nº 277 do Colendo TST:

> Nº 277 – CONVENÇÃO COLETIVA DE TRABALHO OU ACORDO COLETIVO DE TRABALHO. EFICÁCIA. ULTRATIVIDADE (Redação Alterada na Sessão do Tribunal Pleno realizada em 14.9.2012)
>
> As cláusulas normativas dos acordos coletivos ou convenções coletivas integram os contratos individuais de trabalho e somente poderão ser modificadas ou suprimidas mediante negociação coletiva de trabalho. (Redação dada pela Resolução TST nº 185, de 14.9.2012, *DJe* TST de 26.9.2012, rep. *DJe* TST de 27.9.2012 e *DJe* TST de 28.9.2012).

No entanto, em 14.10.2016, em voto da lavra do Ministro Gilmar Mendes, do STF, foi proferida decisão liminar nos autos da ADPF 323, que determinou a suspensão de todos os processos e efeitos de decisões no âmbito da Justiça do Trabalho que discutam a aplicação da ultratividade de normas de convenções e de acordos coletivos. Nesta decisão, o Ministro destacou que "(...) o TST parece valer-se de alteração meramente semântica, que não pretendeu modificar a essência do dispositivo constitucional e, consequentemente, aumentar o âmbito de competências da Justiça do Trabalho". Ainda, "esclarece que o termo 'anteriormente' refere-se às sentenças normativas, em que o Poder Judiciário certamente precisa analisar a questão sob o prisma do artigo 468 da CLT, que veda expressamente a alteração lesiva, o que não significa dizer que o texto convencional vencido prevalecerá em vigor sem qualquer alteração, podendo a empresa negociar a não aplicação por meio de concessão de compensações ao trabalhador." "O vocábulo introduzido pela EC 45/04 é voltado, portanto, a delimitar o poder normativo da Justiça do Trabalho. Na hipótese de não ser ajuizado dissídio coletivo, ou não firmado novo acordo, a convenção automaticamente estará extinta". Finalmente, ficou consignado "que tentar reinserir o princípio da ultratividade poderia configurar uma 'fraude hermenêutica', por extrair entendimento de onde não há, apenas para fundamentar um posicionamento equivocado".

Ficou claro, desta forma, "que a questão da ultratividade das normas deve ser objeto de discussão no plano infraconstitucional, como já ocorreu com a revogada Lei nº 8.542/92, sob pena de violação aos princípios constitucionais da legalidade e da separação dos poderes, previstos, respectivamente, no inciso II do art. 5º e *caput* do art. 2º", de forma que, o STF "determinou, liminarmente, a suspensão de todos os processos e efeitos de decisões judiciais proferidas no âmbito da Justiça do Trabalho que versem sobre a ultratividade de normas de acordos e de convenções coletivas".

A Lei nº 13.467/2017, denominada de Reforma Trabalhista, inclui no art. 614 da CLT, o seguinte dispositivo legal:

> § 3º Não será permitido estipular duração de Convenção Coletiva ou Acordo Coletivo de trabalho superior a 2 (dois) anos, sendo vedada a ultratividade.

No entanto, entendemos pela inconstitucionalidade deste parágrafo na medida de sua colisão frontal com o § 2º do art. 114 da Constituição Federal de 1988, parte final, que dispõe *"respeitadas as disposições legais e as convencionadas anteriormente"*.

b) Função obrigacional

As cláusulas obrigacionais dos instrumentos jurídicos provenientes da negociação coletiva – a convenção, o acordo coletivo e o contrato coletivo – determinam direitos e obrigações para os sindicatos convenentes, impondo penalidades em caso de descumprimento do convênio coletivo.

Portanto, as cláusulas obrigacionais dizem respeito apenas aos sindicatos ou seres coletivos convenentes, ou seja, aos signatários do instrumento normativo. São exemplos destas cláusulas, a cláusula de paz social e a cláusula compromissória, que pode levar à instauração futura, de comum acordo, de uma convenção arbitral, regulada pela Lei nº 13.029/2015, que alterou a antiga Lei nº 9.307/96, para dirimir eventual controvérsia resultante do cumprimento do instrumento normativo, por meio de uma sentença arbitral.

Da mesma forma, o acordo ou convenção coletiva de trabalho pode conter cláusulas que conduzam as partes à mediação ou mesmo submissão do conflito coletivo à arbitragem no Ministério Público do Trabalho, caso em que, o membro do *Parquet* Laboral ao qual foi distribuído o processo administrativo deverá, após as diligências de praxe (representação, procedimento preliminar, inquérito civil, apreciação prévia, audiência, coleta de provas etc., tudo de acordo com a Resolução nº 69/07 do CSMPT, que disciplina, no âmbito do MPT, a instauração e tramitação do inquérito civil) prolatar uma sentença arbitral, nos mesmos moldes de uma sentença judicial, ou seja, que contenha relatório, fundamentação e dispositivo. No entanto, por se tratar de uma sentença arbitral, mesmo que tenha a natureza jurídica de título executivo judicial, conforme art. 515[7] do Código de Processo Civil/2015, não transitará em julgado no sentido material, apenas formal.[8]

---

[7] Art. 515. São títulos executivos judiciais, cujo cumprimento dar-se-á de acordo com os artigos previstos neste Título:
I – as decisões proferidas no processo civil que reconheçam a exigibilidade de obrigação de pagar quantia, de fazer, de não fazer ou de entregar coisa;
II – a decisão homologatória de autocomposição judicial;
III – a decisão homologatória de autocomposição extrajudicial de qualquer natureza;
IV – o formal e a certidão de partilha, exclusivamente em relação ao inventariante, aos herdeiros e aos sucessores a título singular ou universal;
V – o crédito de auxiliar da justiça, quando as custas, emolumentos ou honorários tiverem sido aprovados por decisão judicial;
VI – a sentença penal condenatória transitada em julgado;
VII – a sentença arbitral;
VIII – a sentença estrangeira homologada pelo Superior Tribunal de Justiça;
IX – a decisão interlocutória estrangeira, após a concessão do exequatur à carta rogatória pelo Superior Tribunal de Justiça;
X – (VETADO).
§ 1º Nos casos dos incisos VI a IX, o devedor será citado no juízo cível para o cumprimento da sentença ou para a liquidação no prazo de 15 (quinze) dias.

Oportuno destacar também que as cláusulas sociais, como o próprio nome diz, são as relacionadas a todos os aspectos sociais da negociação, tanto podendo se enquadrar, conforme sua natureza, em cláusulas normativas ou obrigacionais.

Devemos ressaltar que enquanto as cláusulas normativas dizem respeito a direitos e interesses dos trabalhadores, no que respeita à remuneração, jornada e demais elementos do contrato individual de trabalho, as cláusulas normativas se aplicam e vinculam apenas às partes convenientes na negociação coletiva de trabalho.

c) Função compositiva

A negociação coletiva bem-sucedida culmina em um acordo de vontades, instrumentalizado pelo convênio coletivo subscrito pelas partes, que objetiva superar os conflitos e antagonismos entre elas, em busca do equilíbrio e harmonização social.

Desta forma, por meio da função compositiva, a negociação coletiva de trabalho pode suscitar a criação do acordo coletivo, da convenção coletiva de trabalho e ainda do contrato coletivo de trabalho, de acordo com a nova Lei dos Portos (Lei nº 12.815/13), art. 33, *in verbis*:

> Art. 33. Compete ao órgão de gestão de mão de obra do trabalho portuário avulso:
>
> I – aplicar, quando couber, normas disciplinares previstas em lei, **contrato, convenção ou acordo coletivo de trabalho,** no caso de transgressão disciplinar, as seguintes penalidades:

---

§ 2º A autocomposição judicial pode envolver sujeito estranho ao processo e versar sobre relação jurídica que não tenha sido deduzida em juízo.

[8] Existem três teses sobre a natureza jurídica da sentença arbitral. A primeira advoga que a sentença arbitral possui natureza contratual, na medida em que é elaborada por um árbitro, de comum acordo com as partes litigantes, por meio de convenção arbitral, ou seja, de um verdadeiro contrato ou acordo de vontades. Daí, não ter natureza jurisdicional, pois não transita em julgado no sentido material, já que não comporta ação rescisória, cujo fundamento é justamente o trânsito em julgado material. A segunda tese defende que a sentença arbitral possui natureza jurisdicional, uma vez que é prolatada por um árbitro, juiz de fato e de direito de acordo com a própria lei da arbitragem, possuindo, desta forma, idênticos elementos da decisão judicial (relatório, fundamentação e dispositivo). A última tese alega que a sentença arbitral possui natureza híbrida, ou seja, não deixa de um contrato entre as partes, mas também pode se apresentar como uma decisão jurisdicional, pois faz lei entre as partes e somente pode ser desconstituída por outra decisão judicial.

a) repreensão verbal ou por escrito;

b) suspensão do registro pelo período de 10 (dez) a 30 (trinta) dias; ou

c) cancelamento do registro;

II – promover:

a) a formação profissional do trabalhador portuário e do trabalhador portuário avulso, adequando-a aos modernos processos de movimentação de carga e de operação de aparelhos e equipamentos portuários;

b) o treinamento multifuncional do trabalhador portuário e do trabalhador portuário avulso; e

c) a criação de programas de realocação e de cancelamento do registro, sem ônus para o trabalhador;

III – arrecadar e repassar aos beneficiários contribuições destinadas a incentivar o cancelamento do registro e a aposentadoria voluntária;

IV – arrecadar as contribuições destinadas ao custeio do órgão;

V – zelar pelas normas de saúde, higiene e segurança no trabalho portuário avulso; e

VI – submeter à administração do porto propostas para aprimoramento da operação portuária e valorização econômica do porto.

(...)". (grifo nosso)

E, ainda, o art. 36 e os seguintes da mesma Lei aduzem ao contrato coletivo dos portuários:

Art. 36. A gestão da mão de obra do trabalho portuário avulso deve observar as normas do **contrato, convenção ou acordo coletivo de trabalho**.

Art. 37. Deve ser constituída, no âmbito do órgão de gestão de mão de obra, comissão paritária para solucionar litígios decorrentes da aplicação do disposto nos arts. 32, 33 e 35.

§ 1º Em caso de impasse, as partes devem recorrer à arbitragem de ofertas finais.

§ 2º Firmado o compromisso arbitral, não será admitida a desistência de qualquer das partes.

§ 3º Os árbitros devem ser escolhidos de comum acordo entre as partes, e o laudo arbitral proferido para solução da pendência constitui título executivo extrajudicial.

§ 4º As ações relativas aos créditos decorrentes da relação de trabalho avulso prescrevem em 5 (cinco) anos até o limite de 2 (dois) anos após o cancelamento do registro ou do cadastro no órgão gestor de mão de obra.

(...)

Art. 42. A seleção e o registro do trabalhador portuário avulso serão feitos pelo órgão de gestão de mão de obra avulsa, de acordo com as normas estabelecidas em contrato, convenção ou acordo coletivo de trabalho.

Art. 43. A remuneração, a definição das funções, a composição dos ternos, a multifuncionalidade e as demais condições do trabalho avulso **serão objeto de negociação entre as entidades representativas dos trabalhadores portuários avulsos e dos operadores portuários**.

Parágrafo único. A negociação prevista no *caput* contemplará a garantia de renda mínima inserida no item 2 do art. 2º da Convenção nº 137 da Organização Internacional do Trabalho – OIT.

Art. 44. É facultada aos titulares de instalações portuárias sujeitas a regime de autorização a contratação de trabalhadores a prazo indeterminado, observado o disposto no contrato, convenção ou acordo coletivo de trabalho. (grifos nossos)

5.2. FUNÇÃO POLÍTICA

Para Max Weber, política é a arte ou técnica do exercício do poder, que, enquanto "poder", significa toda a probabilidade de impor a própria vontade em uma relação social, mesmo contra resistências, seja qual for o fundamento dessa probabilidade.[9] Assim, podemos dizer que a negociação coletiva é um processo, por meio do qual as partes convenentes exercitam o poder por intermédio do diálogo social, buscando resolver as divergências e chegar a um acordo.

Para Amauri Mascaro Nascimento, a negociação coletiva tem uma função política enquanto forma de diálogo entre grupos sociais em uma sociedade democrática, cuja estrutura valoriza a ação dos interlocutores sociais, confiando-lhes poderes para que, no interesse geral, superem as suas divergências. Não é do interesse do governo a luta permanente entre as classes sociais, de modo que a adoção de mecanismos adequados para evitar o atrito é do interesse da sociedade. A instabilidade política pode, ainda, recrudescer os conflitos trabalhistas, quando o movimento sindical é voltado para a realização de um projeto político-partidário, de tal forma que, sendo a negociação um instrumento de estabilidade nas relações entre os trabalhadores e as empresas, a sua utilização passa a ter um sentido que ultrapassa a esfera restrita das partes envolvidas, interessando a toda a sociedade política.[10]

---

[9] WEBER, Max. *Economia e sociedade*. Op. cit., p. 34.
[10] NASCIMENTO, Amauri Mascaro. *Teoria geral do direito do trabalho*. São Paulo: LTr, 1998, p. 138.

Em alguns países da Europa, os sindicatos ainda hoje se organizam de forma extremamente centralizada, com relevante influência no processo político nacional.

5.3. FUNÇÃO ECONÔMICA

A negociação coletiva tem uma função econômica, pois esta é, na maioria das vezes, a principal reivindicação dos trabalhadores, que lutam principalmente por aumento de salários e de benefícios, bem como melhores condições de trabalho.

Por isso é que o índice de reajuste do salário dos trabalhadores da categoria profissional é a notícia mais esperada do ano e o componente mais importante do ato negocial. Constitui o primeiro item a ser superado na negociação coletiva, uma vez pode obstar o desenvolvimento de todo o processo negocial. Em geral, as demais cláusulas, embora importantes, são de natureza complementar e periféricas.

Importante ressaltar que esta importância se verifica tanto em relação ao setor privado, como público. O setor privado é regido geralmente pelas datas-bases das categorias (bancários, por exemplo, a data base é setembro de cada ano), enquanto o setor público é regulado pelo art. 37, X, e art. 39, § 4º, da Constituição Federal.

Enquanto os reajustamentos salariais anuais do setor privado ocorrem por meio da negociação coletiva bem-sucedida, constante das cláusulas normativas, que passam a ter vigência já no primeiro dia do mês da data base, o aumento salarial dos servidores públicos ocorre após a promulgação da lei, sua votação no órgão parlamentar respectivo (Câmara dos vereadores, Assembleia Estadual ou Congresso Nacional) e sanção do titular respectivo do Poder Executivo.

Amauri Mascaro Nascimento destaca que essa função serve, também, para atendimento de um objetivo econômico em uma economia em prosperidade, ou para cumprir uma função ordenadora em uma economia em crise. Pode ser uma forma tanto de elevação como de redução dos custos do trabalho, dependendo de como é utilizada, bem como de ampliação ou redução de empregos, na conformidade de cada circunstância. Pode promover a melhoria da condição social do trabalhador e para esse fim inegavelmente é um instrumento adequado em relação às possibilidades de cada empresa ou de cada setor da economia, permitindo, sem maiores traumas, o atendimento das reivindicações operárias perante o capital.[11]

---

[11] Idem, ibidem, p. 138-139.

Antonio Baylos enfatiza a função da negociação coletiva, como protagonista do estabelecimento das rendas do trabalho e custos salariais, destacando sua conexão com outras variáveis econômicas, como a inflação e produtividade. Para ele, a negociação coletiva é um verdadeiro instrumento de gestão da empresa, cabendo ao sindicato partilhar, como natural complemento de sua função de contra poder, procurando diminuir a desigualdade entre empregador e trabalhador.[12]

Devemos realçar a íntima conexão que existe entre o direito do trabalho, a economia e a política: vivem juntos, como irmãos siameses; um não pode viver ou existir sem o outro. São partes integrantes, um do outro, inseparáveis, um necessitando do outro para sua perenização. O direito sem a economia e sem a política passa a não ter razão de existir, pois não teria nada a regular. A economia sem o direito passaria a existir em um clima de insegurança política, que poderia levar a uma situação de caos social.

5.4. FUNÇÃO SOCIAL

A função social desempenhada pela negociação coletiva apresenta segundo Pasço Cosmópolis, as seguintes características: a) é um meio de conciliação dos conflitos sociais, pela harmonização e equilíbrio entre os dois principais fatores da proteção; b) iguala as partes e, por isso, é uma forma de inter-relação entre elas e de participação dos trabalhadores na administração. A negociação coletiva requer boa-fé das partes, exigindo que se comuniquem e negociem, que suas propostas sejam compatíveis com as contrapropostas e que ambas desenvolvam todo esforço razoável para chegar a um acordo; c) é uma fonte dinâmica do direito trabalhista; d) evita ou modera a competição desleal entre as empresas, impondo-lhes os mesmos custos sociais.[13]

Para Pierre Bourdieu, o programa neoliberal retira a sua força social da força político-econômica daqueles a cujo interesse ele dá voz – acionistas, operadores financeiros, industriais, políticos conservadores etc. – e tende globalmente a favorecer a ruptura entre a economia e as realidades sociais. Se podemos preservar alguma esperança razoável é porque ainda existem, nas instituições estatais e também nas ações dos agentes, essas forças que

---

[12] BAYLOS, Antonio. La nueva posición de la negociación colectiva en la regulación de las relaciones de trabajo españolas. *Contextos – Revista Crítica de Derecho Social*, Buenos Aires: Editores del Puerto, n. 1, p. 23, 1997.

[13] COSMÓPOLIS, Pasco. *Negociación colectiva*. Lima, 1977, p. 5. (Cf. RUPRECHT, Alfredo J. *Relações coletivas de trabalho*, p. 264).

se desdobram, sob o pretexto da simples defesa de uma ordem desaparecida e aos privilégios a ela correspondentes, para resistir à prova e inventar ou construir uma ordem social que não tenha como lei única a busca do interesse egoísta ou a paixão individual pelo lucro, mas que também abra espaço a coletividades voltadas à busca racional de fins coletivamente elaborados e aprovados.[14]

Continua, ainda, esse autor asseverando que:

> entre essas coletividades, associações, sindicatos e partidos, um lugar especial é ocupado pelo Estado, capaz de controlar e delimitar eficazmente os lucros obtidos nos mercados financeiros e, sobretudo, de conter a ação destruidora que estes últimos exercem sobre o mercado de trabalho, organizando, com a ajuda dos sindicatos, a elaboração e a defesa do interesse público, que, quer queira ou não, nunca deixará de ser considerado, mesmo ao preço de um erro de cálculo matemático, como a forma suprema da realização humana.[15]

No mundo moderno e democrático atual, já não faz mais sentido a "não participação" dos grupos nos interesses que lhes dizem respeito. A negociação coletiva, em qualquer nível, seja centralizada (em esfera nacional) ou descentralizada (em empresas), na busca de uma harmonização e equilíbrio entre os grupos – empresas e trabalhadores – demanda a efetiva participação deles.

5.5. FUNÇÃO PARTICIPATIVA

Entendemos que a negociação coletiva é uma forma de participação, seja ela realizada no âmbito da empresa, ou nos demais níveis de negociação: municipal, regional, estadual ou nacional.

Essa forma de aproximação entre as partes varia em cada circunstância: pode ocorrer um amplo nível de aproximação, se a negociação ocorrer no âmbito empresarial, por exemplo, até uma aproximação superficial, se a negociação for imposta de cima para baixo, necessitando de diálogo.

Consoante Luiz Carlos Amorim Robortella:

> a participação transforma o sindicato em centro de irradiação de um poder sindical, ao lado do poder político e econômico. Essa forma de

---

[14] BOURDIEU, Pierre. A máquina infernal: o neoliberalismo em choque. *Folha de S. Paulo*, São Paulo, Caderno Mais, p. 5-7, 22 jul. 2002.
[15] Idem, ibidem, p. 7.

concertação social se desenvolve em todo o mundo, a ponto praticamente de não mais se admitir a regulação das relações de trabalho sem a participação dos grupos. Na realidade, tal participação instaura uma espécie de neocorporativismo, com o sindicato procurando reconquistar, na esfera política, o poder perdido na economia de mercado.[16]

Aduz ainda esse autor que:

> há tendência de deslocamento da negociação coletiva também para o interior da empresa, por propiciar maior flexibilidade, facilidade de comunicação e de informações. No meio-termo estão as negociações por ramo de atividade ou profissão. Em síntese, assiste-se a uma crescente flexibilidade na negociação coletiva, com articulação de distintos níveis, seja, nacional, setorial e de empresa.[17]

Entendemos que somente com a participação efetiva das partes no processo da negociação coletiva assegurar-se-á a coexistência não conflituosa dos parceiros sociais, pelo menos durante o interregno do convênio, em um cenário de democracia sindical, impulsionando a conveniência de partes tão díspares, desde que estas se submetam a um núcleo mínimo inderrogável de direitos, normas e de princípios trabalhistas.

Há longa data defendemos a negociação coletiva de trabalho por empresa, em um processo democrático, tal como ocorre nos Estados Unidos da América, sob a égide do princípio da pluralidade sindical. Bastaria que a empresa tivesse um quadro superior a 20 trabalhadores e, com o auxílio e supervisão do sindicato da respectiva categoria profissional, ou mesmo um sindicato próprio, filiado ou não ao sindicato da categoria, poderia eleger uma comissão para representar os trabalhadores na negociação diretamente com a diretoria da empresa.

Neste caso, estaríamos a privilegiar as condições peculiares de cada empresa, estabelecimento ou mesmo empregador; porte da empresa (micro, pequena, média ou grande), sua real situação econômico-financeira, capacidade de pagamento e mercado em que opera, o que facilitaria não apenas a um maior comprometimento de todos os envolvidos no processo negocial, como também uma redução nos níveis de conflituosidade e de efetiva colaboração e aderência ao acordado.

---

[16] ROBORTELLA, Luiz Carlos Amorim. O conceito moderno de negociação coletiva. In: PRADO, Ney (Coord.). *Direito sindical brasileiro*. São Paulo: LTr, 1998, p. 243.
[17] Idem, ibidem, p. 243.

5.6. FUNÇÃO PEDAGÓGICA

Esta função tem por fundamento o fato de que a cada ano, por ocasião da data base das categorias, no caso brasileiro, as partes devem proceder a uma nova rodada de negociação coletiva, com a finalidade de produzir um novo convênio, se ao longo de seu termo não sobrevierem fatos imprevisíveis, que venham a alterar o equilíbrio contratual.

O simples fato de a negociação coletiva ser um processo repetitivo, ao longo do tempo e do espaço, suscita que as partes – os sujeitos estipulantes – em um processo dialético e de democracia social, aprendam com a experiência, e aperfeiçoem suas técnicas de abordagem e de discussão, bem como de incorporação de novos conhecimentos, uma vez que são geralmente assistidos por especialistas – advogados, sociólogos, matemáticos etc.

6

A NEGOCIAÇÃO COLETIVA NO CONTEXTO DA CONSTITUIÇÃO FEDERAL DE 1988

No ordenamento jurídico brasileiro, a Constituição Federal de 1988 foi a primeira a tratar claramente da negociação coletiva, no art. 8º, VI, que assim estatui: "é obrigatória a participação dos sindicatos nas negociações coletivas de trabalho".

As Constituições anteriores apenas legitimavam a negociação coletiva, no momento em que reconheciam as convenções ou contratos coletivos de trabalho. Na legislação ordinária, encontramos a regulamentação desta matéria no art. 616 e seus §§ 1º, 3º e 4º da Consolidação das Leis do Trabalho (CLT).

O art. 616 estatui que "os sindicatos representativos de categorias econômicas ou profissionais e as empresas, inclusive as que não tenham representação sindical, quando provocados, não podem recusar-se à negociação coletiva".

No § 1º, encontramos: "verificando-se recusa à negociação coletiva, cabe aos Sindicatos ou empresas interessadas dar ciência do fato, conforme o caso, ao Departamento Nacional do Trabalho ou aos órgãos regionais do Ministério do Trabalho, para convocação compulsória dos Sindicatos ou empresas recalcitrantes".

O § 2º estatui: "no caso de persistir a recusa à negociação coletiva, pelo Departamento Nacional do Trabalho ou órgãos regionais do Ministério do Trabalho, ou se malograr a negociação entabulada, é facultada aos Sindicatos ou empresas interessadas a instauração de dissídio coletivo".

O § 3º diz "havendo convenção, acordo ou sentença normativa em vigor, o dissídio coletivo deverá ser instaurado dentro dos sessenta dias anteriores ao respectivo termo final, para que o novo instrumento possa ter vigência no dia imediato a esse termo"; enquanto o § 4º estabelece que "nenhum processo de dissídio coletivo de natureza econômica será admitido sem antes se esgotarem as medidas relativas à formalização da Convenção ou Acordo correspondente".

Percebe-se que ocorre como que uma inversão de valores no tratamento do instituto da negociação coletiva pela CLT, de 1943. Ela dedica apenas o art. 616 a esse instituto, enquanto que os instrumentos que dela defluem – a convenção e o acordo coletivo – recebem um tratamento mais aprofundado, ou seja, são-lhes dedicados vários artigos: o de 611 ao 625.

No entanto, a Lei nº 13.467/2017, de 13.7.2027, apresenta acréscimos ao art. 611 da CLT, que assim dispõe:

> Art. 611-A (já na nova redação data pela MP 808/2017): A convenção coletiva e o acordo coletivo de trabalho, observados os incisos III e VI do *caput* do art. 8º da Constituição, têm prevalência sobre a lei quando, entre outros, dispuserem sobre:
>
> I – pacto quanto à jornada de trabalho, observados os limites constitucionais;
>
> II – banco de horas anual;
>
> III – intervalo intrajornada, respeitado o limite mínimo de trinta minutos para jornadas superiores a seis horas;
>
> IV – adesão ao Programa Seguro-Emprego (PSE), de que trata a Lei 13.189, de 19 de novembro de 2015;
>
> V – plano de cargos, salários e funções compatíveis com a condição pessoal do empregado, bem como identificação dos cargos que se enquadram como funções de confiança;
>
> VI – regulamento empresarial;
>
> VII – representante dos trabalhadores no local de trabalho;
>
> VIII – teletrabalho, regime de sobreaviso, e trabalho intermitente;
>
> IX – remuneração por produtividade, incluídas gorjetas percebidas pelo empregado, e remuneração por desempenho individual;
>
> X – modalidade de registro de jornada de trabalho;
>
> XI – troca do dia de feriado;
>
> XII – enquadramento do grau de insalubridade e prorrogação de jornada em locais insalubres, incluída a possibilidade de contratação de perícia, afastada a licença prévia das autoridades competentes do Ministério do Trabalho, desde que respeitadas, na integralidade, as normas de saúde, higiene e segurança do trabalho previstas em lei ou em normas regulamentadoras do Ministério do Trabalho; (nova redação dada pela MP 808/2017)
>
> XIII – prorrogação de jornada em ambientes insalubres, sem licença prévia das autoridades competentes do Ministério do Trabalho; (REVOGADO pela MP 808/2017).

XIV – prêmios de incentivo em bens ou serviços, eventualmente concedidos em programas de incentivo;

XV – participação nos lucros ou resultados da empresa.

§ 1º No exame da convenção coletiva ou do acordo coletivo de trabalho, a Justiça do Trabalho observará o disposto no § 3º do art. 8 desta Consolidação.

§ 2º A inexistência de expressa indicação de contrapartidas recíprocas em convenção coletiva ou acordo coletivo de trabalho não ensejará sua nulidade por não caracterizar um vício do negócio jurídico.

§ 3º Se for pactuada cláusula que reduza o salário ou a jornada, a convenção coletiva ou o acordo coletivo de trabalho deverão prever a proteção dos empregados contra dispensa imotivada durante o prazo de vigência do instrumento coletivo.

§ 4º Na hipótese de procedência de ação anulatória de cláusula de convenção coletiva ou de acordo coletivo de trabalho, quando houver a cláusula compensatória, esta deverá ser igualmente anulada, sem repetição do indébito.

§ 5º Os sindicatos subscritores de convenção coletiva ou de acordo coletivo de trabalho participarão, como litisconsortes necessários, em ação coletiva que tenha como objeto a anulação de cláusulas desses instrumentos, vedada a apreciação por ação individual. (Nova redação dada pela MP 808/2017)

Art. 611-B. Constituem objeto ilícito de convenção coletiva ou de acordo coletivo de trabalho, exclusivamente, a supressão ou a redução dos seguintes direitos:

I – normas de identificação profissional, inclusive as anotações na Carteira de Trabalho e Previdência Social;

II – seguro-desemprego, em caso de desemprego involuntário;

III – valor dos depósitos mensais e da indenização rescisória do Fundo de Garantia do Tempo de Serviço (FGTS);

IV – salário mínimo;

V – valor nominal do décimo terceiro salário;

VI – remuneração do trabalho noturno superior à do diurno;

VII- proteção do salário na forma da lei, constituindo crime sua retenção dolosa;

VIII – salário- família;

IX – repouso semanal remunerado;

X – remuneração do serviço extraordinário superior, no mínimo, em 50% (cinquenta por cento) à do normal;

XI – número de dias de férias devidas ao empregado;

XII – gozo de férias anuais remuneradas com, pelo menos, um terço a mais do que o salário normal;

XIII – licença-maternidade com a duração mínima de cento e vinte dias;

XIV – licença-paternidade nos termos fixados em lei;

XV – proteção do mercado de trabalho da mulher, mediante incentivos específicos, nos termos da lei;

XVI – aviso-prévio proporcional ao tempo de serviço, sendo no mínimo de trinta dias, nos termos da lei;

XVII – normas de saúde, higiene e segurança do trabalho previstas em lei ou em normas regulamentadoras do Ministério do Trabalho;

XVIII – adicional de remuneração para as atividades penosas, insalubres ou periculosas;

XIX – aposentadoria;

XX – seguro contra acidentes do trabalho, a cargo do empregador;

XXI – ação, quanto aos créditos resultantes das relações de trabalho, com prazo prescricional de cinco anos para os trabalhadores urbanos e rurais, até o limite de dois anos após a extinção do contrato de trabalho;

XXII – proibição de qualquer discriminação no tocante a salário e critérios de admissão do trabalhador com deficiência;

XXIII – proibição de trabalho noturno, perigoso ou insalubre a menores de dezoito anos e de qualquer trabalho a menores de dezesseis anos, salvo na condição de aprendiz, a partir dos quatorze anos;

XXIV – medidas de proteção legal de crianças e adolescentes;

XXV – igualdade de direitos entre o trabalhador com vínculo empregatício permanente e o trabalhador avulso;

XXVI – liberdade de associação profissional ou sindical do trabalhador, inclusive o direto de não sofrer, sem sua expressa e prévia anuência, qualquer cobrança ou desconto salarial estabelecidos em convenção coletiva ou acordo coletivo de trabalho;

XXVII – direito de greve, competindo aos trabalhadores decidir sobre a oportunidade de exercê-lo e sobre os interesses que devam por meio dele defender;

XXVIII – definição legal sobre os serviços ou atividades essenciais e disposições legais sobre o atendimento das necessidades inadiáveis da comunidade em caso de greve;

XXIX – tributos e outros créditos de terceiros;

XXX – as disposições previstas nos arts. 373-A, 390, 392, 392- A, 394, 394-A, 395, 396 e 400 desta Consolidação.

Parágrafo único. Regras sobre duração do trabalho e intervalos não são consideradas como normas de saúde, higiene e segurança do trabalho para os fins do disposto neste artigo.

Além desta alteração legislativa, o art. 620 da nova Lei nº 13.467/2017 agora assim dispõe:

> Art. 620. As condições estabelecidas em acordo coletivo de trabalho sempre prevalecerão sobre as estipuladas em convenção coletiva de trabalho.

Octavio Bueno Magano[1] assinala a diferença entre negociação coletiva e convenção coletiva da seguinte forma: "trata-se de termos que não se podem confundir, significando a convenção coletiva a estipulação de condições de trabalho e a negociação coletiva o processo conducente à mesma estipulação".

A evolução da legislação brasileira sobre as negociações coletivas teve como ponto de partida o Decreto nº 21.761, de 23.8.1932. Logo a seguir, a Constituição Federal de 1934 tratou da negociação coletiva no art. 121 § 1º, "j". A Constituição Federal de 1937, art. 137, "a", estendeu os efeitos dos contratos coletivos a sócios e não sócios dos sindicatos estipulantes e ficou um conteúdo obrigatório mínimo para os mesmos.

Em seguida, tivemos o Decreto-lei nº 1.237, de 2.5.1939, art. 28, "d", que organizou a Justiça do Trabalho e investiu o Conselho Nacional do Trabalho de poderes para estender a toda a categoria, nos casos previstos em lei, os contratos coletivos de trabalho.

A Consolidação das Leis do Trabalho (CLT) de 1943 regulou, de modo mais amplo, a convenção coletiva de trabalho, como instrumento normativo de efeito *erga omnes* sobre toda a categoria representada pelo sindicato único. Logo a seguir, tivemos a Constituição Federal de 1946, art. 157, XIII, que manteve o reconhecimento das convenções coletivas de trabalho e inseriu a Justiça do Trabalho como órgão do Poder Judiciário, investindo-a de poderes normativos para, nos dissídios coletivos, estabelecer normas e condições de trabalho (art. 123, § 2º).

O Decreto-lei nº 229, de 28.2.1967, criou o nível de negociação coletiva até então inexistente no Brasil: os acordos coletivos entre sindicato da categoria e uma ou mais empresas.

---

[1] MAGANO, Octavio Bueno. *Manual de direito do trabalho*: direito coletivo do trabalho. 2. tir. São Paulo: LTr, 1986, v. III, p. 144.

Finalmente, a Constituição Federal de 1988 veio valorizar o instituto da negociação coletiva, não apenas erigindo-a a instituto constitucional, verdadeiro direito humano social fundamental, bem como atribuindo-lhe a função de administrar crises na empresa, ao admitir a redução dos salários por acordos e convenções coletivas e condicionar a propositura de dissídios coletivos à prévia tentativa de negociação (art. 114).[2]

O estímulo do texto constitucional de 1988 à negociação coletiva está representado na obrigação dos sindicatos de participar das negociações coletivas de trabalho (art. 8º, VI). Ademais, o § 1º do art. 114 também preleciona a preferência pela negociação coletiva que, uma vez frustrada, permite que as partes recorram à eleição de árbitros para o deslinde da controvérsia.

Para Orlando Teixeira da Costa:

> a negociação como pressuposto formal necessário da convenção coletiva de trabalho foi explicitada pelo mencionado diploma legal, ao proibir a recusa à negociação coletiva por parte dos sindicatos profissionais, das empresas ou das associações sindicais representativas da sua categoria econômica. Esta imposição, embora de caráter legal, pode não ser observada pelas entidades destinatárias do preceito. Neste caso, diz ainda a lei, que órgão nacional ou órgão regional do Ministério do Trabalho as convocará compulsoriamente para a mesa de negociação. Tal procedimento acaba de ser reforçado pela Constituição de 1988, ao eleger a solução pacífica das controvérsias, como meio de conseguir a harmonia social, na ordem interna, conforme consta do seu Preâmbulo.[3]

A Constituição de 1988 elegeu expressamente a negociação coletiva como procedimento capaz de resolver as "controvérsias decorrentes da relação de trabalho", tanto que apenas uma vez tentada é que, nas hipóteses de conflitos coletivos, poderão ser ajuizadas as ações perante a Justiça do Trabalho.

A atual Constituição Federal ainda prevê que certos direitos fundamentais do trabalhador, como a redução de salários, a compensação ou redução da jornada de trabalho e sua duração, quando o trabalho for realizado em turnos ininterruptos de revezamento, poderão ser negociados, conforme se depreende do art. 7º, VI, XIII e XIV.

A Constituição Federal de 1988, no seu art. 11, estabelece que, nas empresas com mais de duzentos empregados, é assegurada a eleição de um

---

[2] NASCIMENTO, Amauri Mascaro. *O debate sobre negociação coletiva*. Op. cit., p. 1105.
[3] COSTA, Orlando Teixeira da. *Direito coletivo do trabalho e crise econômica*. São Paulo: LTr, 1991, p. 158.

representante destes com a finalidade exclusiva de promover-lhes o entendimento direto com os empregadores. Por entendimento direto podemos entender como um processo de negociação coletiva.

A Lei nº 13.467/2017 traz como novidade nesta temática a representação dos trabalhadores na empresa, disposto no art. 510, *in verbis*:

> Art. 510- A. Nas empresas com mais de duzentos empregados, é assegurada a eleição de uma comissão para representá-los, com a finalidade de promover-lhes o entendimento direto com os empregadores.
>
> § 1º A comissão será composta:
>
> I – nas empresas com mais de duzentos empregados e até três mil empregados, por três membros;
>
> II – nas empresas com mais de três mil e até cinco mil empregados, por cinco membros;
>
> III – nas empresas com mais de cinco mil empregados, por sete membros.
>
> (...).

Não obstante o fomento proporcionado pela Constituição de 1988 ao instituto da negociação coletiva, como arcabouço legal e constitucional colocado à disposição dos atores sociais para solucionar suas controvérsias nas relações de trabalho, perseguindo a harmonia e a pacificação social, o certo é que existem alguns entraves institucionais que obstaculizam o pleno desenvolvimento desta importante técnica no nosso direito laboral.

Um dos mais sérios obstáculos ao pleno desenvolvimento da negociação entre nós deve-se ao poder normativo atribuído à Justiça do Trabalho. A mera existência desse poder secular, já arraigado nas mentes dos atores sociais desde os idos de 1940, não estimula como deveria ser o entendimento direto e prolongamento, exaustivo entre os interlocutores sociais até a exaustão, como nos ensina a experiência do direito laboral norte-americano e alemão. Em face das primeiras dificuldades, ao invés de aprofundar o processo negocial, as partes preferem remeter a lide ao pronunciamento judicial do Estado.

Embora o § 4º do art. 616 da CLT estabeleça que "nenhum processo de dissídio coletivo de natureza econômica será admitido sem antes se esgotarem as medidas relativas à formalização da Convenção ou Acordo correspondente", sob a atual Constituição, nas palavras de Orlando Teixeira da Costa, "a tolerância inibitória da negociação prévia já se insinua pela aceitação complacente de uma mera declaração que afirme ter havido negociação, sem qualquer prova concreta de que ela tenha, de fato, sido realizada".[4]

---

[4] Idem, ibidem, p. 159.

Para Ives Gandra Martins Filho, entre os pontos inconvenientes do poder normativo da Justiça do Trabalho situa-se o enfraquecimento da liberdade negocial, pois a existência de cortes laborais com poder de impor normas e condições de trabalho quando surjam dissídios coletivos entre patrões e empregados, faz com que estes recorram facilmente ao Estado, diante da menor dificuldade na negociação direta, deixando de se exercitarem na capacidade de autocomposição do conflito.[5]

Prossegue ainda esse autor asseverando que o poder normativo é incompatível com a democracia pluralista e representativa. O modelo corporativista de intervenção estatal na solução dos conflitos coletivos é próprio dos Estados totalitários e não democráticos – uma vez que atenta contra a liberdade negocial, adota solução impositiva e impede o desenvolvimento de uma atividade sindical autêntica e livre. Ademais, é maior o índice de descumprimento da norma coletiva, pois não sendo ela fruto da vontade e consentimento das partes, mas imposição estatal, muitas vezes distanciada da realidade econômica e capacidade financeira das empresas, gera maior índice de dissídios individuais para vê-la observada.[6]

Idêntica posição manifesta Octavio Bueno Magano:

> é manifesto que a Justiça do Trabalho, investida no poder normativo, erige-se em estorvo à negociação coletiva. Faz com que empresários e dirigentes sindicais frequentemente a baldem, para não assumirem a responsabilidade da celebração de acordos criticáveis pelos pares respectivos.[7]

Ao contrário, Tarso Fernando Genro já entende que o poder normativo não apresenta nenhum inconveniente ao pleno evolver da negociação coletiva, ao afirmar que:

> a sociedade brasileira é atravessada radicalmente pela desigualdade: de classe e intraclasse. Num pequeno polo desenvolvido da sociedade está uma classe trabalhadora orgânica e forte, com capacidade de barganha, e em outro, uma classe industrial rica e não menos forte. E o restante da classe trabalhadora é inorgânica, fraca, sem capacidade de barganha. Retirar o Estado desta relação global pela supressão do poder normativo da Justiça do Trabalho é distensionar a relação dos trabalhadores com o Estado, logo excluir o Estado de sua função diretiva. Isso não significa,

---

[5] MARTINS FILHO, Ives Gandra. *Processo coletivo do trabalho*. São Paulo: LTr, 1994, p. 35-36.
[6] Idem, ibidem, p. 36.
[7] MAGANO, Octávio Bueno. *Tutela e ....* Op. cit., p. B2.

em nossa opinião, proibir ou desestimular a negociação coletiva e a autocomposição, mas significa permitir que, pelo poder normativo, as próprias conquistas categoriais tenham oportunidade de universalizar--se, e a própria autocomposição encontra o limite do interesse público, obstando o corporativismo e o cartorialismo, inclusive o corporativismo obreiro do colarinho branco.[8]

Ousamos discordar do autor acima, posicionando-nos de maneira totalmente inversa, ou seja: o poder normativo, ao invés de ajudar o trabalhador, acaba prejudicando-o, pois além de não estimular a construção de um sindicalismo forte e autêntico, que se aperfeiçoa com a prática democrática, possibilita a manutenção de um poder corporativo que obsta o desenvolvimento da negociação coletiva.

Tanto isto é verdade que os próprios sindicatos, quando tiveram a oportunidade de promoverem uma mudança no presente *status quo* por ocasião da elaboração e discussão da Constituição Federal de 1988, optaram por manter a unicidade ou o monopólio sindical, que retira qualquer possibilidade de competição entre sindicatos para um melhor atendimento às reivindicações da categoria profissional, no espírito do pluralismo sindical, bem como impede a ratificação pelo Brasil da Convenção nº 87 da Organização Internacional do Trabalho (OIT).

Não remanescem dúvidas que o poder normativo, juntamente com o sistema de categorias, a unicidade sindical e a contribuição sindical obrigatória compõem o núcleo duro que a doutrina passou a chamar de ranços do corporativismo, que impede uma evolução do sistema sindical brasileiro em direção a um sindicalismo moderno, vigente na União Europeia e nos Estados Unidos da América.

A se perenizar a presente configuração de modelo das relações coletivas de trabalho no Brasil, sem qualquer modificação estrutural, estaríamos dando total guarida a uma situação paradigmática, bem emoldurada por Evaristo de Moraes Filho, quando diz: habituou-se o trabalhador a tudo esperar do Estado, num regime paternalista que se instaurou a partir de 1930, ou sob forma de leis e regulamentos, ou de sentenças normativas da Justiça do Trabalho, em dissídios coletivos. Os empregadores, por sua vez, na expectativa de tais medidas governamentais, raramente se inclinam por medidas voluntárias e espontâneas, que lhes possam onerar a produção e

---

[8] GENRO, Tarso Fernando. Em defesa do poder normativo e reforma do estado. *Revista LTr*, São Paulo, v. 56, n. 4, p. 414, 1992.

lhes dificultar a concorrência. O diálogo não é o forte na vida da relação empresa-sindicato-empregado.[9]

São notórias as vantagens da negociação coletiva em relação à prestação jurisdicional do Estado, por meio da sentença normativa. Entre essas vantagens, podemos enumerar: celeridade na elaboração de seus instrumentos jurídicos; maior adaptabilidade e maleabilidade ao caso concreto; propensão a uma maior estabilidade de condições de trabalho – a chamada paz social; melhor compatibilidade às necessidades e exigências da produção e do mercado; criação de regras e novos direitos e obrigações específicas; estabelecimento de métodos próprios para a solução das controvérsias (mediação, conciliação, arbitragem de ofertas finais); maior grau de solidariedade e integração entre os trabalhadores e empregadores e, por fim, mas não por último, o fortalecimento dos sindicatos e de outras formas de organização dos trabalhadores no local de trabalho.

Adicionalmente, a universalização de direitos derivados dos instrumentos voluntários de criação dos grupos particulares – os sujeitos estipulantes – que são incorporados pelas demais categorias de trabalhadores pode ser igual ou muito maior do que os criados por meio do poder normativo dos tribunais, devido ao fato de que as partes (melhor que os juízes) conhecem as peculiaridades, as condições econômico-financeiras das empresas e suas reais condições de atender a certas reivindicações.

A tão esperada revitalização do sindicalismo nacional, que poderá decorrer da reforma dos alicerces da organização sindical brasileira, com a adoção do pluralismo sindical, da plena liberdade de ação sindical, em todos os níveis, com o livre exercício do direito de greve, inclusive pelos servidores públicos estatutários, que de longa data defendemos, inclusive em capítulo de livro de nossa lavra[10] e com ações concretas de fomento da negociação coletiva pelo Estado, cremos que o poder normativo poderá ser modificado, para que cumpra seu papel tão somente no atendimento das lides coletivas de natureza jurídica.

Vários outros doutrinadores destacam, ainda, os entraves ao pleno evolver da negociação coletiva no Brasil. Entre eles, podemos destacar Hermes Afonso Tupinambá Neto, para quem "a norma constitucional não facilitou

---

[9] MORAES FILHO, Evaristo de. *Temas atuais de trabalho e previdência*. São Paulo: LTr, 1976, p. 131.
[10] SANTOS, Enoque Ribeiro dos; SILVA, Juliana Lemos da. O direito de greve do servidor público estatutário como norma de eficácia contida: In: SANTOS, Enoque Ribeiro dos. *Temas modernos de direito do trabalho*. Leme: BH, 2006, p. 253.

a negociação coletiva, nem a arbitragem, posto que não as tornou sequer obrigatórias e muito menos estabeleceu qualquer sanção ou penalidade para quem se recusasse a deles participar".[11]

Idêntico é o posicionamento de Arnaldo Süssekind, quando destaca que:

> é inquestionável que, no Brasil, o sistema legal vigente facilita, de forma inconveniente, a instauração do processo judicial de dissídio coletivo. Apesar das limitações em boa hora estabelecidas na Instrução Normativa nº 4, de 1993, do Tribunal Superior do Trabalho, certo é que o art. 114 da Constituição e a legislação por ela recepcionada não fomentam a autocomposição dos conflitos coletivos de trabalho.[12]

Outros autores já têm diferentes pontos de vista. Entre eles, Pedro Vidal declara que "a fórmula apresentada pela Constituição revela-se versátil, sábia, realista e pragmática, conjugando ideais com exigências práticas, tradições com o progresso e interesses setoriais com o interesse social",[13] enquanto Arion Sayão Romita[14] confirma que existe uma clara contradição entre o parágrafo primeiro e o segundo do art. 114 da Constituição Federal de 1988, uma vez que existe a preferência pelo método autocompositivo, apesar de conservar o poder normativo da Justiça do Trabalho.

Walküre Lopes Ribeiro da Silva elucida que:

> embora desde o final da década de setenta o País já se encaminhasse para a redemocratização, a Constituição de 1988 é o marco essencial da ruptura com o modelo. Porém, o rompimento com o corporativismo não foi total, sobrevivendo no novo texto constitucional duas características centrais: a unicidade sindical e a contribuição sindical obrigatória. A modernização das relações de trabalho no Brasil passa necessariamente pela eliminação dessas duas características, sem o que estarão comprometidas a representatividade dos sindicatos e, consequentemente, a negociação coletiva e a concertação social por eles desenvolvidas, que

---

[11] TUPINAMBÁ NETO, Hermes Afonso. Negociação coletiva. In: FRANCO FILHO, Georgenor de Sousa (Coord.). *Direito do trabalho e nova ordem constitucional*. São Paulo: LTr, 1991, p. 170.

[12] SÜSSEKIND, Arnaldo. A justiça do trabalho 55 anos depois. *Revista LTr*, São Paulo, v. 60, n. 7, p. 882, 1996.

[13] VIDAL NETO, Pedro. *Do poder normativo da justiça do trabalho*. São Paulo: LTr, 1983, p. 266.

[14] ROMITA, Arion Sayão. Dissídio coletivo: significado político e aspectos processuais. *Gênesis – Revista de Direito do Trabalho*, Curitiba, n. 9, p. 175, 1996.

constituem instrumentos normativos para a pretendida reestruturação da sociedade.[15]

Se a democracia se aprende na prática, por meio de tentativas, erros e acertos, freios e contrapesos, já é chegada a hora de parar de tratar os atores sociais como relativamente incapazes e totalmente dependentes e subservientes do Estado. É necessário aperfeiçoarmos o direito coletivo do trabalho no Brasil, com a adoção de técnicas e princípios modernizadores, em consonância com o direito laboral estrangeiro, preservando, obviamente, nossa experiência histórica e cultural, mas com prevalência da ampla liberdade sindical e do pluralismo sindical, jurídico e político.

Podemos, naturalmente, nos espelhar na experiência do direito alemão. Hanns Brauser destaca que o sistema adotado na Alemanha na década de 1920 até a década de 1930 era a arbitragem obrigatória, o que levava ao enfraquecimento do sindicato, pois se era o Estado quem decidia, não existia razão para o sindicalismo.[16] Se o sindicalismo alemão se fortaleceu a partir do momento em que o Estado permitiu a alteração desse sistema, tudo leva a crer que poderemos ter no Brasil os mesmos efeitos, ou seja, a revitalização do sindicalismo, para cumprir o papel que dele espera a classe trabalhadora.

A história do sindicalismo na Inglaterra nos dá o excelente exemplo de que não podemos menosprezar a capacidade dos atores sociais em construir algo de novo, no campo do sindicalismo, partindo virtualmente do nada:

> a indústria inglesa de gás apresenta um exemplo notável e extremo da ascensão do sindicalismo. Os trabalhadores do gás eram – em comum com outros considerados convencionalmente como "não capacitados" – considerados como incapazes de um sindicalismo forte e estável; e na verdade, com exceções locais e fugazes, eles nunca haviam formado organizações importantes e duradouras antes de 1889. Durante 17 anos antes dessa data eles não possuíam absolutamente nenhum sindicato identificável. Contudo, quando em 1889 eles exigiram concessões que, sustentava-se de uma maneira geral, elevaria a folha de pagamento da indústria de um terço, suas exigências foram atendidas virtualmente sem luta. Além do mais, os novos sindicatos se mantiveram contra o contra-ataque subsequente. Sobre

---

[15] SILVA, Walküre Lopes Ribeiro da. Autonomia privada coletiva e modernização do direito do trabalho. In: NASCIMENTO, Amauri Mascaro (Coord.). *Anais...* Congresso Brasileiro de Direito Coletivo do Trabalho, 9, São Paulo, LTr, p. 69, 1994.

[16] BRAUSER, Hanns. A evolução do sistema de negociação coletiva na Alemanha. In: TEIXEIRA, Nelson Gomes. *O futuro do sindicalismo no Brasil*. São Paulo: Pioneira, 1990, p. 96.

uma grande parte do país, portanto, a indústria mudou da noite para o dia de totalmente desorganizada numa excepcionalmente sindicalizada; de importantes resultados em sua estrutura e política.[17]

Não obstante todos esses percalços ao livre desenvolvimento da negociação coletiva em nosso país, entendemos que ela virá forçosa e certamente a partir da modernização do direito coletivo do trabalho, por meio de reformas estruturais, não apenas na organização sindical, como na implantação de uma verdadeira e ampla liberdade sindical, e a eliminação de todos os entraves para a ratificação da Convenção nº 87 da Organização Internacional do Trabalho (OIT), ou seja, eliminação do sistema de sindicato único, da base territorial mínima do município, e uma limitação do poder normativo da Justiça do Trabalho às controvérsias de natureza jurídica, uma vez que a contribuição sindical obrigatória acabou de ser revogada pela Lei nº 13.467/2017.

Se existiam alguns óbices e preocupações no passado da inexistência de instrumentos e órgãos protetivos aos trabalhadores hipossuficientes, que poderiam ser prejudicados com a eliminação ou mitigação do poder normativo dos Tribunais do Trabalho, atualmente, tal incidente encontra-se plenamente superado pela reconfiguração promovida pela Constituição Federal de 1988 (arts. 127 a 129) em relação ao Ministério Público do Trabalho, cuja principal atribuição constitucional é a defesa dos direitos sociais indisponíveis dos trabalhadores.

Hodiernamente, o *Parquet* Laboral pode seguramente assumir virtualmente todas as funções conciliadoras e pacificadoras que são exercidas em nome do poder normativo pelos Tribunais do Trabalho, que atualmente detém este poder originário, uma vez que os magistrados de primeira instância não possuem tal poder.

Em outras palavras, como os membros do Ministério Público do Trabalho detêm a *expertise* jurídica para lidar com causas coletivas que tenham, por objeto, direitos ou interesses difusos, coletivos e individuais homogêneos, com relevância social (art. 6º da Lei Complementar nº 75/93), e dispõem de legitimidade autônoma constitucional vocacionada para a utilização de qualquer instrumento processual para fazer valer tais direitos, à semelhança do *National Labor Relations Board* (NLRB) do direito norte-americano, poderiam assumir o protagonismo na pacificação destes conflitos, a nível administrativo, que poderiam ser resolvidos, em primeiro plano, pela celebração de um termo de ajuste de conduta (TAC) dos seres convenentes (sindicatos

---

[17] Ibidem, p. 97 e ss.

e empresas), ou mesmo na celebração de contratos (portuários), acordos e convenções coletivas. Isto porque, na esfera administrativa, o membro do *Parquet* é vocacionado e possui a *expertise* jurídica necessária para participar de qualquer tipo de negociação que tenha, por objeto, direitos e interesses metaindividuais.

Somente em caso de restar infrutífera toda e qualquer atuação ministerial e não havendo alternativa a este órgão federal, é que tais conflitos poderiam ser direcionados aos Tribunais do Trabalho, da mesma forma como hoje ocorre com as demais lides coletivas. Afinal, a reconfiguração constitucional do *Parquet* Trabalhista e a canalização de algumas de suas funções anteriores a 1988, para a Advocacia Geral da União, tiveram por ensejo exatamente uma maior participação e efetividade de atuação deste órgão, e um gradual esvaziamento do poder normativo pelos órgãos *ad quem* do Judiciário.

Isto porque o juiz do trabalho é vocacionado para resolver lides individuais, enquanto o membro do MPT o é em relação às lides coletivas e nada melhor para a efetividade do processo coletivo do que delimitar muito bem estas atribuições constitucionais, em nome da efetividade do processo e da gradual redução no número de ações ajuizadas, que supera os 4 milhões de novas ações por ano.

Portanto, estamos a sugerir um amplo debate entre os órgãos de direção do Poder Judiciário e do MPT no sentido de estabelecer diretrizes e procedimentos, com o objetivo de delimitar o ajuizamento de dissídios coletivos de natureza econômica e, portanto, do poder normativo dos órgãos originais (TRT e TST), tão somente após o exaurimento da atuação do *Parquet* Trabalhista.

7

OS INSTRUMENTOS NORMATIVOS QUE DEFLUEM DA NEGOCIAÇÃO COLETIVA

Nos países de economia avançada, quando um grupo profissional entra em confronto com a empresa, ou com várias empresas, geralmente no local de trabalho, reivindicando melhores condições de remuneração, de salário e de trabalho, a pretensão resistida que a situação gera tende a ser resolvida por meio de procedimentos de transação – ou concessões recíprocas – pelos próprios atores sociais.

A transação negocial estabelecida entre os interlocutores sociais recebe a denominação de *negociação coletiva* e se concretiza por meio de instrumentos que recebem as mais variadas denominações, como a de convenção ou contrato coletivo de trabalho, pacto coletivo, protocolo de fim de conflito, concordata de trabalho, regulamento corporativo, contrato de tarifa, convênio de normas de trabalho e salário, além de outras.[1]

A Organização Internacional do Trabalho, principalmente através da Recomendação nº 91, de 1951 e a Convenção nº 154, de 1981, adotou a nomenclatura de "contrato coletivo", expressão anteriormente usada pelo direito nacional, até o advento do Decreto-lei nº 229, de 1967, que modernizou o *nomen juris* do instituto no Brasil, para convenção coletiva de trabalho.[2]

O pressuposto necessário de toda e qualquer convenção coletiva é a negociação coletiva, pois é ela que torna possível a transação de que decorre o instrumento assim denominado.[3]

---

[1] COSTA, Orlando Teixeira da. *Direito coletivo de trabalho e crise econômica*. Op. cit., p. 149-150.
[2] Idem, ibidem, p. 150.
[3] Idem, ibidem, p. 150.

Dessa forma, os instrumentos normativos negociados pelos sujeitos estipulantes – sindicatos dos trabalhadores e patronal ou empresas – por meio de solução autocompositiva dos conflitos coletivos de trabalho são produtos jurídicos de uma negociação coletiva concluída com sucesso. Esses produtos ou instrumentos jurídicos que emanam do processo de negociação coletiva no Brasil são a convenção, o acordo coletivo e mais recentemente, o contrato coletivo.

A doutrina nacional emprega a expressão "convenção coletiva de trabalho" para designar tanto a convenção quanto o acordo coletivo. No entanto, é mister destacar a diferença que existe entre esses dois instrumentos normativos.

De acordo com Mozart Victor Russomano, convenção coletiva de trabalho é o convênio entre o sindicato operário e o sindicato patronal correspondente (ou empresas individualmente consideradas), tendo por objeto principal a estipulação de normas a serem respeitadas através dos contratos individuais de trabalho e, por objeto secundário, a criação de direitos e obrigações assumidas pelos convenentes a título próprio.[4]

Carlos Moreira de Luca define convenção coletiva de trabalho e também o acordo coletivo de trabalho, como "o negócio jurídico formal através do qual sindicatos ou outros sujeitos devidamente legitimados compõem conflitos de interesses e de direitos entre grupos profissionais que compreendam empregados e empregadores".[5]

Como vimos, o Decreto-Lei nº 229, de 28.2.1967, veio dar uma nova redação ao título VI da Consolidação das Leis do Trabalho (CLT), que trata das convenções coletivas de trabalho, passando a admitir, ao lado das convenções coletivas (que têm como partes sindicatos) acordos coletivos, celebrados por sindicatos profissionais com um ou vários empregadores (art. 611, § 1º).

Não havendo sindicato, as federações e confederações são sucessivamente legitimadas para a celebração de contratos coletivos (CLT, art. 611, § 2º). O dispositivo refere-se à celebração de convenção coletiva de trabalho, mas o entendimento deve ser no sentido de compreender também os acordos coletivos. Não haveria por que distinguir as hipóteses e, se as entidades de grau superior podem representar grupos de trabalhadores, mesmo havendo sindicato, no caso do art. 617 da CLT, seria aberrante que não pudessem fazê-lo não havendo sindicato.[6]

O art. 617 da CLT ainda prevê que grupos de empregados que pretendam celebrar acordo coletivo provoquem o sindicato para assumir as negociações.

---

[4] RUSSOMANO, Mozart Victor. *Princípios gerais de direito sindical*. Op. cit., p. 150.
[5] LUCA, Carlos Moreira de. *Convenção coletiva de trabalho*. São Paulo: LTr, 2003, p. 187.
[6] COSTA, Orlando Teixeira da. *Direito coletivo do trabalho e crise econômica*. Op. cit., p. 151.

Na omissão dele, deverão ser provocadas sucessivamente a federação e a confederação correspondente. Na inércia delas, os empregados diretamente ficam legitimados para a celebração de acordo coletivo.

Portanto, o modelo de negociação coletiva, atualmente em vigor no Brasil, pode dar origem, basicamente, aos seguintes instrumentos jurídicos: a convenção coletiva de trabalho mais ampla, o acordo coletivo de trabalho – com um campo de abrangência mais restrito –, e uma inovação que vem sendo propugnada relacionada a um terceiro tipo de convênio: o contrato coletivo de trabalho dos portuários.[7]

Quanto ao contrato coletivo de trabalho, inexiste ainda uma definição legal para o instituto: as referências existentes estão contidas nas Leis n°s. 8.542/92 (acerca da política salarial), 8.630/93 (antiga lei do regime de trabalho nos portos) e atual Lei dos Portuários nº 12.815/2013. Essas leis não estabelecem o conceito do contrato coletivo, em nenhum momento, mas ambas o referenciam como um terceiro tipo de convênio, que pode ser engendrado por meio da negociação coletiva.

A Lei dos Portos (Lei nº 12.815/13), além de citar expressamente o termo contrato coletivo, também faz alusão à forma de resolução dos conflitos coletivos por meio da arbitragem de ofertas finais, utilizando o verbo dever, no sentido de obrigatoriedade, e não o verbo poder, o que implicaria uma simples faculdade dos entes coletivos.

Para Amauri Mascaro Nascimento, o contrato coletivo é "um corpo sem rosto". Aponta ele para quatro aspectos principais sobre este tipo de convênio: a) o âmbito de validade (se nacional, categorial ou supracategorial); b) a legitimação para negociá-lo (se exclusiva dos sindicatos, ou extensiva às federações, confederações ou centrais sindicais); c) o grau de relação entre o contrato coletivo de trabalho e os demais tipos de convênios coletivos (se há prioridade hierárquica entre esses instrumentos); d) o grau de relação entre o contrato coletivo de trabalho e a lei (se há uma hierarquia a ser respeitada).[8]

Enquanto no direito estrangeiro, o contrato coletivo de trabalho é utilizado para abrigar diversos tipos de convênios entre empregados e empresários, sendo um dos mais comuns o contrato coletivo que emana de uma negociação coletiva, no âmbito empresarial, no Brasil, este tipo de convênio é mais comumente utilizado para amparar o fruto de uma negociação, na esfera nacional, como por exemplo, o contrato coletivo dos bancários.

---

[7] SILVA, Otávio Pinto e. *A contratação coletiva como fonte do direito do trabalho*. São Paulo: LTr, 1998, p. 41.

[8] NASCIMENTO, Amauri Mascaro. Contrato coletivo como alteração do modelo de relações de trabalho. *Revista LTr*, São Paulo, v. 57, n. 2, p. 196, fev. 1993.

Discorrendo sobre o espaço para aplicação do contrato coletivo no Brasil, Antônio Álvares da Silva afirma que "a chave da questão está na análise da natureza jurídica dos interesses profissionais e econômicos defendidos coletivamente pelos sindicatos".[9] Assim decorrem dois aspectos cruciais: a) interesses localizados das próprias categorias profissionais e econômicas, em função das quais foram constituídos os sindicatos que as representam; b) interesses genéricos dos trabalhadores que não se limitam a categorias parciais, mas referem-se à integralidade do trabalhador, como gênero e não como trabalhador situado em uma profissão, categoria ou empresa.

Dessa forma, o contrato coletivo poderia ser utilizado pelos atores sociais, por meio da negociação coletiva, para preencher os espaços referentes aos interesses gerais dos trabalhadores, na forma de interesses coletivos que extrapolem os limites de categorias ou profissões abrangendo, por exemplo, regras de proteção contra a dispensa dos trabalhadores, salário mínimo, diretrizes para a solução de conflitos individuais e coletivos etc.

John Naisbitt, estudando as megatendências na virada deste milênio, declara que:

> as tendências mundiais apontam, predominantemente, para a independência política e autogoverno, por um lado, e para a formação de alianças econômicas, por outro lado. À medida que a economia global se amplia, as partes componentes se tornam menores. Na imensa economia global, existirão nichos de mercados cada vez menores, equilibrando o tribal com o universal. O tribalismo é a crença na fidelidade ao próprio grupo, definido pela etnia, pelo idioma, pela cultura, pela religião ou pela profissão. E essa crença está florescendo.[10]

Vemos, dessa forma, que o sindicato pode ser analogicamente considerado como uma espécie de tribo – união de membros ou grupo social – entrelaçada por objetivos comuns. É, além disso, munido de uma oportunidade de autogoverno, visto como o pilar da democracia, considerando a extraordinária disseminação da democracia no mundo atual.

O contrato coletivo de trabalho poderá ser utilizado como instrumento gradual de descentralização, de modo a tornar a negociação coletiva mais exitosa, porém dotada de uma nova reconfiguração: a partir de uma

---

[9] SILVA, Antônio Alvares. *Questões polêmicas de direito do trabalho*. São Paulo: LTr, 1993, v. IV, p. 298-299.

[10] NAISBITT, John. *Paradoxo global*: nações, empresas, indivíduos. Quanto maior a economia mundial mais poderosos são os seus protagonistas menores. 8ª. ed. Tradução de Ivo Korytovski. Rio de Janeiro: Campus, 1994, p. 4-17.

emenda constitucional poderíamos vir a praticar uma negociação coletiva nas empresas,[11] cujo instrumento normativo seria o contrato coletivo de trabalho, coexistindo com os demais instrumentos, na esfera municipal, regional, estadual ou nacional, em um sistema de pluralidade sindical.

Simultaneamente, poder-se-ia aliar uma centralização política nos órgãos de cúpula sindical – centrais sindicais e confederações – promovendo lentamente, ou em um período de transição negociado, a descentralização sindical na base da pirâmide, ou nos sindicatos de base, dentro dos modernos preceitos da mais ampla liberdade sindical.

A partir do momento em que as centrais sindicais passaram a ter maior proeminência, detendo a titularidade de indicar trabalhadores para os conselhos (CODEFAT, FGTS, INSS etc.) e a participar efetivamente dos debates de política econômica e social, embora não sendo agentes que participem diretamente das negociações coletivas de trabalho, acabaram por, de certa forma, afastar as confederações de trabalhadores do centro decisório, e com isto as colocar em uma espécie de limbo jurídico.

Além disso, a Lei nº 11.648/2008 que reconheceu legalmente as centrais sindicais como entidades de representação de trabalhadores, também lhe atribuiu o direito de receber 10% (dez por cento) dos valores recebidos pelo Governo, a título de contribuição sindical obrigatória. Na verdade, a parte deste imposto que era vertida para a conta especial de emprego do Ministério do Trabalho e Emprego, no aporte de 20%, foi dividida com as centrais sindicais, entre elas: a Central Única dos Trabalhadores (CUT) – a maior delas – com aproximadamente 38% de índice de representatividade; Força Sindical com 14,2%; União Geral dos Trabalhadores; Central dos Trabalhadores e Trabalhadoras do Brasil, Nova Central Sindical dos Trabalhadores e Central Geral dos Trabalhadores do Brasil, essas últimas com aproximadamente 7% de representatividade cada uma delas.

Como já mencionado, a Lei nº 13.467/2017[12] alterou o artigo relacionado à contribuição sindical, que deixa de ser obrigatória, passando a ser facultativa tanto para empregados quanto para empregadores.

---

[11] Este modelo é utilizado no sistema norte-americano, que possui um dos sistemas sindicais mais democráticos do mundo, permitindo-se a negociação coletiva até mesmo em setores ou departamentos da empresa. Para um estudo mais aprofundado, remetemos o leitor para o livro de nossa autoria: *Fundamentos do direito coletivo do trabalho nos Estados Unidos, na União Europeia, no Mercosul e a experiência sindical brasileira*. Rio de Janeiro: Lumen Juris, 2014.

[12] Eis a nova redação do Art. 545: *"Os empregadores ficam obrigados a descontar da folha de pagamento dos seus empregados, desde que devidamente autorizados, as*

Nas palavras de Antônio Álvares da Silva:

> agora, com o deslocamento do eixo organizatório da atividade empresarial, uma nova estratégia deverá ser estabelecida para enfrentamento dos novos problemas que passaram a existir no processo produtivo. A produção individualizada e sem hierarquia da moderna empresa, preparada para um tipo de cliente cada vez mais pessoal, diversificado e exigente, reclama um novo modelo que refletirá também no modo de organização das relações de trabalho.[13]

As negociações coletivas em bloco não satisfarão mais a essa exigência individualizante e necessariamente diversificada. Cada empresa constituirá uma unidade distinta com necessidades próprias para seu corpo de trabalhadores, que só serão correspondidas na medida em que forem enfrentadas com negociações específicas, conduzidas para a solução de problemas localizados.

Entendemos que o local de trabalho, ou a empresa, constitui o *locus* por excelência, da consolidação de uma efetiva solidariedade e união dos trabalhadores. Afinal, é no ambiente da empresa que o trabalhador despende a maior parte de seu tempo diário, até maior do que aquele que passa no convívio familiar, desenvolvendo laços de amizade, de afeto, de solidariedade, e estabelece relacionamentos até mesmo conjugais. Se o sindicalismo por empresa é uma realidade no direito comparado e constitui tendência moderna de aglutinação dos trabalhadores, não vemos motivos em não o recepcionarmos em futuro processo de modernização da organização sindical brasileira.

A rigor, se já vivemos na época em que deve prevalecer a lei das partes, e não mais a lei do patrão ou a lei monocrática do Estado, com a modernização do direito coletivo do trabalho, em nosso país, sob um sistema de pluralidade sindical e de plena liberdade de contratação, o contrato coletivo poderá vir a ser utilizado como um instrumento de flexibilização para a contratação coletiva, em vários níveis de negociação: de empresa, de profissões, de categorias, intercategorial, municipal, regional, estadual, nacional, nos mais altos preceitos da democracia sindical.

---

contribuições devidas ao sindicato, quando por este notificados." E Art. 578: *"As contribuições devidas aos Sindicatos pelos participantes das categorias econômicas ou profissionais ou das profissões liberais representadas pelas referidas entidades serão, sob a denominação de contribuição sindical, pagas, recolhidas e aplicadas na forma estabelecida neste Capítulo, desde que prévia e expressamente autorizadas."*

[13] SILVA, Antônio Alvares da. Contratação coletiva. In: MALLET, Estevão; ROBORTELLA, Luiz Carlos Amorim (Coord.). *Direito e processo do trabalho*: estudos em homenagem a Octavio Bueno Magano. São Paulo: LTr, 1996, p. 242-243.

8

A NEGOCIAÇÃO COLETIVA NO SETOR PÚBLICO[1]

8.1. INTRODUÇÃO

Em face dos recentes desdobramentos das greves de várias categorias de servidores públicos que ocorreram em 2014, por meio dos sindicatos representativos se acamparam em Brasília, no final do ano passado, reivindicando direitos de seus representados, o que culminou com a celebração de acordos coletivos de trabalho com o Estado, por meio do Ministério do Planejamento, e colocou fim ao movimento paredista, com a aceitação do reajuste salarial de 15,8% proposto pelo Executivo, descortinaram-se novos horizontes para o revigoramento do instituto da negociação no setor público.

Em relação à participação do Estado como contratante de trabalhadores, na última década, o setor público se agigantou e, atualmente, sem dúvida, a Administração Pública se apresenta como a maior empregadora. De uma força de trabalho nacional que se aproxima de cem milhões de pessoas, certamente a Administração Pública emprega direta e indiretamente, segundos dados do IBGE, um contingente superior a treze milhões de trabalhadores, por isso sua relevância social e jurídica.

A negociação coletiva de trabalho, considerada uma das formas mais eficazes de pacificação dos conflitos coletivos, instituto moderno do direito coletivo do trabalho, deverá ser fomentada no âmbito da Administração

---

[1] O presente capítulo foi escrito pelo autor com a colaboração, na 2ª edição desta obra, do prof. Bernardo Cunha Farina, especialista em Direito do Trabalho pela UDC – Foz do Iguaçu e Mestre em Direito pela Unioeste – Foz do Iguaçu.

Pública, na medida em que seu alcance transcende os meros interesses individuais dos servidores públicos para atingir toda a sociedade.

Com o advento da Lei nº 13.467/2017, o Brasil está adotando a tese da supremacia dos acordos e convenções coletivas sobre as regras estabelecidas na CLT, bem como promove a inversão das fontes normativas trabalhistas.

E é justamente sobre esta importante temática e enorme desafio que nos propusemos a examinar nas próximas linhas, tendo em vista contribuir, minimamente que seja, para o debate acadêmico e parlamentar no que tange à necessidade de pleno desenvolvimento da negociação coletiva no setor público.

A concepção de que as condições de trabalho no setor público, especialmente no que diz respeito aos subsídios e a manutenção de seu poder nominal, somente poderiam ser fixadas unilateralmente pelo Poder Executivo recua à concepção de Estado como ente englobador da sociedade, autoritário, arbitrário, remonta aos princípios do Direito Administrativo.

Ademais, esse quadro não era visto em uma perspectiva de impor limites ao poder do Estado, mas sim num cenário de manutenção de privilégios mediante a criação de um espaço antagônico à atuação do particular e a dos Poderes Legislativo e Judiciário, o que impediu por muito tempo a sindicalização dos servidores públicos.

O direito à liberdade sindical, já consagrado pela Convenção nº 87 da OIT, é direito humano fundamental, portanto preexistente ao direito positivo que somente pode reconhecê-lo ou declarar sua existência, do qual emanam os direitos à negociação coletiva e à greve, considerados os pilares do Direito Coletivo, indissociáveis numa relação tridimensional que perderia todo o sentido sem qualquer um desses seus três elementos constitutivos.

Nesta direção, se a Constituição Federal de 1988 garante ao servidor público o direito à livre associação sindical e à greve, o caminho estava aberto ao reconhecimento do direito ao exercício da negociação coletiva no setor público, como corolário lógico, o que a ratificação da Convenção nº 151 da OIT somente veio a chancelar.

Neste quadro social e jurídico, passamos a analisar a complexidade da negociação coletiva de trabalho no setor público brasileiro.

8.2. A SOCIEDADE, O ESTADO E A ADMINISTRAÇÃO PÚBLICA

8.2.1. Conceito de Estado e sua atual relação com a sociedade

Em razão do tema do presente artigo ser a negociação coletiva de trabalho no setor público, forçoso é explanar, mesmo que perfunctoriamente, sobre

Estado, Administração Pública e Sociedade, evidentes que são as imbricações existentes que muitas vezes chega à sobreposição.

Por ser o Estado uma criação jurídica, artificial, de situação de fato que foi se construindo e modificando-se ao longo da história, sua conformação, compreensão, relação entre seus elementos constitutivos, poderes e seu vínculo com a sociedade, decorrem mais de posição ideológica do observador, que propriamente do direito, ou seja, provém fundamentalmente de como o jurista vê a democracia, a sociedade, o Estado, e o papel deste naquelas.

Oportuno trazer à consideração que o conceito de sociedade é polissêmico, admitindo diversas acepções e que, de acordo com Norberto Bobbio[2], durante séculos, a expressão sociedade civil foi usada para designar o conjunto de instituições e de normas que nos dias de hoje constituem exatamente o que se chama de Estado.

Para aquele autor, foi a partir de Hegel e Marx que foi instalada a dicotomia sociedade civil *versus* Estado, mas ele indaga se atualmente a distinção entre sociedade civil e Estado ainda tem alguma razão de ser, pois afirma que ao processo de emancipação da sociedade em relação ao Estado totalitário seguiu-se o processo inverso de reapropriação do Estado à sociedade, dando surgimento ao Estado Social de Direito.

Ainda segundo Bobbio, trata-se "não só do Estado que permeou a sociedade, mas também do Estado permeado pela sociedade". Contudo, alerta que a contraposição entre sociedade civil e Estado ainda persiste, numa convivência contraditória, dialética, não suscetível de conclusão, pois "sociedade e Estado atuam como dois momentos necessários, separados, mas contíguos, distintos, mas interdependentes, do sistema social em sua complexidade e em sua articulação interna".

Conforme se observa, em sua contínua construção e reconstrução histórica, o Estado, seu papel e sua relação com a sociedade vêm se modificando num processo dinâmico imbricado com o pensamento político vigente, desde os Estados totalitários, autocráticos, despóticos, até o Estado Democrático de Direito.

Segundo Lenio Streck e Bolzan de Morais,[3] a Democracia é a sociedade verdadeiramente histórica, aberta ao tempo, às transformações e ao novo, em que indivíduos e grupos organizam-se em associações, em movimentos sociais e populares, trabalhadores se organizam em sindicatos, criando um

---

[2] BOBBIO, Norberto. *Estado, governo, sociedade para uma teoria geral da política*. Op. cit., p. 49 a 52.
[3] STRECK, Lenio Luiz; MORAES, José Luis Bolzan de. *Ciência política e teoria do Estado*. 7. ed. Porto Alegre: Livraria do Advogado, 2012, p. 109 a 111.

contrapoder social que limita os poderes institucionais do Estado, além de fundar-se em outros pressupostos essenciais, tais como liberdade de informação e de expressão, autonomia para as associações e eleições livres. Tais pressupostos trazem em germe a soberania popular.[4]

Além disso, para os mesmos autores, a fim de conhecer o Estado Contemporâneo ainda é necessário visualizá-lo a partir de seus elementos constitutivos, numa concepção clássica, quais sejam território, povo e poder com soberania e finalidade, ou seja, seus elementos materiais, formais e teleológicos.

Tal concepção de Estado deixa claro que a sociedade é um de seus elementos constitutivos sem o qual aquele não existe, perde a razão de ser.

Neste sentido, dois de seus pilares fundamentais são: todo o poder emanar do povo, que o exerce diretamente ou por meio do voto; a sociedade ser a destinatária e a razão de ser do Estado, princípios consagrados na Constituição da República Federativa do Brasil, em seu art. 1º.[5]

Neste contexto democrático, seria um equívoco confundir a Administração Pública com o Estado. Aquela é essencial para administrar o Estado, mas não se confunde com este.

Por outro lado, o poder soberano do Estado, aqui entendido em seu conjunto (território, povo e poder com finalidade) é exercido frente a outros Estados, no plano internacional. Porém, no plano interno do Estado, o poder soberano é da sociedade, nos termos do art. 1º, e seu parágrafo único e art. 14 da Constituição Federal.

Por conseguinte, não se pode pensar em Estado dissociado do povo soberano sobre este, pois todo poder emana do povo que é um de seus elementos constitutivos essenciais sem o qual o Estado não existe.

Neste particular, importante a opinião de Norberto Bobbio,[6] para quem o papel assumido pelo Estado na atualidade é o de dar respostas às demandas sociais, ou seja, "nos últimos anos, o ponto de vista que acabou por prevalecer

---

[4] RESENDE, Renato de Sousa. *Negociação coletiva do servidor público*. São Paulo: LTr, 2012, p. 38 a 48.
[5] Art. 1º. A República Federativa do Brasil, formada pela união indissolúvel dos Estados e Municípios e do Distrito Federal, constitui-se em Estado Democrático de Direito e tem como fundamentos: I – a soberania; II – a cidadania; III – a dignidade da pessoa humana; IV – os valores sociais do trabalho e da livre iniciativa; V – o pluralismo político. Parágrafo único. Todo o poder emana do povo, que o exerce por meio de representantes eleitos, ou diretamente, nos termos desta Constituição.
[6] BOBBIO, Norberto. *Estado, governo, sociedade*... Op. cit., p. 169.

na representação do Estado foi o sistêmico", quer dizer, "a função das instituições políticas é a de dar respostas às demandas provenientes do ambiente social".

Saliente-se, ademais, que o Estado Democrático de Direito representa a participação pública no processo de construção da sociedade, por meio do modelo democrático e a vinculação do Estado a uma Constituição como instrumento básico de garantia jurídica. Portanto, a ação estatal deve voltar-se ao cumprimento dos objetivos constitucionais.

Parte-se dessa concepção de Estado no desenvolvimento do presente trabalho, um subsistema do sistema sociopolítico, submisso ao ordenamento jurídico, sujeito de direitos e deveres, que tem como papel primordial dar respostas às demandas provenientes da sociedade. Neste paradigma, toda a sociedade é responsável pela materialidade e eficácia da Constituição, pois todos são sujeitos e canais para sua concretização.

No caso do processo de organização e estruturação do Estado brasileiro, adotou-se a forma de Estado Federativo, com Governo Republicano e o sistema de Governo Presidencialista. Desse modo, na República Federativa do Brasil vigora a indissolubilidade do vínculo federativo entre os Entes Políticos da Federação (União, Estados, Municípios e o Distrito Federal) que possuem competências constitucionalmente estabelecidas, capacidade de auto-organização, capacidade de autogoverno e capacidade legislativa, com Poderes Executivo, Legislativo e Judiciário.[7]

8.2.2. A administração pública

8.2.2.1. A organização político-administrativa brasileira

A República Federativa do Brasil é composta pela união indissociável dos Estados, do Distrito Federal e dos Municípios, todos autônomos em relação aos demais, nos termos do art. 18 da Constituição. São poderes da União, independentes e harmônicos entre si o Legislativo, o Executivo e o Judiciário, nos termos do art. 2º da Constituição.

Contudo, a tripartição dos poderes não atinge o Município que não possui o Poder Judiciário, mas possui o Legislativo e Executivo. Por outro lado, compete privativamente à União legislar sobre direito do trabalho, nos termos do art. 22, I, da Constituição Federal.

---

[7] ARAUJO, Luiz Alberto David; NUNES JÚNIOR, Vidal Serrano. *Curso de direito constitucional*. 11. ed. São Paulo: Saraiva, 2007.

A função administrativa é exercida predominantemente Pelo Poder Executivo, mas não exclusivamente, pois o Legislativo e Judiciário também fazem parte da Administração Pública.

A organização político-administrativa é resultado do conjunto formado por "decisão política" e "normas jurídicas", que regem a estrutura do Estado, a competência, a hierarquia, a situação jurídica, as formas de atuação dos órgãos e pessoas no exercício da função administrativa, atuando por meio de seus órgãos, agentes e pessoas jurídicas. Desse modo, os servidores e agentes públicos estão inseridos por toda a estrutura da Administração Pública.

8.2.2.2. A administração pública direta e a indireta

A Administração Pública Direta e a Indireta, com cada um de seus componentes, serão abordadas de maneira geral, sem aprofundamento, haja vista não ser o objetivo primordial do presente trabalho, mas objetiva apenas possibilitar maior clareza do contexto em que está inserida a negociação coletiva de trabalho no setor público, este sim, o tema central em estudo.

Com o advento do Decreto-lei nº 200/67, Administração Pública federal passou a ser classificada em direta e indireta, além de ter indicado seus componentes.

Tanto o Decreto-lei nº 200/67 quanto a Constituição Federal usam a expressão Administração Indireta no mesmo sentido subjetivo, isto é, para designar o conjunto de pessoas jurídicas, de direito público ou privado, criadas por lei, para desempenhar atividades estatais, seja como serviço público, seja a título de intervenção na atividade econômica.

Assim, nos termos daquele decreto, Administração Direta se constitui dos serviços integrados na estrutura administrativa da Presidência da República e dos Ministérios, no âmbito federal.

Administração Indireta passou a integrar todo o conjunto de órgãos que integram os entes federados, com competência para o exercício centralizado das atividades administrativas do Estado, passando a representar o conjunto de entidades que, ligadas à Administração Direta, prestam serviços públicos ou de interesse público. Na realidade, trata-se do próprio Estado realizando algumas de suas funções de forma descentralizada.

O Ato Institucional nº 8, de 1969 atribuiu competência ao Poder Executivo dos Estados, do Distrito Federal e dos Municípios para realizar por decreto a respectiva reforma administrativa, nos termos e diretrizes do Decreto-lei nº 200/67.

Compõem a Administração Pública Indireta as autarquias, as empresas públicas, as sociedades de economia mista e as fundações instituídas pelo poder público (Decreto-lei nº 200/67), além do consórcio público (Lei nº 11.107/2005).

As modalidades e natureza jurídica das entidades da Administração Indireta são:[8] autarquias, empresas públicas, fundações públicas, sociedades de economia mista, agências reguladoras e consórcios públicos.

Cabe destacar que com a exigência do regime jurídico único, instituído pelo art. 39 da CRFB, a União, os Estados, o Distrito Federal e os Municípios somente podem contratar servidores regidos pelo regime estatutário para a Administração Pública Direta, autarquias e fundações públicas. Tal obrigatoriedade havia sido extinta com a Emenda Constitucional nº 19/98.

Entretanto, o Supremo Tribunal Federal, em decisão proferida em 2.8.2007 (ADIN nº 2.135-4), concedeu liminar, com efeito *ex nunc*, para suspender a vigência do art. 39, *caput*, da Constituição Federal, em sua redação dada pela Emenda Constitucional nº 19/98.

Portanto, voltou a prevalecer o regime jurídico único para contratação de servidores na Administração Pública Direta, autarquias e fundações públicas, no âmbito da União, dos Estados, do Distrito Federal e dos Municípios.

8.2.3. Agentes públicos e a natureza jurídica que os vincula à administração pública

Não se pode deixar de destacar com absoluta clareza que o servidor público é um trabalhador, apesar das peculiaridades do serviço público e, como tal, possui direitos e deveres conforme o regime jurídico a que estiver subordinado, além de direitos sociais inerentes a todos os trabalhadores.

Todavia, é inegável que as relações entre trabalhadores e Administração Pública possuem problemas específicos que envolvem desde questões legais e econômicas, até sociais e políticas, por vezes, diversas das existentes na iniciativa privada, além da imposição de limitações constitucionais e advindas do Direito Administrativo.

Conforme Maria Sylvia Zanella Di Pietro,[9] a Constituição da República Federativa do Brasil emprega a expressão "servidores públicos" tanto para designar as pessoas que prestam serviços à Administração Pública Direta, autarquias e fundações públicas, quanto à Administração Indireta, o que inclui as empresas públicas, sociedades de economia mista e fundações de direito privado, do que se conclui que a Carta Magna emprega a expressão servidor público em sentido amplo e em sentido restrito.

---

[8] DI PIETRO, Maria Sylvia Zanella. *Direito administrativo*. 22. ed. São Paulo: Atlas, 2009, p. 425-426.

[9] Idem, ibidem, p. 516.

Além disso, também existem preceitos aplicáveis a outras pessoas que exercem função pública em funções legislativa e jurisdicional, tratadas em capítulos próprios da Constituição Federal, da mesma forma que existem pessoas que exercem função pública sem vínculo empregatício com o Estado.

Decorrência lógica do retromencionado é a necessidade da adoção de outro vocábulo em sentido ainda mais amplo, que englobe todos os sentidos, problema a partir do qual os doutrinadores passaram a adotar a expressão agente público.

Dessa forma, agente público passou a ser designado pela doutrina, a exemplo de Maria Sylvia Zanella Di Pietro, toda pessoa física que presta serviços à Administração Pública Direta e a todas as pessoas jurídicas da Administração Indireta, com ou sem remuneração. Expressão que se adota no presente trabalho.

Quanto aos militares, parte da doutrina, a exemplo de Maria Sylvia Zanella Di Pietro, entende que após o advento da Emenda Constitucional nº 18, de 1998, estariam englobados genericamente na categoria de agentes públicos, sujeitos a regime jurídico próprio, seja nas Forças Armadas ou nos Estados. A Constituição Federal veda aos militares o direito à sindicalização e à greve, nos termos do art. 142, § 3º, IV, razão pela qual não são abrangidos no presente trabalho, pois a negociação coletiva decorre fundamentalmente do direito à sindicalização.

Por conseguinte, perante a atual Constituição da República Federativa do Brasil, pode-se dizer que são quatro as categorias de agentes públicos: agentes políticos; servidores públicos; militares e particulares em colaboração com o Poder Público, que se passa a tratar a seguir:

> Agentes Políticos: não há uniformidade de pensamento entre os doutrinadores em relação à conceituação de agente político. Quando são conceituados em sentido amplo, são os componentes do Governo nos seus primeiros escalões, investidos em cargos, funções, mandatos ou comissões, por nomeação, eleição, designação ou delegação para o exercício de atribuições constitucionais. Nesta categoria, se inclui os Chefes dos Poderes Executivos federal, estadual, municipal, seus auxiliares diretos, os membros do Poder Legislativo, os membros da Magistratura, Ministério Público, Tribunais de Contas, representantes diplomáticos e demais autoridades que atuem com autonomia funcional no desempenho de suas atividades, estranhas aos quadros dos servidores públicos.

Quando os agentes políticos são conceituados em sentido restrito, são tidos exclusivamente como aqueles que exercem típica atividade de governo e exercem mandato para o qual são eleitos, referindo-se apenas aos Chefes dos Poderes Executivos federal, estadual e municipal, Ministros, Secretários de Estado, Senadores, Deputados e Vereadores. Nesta concepção mais restritiva de agentes políticos, a forma de investidura é a eleição, salvo para Ministros e Secretários, que são de livre escolha do chefe do Executivo.

Quanto ao vínculo com o Poder Público, sua natureza é política e não profissional, razão pela qual não serão abrangidos no presente trabalho.

Servidores Públicos: em sentido amplo, os servidores públicos são todas as pessoas físicas que prestam serviços profissionais remunerados à Administração Pública Direta e à Indireta. Compreendem os servidores públicos estatutários, os empregados públicos e os servidores temporários:

a) Os servidores públicos estatutários – o vínculo jurídico é o estatutário – e ocupantes de cargos públicos (outrora chamados de funcionários públicos). A relação jurídica que os vincula à Administração Pública é institucional, por meio de contratos de natureza administrativa, cujo estatuto é criado em lei específica em cada uma das unidades da Federação.

b) Os empregados públicos: são contratados sob o regime do sistema jurídico trabalhista federal (Consolidação das Leis do Trabalho (CLT),[10] normas constitucionais e infraconstitucionais trabalhistas), ocupantes de empregos públicos. A natureza do vínculo é contratual, sob o regime trabalhista. No entanto, além das normas do sistema jurídico trabalhista, há submissão às normas constitucionais concernentes à exigência de lei para criação de empregos, exigência de

---

[10] Nº 390 – ESTABILIDADE. ART. 41 DA CF/1988. CELETISTA. ADMINISTRAÇÃO DIRETA, AUTÁRQUICA OU FUNDACIONAL. APLICABILIDADE. EMPREGADO DE EMPRESA PÚBLICA E SOCIEDADE DE ECONOMIA MISTA. INAPLICÁVEL. (CONVERSÃO DAS ORIENTAÇÕES JURISPRUDENCIAIS Nos 229 E 265 DA SDI-1 E DA ORIENTAÇÃO JURISPRUDENCIAL Nº 22 DA SDI-2).

I – O servidor público celetista da administração direta, autárquica ou fundacional é beneficiário da estabilidade prevista no art. 41 da CF/1988. (ex-OJ nº 265 da SDI-1 - Inserida em 27.09.2002 e ex-OJ nº 22 da SDI-2 – Inserida em 20.09.2000).

II – Ao empregado de empresa pública ou de sociedade de economia mista, ainda que admitido mediante aprovação em concurso público, não é garantida a estabilidade prevista no art. 41 da CF/1988. Além desta Súmula do TST, o servidor público não pode mais ser dispensado ser motivação, consoante OJ 247 da SDI I do TST: 247. Servidor público. Celetista concursado. Despedida imotivada. Empresa pública ou sociedade de economia mista. (...) A validade do ato de despedida do empregado da Empresa Brasileira de Correios e Telégrafos (ECT) está condicionada à motivação, por gozar a empresa do mesmo tratamento destinado à Fazenda Pública em relação à imunidade tributária e à execução por precatório, além das prerrogativas de foro, prazos e custas processuais.

concurso público, investidura, vencimentos, dentre outras previstas na Constituição Federal referentes à Administração Pública.

c) Os servidores temporários: são aqueles contratados por tempo determinado para atender à necessidade temporária de excepcional interesse público, nos termos do art. 37, IX, da CRFB. Eles exercem função sem estarem vinculados a cargo ou emprego público. No âmbito federal, a contratação temporária de excepcional interesse público está disciplinada pela Lei nº 8.745/93 e suas alterações posteriores, que apontam inúmeras situações, tais como: calamidade pública, emergências em saúde pública, admissão de professor estrangeiro, demarcações de terra etc.

d) Os servidores em cargos de confiança: são aqueles servidores contratados pela Administração Pública sem o advento do concurso público, em caráter precário, para exercerem cargos como, por exemplo, de Ministro do Estado, de secretário municipal e afins, em face da confiança que neles depositam os mandatários do Estado, mas que poderão ser dispensados *ad nutum* pelo contratante.

Entretanto, apesar de todas as especificidades do setor, nada altera a realidade de que o servidor público engaja-se num processo político dinâmico, no qual o que era considerado inegociável pode tornar-se negociável, o que era considerado discricionário pode deixar de ser.

Nesta dinâmica sociojurídica, cada vez mais se aproximam princípios do direito do trabalho com princípios de direito administrativo e, até mesmo, as normas que regem as relações de emprego dos trabalhadores da esfera particular se aproximam dos trabalhadores da esfera pública.[11]

8.3. NEGOCIAÇÃO COLETIVA DE TRABALHO

8.3.1. Autonomia privada coletiva

Importante abordar a autonomia privada coletiva antes de adentrar ao tema da negociação coletiva de trabalho, pois esta decorre daquela. Ademais, conforme já alertava este autor,[12] a denominação correta do instituto é "negociação coletiva de trabalho", haja vista que também temos em nosso

---

[11] STOLL, Luciana Bullamah. *Negociação coletiva no setor público*. São Paulo: LTr, 2007, p. 46.

[12] SANTOS, Enoque Ribeiro dos. *O microssistema de tutela coletiva*: parceirização jurisdicional trabalhista. São Paulo: LTr, 2012 p. 183.

ordenamento jurídico a "negociação coletiva de consumo", regulamentada no art. 107 da Lei nº 8.078/90[13] – Código de Defesa do Consumidor (CDC).

Inicialmente, surgiu a autonomia privada individual, reconhecida pelo Estado, principalmente a partir da Revolução Francesa. Tratava-se da capacidade de autorregramento das vontades dos indivíduos, por meio de contrato privado no qual prevalece o princípio *pacta sunt servanda*. É o poder de autorregulamentação, poder de autogovernar os próprios interesses e pressupõem a existência de um sistema de normas que o reconhece.

Neste caso, o ordenamento jurídico reconhece aos particulares o poder de se conferirem normas e, ao mesmo tempo, reconhece tais normas, de modo que todo o ordenamento jurídico está aparelhado para conferir-lhes eficácia e validade.

Conforme esclareceu este autor,[14] após a Revolução Francesa, a primeira Revolução Industrial, vem trazer em seu bojo o fortalecimento da autonomia privada e da liberdade para contratar, de modo que a autonomia passa a assumir grande importância, tornando-se essencial no ordenamento jurídico capitalista, evoluindo para a autonomia privada coletiva, também denominada autonomia sindical.

A autonomia privada coletiva, ou autonomia sindical, diz respeito à autonomia do sindicato quanto à sua criação, elaboração de seus estatutos, registro sindical, autonomia e garantias constitucionais contra a ingerência governamental, assim como a autonomia do sindicato estabelecer normas, culminando nos Acordos Coletivos de Trabalho (ACT) e Convenções Coletivas de Trabalho (CCT).

Contudo, neste processo histórico, no surgimento das primeiras organizações sindicais, a coalizão de trabalhadores – e até mesmo de empregadores – era proibida, chegando a ser considerado um movimento criminoso punido com prisão. Os primeiros países que passaram a permitir coalizões de trabalhadores e empregadores foram Inglaterra (1824), Alemanha (1869) e Itália (1889).[15]

Posteriormente, a partir do reconhecimento dos sindicatos como legítimos representantes dos trabalhadores, passaram a exercer atividade delegada do poder

---

[13] Art. 107, *caput*. As entidades civis de consumidores e as associações de fornecedores ou sindicatos de categoria econômica podem regular, por convenção escrita, relações de consumo que tenham por objeto estabelecer condições relativas ao preço, à qualidade, à quantidade, à garantia e características de produtos e serviços, bem como à reclamação e composição do conflito de consumo.

[14] SANTOS, Enoque Ribeiro dos. *Direitos humanos na negociação coletiva*: teoria e prática jurisprudencial. São Paulo: LTr, 2004, p. 64-68.

[15] NASCIMENTO, Amauri Mascaro. *Compêndio de direito sindical*. Op. cit., p. 70.

público, pois eram considerados órgãos ou corporações do Estado. Este modelo prevaleceu na Itália e no Brasil, onde a Administração Pública detinha absoluto controle sobre os sindicatos, interferindo desde sua criação, até nomeação de seus dirigentes.

Entretanto, mesmo antes da permissão legal, o movimento sindical atuava em busca de condições de trabalho mais dignas. Tratava-se de sindicalismo autêntico e forte existente nos países industrializados, fruto da práxis laboral, verdadeira pedra angular da negociação coletiva, o melhor meio da solução de conflitos por ser autocompositivo, direto, rápido e eficiente.

Contudo, no caso da América Latina, os legisladores perceberam sua utilidade prática e jurídica e, com base na experiência europeia e estadunidense, a adotaram nas legislações.

Conforme se depreende, nas nações que atingiram níveis elevados de industrialização, a negociação coletiva de trabalho surgiu da prática do ambiente laboral, como uma das formas mais eficazes de pacificação de conflitos. Por outro lado, no caso dos países que demoraram a atingir níveis satisfatórios de industrialização, a negociação coletiva de trabalho surgiu de cima para baixo, isto é, das leis para os fatos, o que acabou por enfraquecê-la inicialmente, mas não nos dias atuais.

A autonomia coletiva juntamente com a heteronomia estatal andaram juntas e se postaram contra a parte mais forte e dominante do contrato individual de trabalho, para evitar que uma ampla liberdade a esse último pudesse levar a uma ditadura contratual e a evitar uma concorrência dos trabalhadores no mercado de trabalho. Essa aliança funcionou no Brasil até o advento da Reforma Trabalhista, com a edição de normas heterônomas pelo Estado, regulando e disciplinando as condições de trabalho da classe trabalhadora e no manejo da autonomia coletiva, os sindicatos criando normas jurídicas, por meio dos instrumentos jurídicos que emanam da negociação coletiva de trabalho.

O pano de fundo desta aliança simbólica entre a autonomia coletiva e o Estado era a proteção do trabalhador, com a supremacia do princípio do *Labor Favoratoris* e sua tríplice vertente, permitindo até mesmo a inversão das fontes, ou seja, uma norma de hierarquia inferior poderia ter supremacia sobre outra de hierarquia superior, se fosse para dar guarida ao princípio da norma mais favorável. Como exemplo, podemos citar a teoria da pirâmide invertida, em que a Constituição Federal de 1988, por dispor sobre os direitos mínimos do trabalhador cedia espaço ao acordo ou convenção coletiva que fossem mais favoráveis que os direitos dispostos no texto constitucional.

Com o advento da Lei nº 13.467/2017 e da MP 808/2017, todo o quadro acima delineado é alterado. O Estado como que recua, abre mão de seu papel tutelar e de disciplinar das relações de trabalho cedendo espaço à autonomia coletiva, cujas criações jurídicas irão ter supremacia sobre a legislação do trabalho, prevalecendo o negociado sobre o legislado.

Em relação à negociação coletiva de trabalho no setor público, com a ratificação pelo Brasil da Convenção nº 151 da OIT, e a alteração da redação da OJ nº 5, do SDC do TST, e a mutação constitucional[16] em relação ao art. 37, VI, da Constituição Federal de 1988, descortinou-se todo um horizonte para que, finalmente, caminhássemos a passos largos à possibilidade de negociação coletiva no setor público, nas mesmas linhas já desenvolvidas na Itália.

8.3.2. Conceito, natureza jurídica, princípios e funções

8.3.2.1. Conceito de negociação coletiva de trabalho no setor público

Consoante a Organização Internacional do Trabalho (OIT), o art. 2º da Convenção nº 154 define a convenção coletiva do trabalho como o processo que compreende todas as negociações que tenham lugar entre, de uma parte, um empregador, um grupo de empregadores ou uma organização ou várias organizações de empregadores e, de outra parte, uma ou várias organizações de trabalhadores, com fim de: a) fixar as condições de trabalho e emprego; ou b) regular as relações entre empregadores e trabalhadores; ou c) regular as relações entre os empregadores ou suas organizações e uma ou várias organizações de trabalhadores; ou d) alcançar todos estes objetivos de uma só vez.

De acordo com este autor,[17] a negociação coletiva de trabalho pode ser conceituada como um processo dialético por meio do qual os trabalhadores e as empresas, ou seus representantes, debatem uma agenda de direitos e deveres, de forma democrática e transparente, envolvendo as matérias pertinentes às relações entre trabalho e capital, na busca de um acordo que possibilite o alcance de uma convivência pacífica, em que impere o equilíbrio, a boa-fé e a solidariedade.

---

[16] O STF considerava que o inciso VII do art. 37 da CF/88 consistia em norma de eficácia limitada. A partir de sua nova composição, o STF mudou de entendimento e passou a considerar tal inciso (VII) como norma de eficácia contida, ou seja, tem a capacidade de produzir todos os efeitos, como se fosse uma norma de eficácia plena, podendo ser, no futuro, limitado ou restringido pelo advento da novidade jurídica que vier regulamentar tal inciso, referente ao direito de greve do servidor público estatutário.

[17] SANTOS, Enoque Ribeiro dos. *Direitos humanos na negociação coletiva...* Op. cit., p. 68.

Mais recentemente, sintetizou desta forma o conceito de negociação coletiva de trabalho: processo dialético por meio do qual os seres coletivos (sindicatos e empresas) discutem uma pauta de reivindicações, devidamente homologada pela Assembleia Geral respectiva, no sentido de estabelecer novas condições de trabalho e de remuneração para as respectivas categorias.

No caso brasileiro, a Constituição Federal de 1988 foi a primeira a tratar diretamente da negociação coletiva de trabalho em vários de seus dispositivos, reconhecendo-a como direito dos trabalhadores (arts. 7º, inciso XXVI e 8º, inciso VI). Anteriormente à Constituição Federal de 1988, a negociação coletiva de trabalho foi instituída pelo Decreto nº 21.761, de 23 de agosto de 1932, cujo tema foi posteriormente tratado pelo Decreto-lei nº 1.237, de 2 de maio de 1939, que regulamentou a Justiça do Trabalho e, finalmente, pela Consolidação das Leis do Trabalho (CLT) de 1943, que a regulou de modo mais amplo em seus arts. de 611 a 625.

Como já mencionado, a nova Lei nº 13.467/2017 (Reforma Trabalhista), revista pela Medida Provisória nº 808, de 14.11.2017, adotou a supremacia dos acordos e convenções coletivas sobre as regras estabelecidas na CLT, com exceção de algumas matérias elencadas nos dispositivos do art. 611-B da novel legislação, que funcionará como uma cláusula de contenção ou de barreira à ampla liberdade contratual *in pejus* na autonomia coletiva.

A redação do art. 611-A da CLT foi alterada pela Medida Provisória nº 808, de 14.11.2017, passando a ter o seguinte dispositivo legal:

> Art. 611-A. A convenção coletiva e o acordo coletivo de trabalho, observados os incisos III e VI do *caput* do art. 8º da Constituição, têm prevalência sobre a lei quando, entre outros, dispuserem sobre:
>
> (...)
>
> XII – enquadramento do grau de insalubridade e prorrogação de jornada em locais insalubres, incluída a possibilidade de contratação de perícia, afastada a licença prévia das autoridades competentes do Ministério do Trabalho, desde que respeitadas, na integralidade, as normas de saúde, higiene e segurança do trabalho previstas em lei ou em normas regulamentadoras do Ministério do Trabalho;
>
> (...)
>
> § 5º Os sindicatos subscritores de convenção coletiva ou de acordo coletivo de trabalho participarão, como litisconsortes necessários, em ação coletiva que tenha como objeto a anulação de cláusulas desses instrumentos, vedada a apreciação por ação individual.

A redação do art. 611-A foi alterada para que sejam observados os incisos III[18] e IV do *caput* do art. 8º, da CF/88, ficando revogado o inciso XIII do *caput* deste artigo, que tratava da "prorrogação da jornada em ambientes insalubres, sem licença prévia das autoridades competentes do trabalho", e dava nova redação ao inciso XII.

Para se adequar à prática do dia a dia, o § 5º do art. 611-A da CLT veda a apreciação por ação individual de lide que tenha por objeto a anulação de cláusulas de acordos ou convenções coletivas de trabalho. Contudo, a MP nº 808/2017 perdeu eficácia no dia 23.04.2018, pois até essa data não foi regulamentada pelo Congresso Nacional. Não obstante, se até 23.06.2018 o Congresso não editar nenhum decreto legislativo regulamentando a matéria, de acordo com o art. 62, § 11, da CF/88, as relações jurídicas ocorridas no lapso temporal entre sua edição (14.11.2017) e sua perda de eficácia (23.04.2018) serão por ela regidas. No entanto, é notório que o Ministério Público do Trabalho, que detém legitimidade para ajuizar ações de nulidade de cláusulas de acordos ou de convenções coletivas, de acordo com o art. 83, IV, da LC nº 75/93, bem como de ações moleculares, invariavelmente notifica os sindicatos interessados para que participem como litisconsortes necessários, ou mesmo como assistentes em tais ações.

Neste panorama, entendemos que foi mal o legislador, na Medida Provisória nº 808/2017, ao tentar barrar o acesso ao Judiciário de empresas, na parte final do § 5º, supramencionado.

Isto porque é entendimento pacífico na doutrina e na jurisprudência que o empregador, se se sentir prejudicado por cláusula de acordo ou convenção coletiva também possui legitimidade para ajuizar reclamatória individual na Justiça do Trabalho, que tenha por objeto a nulidade ou anulação de cláusula de instrumento normativo, não podendo ser obstaculizado em seu livre acesso ao Judiciário por lei de regência, por afronta ao princípio constitucional da inafastabilidade de jurisdição (art. 5º, XXXV, da CF/88).

Note-se, que neste caso, o provimento jurisdicional, se procedente, fará coisa julgada *inter partes, pro et contra*, não apresentando qualquer extensão em seus efeitos, diferentemente da coisa julgada na ação de nulidade promovida pelo

---

[18] Art. 8º. (...)
III – ao sindicato cabe a defesa dos direitos e interesses coletivos ou individuais da categoria, inclusive em questões judiciais ou administrativas;
IV – a assembleia geral fixará a contribuição que, em se tratando de categoria profissional, será descontada em folha, para custeio do sistema confederativo da representação sindical respectiva, independentemente da contribuição prevista em lei;
(...).

Ministério Público ou pelo sindicato, cuja procedência produzirá coisa julgada *erga omnes* e ultrapartes, consoante art. 103 da Lei nº 8.078/90.

Importante destacar que, para ser autêntica e legítima, a negociação coletiva de trabalho pressupõe a igualdade como um de seus princípios fundamentais, pois mitiga a desigualdade das partes e a relação de poder entre capital e trabalho que prevalece no contrato individual, para dar lugar ao negociado entre dois seres coletivos, os sindicatos de trabalhadores e empregadores ou o sindicato de trabalhadores e empresa, cuja natureza jurídica passa-se a analisar no tópico seguinte.

A Medida Provisória nº 808, de 14.11.2017 também apresentou inovações em relação à necessidade de negociação coletiva de trabalho e, portanto, de seus instrumentos normativos (acordo e convenção coletiva), como podemos verificar pelos dispositivos abaixo:

No art. 457 da CLT, foram incluídos vários parágrafos sobre a gorjeta, entre eles:

> (...)
>
> § 12. A gorjeta a que se refere o § 3º não constitui receita própria dos empregadores, destina-se aos trabalhadores e será distribuída segundo os critérios de custeio e de rateio definidos em convenção coletiva ou acordo coletivo de trabalho.
>
> § 13. Se inexistir previsão em convenção coletiva ou acordo coletivo de trabalho, os critérios de rateio e distribuição da gorjeta e os percentuais de retenção previstos nos § 14 e § 15 serão definidos em assembleia geral dos trabalhadores, na forma estabelecida no art. 612.
>
> § 14. As empresas que cobrarem a gorjeta de que trata o § 3º deverão:
>
> I – quando inscritas em regime de tributação federal diferenciado, lançá-la na respectiva nota de consumo, facultada a retenção de até vinte por cento da arrecadação correspondente, mediante previsão em convenção coletiva ou acordo coletivo de trabalho, para custear os encargos sociais, previdenciários e trabalhistas derivados da sua integração à remuneração dos empregados, hipótese em que o valor remanescente deverá ser revertido integralmente em favor do trabalhador;
>
> II – quando não inscritas em regime de tributação federal diferenciado, lançá-la na respectiva nota de consumo, facultada a retenção de até trinta e três por cento da arrecadação correspondente, mediante previsão em convenção coletiva ou acordo coletivo de trabalho, para custear os encargos sociais, previdenciários e trabalhistas derivados da sua integração à remuneração dos empregados, hipótese em que o valor remanescente deverá ser revertido integralmente em favor do trabalhador; e

III – anotar na CTPS e no contracheque de seus empregados o salário contratual fixo e o percentual percebido a título de gorjeta.

§ 15. A gorjeta, quando entregue pelo consumidor diretamente ao empregado, terá seus critérios definidos em convenção coletiva ou acordo coletivo de trabalho, facultada a retenção nos parâmetros estabelecidos no § 14.

§ 16. As empresas anotarão na CTPS de seus empregados o salário fixo e a média dos valores das gorjetas referente aos últimos doze meses.

§ 17. Cessada pela empresa a cobrança da gorjeta de que trata o § 3º, desde que cobrada por mais de doze meses, essa se incorporará ao salário do empregado, a qual terá como base a média dos últimos doze meses, sem prejuízo do estabelecido em convenção coletiva ou acordo coletivo de trabalho.

§ 18. Para empresas com mais de sessenta empregados, será constituída comissão de empregados, mediante previsão em convenção coletiva ou acordo coletivo de trabalho, para acompanhamento e fiscalização da regularidade da cobrança e distribuição da gorjeta deque trata o § 3º, cujos representantes serão eleitos em assembleia geral convocada para esse fim pelo sindicato laboral e gozarão de garantia de emprego vinculada ao desempenho das funções para que foram eleitos, e, para as demais empresas, será constituída comissãointersindical para o referido fim.

Os parágrafos acima tratam da gorjeta e sua regulamentação por meio da negociação coletiva de trabalho, enquanto o art. 510-E, também incluído pela Medida Provisória nº 808/2017, trata da garantia aos sindicatos como titulares da negociação coletiva, conforme estipula o art. 8º, VI,[19] da CF/88.

Eis a redação do novel artigo:

Art. 510-E. A comissão de representantes dos empregados não substituirá a função do sindicato de defender os direitos e os interesses coletivos ou individuais da categoria, inclusive em questões judiciais ou administrativas, hipótese em que será obrigatória a participação dos sindicatos em negociações coletivas de trabalho, nos termos do incisos III e VI do *caput* do art. 8º da Constituição.

Além disso, a Medida Provisória nº 808/2017 revogou os seguintes dispositivos da Lei nº 13.467/2017:

---

[19] Art. 8º (...)
VI – é obrigatória a participação dos sindicatos nas negociações coletivas de trabalho; (...).

Art. 3º Ficam revogados os seguintes dispositivos da Consolidação das Leis do Trabalho – CLT, aprovada pelo Decreto-Lei nº 5.452, de 1º de maio de 1943:

I – os incisos I, II e III do *caput* do art. 394-A;

II – os § 4º, § 5º e § 8º do art. 452-A; e

III – o inciso XIII do *caput* do art. 611-A.

Podemos dizer que diante da Lei da Reforma Trabalhista (Lei nº 13.467/2017) e da Medida Provisória nº 808, de 14/11/2017, e em face da inversão da hierarquia das normas trabalhistas, em que o negociado terá supremacia sobre a legislação do trabalho e da criação da figura do empregado hipersuficiente, a aplicação das normas trabalhistas, especialmente a CLT, passou a ter duas caras, do tipo bifronte ou bidimensional. Em outras palavras, a CLT poderá ser aplicada a partir de duas lentes jurídicas: uma lente para o direito individual e outra para o direito coletivo do trabalho.

Para o direito individual do trabalho, as normas da CLT apresentam-se como normas de imperatividade relativa e absoluta, devendo ser cumpridas em sua integralidade, enquanto para o direito coletivo do trabalho, ou seja, para a negociação coletiva, as normas da CLT passam a ter a natureza dispositiva, supletiva, ou facultativa, podendo ser livremente afastadas *in pejus* pela negociação coletiva de trabalho.

Ocorre, então, neste momento, uma acentuada diferenciação entre o Direito Individual e o Direito Coletivo do Trabalho, já que ambos apresentam regras, princípios e até instituições próprias. O contrato individual de trabalho, com exceção do contrato do empregado hipersuficiente (com curso superior completo e com remuneração igual ou superior a duas vezes o teto da Previdência Social), permanece sob a regência da CLT, considerada como norma de imperatividade relativa ou absoluta.

A mudança radical advém da segunda natureza jurídica da CLT, imposta pela supremacia do negociado sobre o legislado. A mesma CLT que é norma imperativa para o contrato individual de trabalho se transmuta em norma dispositiva, supletiva, facultativa, livremente afastável *in pejus* pela autonomia coletiva.

Como dito, a exceção fica por conta do contrato individual do empregado hipersuficiente (parágrafo único do art. 444 da CLT), que possui curso superior completo e remuneração superior a duas vezes o teto máximo da Previdência Social, cujo contrato possui eficácia e supremacia inclusive sobre os acordos e convenções coletivas.

Apresentamos abaixo um quadro sintético que facilita a compreensão da dupla dimensão em que passa, doravante, a ser aplicada a CLT em nosso ordenamento jurídico pelos operadores jurídicos, da mesma forma que é aplicado o Código Português, de 2009, em Portugal, que serviu de inspiração ao legislador brasileiro:

PORTUGAL/BRASIL

Normas trabalhistas bidimensionais	Normas trabalhistas bidimensionais
Contrato individual de trabalho	Contrato individual de trabalho
Normas de imperatividade relativa e absoluta (inderrogáveis) – art. 3, letra 3	Normas trabalhistas bidimensionais
Todos os trabalhadores débeis ou hipossuficientes	Todos os trabalhadores hipossuficientes
Marco regulatório	**Marco regulatório**
	Trabalhadores com diploma superior e com remuneração acima de 2 vezes o teto do INSS
Normas convênio-dispositivas, facultativas ou colectivo-dispositivas (livre negociação). Normas facultativas – art. 3, letra 3, C.T.	Normas convênio-dispositivas ou coletivo-dispositivas (livre negociação) – art. 611-A da CLT
Direito coletivo de trabalho	Direito coletivo de trabalho e empregados hipersuficientes
Convenção coletiva de trabalho	Acordos ou convenções coletivas de trabalho

O Direito do Trabalho, desta forma, se despe de sua roupagem tutelar, protetiva, garantista, recua de sua missão secular de definir e regular as condições de trabalho passando este bastão à autonomia privada coletiva, surgindo, daí, um novo Direito do Trabalho, menos garantístico, mais neutro, mais brando, mais temperado e muito mais transacional.

A bandeira da negociação coletiva de trabalho, que era empunhada especialmente pelos trabalhadores para agregar novos direitos à sua classe, agora passa a ser utilizada como que vocacionada a instrumento de adequação da lei às circunstâncias e conveniências do empregador.

Daí, o art. 611-A[20] da CLT apresenta um rol de direitos que podem ser livremente negociados, enquanto o art. 611-B[21] funciona como uma cláusula

---

[20] Art. 611-A, em sua nova redação dada pela Medida Provisória nº 808/2017: "Art. 611-A. A convenção coletiva e o acordo coletivo de trabalho, observados os incisos III e VI do *caput* do art. 8º da Constituição, têm prevalência sobre a lei quando, entre outros, dispuserem sobre: A convenção coletiva e o acordo coletivo de trabalho têm prevalência sobre a lei quando, entre outros, dispuserem sobre: I – pacto quanto à jornada de trabalho, observados os limites constitucionais; II – banco de horas anual; III - intervalo intrajornada, respeitado o limite mínimo de trinta minutos para jornadas superiores a seis horas; IV – adesão ao Programa Seguro-Emprego (PSE), de que trata a Lei 13.189, de 19 de novembro de 2015; V – plano de cargos, salários e funções compatíveis com a condição pessoal do empregado, bem como identificação dos cargos que se enquadram como funções de confiança; VI – regulamento empresarial; VII – representante dos trabalhadores no local de trabalho; VIII – teletrabalho, regime de sobreaviso, e trabalho intermitente; IX – remuneração por produtividade, incluídas gorjetas percebidas pelo empregado, e remuneração por desempenho individual; X – modalidade de registro de jornada de trabalho; XI – troca do dia de feriado; XII – enquadramento do grau de insalubridade (revogado pela Medida Provisória nº 808/2017). **Nova redação do inciso XII** – enquadramento do grau de insalubridade e prorrogação de jornada em locais insalubres, incluída a possibilidade de contratação de perícia, afastada a licença prévia das autoridades competentes do Ministério do Trabalho, desde que respeitadas, na integralidade, as normas de saúde, higiene e segurança do trabalho previstas em lei ou em normas regulamentadoras do Ministério do Trabalho; XIII – prorrogação de jornada em ambientes insalubres, sem licença prévia das autoridades competentes do Ministério do Trabalho **(revogado pela Medida Provisória nº 808/2017)**; XIV – prêmios de incentivo em bens ou serviços, eventualmente concedidos em programas de incentivo; XV – participação nos lucros ou resultados da empresa. (...)".

[21] Art. 611-B Constituem objeto ilícito de convenção coletiva ou de acordo coletivo de trabalho, exclusivamente, a supressão ou a redução dos seguintes direitos: I – normas de identificação profissional, inclusive as anotações na Carteira de Trabalho e Previdência Social; II – seguro-desemprego, em caso de desemprego involuntário; III – valor dos depósitos mensais e da indenização rescisória do Fundo de Garantia do Tempo de Serviço (FGTS); IV – salário mínimo; V – valor nominal do décimo terceiro salário; VI – remuneração do trabalho noturno superior à do diurno; VII – proteção do salário na forma da lei, constituindo crime sua retenção dolosa; VIII – salário-família; IX – repouso semanal remunerado; X – remuneração do serviço extraordinário superior, no mínimo, em 50% (cinquenta por cento) à do normal; XI – número de dias de férias devidas ao empregado; XII – gozo de férias anuais remuneradas com, pelo menos, um terço a mais do que o salário normal; XIII – licença-maternidade com a duração mínima de cento e vinte dias; XIV – licença-paternidade nos termos fixados em lei; XV – proteção do mercado de trabalho da mulher, mediante incentivos específicos, nos termos da lei; XVI – aviso-prévio proporcional ao tempo de serviço, sendo no mínimo de trinta dias, nos termos da lei; XVII – normas de saúde, higiene e segurança do trabalho previstas em lei ou em

de barreira ou de contenção, elegendo os direitos do núcleo duro constitucional que não podem ser objetos de transação, *in pejus*.

Podemos constatar uma incompatibilidade do parágrafo único deste artigo ao estabelecer que regras sobre duração do trabalho e intervalos não são consideradas como normas de saúde, higiene e segurança do trabalho para os fins do disposto neste artigo, enquanto no inciso XII do art. 611-A, alterado pela Medida Provisória nº 808/2017 preconiza a proteção integral das normas relacionadas à saúde, segurança e medicina do trabalho, bem como às normas reguladoras do Ministério do Trabalho.

A Reforma Trabalhista da Lei nº 13.467/2017 como que legitima uma espécie de ditadura contratual, na seara do Direito Individual, em que o empregador pode contratar empregados por hora, por dia, por semana (trabalho intermitente), por mês, por experiência, por tempo parcial, por contratos a prazo, por tempo indeterminado e à distância (teletrabalho), enquanto ao mesmo tempo, poderá dispensar empregados, individualmente, de forma plúrima ou até mesmo coletivamente, sem qualquer intervenção sindical.

A negociação coletiva no setor público apresenta algumas peculiaridades e mesmo diferenciações. Enquanto a negociação coletiva de trabalho

---

normas regulamentadoras do Ministério do Trabalho; XVIII – adicional de remuneração para as atividades penosas, insalubres ou periculosas; XIX – aposentadoria; XX – seguro contra acidentes do trabalho, a cargo do empregador; XXI – ação, quanto aos créditos resultantes das relações de trabalho, com prazo prescricional de cinco anos para os trabalhadores urbanos e rurais, até o limite de dois anos após a extinção do contrato de trabalho; XXII – proibição de qualquer discriminação no tocante a salário e critérios de admissão do trabalhador com deficiência; XXIII – proibição de trabalho noturno, perigoso ou insalubre a menores de dezoito anos e de qualquer trabalho a menores de dezesseis anos, salvo na condição de aprendiz, a partir dos quatorze anos; XXIV – medidas de proteção legal de crianças e adolescentes; XXV – igualdade de direitos entre o trabalhador com vínculo empregatício permanente e o trabalhador avulso; XXVI – liberdade de associação profissional ou sindical do trabalhador, inclusive o direto de não sofrer, sem sua expressa e prévia anuência, qualquer cobrança ou desconto salarial estabelecidos em convenção coletiva ou acordo coletivo de trabalho; XXVII – direito de greve, competindo aos trabalhadores decidir sobre a oportunidade de exercê-lo e sobre os interesses que devam por meio dele defender; XXVIII – definição legal sobre os serviços ou atividades essenciais e disposições legais sobre o atendimento das necessidades inadiáveis da comunidade em caso de greve; XXIX- tributos e outros créditos de terceiros; XXX – as disposições previstas nos arts. 373- A, 390, 392, 392- A, 394, 394-A, 395, 396 e 400 desta Consolidação. Parágrafo único. Regras sobre duração do trabalho e intervalos não são consideradas como normas de saúde, higiene e segurança do trabalho para os fins do disposto neste artigo.

envolvendo a Administração Pública Indireta (empresas públicas, sociedades de economia mista etc.) não possui muita diferenciação em relação à negociação verificada no setor privado da economia, pois os trabalhadores são contratados por concurso público de provas e títulos, na modalidade celetista, na Administração Pública Direta, autárquica e fundacional, a negociação coletiva apresenta significativa complexidade, por parte do órgão negociador público.

Isto porque os sindicatos profissionais deverão encaminhar a pauta de reivindicação e entabular negociações, após a Assembleia Geral, diretamente para a Secretaria de Finanças ou de Planejamento (se Município ou Estado) ou para o Ministério do Planejamento ou da Economia, já que não existe a contraparte sindical estatal, contrariando o princípio do paralelismo simétrico. Em outras palavras, não existe o sindicato patronal estatal, nem federação ou confederação de órgãos da Administração Pública Direta, autárquica ou fundacional.

A superação deste óbice poderá ser feita pela negociação direta entre o sindicato profissional e as Secretarias ou Ministérios acima apontados, o que eventualmente conduziria à impossibilidade jurídica de celebração de convenções coletivas de trabalho, em face da inexistência de dois ou mais sindicatos dos trabalhadores e a contraparte estatal.

No entanto, se bem sucedida a negociação coletiva de trabalho entre o sindicato profissional e o órgão público estatal, poderá resultar na celebração do acordo coletivo de trabalho, que será transformado em projeto de lei, com votação na Câmara Municipal, na Assembleia dos Deputados ou na Câmara dos Deputados, se a nível municipal, estadual ou federal, e posterior sanção do Chefe do Poder Executivo correspondente, promovendo efetividade ao acordo entabulado por meio da respectiva Lei (municipal, estadual ou federal respectiva).

8.3.2.2. Correntes doutrinárias sobre a supremacia do negociado sobre o legislado

Temos três correntes sobre a tese da supremacia da negociação coletiva sobre a legislação do trabalho, que passamos a expor.

A primeira corrente, defendida pela grande maioria dos doutrinadores brasileiros, preconiza a tese do princípio do *favor laboratoris*, da aplicação do tratamento mais favorável ao trabalhador, sob a alegação de que os direitos trabalhistas estão elencados no art. 7º da Constituição Federal de 1988, constituindo direitos humanos fundamentais, sob o predomínio da dignidade da pessoa humana, do valor social do trabalho que não podem ser dispostos *in pejus*, nem de forma individual, nem pela autonomia coletiva. Daí, para esta corrente, a negociação coletiva não tem autorização para afastar direitos trabalhistas *in pejus*, livremente.

A segunda corrente sinaliza que nas economias mais avançadas, no Direito moderno, há uma nítida separação entre o direito individual e o direito coletivo, e normas individuais e normas coletivas, apresentando um direito mais flexível, menos rígido com prevalência da autonomia privada coletiva e a vontade do grupo prevalece sobre a vontade individual. Neste escopo, se nem a lei se incorpora ao patrimônio individual, já que pode ser revogada ao longo do tempo, o mesmo sucede com a norma coletiva, e o direito adquirido só se concretiza no plano individual e não no coletivo.

Para esta corrente, a negociação coletiva deve ter flexibilidade suficiente para mudar condições contratuais ou até mesmo para derrogar cláusulas, como no direito moderno alemão, já que vantagens coletivamente obtidas que resultam em benefícios individuais não afastam a natureza jurídica da norma produzida de forma coletiva e autônoma, com duração predeterminada, pois a norma coletiva sempre continua a ser norma coletiva.

Renato Rua de Almeida,[22] um dos defensores desta corrente, lembra que no direito francês não há a incorporação definitiva da norma coletiva ao contrato individual, salvo, excepcionalmente em se tratando de vantagem adquirida pelo empregado na esfera individual, não dependente de evento futuro e incerto. Em outras palavras, vantagens dependentes de eventos futuros e incertos não se incorporam ao contrato individual de trabalho na França, considerando que adquiridos são os direitos cujo implemento de condição se dá no período de vigência da norma coletiva, os quais efetivamente se incorporam ao patrimônio do empregado.

Luiz Carlos Amorim Robortella,[23] outro defensor desta corrente, e também da que não admite a aplicação da Teoria da Ultratividade no direito brasileiro, afirma que a atual redação da Súmula nº 277 do TST constitui um retrocesso ao direito do trabalho. Assinala, ainda, que se até mesmo a norma legal só se aplica aos contratos individuais durante sua vigência, sendo revogada a norma, não há incorporação e que a incorporação da norma

---

[22] ALMEIDA, Renato Rua de. Das cláusulas normativas das convenções coletivas de trabalho: conceito, eficácia e incorporação nos contratos individuais de trabalho. *Revista LTr*, São Paulo, 60-12/1604, dez. 1996.

[23] ROBORTELLA, Luiz Carlos Amorim. A reforma do direito coletivo: prevalência do negociado sobre o legislado. Jus*Laboris*: .tst.jus.br. Revista eletrônica do TRT da 9ª Região, Curitiba, v. 6, n. 58, p. 58, mar./abr. 2017. Disponível em: <juslaboris.tst.jus.br>. Acesso em: 17 nov. 2017.

coletiva aos contratos individuais deve vir condicionada à vontade expressa das partes, no instrumento respectivo.

Para este autor:

> (...) É cada vez mais importante a participação sindical nos mecanismos de regulação do mercado de trabalho. A negociação coletiva integra hoje o mais moderno repertório de técnicas de gestão de recursos humanos e administração empresarial. Assume caráter estratégico, implicando avanços e recuos, conforme as exigências da conjuntura econômica e social. Há muito tempo os órgãos internacionais dentre eles a OIT, reconhecem a importância política e econômica da negociação coletiva, como se vê na Declaração da Filadélfia e nas Convenções ns. 98 e 154. (...) quando se trata de substituir uma convenção coletiva por outra, admite a doutrina a modificação "in pejus", com supressão ou modificação de determinados benefícios, desde que seja a expressão da vontade do grupo. Não se pode argumentar com a desigualdade das partes ou dificuldades de fazer atuar a vontade individual do trabalhador quando a alteração se faz mediante negociação coletiva, onde é garantida a igualdade das partes. Os acordos coletivos efetivamente não têm a vocação de eternidade. Por outro lado, as vantagens coletivamente obtidas, ainda que resultando em benefícios individuais, não perdem sua natureza de normas produzidas de forma coletiva e autônoma, com duração predeterminada. Não há como garantir direitos, mesmo que projetados em relações individuais, quando não mais correspondem à vontade do grupo. (...) O sindicato não deve atuar apenas no conflito, mas também em parceria com o capital, conforme as circunstâncias.[24]

A terceira corrente apresenta uma proposta intermediária, ou seja, nem um extremo, nem outro. Isto significa dizer: nem quebrar a espinha dorsal e a alma do Direito do Trabalho e seu guarda-chuva protetor, rígido, hermético, nem totalmente neutro, de forma que a legislação trabalhista seja livremente afastada *in pejus* pela negociação coletiva de trabalho. Para esta corrente, em um ou outro caso, em uma ou outra matéria pode ocorrer a negociação coletiva *in pejus*, mas somente a título de exceção, jamais como regra geral.

Se a própria CF/88 admite a flexibilização do Direito do Trabalho em alguns direitos dos trabalhadores, sem colidir com o núcleo duro constitucional, então pode haver um meio termo.

Esta corrente admite que cláusulas que se repetem a cada ano na negociação coletiva sejam incorporadas aos contratos individuais de trabalho, se o instrumento normativo assim, expressamente o declarar, e cláusulas

---

[24] Idem, ibidem, p. 58.

inovadoras, que a cada ano se alteram, sujeitas à condição, e que se modificam de acordo com as condições voláteis de mercado (evento futuro e incerto) não devem ser incorporadas ao contrato individual de trabalho.

Acredito que esta corrente é a que melhor que se compatibiliza com o atual momento do Direito do Trabalho no Brasil em face da grande volatilidade do mercado em geral (mercado de bens e serviços, de capitais e de mão de obra), para dar segurança jurídica e previsibilidade às partes convenentes.

8.3.2.3. Natureza jurídica da negociação coletiva de trabalho

Analisar a natureza jurídica da negociação coletiva de trabalho e dos instrumentos que dela resultam é determinar sua essência, substância, sua razão de ser e de onde provém, bem como suas características nucleares. Em outras palavras, trata-se de buscar a inteligência criadora do instituto e seu enquadramento no mundo jurídico.

Várias teorias tentam explicar a natureza jurídica da negociação coletiva de trabalho. A maioria delas tenta enquadrá-la dentro dos princípios da concepção contratualista, com clara influência do direito civil. Outras ainda sustentam seu caráter obrigacional como resultado da autonomia privada coletiva. Contudo, apesar de não se poder negar um caráter contratualista, pois os pactuantes assumem obrigações entre si, como por exemplo, de não deflagrar greve na vigência da convenção, sua natureza jurídica não se esgota no âmbito contratual, pois na convenção coletiva de trabalho são ajustadas normas em abstrato para reger relações de trabalho atuais e futuras.

Neste sentido, em oposição aos contratualistas, os normativistas sustentam que os instrumentos resultantes da negociação coletiva não são contratos, mas fontes criadoras de normas jurídicas, que estabelecem uma delimitação convencional da liberdade de contratar porque traça limites para os futuros contratos, o que lhe dá um caráter predominantemente normativo.

Para Arnaldo Süssekind,[25] os instrumentos da negociação coletiva de trabalho contêm cláusulas que configuram sua normatividade abstrata, ao lado de outras de cunho contratual, que estipulam obrigações concretas entre as partes, mas sem dúvida, as cláusulas normativas constituem o principal objetivo da negociação coletiva. Correspondem a fontes formais de direito, incorporando-se aos contratos individuais de trabalho, presentes e futuros.

---

[25] SÜSSEKIND, Arnaldo. *Direito constitucional do trabalho*, op. cit., p. 456.

Independentemente da natureza contratual, a convenção coletiva de trabalho é uma norma derivada de outra fonte diferente do Poder Legislativo, mas oriunda de setores da sociedade, num evidente exercício de solidariedade e pluralismo jurídico.

Para Luciana Bullamah Stoll,[26] as normas coletivas, quer dizer, o produto da negociação coletiva de trabalho, possuem natureza jurídica dúplice, normativa e ao mesmo tempo contratual, em que a um só tempo estipulam regras aplicáveis aos contratos individuais de trabalho presentes e futuros, na vigência da convenção ou acordo coletivo de trabalho, com efeito *erga omnes* (aos associados e não associados), ao mesmo tempo que também celebram normas aos convenentes, ou seja, aos sindicatos ou aos sindicatos e empresas.

Importante chamar a atenção para o fato que ao analisar a natureza jurídica da negociação coletiva de trabalho muitos se utilizam da expressão "convenção coletiva". Na realidade, convenção ou acordo coletivo são instrumentos normativos resultantes do processo de negociação coletiva de trabalho bem sucedida. Esse fato pode explicar alguma confusão feita sobre o tema.

Neste aspecto, o autor elucida a questão da natureza jurídica da negociação coletiva de trabalho e seus instrumentos, dentre os quais a convenção coletiva de trabalho, afirmando ter natureza dialética, pois o ato jurídico é um só, mas não é só contrato, nem ato-regra, mas sim uma figura *sui generis*, tanto normativa quanto contratual, que não se enquadra nas antigas fórmulas, pois se trata de negócio jurídico que inovou profundamente as fontes do Direito.

Como já afirmamos alhures, entendemos que a negociação coletiva de trabalho apresenta-se como um direito social fundamental, por se encontrar encartada na Constituição Federal de 1988 (art. 114, § 2º, e art. 7º, inciso XXVI), como instituto do microssistema de tutela coletiva, na medida em que suas criações jurídicas possuem efeitos *erga omnes* e *ultra partes*, ao lado dos demais institutos judiciais e arbitrais, podendo ainda ser considerado um verdadeiro processo negocial, cujo objetivo é pacificar a lide coletiva e harmonizar as relações de trabalho. A sua prática pode engendrar diversos institutos dos procedimentos especiais trabalhistas, entre eles, a ação de cumprimento, ação de nulidade de cláusula ou de acordo ou convenção coletiva e o dissídio coletivo de trabalho.

---

[26] STOLL, Luciana Bullamah. Op. cit., p. 31.

8.3.3. A negociação coletiva de trabalho na Constituição Federal

No caso brasileiro, a Constituição Federal de 1988 foi a primeira a tratar diretamente da negociação coletiva de trabalho em vários de seus dispositivos, reconhecendo-a como direito dos trabalhadores. Destacando os arts. 7º, incisos VI, XIII, XIV e XXVI, 8º, inciso VI, e 114, §§ 1º e 2º, é possível concluir que o legislador constituinte deu ênfase e preferência à negociação coletiva de trabalho na solução dos conflitos coletivos de trabalho, que inclusive se sobrepõe à solução jurisdicional dos conflitos.

Neste contexto, os sindicatos tiveram reconhecida a total liberdade e independência, assegurando a todos os trabalhadores: liberdade de associação sindical; vedação de interferência do Poder Público na atividade do sindicato; reconhecimento do sindicato como legítimo representante dos trabalhadores na defesa de seus interesses individuais e coletivos (judicial ou extrajudicialmente); obrigatoriedade da participação dos sindicatos na negociação coletiva; assegurou o direito de greve; assegurou a participação dos trabalhadores e empregadores nos colegiados dos órgãos públicos em que seus interesses profissionais ou previdenciários sejam discutidos; assegurou a eleição de um representante dos trabalhadores, nas empresas com mais de duzentos empregados, para promover o diálogo com os empregadores; assegurou o direito de greve e o reconhecimento das Convenções e Acordos Coletivos de trabalho, nos termos dos arts. 7º, 8º, 9º, 10º e 11º da CF/88.

A nova Lei nº 13.467/2017, chamada de Reforma Trabalhista, revista pela Medida Provisória nº 808/2017, também traz como novidade um capítulo[27] sobre a representação[28] dos trabalhadores nas empresas.

---

[27] **Art. 510- A**. Nas empresas com mais de duzentos empregados, é assegurada a eleição de uma comissão para representá-los, com a finalidade de promover-lhes o entendimento direto com os empregadores. § 1º A comissão será composta: **I** – nas empresas com mais de duzentos empregados e até três mil empregados, por três membros; **II – nas empresas com mais de três mil e até cinco mil empregados, por cinco membros; III – nas empresas com mais de cinco mil empregados, por sete membros.**

[28] A Medida Provisória nº 808, de 14 de novembro de 2017, acrescentou à CLT o art. 510-E, atinente à representação dos trabalhadores nas empresas, da seguinte forma: *"Art. 510-E. A comissão de representantes dos empregados não substituirá a função do sindicato de defender os direitos e os interesses coletivos ou individuais da categoria, inclusive em questões judiciais ou administrativas, hipótese em que será obrigatória a participação dos sindicatos em negociações coletivas de trabalho, nos termos do incisos III e VI do caput do art. 8º da Constituição."* Tal inserção está de conformidade com as Convenções 135 e 138 da OIT, que estabelecem que cabe ao sindicato, com exclusividade, a negociação coletiva de trabalho dos direitos sociais trabalhistas de seus representados.

No caso dos servidores públicos, a Constituição Federal de 1988 derrogou o art. 566 da CLT, *caput*, que vedava a sindicalização dos servidores públicos, ao reconhecer seu direito à livre associação sindical, nos termos do art. 37, VI, da mesma.

No atinente à negociação coletiva de trabalho dos servidores públicos, a Constituição Federal deixou uma grande lacuna, pelo fato do art. 39, § 3º[29] não fazer referência ao art. 7º, XXVI, ou seja, nada afirmou sobre o reconhecimento da negociação coletiva de trabalho dos servidores públicos, o que será analisado mais adiante neste artigo.

Acreditamos que esta limitação encontra-se superada pelo fato de o Brasil ter ratificado a Convenção nº 151 da OIT, que trata da negociação coletiva no setor público, o que provocou a mudança de redação da OJ nº 5, da SDC, do Colendo Tribunal Superior do Trabalho (TST).

8.3.3.1. Os limites constitucionais e infraconstitucionais da negociação coletiva de trabalho

Como regra geral, as condições mínimas de trabalho previstas na Constituição da República Federativa do Brasil são inderrogáveis pela vontade das partes, mesmo na esfera da autonomia privada coletiva. Assim, o primeiro limite constitucional à negociação coletiva de trabalho é o art. 7º, que dispõe sobre os direitos mínimos dos trabalhadores em geral.

Vige aqui a teoria da pirâmide invertida, ou seja, aquilo que constitui o ápice das normas de um Estado Democrático de Direito, isto é, as normas constitucionais, dotadas de supremacia em relação às demais, em sede de direito do trabalho constitui o mínimo, ou seja, seu núcleo essencial, o seu verdadeiro "DNA", fulcrado no princípio protetor e sua tríplice vertente ou, dito de outra forma, seu patamar mínimo de civilidade, ao lado da meta constitucional estabelecida no *caput* do art. 7º, no sentido de que são direitos dos trabalhadores urbanos e rurais, além de outros, a melhoria de sua condição social, combinado com o art. 3º, III, que estabelece que são objetivos da República: erradicar a pobreza e a marginalização e reduzir as desigualdades

---

[29] Art. 39. (...)
§ 3º Aplica-se aos servidores ocupantes de cargo público o disposto no artigo 7º, IV, VII, VIII, IX, XII, XIII, XV, XVI, XVII, XVIII, XIX, XX, XXII e XXX, podendo a lei estabelecer requisitos diferenciados de admissão quando a natureza do cargo o exigir. (Parágrafo acrescentado pela Emenda Constitucional nº 19, de 04.06.1998, DOU 05.06.1998).

sociais e regionais, ao que poderíamos ainda acrescentar o art. 170, VIII, em relação à busca pelo pleno emprego.

Entretanto, a Constituição abriu uma exceção ao permitir a flexibilização das condições de trabalho no art. 7º, incisos VI ("irredutibilidade do salário, salvo o disposto em convenção ou acordo coletivo"), XIII ("duração do trabalho normal não superior a oito horas diárias e quarenta e quatro semanais, facultada a compensação de horários e a redução da jornada, mediante acordo ou convenção coletiva de trabalho") e XIV ("jornada de seis horas para o trabalho realizado em turnos ininterruptos de revezamento, salvo negociação coletiva").

Na primeira hipótese, o constituinte aludiu à convenção e acordo coletivo; na segunda, a acordo ou convenção coletiva e na terceira, à negociação coletiva. Contudo, como a convenção e o acordo coletivo são os instrumentos da negociação coletiva, pode-se afirmar, como regra geral, que a flexibilização decorre da negociação coletiva e se exterioriza (ganha contornos jurídicos ou se instrumentaliza) em acordos ou convenções coletivas de trabalho.

Não obstante, a nova Lei nº 13.467/2017 apresenta vários artigos que flexibilizam sobremaneira direitos trabalhistas, cujo ponto culminante é a disposição sobre a supremacia dos acordos e convenções coletivas sobre a legislação estabelecida na CLT, bem como procura limitar o poder legiferante do Colendo Tribunal Superior do Trabalho ou sua atuação como legislador positivo na interpretação da legislação, por meio de suas orientações jurisprudenciais e súmulas, mesmo que sejam no "vazio da lei", ao dispor no art. 8º, §§ 2º e 3º, como segue:

> § 2º Súmulas e outros enunciados de jurisprudência editados pelo Tribunal Superior do Trabalho e pelos Tribunais Regionais do Trabalho não poderão restringir direitos legalmente previstos nem criar obrigações que não estejam previstas em lei.

Cremos que inúmeras orientações jurisprudenciais e súmulas do TST serão revistas e adaptadas à nova Lei nº 13.467/2017, pois temos vários entendimentos que inclusive limitam direitos e interesses dos trabalhadores.

> § 3º No exame de convenção coletiva ou acordo coletivo de trabalho, a Justiça do Trabalho analisará exclusivamente a conformidade dos elementos essenciais do negócio jurídico, respeitado o disposto no art. 104 da Lei nº 10.406, de 10 de janeiro de 2002 – Código Civil, e balizará sua atuação pelo princípio da intervenção mínima na autonomia da vontade coletiva.

Art. 104/CC. A validade do negócio jurídico requer:

I – agente capaz;

II – objeto lícito, possível, determinado ou determinável;
III – forma prescrita ou não defesa em lei.

A nova Lei nº 13.467/2017, em relação à jornada de trabalho, estabelece:[30]

Art. 59-A. Em exceção ao disposto no art. 59 desta Consolidação, é facultado às partes, mediante acordo individual escrito, convenção coletiva ou acordo coletivo de trabalho, estabelecer horário de trabalho de doze horas seguidas por trinta e seis horas ininterruptas de descanso, observados ou indenizados os intervalos para repouso e alimentação.

Parágrafo único. A remuneração mensal pactuada pelo horário previsto no *caput* deste artigo abrange os pagamentos devidos pelo descanso semanal remunerado e pelo descanso em feriados, e serão considerados compensados os feriados e as prorrogações de trabalho noturno, quando houver, de que tratam o art. 70 e o § 5º do art. 73 desta Consolidação.

Como já mencionamos, o regime 12 x 36 (12 horas de trabalho por 36 horas de descanso), na verdade, é um regime especial de trabalho, diverso do apresentado no texto constitucional de 8 horas diárias, com possibilidade de 2 horas extras diárias, na medida em que ele não ultrapassa o teto constitucional de 40 horas semanas, bem como nada ficou provado, segundo o STF, que venha prejudicar a saúde do trabalhador, por meio de pareceres de médicos peritos.

O STF já se manifestou em relação à constitucionalidade deste regime de trabalho, em voto condutor da lavra do Ministro Luis Fux[31] (Informativo nº 839 do STF) mencionado nesta obra.

---

[30] O art. 59-A foi alterado pela MP nº 808/2017, que perdeu eficácia no dia 23.04.2018, pois até essa data não foi regulamentada pelo Congresso Nacional. Não obstante, se até 23.06.2018 o Congresso não editar nenhum decreto legislativo regulamentando a matéria, de acordo com o art. 62, § 11, da CF/88, as relações jurídicas ocorridas no lapso temporal entre sua edição (14.11.2017) e sua perda de eficácia (23.04.2018) serão por ela regidas.

[31] Segundo o Informativo nº 839 do STF, temos uma síntese do julgamento: "(...) É constitucional o art. 5º da Lei 11.901/2009 ('A jornada do Bombeiro Civil é de 12 (doze) horas de trabalho por 36 (trinta e seis) horas de descanso, num total de 36 (trinta e seis) horas semanais'). Com base nesse entendimento, o Plenário, por maioria, julgou improcedente o pedido formulado em ação direta que questionava o referido dispositivo. Segundo o Tribunal, a norma impugnada não viola o art. 7º, XIII, da CF/1988 (...). A jornada de 12 horas de trabalho por 36 horas de descanso encontra respaldo na faculdade conferida pelo legislador constituinte para as hipóteses de compensação de horário. Embora não exista previsão de reserva legal expressa no referido preceito, há a possibilidade de negociação coletiva. Isso permite inferir que a exceção estabelecida na legislação questionada garante aos bombeiros civis, em proporção razoável, descanso

A Medida Provisória nº 808, de 1411.2014 alterou o art. 59-A da CLT, que passou a ter a seguinte redação:

> Art. 59-A. Em exceção ao disposto no art. 59 e em leis específicas, é facultado às partes, por meio de convenção coletiva ou acordo coletivo de trabalho, estabelecer horário de trabalho de doze horas seguidas por trinta e seis horas ininterruptas de descanso, observados ou indenizados os intervalos para repouso e alimentação.
>
> § 1º A remuneração mensal pactuada pelo horário previsto no *caput* abrange os pagamentos devidos pelo descanso semanal remunerado e pelo descanso em feriados e serão considerados compensados os feriados e as prorrogações de trabalho noturno, quando houver, de que tratam o art. 70 e o § 5º do art. 73.
>
> § 2º É facultado às entidades atuantes no setor de saúde estabelecer, por meio de acordo individual escrito, convenção coletiva ou acordo coletivo de trabalho, horário de trabalho de doze horas seguidas por trinta e seis horas ininterruptas de descanso, observados ou indenizados os intervalos para repouso e alimentação.

Observa-se que houve uma modificação substancial do art. 59-A da CLT, que trata da jornada 12 x 36 horas, que doravante não mais poderá ser adotada por simples acordo individual, mas demandará a necessidade de acordo ou convenção coletiva de trabalho, conforme jurisprudência pacífica do Colendo TST (Súmula nº 444[32] do TST).

Desta forma, com a mencionada Medida Provisória nº 808/2017, somente ao setor de saúde ficou permitida a celebração de acordo individual pelas entidades ali atuantes com os respectivos trabalhadores, em face das peculiaridades próprias daquela atividade econômica. Nada obsta, por outro lado, que os acordos

---

de 36 horas para cada 12 horas trabalhadas, bem como jornada semanal de trabalho não superior a 36 horas. Da mesma forma, não haveria ofensa ao art. 196 da CF/1988. A jornada de trabalho que ultrapassa a 8ª hora diária pode ser compensada com 36 horas de descanso e o limite de 36 horas semanais. Ademais, não houve comprovação, com dados técnicos e periciais consistentes, de que essa jornada causasse danos à saúde do trabalhador, o que afasta a suposta afronta ao art. 7º, XXII, da CF/1988."

[32] Nº 444 – J"ORNADA DE TRABALHO. NORMA COLETIVA. LEI. ESCALA DE 12 POR 36. VALIDADE. É valida, em caráter excepcional, a jornada de doze horas de trabalho por trinta e seis de descanso, prevista em lei ou ajustada exclusivamente mediante acordo coletivo de trabalho ou convenção coletiva de trabalho, assegurada a remuneração em dobro dos feriados trabalhados. O empregado não tem direito ao pagamento de adicional referente ao labor prestado na décima primeira e décima segunda horas."

e convenções coletivas de trabalho venham a ser celebrados pelos sindicatos e/ou empresas, no sentido de regular esta importante matéria.

O parágrafo único do art. 60 da CLT, abaixo mencionado, também foi inscrito pela Lei nº 13.467/2017, como dispõe:

> Art. 60. Nas atividades insalubres, assim consideradas as constantes dos quadros mencionados no capítulo "Da Segurança e da Medicina do Trabalho", ou que neles venham a ser incluídas por ato do Ministro do Trabalho, Indústria e Comércio, quaisquer prorrogações só poderão ser acordadas mediante licença prévia das autoridades competentes em matéria de higiene do trabalho, as quais, para esse efeito, procederão aos necessários exames locais e à verificação dos métodos e processos de trabalho, quer diretamente, quer por intermédio de autoridades sanitárias federais, estaduais e municipais, com quem entrarão em entendimento para tal fim.
>
> Parágrafo único. Excetuam-se da exigência de licença prévia as jornadas de doze horas de trabalho por trinta e seis horas ininterruptas de descanso.

A novel legislação afasta a necessidade de licença prévia para as jornadas de trabalho mencionadas, que poderão ser exercidas por servidores públicos, consoante a Lei nº 11.901/2009.

No entanto, a Medida Provisória nº 808/2017 revogou o inciso XIII do art. 611-A, concebido como uma cláusula de contenção ou de barreira à ilimitada liberdade de negociação coletiva, *in pejus*, e alterou o inciso XII para fazer constar:

> XII – enquadramento do grau de insalubridade e prorrogação de jornada em locais insalubres, incluída a possibilidade de contratação de perícia, afastada a licença prévia das autoridades competentes do Ministério do Trabalho, desde que respeitadas, na integralidade, as normas de saúde, higiene e segurança do trabalho previstas em lei ou em normas regulamentadoras do Ministério do Trabalho (...).

Acrescentou ainda:

> § 5º Os sindicatos subscritores de convenção coletiva ou de acordo coletivo de trabalho participarão, como litisconsortes necessários, em ação coletiva que tenha como objeto a anulação de cláusulas desses instrumentos, vedada a apreciação por ação individual.

Outra limitação à negociação coletiva de trabalho é proveniente do art. 624 da CLT, que condiciona a possibilidade de cláusula de aumento ou reajuste salarial, que implique elevação de tarifas ou de preços sujeitos à fixação por autoridade pública ou repartição governamental, à prévia e expressa autorização da autoridade pública no tocante à possibilidade de elevação da tarifa ou do preço e quanto ao valor dessa elevação. Neste sentido é a Súmula nº 375[33] do TST.

No mais, a questão que costuma dividir opiniões dos doutrinadores é se a flexibilização prevista na Constituição Federal está restrita às questões salariais (art. 7º, inciso VI) e da jornada de trabalho (art. 7º, incisos XIII e XIV), ou se pode atingir outros direitos trabalhistas.

Pelo visto, com o advento da nova Lei nº 13.467/2017, a flexibilização será ampla, haja vista que a negociação coletiva dos servidores públicos seguirá a mesma tônica da realizada no setor privado da economia, com supremacia de suas cláusulas em relação aos dispositivos da lei ordinária, preservando-se as normas de indisponibilidade absoluta, ou seja, o núcleo essencial constitucional dos direitos dos trabalhadores, pelo menos a negociação coletiva de trabalho envolvendo a Administração Pública Indireta, em que a contratação, por concurso público, de provas e títulos se materializa por meio da CLT, surgindo o contrato de trabalho do Estado com o empregado público.

Quanto à Administração Pública Direta, autárquica e fundacional, que por disposição expressa da CF/88 contrata servidores por meio de concurso público, de provas e/ou títulos, pelo regime estatutário, ou seja, pelo contrato administrativo entre a Administração e o servidor, certamente não se levará em conta a CLT, mas as demais Leis federais, inclusive a Lei nº 8.212/93, que rege a matéria.

Neste caso, também prevalecerá, por óbvio, a aplicação bifronte ou bidimensional da norma: no contrato individual administrativo, as normas federais terão eficácia como de imperatividade absoluta ou relativa, sendo que o edital público que regulamentou o concurso público valerá como lei entre as partes, enquanto, para os acordos coletivos de trabalho celebrados entre a Administração Pública e os sindicatos de servidores públicos, tais normas que regulam o serviço público poderão ser consideradas supletivas, facultativas, livremente afastáveis, *in pejus,* pela autonomia coletiva.

A diferença é que, neste caso, o acordo coletivo de trabalho celebrado entre a Administração Pública e os sindicatos será transformado em Projeto de Lei e levado à discussão nas casas legislativas respectivas, nas quais poderá sofrer alterações, emendas etc., e até mesmo provocar uma nova rodada de negociação

---

[33] Nº 375 – "REAJUSTES SALARIAIS PREVISTOS EM NORMA COLETIVA. PREVALÊNCIA DA LEGISLAÇÃO DE POLÍTICA SALARIAL. (CONVERSÃO DA ORIENTAÇÃO JURISPRUDENCIAL Nº 69 DA SDI-1 E DA ORIENTAÇÃO JURISPRUDENCIAL Nº 40 DA SDI-2)"
Os reajustes salariais previstos em norma coletiva de trabalho não prevalecem frente à legislação superveniente de política salarial.

entre a Administração e os sindicatos profissionais. Retornando àquelas casas, modificado ou não, será votado, sancionado pelo Chefe do Poder Executivo local, publicado e efetivamente aplicado em relação aos trabalhadores envolvidos da respectiva categoria profissional de servidores públicos.

8.3.3.2. *A supremacia do negociado em face do legislado (o negociado versus o legislado)*

Um dos principais vetores da Reforma Trabalhista (Lei nº 13.467/2017, complementada pela Medida Provisória nº 808/2017) recaiu sobre a prevalência do negociado sobre o legislado, aumentando sobremaneira o papel e a missão das organizações sindicais, no cenário nacional, em um momento de fragilidade sindical, imposto pelo afastamento da contribuição sindical obrigatória.

Desta forma, em um contexto de pluralismo jurídico, o Estado, antes considerado o único produtor de normas jurídicas, na visão kelseniana, neste novo cenário da pós-modernidade e do neoprocessualismo, permite e legitima várias outras fontes de positivação das normas jurídicas, em um contexto de hierarquia das fontes normativas, na qual as normas constitucionais ocupam o vértice normativo máximo, irradiando, influenciando e servindo de luz às demais normas do ordenamento jurídico.

Nesta hierarquia das fontes normativas, encontramos os instrumentos normativos que defluem do negociado (negociação coletiva de trabalho frutífera ou bem-sucedida), ou seja, os acordos e convenções coletivas de trabalho, em ambos exigindo-se a presença do sindicato profissional (ou dos trabalhadores).

Em outras palavras, o acordo coletivo de trabalho possui um âmbito de incidência menor, pois envolve o diálogo social entre o sindicato obreiro e uma ou mais empresas, estabelecendo cláusulas normativas que serão inseridas nos contratos de trabalho de todos os trabalhadores da(s) empresa(s), independentemente de filiação sindical dos empregados ou dos empregadores.

Já a convenção coletiva de trabalho envolve dois ou mais sindicatos de trabalhadores (profissional) e dois ou mais sindicatos, da categoria econômica (patronal), estabelecendo normas e condições de trabalho que envolverão todos os trabalhadores das respectivas categorias, também independentemente de filiação sindical, cujas normas serão inseridas nos respectivos contratos individuais de trabalho, de forma *erga omnes* e *ultra partes*.

O negociado sobre o legislado, de acordo com a Lei nº13.467/2017, teve por escopo ajustar as peculiaridades de cada segmento empresarial em relação aos custos de produção, da mão de obra, de gerenciamento de recursos humanos, em face da concorrência, da globalização e da própria internacionalização das empresas, que são as verdadeiras criadoras de postos de trabalho.

No Brasil, segundo o IBGE, 98% das empresas são micro, pequenas e médias empresas, com menos de dez empregados, ao passo que apenas 10.800 empresas empregam mais de mil empregados, em um mercado de trabalho de 107 milhões de pessoas. Deste total, cerca de 40 milhões de trabalhadores encontram-se no mercado clandestino (sem CTPS assinada, trabalhando por conta própria, por bicos etc.), 50 milhões estão no mercado formal e o restante (cerca de 15%) trabalham para o Estado (Administração pública direta e indireta – Poderes Executivo, Legislativo, Judiciário, autarquias, fundações públicas, sociedades de economia mista e empresas públicas).

Temos três grandes mercados: o de capital, de bens de consumo e serviços e de mão de obra. Apenas este último não se encontra hodiernamente globalizado, em face das migrações de refugiados (Haiti, Venezuela, Síria, Iraque e países africanos), pois inúmeros países da Europa impuseram restrições à entrada de imigrantes em seu território. A própria União Europeia (EU) editou normativa no sentido de que haja uma partilha deste suposto "sacrifício", se é que assim podemos dizer, no acolhimento de refugiados, proporcionalmente, de acordo com a capacidade de cada país membro. Desta forma, o princípio da livre circulação de trabalhadores, que já se constituiu em uma bandeira da União Europeia, foi deslocado para segundo plano, em decorrência da xenofobia e do nacionalismo de alguns destes países, aliados à saída do Reino Unido da União Europeia, fenômeno conhecido como Brexit.

Neste contexto nacional e internacional, de economia volátil e instável, seguindo a crise de 2008 nos Estados Unidos (crise do mercado imobiliário, ou seja, a propalada bolha imobiliária), que se estendeu à Europa, atingindo vários bancos internacionais e levando ao fechamento de alguns deles, com o crescimento do desemprego e o impacto sofrido pelo capitalismo, cujas bases foram estremecidas, o que levou o Estado a socorrer os principais bancos comerciais de seus países, por meio dos Bancos Centrais, o foco empresarial passou a ser a redução de custos e sua manutenção no mercado, afetando, como corolário, o mercado de trabalho.

Foi justamente neste ambiente político, que os Estados, especialmente os países membros da União Europeia, firmaram fileira com o segmento empresarial, aliando-se às organizações sindicais patronais nacionais e internacionais, no sentido de retirar do Estado o monopólio de criação de normas trabalhistas, transferindo-as para as próprias partes interessadas, por meio da autonomia privada coletiva e do diálogo social.

Este fenômeno político e jurídico ocorreu em alguns países da União Europeia, nos países escandinavos, com o princípio da flexissegurança, na França, na Espanha, na Grécia e em Portugal, que passaram a adotar a supremacia do negociado em face do legislado.

O próprio STF, quando instado, deu guarida ao negociado sobre o legislado, no tema nº 152 da Tabela de Repercussão Geral (renúncia genérica a direitos mediante adesão a plano de demissão voluntária), como se depreende do acórdão abaixo:

> DIREITO DO TRABALHO. ACORDO COLETIVO. PLANO DE DISPENSA INCENTIVADA. VALIDADE E EFEITOS. 1. Plano de dispensa incentivada aprovado em acordo coletivo que contou com ampla participação dos empregados. Previsão de vantagens aos trabalhadores, bem como quitação de toda e qualquer parcela decorrente de relação de emprego. Faculdade do empregado de optar ou não pelo plano.
>
> 2. Validade da quitação ampla. Não incidência, na hipótese, do art. 477, § 2º da Consolidação das Leis do Trabalho, que restringe a eficácia liberatória da quitação aos valores e às parcelas discriminadas no termo de rescisão exclusivamente.
>
> 3. No âmbito do direito coletivo do trabalho, não se verifica a mesma situação de assimetria de poder presente nas relações individuais de trabalho. Como consequência, a autonomia coletiva da vontade não se encontra sujeita aos mesmos limites que a autonomia individual.
>
> 4. A Constituição de 1988, em seu artigo 7º, XXVI, prestigiou a autonomia coletiva da vontade e a autocomposição dos conflitos trabalhistas, acompanhando a tendência mundial ao crescente reconhecimento dos mecanismos de negociação coletiva, retratada na Convenção nº 98/1949 e na Convenção nº 154/1981 da Organização Internacional do Trabalho. O reconhecimento dos acordos e convenções coletivas permite que os trabalhadores contribuam para a formulação das normas que regerão a sua própria vida.
>
> 5. Os planos de dispensa incentivada permitem reduzir as repercussões sociais das dispensas, assegurando àqueles que optam por seu desligamento da empresa condições econômicas mais vantajosas do que aquelas que decorreriam do mero desligamento por decisão do empregador. É importante, por isso, assegurar a credibilidade de tais planos, a fim de preservar a sua função protetiva e de não desestimular o seu uso.
>
> 6. Provimento do recurso extraordinário. Afirmação, em repercussão geral, da seguinte tese: A transação extrajudicial que importa rescisão do contrato de trabalho, em razão de adesão voluntária do empregado a plano de dispensa incentivada, enseja quitação ampla e irrestrita de todas as parcelas objeto do contrato de emprego, caso essa condição tenha constado expressamente do acordo coletivo que aprovou o plano, bem como dos demais instrumentos celebrados com o empregado." (RE. 590415, rel. Ministro Roberto Barroso, Tribunal, Pleno, j. 30-4-2015, *Dje* divulg. 28.5.2015, public. 29.5.2015).

Desta decisão paradigmática do STF, podemos inferir:

a) O STF considerou faculdade do empregado optar ou não pelo Plano de dispensa incentivada aprovado em acordo coletivo, que contou com ampla participação dos empregados.

b) O STF, neste caso concreto, entende pela validade da quitação ampla, deixando claro a não incidência, na hipótese, do art. 477, § 2º da Consolidação das Leis do Trabalho, que restringe a eficácia liberatória da quitação aos valores e às parcelas discriminadas no termo de rescisão exclusivamente.

c) O STF se posiciona no sentido de que no âmbito do direito coletivo do trabalho não se verifica a mesma situação de assimetria de poder presente nas relações individuais de trabalho. Como consequência, a autonomia coletiva da vontade não se encontra sujeita aos mesmos limites da autonomia individual. Em outras palavras, não se aplica no Direito Coletivo do Trabalho o princípio protetor e sua tríplice vertente, na medida em que os sindicatos profissionais negociam em igualdade de condições com os sindicatos patronais.

d) O STF reconhece que a Constituição de 1988, em seu art. 7º, XXVI, prestigiou a autonomia coletiva da vontade e a autocomposição dos conflitos trabalhistas, acompanhando a tendência mundial ao crescente reconhecimento dos mecanismos de negociação coletiva, retratada na Convenção nº 98/1949 e na Convenção nº 154/1981 da Organização Internacional do Trabalho. O reconhecimento dos acordos e convenções coletivas permite que os trabalhadores contribuam para a formulação das normas que regerão a sua própria vida.

e) E, por fim, o STF firmou jurisprudência no sentido de que os planos de dispensa incentivada permitem reduzir as repercussões sociais das dispensas, assegurando àqueles que optam por seu desligamento da empresa condições econômicas mais vantajosas do que aquelas que decorreriam do mero desligamento por decisão do empregador. É importante, por isso, assegurar a credibilidade de tais planos, a fim de preservar a sua função protetiva e de não desestimular o seu uso.

Desta forma, levando-se em consideração a necessidade de impor limites legais à negociação coletiva de trabalho, o legislador houve por bem discriminar, no art. 611-A da CLT, as matérias nas quais a negociação coletiva será permitida, e no art. 611-B, as matérias em que é proibido o livre exercício transacional.

É de se destacar que a autorização legislativa para a supremacia do negociado sobre o legislado repousa no livre exercício do princípio da autonomia privada coletiva, fenômeno que não se verificará na hipótese de a negociação coletiva de trabalho ser infrutífera, o que poderá desaguar no dissídio coletivo de trabalho.

É que neste caso deverá ser aplicado o § 2º do art. 114 da CF/88:

> 2º Recusando-se qualquer das partes à negociação coletiva ou à arbitragem, é facultado às mesmas, de comum acordo, ajuizar dissídio coletivo de natureza econômica, podendo a Justiça do Trabalho decidir o conflito, respeitadas as disposições mínimas legais de proteção ao trabalho, bem como as convencionadas anteriormente. (Redação dada ao parágrafo pela Emenda Constitucional nº 45, de 08.12.2004, *DOU* 31.12.2004.)

A indagação neste momento é: a partir da Reforma Trabalhista (Lei nº 13.467/2017), a Justiça do Trabalho, ao ser acionada por uma ação de dissídio coletivo, de natureza econômica, no exercício do poder normativo, deverá respeitar as disposições mínimas legais de proteção ao trabalho bem como as cláusulas de convenções e acordos coletivos anteriores? Entendemos que a resposta é afirmativa, na medida em que, pelo princípio da hierarquia das normas, uma lei federal não tem o condão de afastar a lei suprema, consubstanciada na CF/1988.

Neste tópico, concordamos com o pensamento de Antonio Umberto de Souza Júnior, Fabiano Coelho de Souza, Ney Maranhão e Platon Teixeira de Azevedo Neto, para os quais:

> ao julgar um dissídio coletivo com norma precedente com conteúdo flexibilizante, a Justiça do Trabalho está adiante da cumulação de circunstâncias excepcionais: a prevalência do negociado sobre o legislado e o exercício do poder normativo. Deste modo, a compreensão do parágrafo 2º do art. 114 da CF/88 aponta para uma cumulação de condições para o legítimo e regular exercício do poder normativo, ou seja, ao mesmo tempo, a Justiça do Trabalho deve respeitar as regras mínimas de proteção legal ao trabalhador e as convencionadas anteriormente, por isso, as cláusulas precedentes só deverão ser replicadas na sentença normativa proferida no julgamento do dissídio coletivo de natureza econômica se o conteúdo destas respeitar as condições mínimas legais de proteção do trabalho. Como se vê, cuida-se da exegese que busca dialogar com o vetor que impulsiona a contínua melhoria da condição social da classe trabalhadora (art. 7º, *caput*, CF) de modo a se resguardar, nesta excepcional hipótese, e por meio de interpretação sistemática-constitucional,

senão o avanço, pelo menos a manutenção estrita do patamar civilizatório mínimo consagrado em lei.[34]

E ainda acrescentam aqueles doutrinadores:

> É verdade que, durante a tramitação do dissídio coletivo, nada obsta que os suscitantes e suscitados promovam acordo parcial para manter cláusulas de conteúdo redutor das garantias legais dos trabalhadores, bem como cláusulas que impliquem benefícios não previstos em lei para os trabalhadores. Porém, indo a questão a julgamento, a Justiça do Trabalho não estará autorizada a exercer o seu poder normativo de modo a reduzir ou suprimir direitos trabalhistas legalmente estabelecidos, ainda que a condição tenha sido convencionada anteriormente.[35]

Antes de adentrarmos, especificamente, em cada matéria listada no art. 611-A da CLT, modificada pela Lei da Reforma Trabalhista, faz-se necessário esclarecer que o rol ali expresso, atinente às matérias trabalhistas passíveis de negociação coletiva, é meramente exemplificativo, a partir da alusão "dentre outros" disposta pelo legislador na cabeça daquele artigo, diversamente do que dispõe o art. 611-B da CLT, que deixa expresso, de forma contrária, as matérias proibidas de serem pactuadas de forma negocial.

8.3.3.2.1. Pacto quanto à jornada de trabalho, observados os limites constitucionais

A CF/88 admite a negociação coletiva de trabalho, em caso de compensação ou de redução de jornada (art. 7º, XIII[36]) ou turnos ininterruptos de revezamento (art. 7º, XIV[37]).

No entanto, a dúvida emerge exatamente na possibilidade de ser estabelecido pacto quanto à jornada de trabalho que desborde dos parâmetros mínimos legais de proteção ao trabalho humano, previstos na CLT, já que,

---

[34] SOUZA JÚNIOR, Antonio Umberto de; SOUZA, Fabiano Coelho de; MARANHÃO, Ney; AZEVEDO NETO, Platon Teixeira de. *Reforma trabalhista*: análise comparativa e crítica da Lei nº 13.467/2017. São Paulo: Rideel, 2017, p. 277.
[35] Idem, ibidem.
[36] XIII – duração do trabalho normal não superior a oito horas diárias e quarenta e quatro semanais, facultada a compensação de horários e a redução da jornada, mediante acordo ou convenção coletiva de trabalho; (...).
[37] XIV – jornada de seis horas para o trabalho realizado em turnos ininterruptos de revezamento, salvo negociação coletiva; (...).

como dizemos alhures, as normas da CLT transmutam-se em normas supletivas, dispositivas, facultativas, livremente afastáveis, até mesmo *in pejus* pela negociação coletiva.

Somente estará resguardado sob o manto protetor legal o regramento estabelecido na CF/88, e aqui não encontramos o quantitativo de horas que poderão ser trabalhadas em regime de prorrogação, no que respeita à compensação de jornada. Por seu turno, a CLT dispõe que, com exceção da hipótese da jornada de 12 horas trabalhadas por 36 de descanso, esse limite é de duas horas diárias.

Assim sendo, em tese poderíamos conceber a possibilidade da supremacia do negociado sobre o legislado, em hipóteses como:

a) ajuste individual verbal, autorizando a empresa a exigir mais de duas horas diárias, como compensação de jornada, diversamente do que estabelece a regra do *caput* do art. 59 da CLT;

b) ajuste individual escrito para o regime de 12 horas por 36 horas de descanso, ao contrário do disposto no art. 59-A da CLT, com exceção dos trabalhadores do setor de saúde, em que existe previsão expressa no § 2º do art. 59-A da CLT, acrescido pela Medida Provisória nº 808/2017.

Com a Reforma Trabalhista, a CLT passa a ter duas faces, uma para o Direito Individual e outra para o Direito Coletivo do Trabalho, e para este último se permite o afastamento, até mesmo *in pejus* das normas celetistas; se a negociação coletiva impuser limites que não estão resguardados nem no art. 611-B da CLT, nem na Constituição Federal, os parâmetros fixados deverão ser respeitados.

Porém, sempre devemos ter em mente que jornada de trabalho constitui norma de ordem pública, o que se observa pela parte final do inciso XII do art. 611-A, alterado pela Medida Provisória nº 808/2017, que assim dispõe:

> (...) prorrogação de jornada em locais insalubres, incluída a possibilidade de contratação de perícia, afastada a licença prévia das autoridades competentes do Ministério do Trabalho, **desde que respeitadas, na integralidade, as normas de saúde, higiene e segurança do trabalho previstas em lei ou em normas regulamentadoras do Ministério do Trabalho.**

Além disso, o TST já tem se manifestado no sentido de não admitir ajustes que desbordem do permissivo legal, que possam vulnerar a saúde do trabalhador, como podemos observar no acórdão:

RECURSO ORDINÁRIO DO MINISTÉRIO PÚBLICO DO TRABALHO EM ACORDO HOMOLOGADO JUDICIALMENTE PELO TRT DE ORIGEM. DISSÍDIO COLETIVO DE NATUREZA ECONÔMICA. *PROCESSO ANTERIOR À LEI 13.467/2017*. CLÁUSULA 18ª – COMPENSAÇÃO – SÁBADOS E FERIADOS. CLÁUSULA 19ª – COMPENSAÇÃO DE JORNADA. BANCO DE HORAS. COMPENSAÇÃO HORÁRIA. ATIVIDADE INSALUBRE. PRINCÍPIO DA ADEQUAÇÃO SETORIAL NEGOCIADA. REDUÇÃO DOS RISCOS INERENTES À SEGURANÇA E À SAÚDE DO TRABALHADOR. CONSTITUIÇÃO FEDERAL. ARTS. 1º, III, 7º, VI, XIII, XIV, XXII, 170, "CAPUT" e 225. CONVENÇÃO 155 DA OIT. DIREITO REVESTIDO DE INDISPONIBILIDADE ABSOLUTA. IMPOSSIBILIDADE DE FLEXIBILIZAÇÃO. A Constituição Federal estipulou, como direito dos trabalhadores, a redução dos riscos inerentes ao trabalho, por meio de normas de saúde, higiene e segurança. Essa inclusive é a orientação que se extrai da Convenção nº 155 da OIT, ratificada pelo Brasil em 18.05.1992, que expressamente estabelece a adoção de medidas relativas à segurança, à higiene e ao meio ambiente do trabalho. No caso de atividades insalubres, para regularidade da prorrogação da jornada, é necessário que seja dada licença prévia da autoridade competente em matéria de higiene e saúde (art. 60 da CLT). Nesse contexto, mesmo que haja norma coletiva autorizando o regime compensatório em atividade insalubre, é imprescindível a observância da obrigação de haver inspeção e permissão das autoridades competentes, na forma do citado art. 60 da CLT. Isso porque a negociação coletiva trabalhista não tem poderes para eliminar ou restringir direito trabalhista imperativo e expressamente fixado por regra legal, salvo havendo específica autorização da ordem jurídica estatal. Em se tratando de regra fixadora de vantagem relacionada à redução dos riscos e malefícios no ambiente do trabalho, de modo direto e indireto, é enfática a proibição da Constituição ao surgimento da regra negociada menos favorável (art. 7º, XXII, CF). Em coerência com essa nova diretriz, o Tribunal Pleno do TST cancelou a Súmula 349/TST, cancelando também outros verbetes que flexibilizavam a legislação na área de saúde e segurança laborais (item II da Súmula 364 e OJ Transitória 4 da SDI-1 do TST). Desse modo, deve ser adaptada a redação das cláusulas que estabelecem a prorrogação da duração do trabalho e faculta compensação de jornada nas atividades insalubres independentemente de licença prévia das autoridades competentes em matéria de higiene do trabalho. **Recurso ordinário parcialmente provido. Processo:** RO - 20172-39.2014.5.04.0000 **Data de Julgamento:** 12.12.2017, **Relator:** Ministro Mauricio Godinho Delgado, Seção Especializada em Dissídios Coletivos, **Data de Publicação**: *DEJT* 19.12.2017.

E, no mesmo sentido:

> **RECURSO ORDINÁRIO EM AÇÃO ANULATÓRIA INTERPOSTO PELA EMPRESA PROSEGUR SISTEMAS DE SEGURANÇA LTDA. ACORDO COLETIVO DE TRABALHO 2016/2017. 1. NULIDADE DA CLÁUSULA 19 (*CAPUT* E PARÁGRAFO ÚNICO) – JORNADA DE OITO HORAS/FOLGA. SUPRESSÃO DO INTERVALO INTRAJORNADA.** Não se mostra válida a cláusula 19, constante do Acordo Coletivo de Trabalho 2016/2017, que, ao estabelecer a jornada de trabalho diária de oito horas corridas, suprimindo o intervalo intrajornada, contraria a legislação vigente. **2. NULIDADE DA CLÁUSULA 22 (*CAPUT* E § 3º) – JORNADA DE TRABALHO NO CAMPO. JORNADA DIÁRIA DE 12 HORAS. REGIME 15X15.** A jurisprudência deste Tribunal considera que a jornada de trabalho de 12 horas diárias, por quinze dias consecutivos, seguida de quinze dias de descanso, é inviável, por ultrapassar o limite de duração semanal, previsto no art. 7º, XIII, da Constituição Federal, mostrando-se prejudicial à saúde e à segurança do trabalhador. Precedentes. Ainda que se considerasse a validade da jornada laboral pretendida, não haveria como manter a validade do § 3º da cláusula 22, na medida em que suas disposições retiram direitos garantidos ao trabalhador. **Recurso ordinário conhecido e não provido. B) RECURSO ORDINÁRIO EM AÇÃO ANULATÓRIA INTERPOSTO POR SINDICATO DAS EMPRESAS DE SERVIÇOS TERCEIRIZÁVEIS, TRABALHO TEMPORÁRIO, LIMPEZA E CONSERVAÇÃO AMBIENTAL DO ESTADO DO PARÁ E OUTROS. NULIDADE DO § 3º DA CLÁUSULA 22 – JORNADA DE TRABALHO NO CAMPO. JORNADA DIÁRIA DE 12 HORAS. REGIME 15x15.** Adotam-se os fundamentos expostos no recurso anteriormente analisado e que levaram à conclusão da manutenção da nulidade da cláusula 22 e do seu § 3º, declarada pelo Regional. **Recurso ordinário conhecido e não provido. Processo:** RO - 787-26.2016.5.08.0000 **Data de Julgamento:** 12.12.2017, **Relatora:** Ministra Dora Maria da Costa, Seção Especializada em Dissídios Coletivos, **Data de Publicação:** *DEJT* 15.12.2017.

Com base nestes entendimentos, a suposta ampliação de validade de pactos envolvendo a jornada de trabalho, por meio da autonomia privada coletiva, deve ser interpretada restritivamente, observando-se os limites constitucionais e os princípios relacionados à saúde, medicina e segurança no trabalho.

8.3.3.2.2.   Banco de horas anual

O novo texto legal prevê a estipulação de banco de horas anual, por meio da negociação coletiva, bem como que o banco de horas poderá ser pactuado por acordo individual escrito, desde que a compensação ocorra no período máximo de seis (6) meses. Poderá também haver ajuste, por acordo individual, tácito ou escrito, ou coletivo, desde que não desborde de dez horas diárias e que a compensação ocorra no mesmo mês.

É natural que devemos prestigiar a negociação coletiva de trabalho, como instrumento de pacificação social e produtor de normas jurídicas, porém, o art. 611-A da nova CLT não deu um cheque em branco ao empresariado em relação aos pactos sobre jornada de trabalho, banco de horas ou acordos de compensação, devendo obediência aos mandamentos constitucionais, legais e convencionais[38] que disciplinam a matéria.

8.3.3.2.3   Intervalo intrajornada, respeitado o limite mínimo de trinta minutos para jornadas superiores a seis horas

De acordo com a Súmula 437 do Colendo TST, o intervalo intrajornada era considerado norma de ordem pública, inserido nas normas relacionadas à saúde, medicina e segurança no trabalho, e por isto, infenso à negociação coletiva de trabalho.

No entanto, ao longo dos últimos anos, foi intensa a luta sindical empresarial, no sentido de que fossem remunerados apenas os minutos faltantes ou sonegados ao trabalhador, e não uma hora integral, como ficou disposto na interpretação da corte máxima trabalhista.

Agora, com a Reforma Trabalhista, ostensivamente favorável aos empregadores, que também teve como um de seus vetores o afastamento da remuneração do "tempo disponível"[39] ao empregador, sem o respectivo labor, acabou prevalecendo a reivindicação patronal.

Assim sendo, a Lei da Reforma permite que o intervalo mínimo de uma hora seja reduzido, por meio da negociação coletiva de trabalho, para até meia hora, sem os percalços do § 3º do art. 71 da CLT.

8.3.3.2.4.   Adesão ao Programa Seguro-Emprego (PSE), de que trata a Lei nº 13.189, de 19 de novembro de 2015

Trata-se do acordo coletivo, por meio de negociação coletiva de trabalho, com a finalidade de redução da jornada de trabalho, com a correspondente

---

[38]   Temos inúmeras convenções e recomendações da OIT que aludem à matéria da jornada de trabalho, como a Convenção nº 155 da OIT, que trata da segurança e saúde do trabalhador, ratificadas pelo Brasil, e que, portanto, integram o ordenamento jurídico pátrio, com hierarquia de norma constitucional ou pelo menos "supralegal".

[39]   Da mesma forma, houve o afastamento do pagamento das horas *in itinere* e dos 15 minutos que antecedem à prestação de horas extras pelas trabalhadoras (art. 384 da CLT).

redução no salário, para fins de preservação dos empregos contra dispensa coletiva motivada por dificuldades econômicas empresariais, de que trata o art. 2º da Lei nº 4.923/65, em face da retração do mercado.

A Lei nº 13.189/2015, denominada de Programa de Proteção ao Emprego, estimula a negociação coletiva, no sentido de se permitir a redução de jornada e salários em até 30% de cada. Os trabalhadores envolvidos recebem uma compensação do Fundo de Amparo ao Trabalhador (FAT) de 50% da perda salarial verificada, limitada a 65% do valor máximo da parcela do seguro-desemprego.

Mas existem algumas limitações que devem ser observadas pelas empresas que aderirem ao programa. No § 2º do art. 6º, existe a expressão menção de proibição de realização de horas extraordinárias pelos empregados abrangidos pelo programa, durante o período de adesão.

A dúvida referente ao afastamento do disposto na Lei nº 13.189/2015, no que respeita à realização de horas extras, já que o art. 611-A dispõe sobre a prevalência do negociado sobre o legislado, em nosso sentir não deve prosperar, em face do envolvimento de verbas públicas do FAT, aliada às normas protetivas do obreiro em um momento de particular fragilidade, já que está aderindo à própria limitação de sua remuneração. Mais adiante, a própria Reforma Trabalhista traz dispositivo legal no sentido de que não será permitida a dispensa[40] de trabalhadores envolvidos neste programa, durante todo o seu interregno.

8.3.3.2.5. Plano de cargos, salários e funções compatíveis com a condição pessoal do empregado, bem como identificação dos cargos que se enquadram como funções de confiança

Este dispositivo não apresenta qualquer surpresa, pois já contemplado na reiterada, mansa e pacífica jurisprudência do Colendo TST, consoante OJ nº 418, da SDI I, como segue:

---

[40] Art. 476-A, *caput*. O contrato de trabalho poderá ser suspenso, por um período de dois a cinco meses, para participação do empregado em curso ou programa de qualificação profissional oferecido pelo empregador, com duração equivalente à suspensão contratual, mediante previsão em convenção ou acordo coletivo de trabalho e aquiescência formal do empregado, observado o disposto no art. 471 desta Consolidação.

Utilizando este dispositivo legal, os sindicatos poderão também celebrar acordos coletivos no sentido de preservar empregos, reduzindo-se a jornada e a remuneração do trabalhador, desde que com sua formal anuência. O próprio Ministério Público do Trabalho tem celebrado TAC (Termos de Ajustamento de Conduta) com empresários e sindicatos profissionais com idêntico desiderato.

OJ 418. Equiparação Salarial. Plano de Cargos e Salários. Aprovação por Instrumento Coletivo. Ausência de Alternância de Critérios de Promoção por Antiguidade e Merecimento.

Não constitui óbice à equiparação salarial a existência de plano de cargos e salários que, referendado por norma coletiva, prevê critério de promoção apenas por merecimento ou antiguidade, não atendendo, portanto, o requisito de alternância dos critérios, previsto no art. 461, § 2º, da CLT.

Com efeito, a Reforma Trabalhista (Lei nº 13.467/2017) apenas estimula a negociação coletiva de trabalho, contemplando plano de cargos, salários e funções compatíveis com a condição pessoal do empregado. Cotejando este dispositivo legal com o art. 461 da CLT, é inexigível o registro ou homologação do quadro de carreira em órgão público, bem como a liberdade empresarial para instituir critério de promoção, independentemente da alternância considerada na OJ nº 418, acima mencionada.

A mesma interpretação não se aplica quando se trata de estender à negociação coletiva a prerrogativa de identificação dos cargos que se enquadram como funções de confiança.

Isto porque, funções de confiança são aquelas que impõem, simultaneamente, responsabilidades crescentes e limitações de direitos a certos trabalhadores, que agem como *alter ego* do empregador, muitas vezes, colocando-se no lugar daquele, em verdadeira área cinzenta no ramo laboral.

A legislação trabalhista fixa os padrões de identificação das funções de confiança, de acordo com o princípio da primazia da realidade, o que afasta a pura e simples estipulação de identificação destes cargos pela negociação coletiva de trabalho, sem critérios objetivos. Havendo extrapolação da norma legal e ofensa aos princípios trabalhistas, deverá ser aplicada a normativa do art. 9º da CLT, por meio da qual serão nulos de pleno direito os atos praticados com o objetivo de desvirtuar, impedir ou fraudar a aplicação dos preceitos contidos na CLT, especialmente se ocorrer a extensão ilimitada da exceção legal, retirando direitos legítimos de trabalhadores que ostentem tal condição específica.

8.3.3.2.6.   Regulamento empresarial

Apesar de constituir um dos institutos mais antigos do Direito do Trabalho, nascido na Revolução Industrial, no século XVIII, como documento unilateral empresarial para ditar as regras no meio ambiente laboral, muitas vezes, fazendo até mesmo o papel de um verdadeiro Código Civil e Penal, se imiscuindo até na vida privada dos trabalhadores, até hoje inexiste, na legislação laboral brasileira, regramento sobre o regulamento empresarial.

Daí, se o art. 611-A da CLT dispõe que o negociado deverá ter supremacia sobre o legislado, não faz qualquer sentido a menção ao regulamento empresarial, a não ser que seja para alterar in pejus, por meio da negociação coletiva, algum direito individual dos trabalhadores de determinada categoria ou empresa já contemplada em tal regulamento interno.

Visto por este ângulo, a norma coletiva, advinda da negociação coletiva bem sucedida, será suscetível, não apenas para criar ou ampliar vantagens não previstas na lei, bem como revogar ou alterar, inclusive in pejus, um regulamento empresarial.

A negociação coletiva de trabalho por muito tempo foi um instrumento manejado pelos sindicatos profissionais, no sentido de agregar novos direitos, além dos mínimos civilizatórios estabelecidos na lei de regência e na Constituição Federal. Nos novos tempos da globalização, este processo negocial passou também a ser uma bandeira empresarial, empunhada no sentido de, supostamente, adequar os custos do trabalho à realidade orçamentária das empresas ou a aumentar seus lucros, por meio da redução dos custos e da reorganização da mão de obra.

Porém, é cediço que as vantagens unilateralmente concedidas pelos empregadores são incorporadas automaticamente ao patrimônio jurídico dos empregados, e somente serão retiradas por meio de um novo instrumento regulamentar. Esta é a redação das Súmulas n°s 51[41] e 288[42] do Colendo

---

[41] Nº 51 - NORMA REGULAMENTAR. VANTAGENS E OPÇÃO PELO NOVO REGULAMENTO. ART. 468 DA CLT. (INCORPORADA A ORIENTAÇÃO JURISPRUDENCIAL Nº 163 DA SDI-1).
I – As cláusulas regulamentares, que revoguem ou alterem vantagens deferidas anteriormente, só atingirão os trabalhadores admitidos após a revogação ou alteração do regulamento.
(ex-Súmula nº 51 - RA 41/1973, DJ 14.06.1973).
II – Havendo a coexistência de dois regulamentos da empresa, a opção do empregado por um deles tem efeito jurídico de renúncia às regras do sistema do outro.

[42] Nº 288 - COMPLEMENTAÇÃO DOS PROVENTOS DA APOSENTADORIA
I – A complementação dos proventos da aposentadoria é regida pelas normas em vigor na data da admissão do empregado, observando-se as alterações posteriores desde que mais favoráveis ao beneficiário do direito. (Res. 21/1988, DJ 18.03.1988)
II – Na hipótese de coexistência de dois regulamentos de planos de previdência complementar, instituídos pelo empregador ou por entidade de previdência privada, a opção do beneficiário por um deles tem efeito jurídico de renúncia às regras do outro. (Item acrescentado pela Resolução TST nº 193, de 11.12.2013, DJe TST de 13.12.2013, rep. DJe TST de 17.12.2013 e DJe TST de 18.12.2013)
(...).

Tribunal Superior do Trabalho, que devem ser interpretadas em conjunto com o art. 468, *caput*, da CLT, que prima pelo princípio da inalterabilidade contratual lesiva aos interesses dos empregados.

8.3.3.2.7. Representante dos trabalhadores no local de trabalho

A representação dos empregados no local de trabalho, prevista no art. 11 da CF/88, trata-se de uma norma que até este momento não se tornou efetiva nos locais de trabalho dos grandes empregadores brasileiros, o que até motivou uma intensa ação do Ministério Público do Trabalho para fazer com que as empresas passassem a implementá-la, porém, mesmo assim, sem sucesso.

Agora, vem regulamentada, na Reforma Trabalhista, nos arts. 510-A a 510-D da CLT. Tem como escopo a promoção do entendimento direto dos empregados com os empregadores, abrangendo um rol de atividades, com exceção da negociação coletiva que, seguindo os ditames da OIT – Organização Internacional do Trabalho, somente pode ser desenvolvida pelas organizações sindicais.

Neste sentido, a Medida Provisória nº 808/2017, apresentou a nova redação do art. 510-E da CLT:

> A comissão de representantes dos empregados não substituirá a função do sindicato de defender os direitos e os interesses coletivos ou individuais da categoria, inclusive em questões judiciais ou administrativas, hipótese em que será obrigatória a participação dos sindicatos em negociações coletivas de trabalho, nos termos dos incisos III e VI do *caput* do art. 8º da Constituição.

8.3.3.2.8. Teletrabalho, regime de sobreaviso, e trabalho intermitente

O teletrabalho, ou trabalho à distância, é exercido com a utilização de recursos da telemática, com o controle patronal da jornada de trabalho, consistindo em uma nova tipologia do emprego em domicílio, com todas as nuances do contrato de emprego, inclusive as relacionadas à saúde, medicina e segurança no trabalho. Este tipo de trabalho já é utilizado e regulamentado nos países da União Europeia há longa data, e regulamentado na CLT, no art. 6º, por meio da Lei nº 12.552/201, agora também recebeu novo regramento por meio da Reforma Trabalhista, nos arts. 75-A a 75-E.

Em relação à supremacia do negociado sobre o legislado no atinente ao teletrabalho, podemos aduzir sobre os custos de instalação, manutenção, suprimento e conservação dos instrumentos de telemática utilizados pelo empregado que, entendemos, não podem ser transferidos para o empregado, uma vez que tais encargos são de responsabilidade do empregador, consoante arts. 2º e 75-D da CLT.

Já o regime de sobreaviso é definido como a situação pela qual o empregado permanece em sua própria casa, aguardando a qualquer momento o chamado do empregador para o serviço. Cada escala de sobreaviso será, no máximo, de 24 horas, contadas à razão de um terço do salário normal.

Não vemos como a negociação coletiva de trabalho possa flexibilizar os estreitos limites do regime de sobreaviso, períodos mínimo e máximo e sua remuneração, em desconformidade com o já disposto na legislação vigente. Poderia sim, a negociação coletiva estabelecer regramentos peculiares e específicos de determinados ramos da atividade econômica, não alcançados pela lei, como por exemplo, escalas prévias de revezamento dos trabalhadores para atuar no regime de sobreaviso.

Já o regime de prontidão foi deixado ao largo pelo legislador. Regime de prontidão, também denominado regime de espera, é aquele em que o empregado fica no local de trabalho, aguardando ordens de serviço do empregador. Considerando que as matérias relacionadas no art. 611-A da CLT são meramente exemplificativas, nada obsta que este regime também seja contemplado nas futuras negociações coletivas de trabalho.

O trabalho intermitente já utilizado em outros países, como Portugal, Itália, Espanha e Alemanha, agora foi regulamentado no Brasil, pelo art. 443, § 3º da CLT, sendo definido como o contrato de trabalho no qual a prestação de serviços, com subordinação, não é contínua, havendo a alternância de períodos de prestação de serviços e de inatividade, determinados em hora, dia, semana ou meses, independentemente do tipo de atividade do empregador e do empregado, com exceção dos aeronautas.

A Medida Provisória nº 808/2017 estabelece, no art. 452-A da CLT, que o contrato de trabalho intermitente será celebrado por escrito e registrado na CTPS, ainda que previsto em acordo coletivo de trabalho ou convenção coletiva, e deverá conter: identificação, assinatura e domicílio ou sede das partes; valor da hora ou do dia de trabalho, que não poderá ser inferior ao valor horário ou diário do salário mínimo, assegurada a remuneração do trabalho noturno superior à do diurno e observado o disposto no § 12; e o local e o prazo para o pagamento da remuneração.

A MP nº 808/2027 ainda altera outros dispositivos do art. 452-A, como segue:

> (...)
>
> "§ 2º Recebida a convocação, o empregado terá o prazo de 24 horas para responder ao chamado, presumida, no silêncio, a recusa.
>
> (...)

§ 6º Na data acordada para o pagamento, observado o disposto no § 11, o empregado receberá, de imediato, as seguintes parcelas:

I – remuneração;

II – férias proporcionais com acréscimo de um terço;

III – décimo terceiro salário proporcional;

IV – repouso semanal remunerado; e

V – adicionais legais.

(...)

§ 10. O empregado, mediante prévio acordo com o empregador, poderá usufruir suas férias em até três períodos, nos termos dos § 1º e § 2º do art. 134.

§ 11. Na hipótese de o período de convocação exceder um mês, o pagamento das parcelas a que se referem o § 6º não poderá ser estipulado por período superior a um mês, contado a partir do primeiro dia do período de prestação de serviço.

§ 12. O valor previsto no inciso II do *caput* não será inferior àquele devido aos demais empregados do estabelecimento que exerçam a mesma função.

§ 13. Para os fins do disposto neste artigo, o auxílio-doença será devido ao segurado da Previdência Social a partir da data do início da incapacidade, vedada a aplicação do disposto § 3º do art. 60 da Lei nº 8.213, de 1991.

§ 14. O salário-maternidade será pago diretamente pela Previdência Social, nos termos do disposto no § 3º do art. 72 da Lei nº 8.213, de 1991.

§ 15. Constatada a prestação dos serviços pelo empregado, estarão satisfeitos os prazos previstos nos § 1º e § 2º. (NR)

Art. 452-B. É facultado às partes convencionar por meio do contrato de trabalho intermitente:

I – locais de prestação de serviços;

II – turnos para os quais o empregado será convocado para prestar serviços;

III – formas e instrumentos de convocação e de resposta para a prestação de serviços;

IV – formato de reparação recíproca na hipótese de cancelamento de serviços previamente agendados nos termos dos § 1º e § 2º do art. 452-A.

Art. 452-C. Para fins do disposto no § 3º do art. 443, considera-se período de inatividade o intervalo temporal distinto daquele para o qual o empregado intermitente haja sido convocado e tenha prestado serviços nos termos do § 1º do art. 452-A.

§ 1º Durante o período de inatividade, o empregado poderá prestar serviços de qualquer natureza a outros tomadores de serviço, que exerçam ou não a mesma atividade econômica, utilizando contrato de trabalho intermitente ou outra modalidade de contrato de trabalho.

§ 2º No contrato de trabalho intermitente, o período de inatividade não será considerado tempo à disposição do empregador e não será remunerado, hipótese em que restará descaracterizado o contrato de trabalho intermitente caso haja remuneração por tempo à disposição no período de inatividade.

Art. 452-D. Decorrido o prazo de um ano sem qualquer convocação do empregado pelo empregador, contado a partir da data da celebração do contrato, da última convocação ou do último dia de prestação de serviços, o que for mais recente, será considerado rescindido de pleno direito o contrato de trabalho intermitente.

Art. 452-E. Ressalvadas as hipóteses a que se referem os art. 482 e art. 483, na hipótese de extinção do contrato de trabalho intermitente serão devidas as seguintes verbas rescisórias:

I – pela metade:

a) o aviso prévio indenizado, calculado conforme o art. 452-F; e

b) a indenização sobre o saldo do Fundo de Garantia do

Tempo de Serviço - FGTS, prevista no § 1º do art. 18 da Lei nº 8.036, de 11 de maio de 1990; e

II – na integralidade, as demais verbas trabalhistas.

§ 1º A extinção de contrato de trabalho intermitente permite a movimentação da conta vinculada do trabalhador no FGTS na forma do inciso I-A do art. 20 da Lei nº 8.036, de 1990, limitada a até oitenta por cento do valor dos depósitos.

§ 2º A extinção do contrato de trabalho intermitente a que se refere este artigo não autoriza o ingresso no Programa de Seguro-Desemprego.(NR)

Art. 452-F. As verbas rescisórias e o aviso prévio serão calculados com base na média dos valores recebidos pelo empregado no curso do contrato de trabalho intermitente.

§1º No cálculo da média a que se refere o *caput*, serão considerados apenas os meses durante os quais o empregado tenha recebido parcelas remuneratórias no intervalo dos últimos doze meses ou o período de vigência do contrato de trabalho intermitente, se este for inferior.

§ 2º O aviso prévio será necessariamente indenizado, nos termos dos § 1º e § 2º do art. 487.

Art. 452-G. Até 31 de dezembro de 2020, o empregado registrado por meio de contrato de trabalho por prazo indeterminado demitido não poderá prestar serviços para o mesmo empregador por meio de contrato de trabalho intermitente pelo prazo de dezoito meses, contado da data da demissão do empregado. (NR)

Art. 452-H. No contrato de trabalho intermitente, o empregador efetuará o recolhimento das contribuições previdenciárias próprias e do empregado e o depósito do FGTS com base nos valores pagos no período mensal e fornecerá ao empregado comprovante do cumprimento dessas obrigações, observado o disposto no art. 911-A.

O contrato intermitente no Brasil, de acordo com a novel legislação da Reforma Trabalhista, se apresenta como o mais deletério dos instrumentos contratuais de trabalho já disponibilizados no ordenamento jurídico nacional, pois não assegura uma renda mensal mínima, nem um período mínimo de atividade, e pode ser replicado em qualquer atividade econômica, diferentemente do que dispõe a legislação internacional. Em Portugal, por exemplo, o contrato intermitente somente pode ser utilizado por empresas que realizam atividades cíclicas, ou sazonais, garante uma renda mensal mínima ao trabalhador de 20% do salário mínimo nacional ou do salário normativo, e a cada seis meses dispõe que o trabalhador deve se manter em atividade por, pelo menos, quatro meses. Nas empresas que não cumprirem tal legislação, há a descaracterização do contrato intermitente com sua transmutação em contrato de trabalho por prazo indeterminado.

Desta forma, caberá ao instituto da negociação coletiva de trabalho suprir, *in mellius*, o que não foi previsto pela novel legislação, já que não é possível dela nada se retirar, por absoluta inexistência, dos já parcos e limitados direitos estabelecidos no contrato intermitente trazido pela Reforma Trabalhista.

8.3.3.2.9. Remuneração por produtividade, incluídas gorjetas percebidas pelo empregado, e remuneração por desempenho individual

A Lei nº 13.467/2017 manteve, na sua integralidade, o *caput* do art. 457 da CLT:

Art. 457. Compreendem-se na remuneração do empregado, para todos os efeitos legais, além do salário devido e pago diretamente pelo empregador, como contraprestação do serviço, as gorjetas que receber.

Todavia, a Medida Provisória nº 808/2017 alterou alguns parágrafos do art. 457 da CLT, lançados pela Lei nº 13.467/2017, como assim dispõe:

§ 1º Integram o salário a importância fixa estipulada, as gratificações legais e de função e as comissões pagas pelo empregador.

§ 2º As importâncias, ainda que habituais, pagas a título de ajuda de custo, limitadas a cinquenta por cento da remuneração mensal, o auxílio-alimentação, vedado o seu pagamento em dinheiro, as diárias para viagem e os prêmios não integram a remuneração do empregado, não se incorporam ao contrato de trabalho e não constituem base de incidência de encargo trabalhista e previdenciário.[43]

(...)

§ 12. A gorjeta a que se refere o § 3º não constitui receita própria dos empregadores, destina-se aos trabalhadores e será distribuída segundo os critérios de custeio e de rateio definidos em convenção coletiva ou acordo coletivo de trabalho.

§ 13. Se inexistir previsão em convenção coletiva ou acordo coletivo de trabalho, os critérios de rateio e distribuição da gorjeta e os percentuais de retenção previstos nos § 14 e § 15 serão definidos em assembleia geral dos trabalhadores, na forma estabelecida no art. 612.

§ 14. As empresas que cobrarem a gorjeta de que trata o § 3º deverão:

I – quando inscritas em regime de tributação federal diferenciado, lançá-la na respectiva nota de consumo, facultada a retenção de até vinte por cento da arrecadação correspondente, mediante previsão em convenção coletiva ou acordo coletivo de trabalho, para custear os encargos sociais, previdenciários e trabalhistas derivados da sua integração à remuneração dos empregados, hipótese em que o valor remanescente deverá ser revertido integralmente em favor do trabalhador;

II – quando não inscritas em regime de tributação federal diferenciado, lançá-la na respectiva nota de consumo, facultada a retenção de até trinta e três por cento da arrecadação correspondente, mediante previsão em convenção coletiva ou acordo coletivo de trabalho, para custear os encargos sociais, previdenciários e trabalhistas derivados da sua integração à remuneração dos empregados, hipótese em que o valor remanescente deverá ser revertido integralmente em favor do trabalhador; e

III – anotar na CTPS e no contracheque de seus empregados o salário contratual fixo e o percentual percebido a título de gorjeta.

§ 15. A gorjeta, quando entregue pelo consumidor diretamente ao empregado, terá seus critérios definidos em convenção coletiva ou acordo coletivo de trabalho, facultada a retenção nos parâmetros estabelecidos no § 14.

§ 16. As empresas anotarão na CTPS de seus empregados o salário fixo e a média dos valores das gorjetas referente aos últimos doze meses.

---

[43] A MP nº 808/2017 perdeu eficácia no dia 23.04.2018, pois até essa data não foi regulamentada pelo Congresso Nacional. Não obstante, se até 23.06.2018 o Congresso não editar nenhum decreto legislativo regulamentando a matéria, de acordo com o art. 62, § 11, da CF/88, as relações jurídicas ocorridas no lapso temporal entre sua edição (14.11.2017) e sua perda de eficácia (23.04.2018) serão por ela regidas.

§ 17. Cessada pela empresa a cobrança da gorjeta de que trata o § 3º, desde que cobrada por mais de doze meses, essa se incorporará ao salário do empregado, a qual terá como base a média dos últimos doze meses, sem prejuízo do estabelecido em convenção coletiva ou acordo coletivo de trabalho.

§ 18. Para empresas com mais de sessenta empregados, será constituída comissão de empregados, mediante previsão em convenção coletiva ou acordo coletivo de trabalho, para acompanhamento e fiscalização da regularidade da cobrança e distribuição da gorjeta de que trata o § 3º, cujos representantes serão eleitos em assembleia geral convocada para esse fim pelo sindicato laboral e gozarão de garantia de emprego vinculada ao desempenho das funções para que foram eleitos, e, para as demais empresas, será constituída comissão intersindical para o referido fim.

§ 19. Comprovado o descumprimento ao disposto nos § 12, § 14, § 15 e § 17, o empregador pagará ao trabalhador prejudicado, a título de multa, o valor correspondente a um trinta avos da média da gorjeta por dia de atraso, limitada ao piso da categoria, assegurados, em qualquer hipótese, o princípio do contraditório e da ampla defesa.

§ 20. A limitação prevista no § 19 será triplicada na hipótese de reincidência do empregador.

§ 21. Considera-se reincidente o empregador que, durante o período de doze meses, descumprir o disposto nos § 12, § 14, § 15 e § 17 por período superior a sessenta dias.

§ 22. Consideram-se prêmios as liberalidades concedidas pelo empregador, até duas vezes ao ano, em forma de bens, serviços ou valor em dinheiro, a empregado, grupo de empregados ou terceiros vinculados à sua atividade econômica em razão de desempenho superior ao ordinariamente esperado no exercício de suas atividades.

§ 23. Incidem o imposto sobre a renda e quaisquer outros encargos tributários sobre as parcelas referidas neste artigo, exceto aquelas expressamente isentas em lei específica.

Vemos, dessa forma, que a Medida Provisória nº 808/2017 alterou sobremaneira aquilo que dispunha a Lei nº 13.467/2017 alusiva a esta matéria, remetendo à negociação coletiva de trabalho ou, quando esta não for possível, à assembleia geral dos trabalhadores, o papel de estabelecer a forma e critérios de custeio e de partilha das gorjetas nos respectivos estabelecimentos empresariais, bem como punição ao empregador inadimplente, inclusive em casos de reincidências.

Regula também, de forma diversa de como se estabelecia anteriormente, que os prêmios, em caso de liberalidade do empregador, deverão ser pagos de forma similar ao pagamento da participação dos trabalhadores nos lucros ou resultados das empresas, regidos pela Lei nº 10.101/2000, ou seja, até duas vezes por ano, sob pena de descaracterização, e sua transmutação em verbas de natureza salarial.

Já em relação ao pagamento por produtividade do trabalhador, a negociação coletiva de trabalho poderá fixar parâmetros e percentuais para a devida remuneração, adotando critérios de retribuição, periodicidade e base de cálculo, porém, respeitando-se a natureza jurídica da parcela. Aliás, a alteração da Medida Provisória nº 808/2017, em relação à redação anterior do § 2º do art. 457 da CLT, trazida pela Lei nº 13.467/2017, veio justamente se ajustar neste sentido, como se observa pela nova redação acima transcrita.

Neste mesmo sentido, muito bem assinalado por Antonio Umberto de Souza Júnior, Fabiano Coelho de Souza, Ney Maranhão e Platon Teixeira de Azevedo Neto, quando aduzem: "(...) pensar de modo diferente permitiria o prejuízo ao erário público e à Previdência Social, e ao próprio trabalhador, obviamente, não sendo cabível mudar, ao arrepio da lei, a natureza salarial da parcela de produtividade e os impostos incidentes. Dar um nome diferente a determinada coisa ou atribuir-lhe característica ou natureza diversa da que lhe é inerente não basta para transformá-la em outra coisa".[44]

E ainda:

> Em determinadas circunstâncias, a remuneração por produtividade tem se revelado problemática para o equilíbrio do meio ambiente do trabalho e a saúde dos obreiros. Recorde-se, a propósito, a necessidade de se proceder a uma aplicação normativa conjugada dos incs. XXII e XXVI do art. 7º da CF, de modo que a extensão do prestígio à negociação coletiva nunca poderá chegar a ponto de colocar em risco intolerável a segurança e a saúde física e mental da classe trabalhadora.[45]

E, concluindo:

> Nessa linha de raciocínio, ganham destaque, por exemplo, proposições jurídicas que sejam ambientalmente sensíveis às nocividades inerentes à contraprestação por exclusiva produtividade ao labor prestado por canavieiros e a possíveis cobranças por produtividade lastreadas em número de toques em teclado, alcances jurídicos humanísticos que decerto não podem ser relativizados mesmo que por expressa negociação coletiva, diante do direito fundamental dos trabalhadores à garantia de um meio ambiente laboral hígido, seguro e sadio (CF, arts. 7º, XXII, 200, VIII e 225; CLT, 611-B, XVII).[46]

---

[44] SOUZA JÚNIOR, Antonio Umberto de; SOUZA, Fabiano Coelho de; MARANHÃO, Ney; AZEVEDO NETO, Platon Teixeira de. *Reforma trabalhista*: análise comparativa e crítica da Lei nº 13.467/2017. São Paulo: Rideel, 2017, p. 285.
[45] Idem, ibidem, p. 285.
[46] Idem, ibidem, p. 285.

8.3.3.2.10. Modalidade de registro de jornada de trabalho

Entendemos que a modalidade de registro possa ser negociada coletivamente, de forma a prover o melhor aproveitamento dos sistemas em relação às peculiaridades de cada empregador, já que o sistema oficial do Ministério do Trabalho e Previdência Social não atende a todos, indistintamente.

Não podemos olvidar, todavia, que a jurisprudência do Colendo TST sinaliza no sentido de que a presunção de veracidade dos registros de ponto é relativa, não absoluta, de acordo com o disposto na Súmula 338[47] do TST. Nesta toada, toda e qualquer cláusula alusiva à modalidade de registro que destoe da legalidade, trazendo prejuízos à classe obreira, poderá ser impugnada na Justiça do Trabalho.

A novidade fica por conta da validade do regime de ponto "por exceção", no qual o instrumento normativo (acordo ou convenção coletiva) dispõe no sentido de que o registro de ponto será exigido e necessário apenas quando houver prestação de horas extras.

Nestes casos, o TST tem-se posicionado pela invalidação do instrumento normativo. Vejamos:

> RECURSO DE REVISTA. HORAS EXTRAS. NORMA COLETIVA. SISTEMA ALTERNATIVO DE CONTROLE DE JORNADA. CONTROLE DE PONTO "POR EXCEÇÃO". INVALIDADE. Consoante o item III da Súmula 338 do TST, "os cartões de ponto que demonstram horários de entrada e saída uniformes são inválidos como meio de prova, invertendo-se o ônus da prova, relativo às horas extras, que passa a ser do empregador, prevalecendo a jornada da inicial se dele não se desincumbir". Da mesma forma, não há como ser reconhecida a validade de registros de cartões

---

[47] Nº 338 – JORNADA DE TRABALHO. REGISTRO. ÔNUS DA PROVA. (INCORPORADAS AS ORIENTAÇÕES JURISPRUDENCIAIS Nos 234 E 306 DA SDI-1).
I – É ônus do empregador que conta com mais de 10 (dez) empregados o registro da jornada de trabalho na forma do art. 74, § 2º, da CLT. A não apresentação injustificada dos controles de frequência gera presunção relativa de veracidade da jornada de trabalho, a qual pode ser elidida por prova em contrário. (ex-Súmula nº 338 - Res 121, DJ 21.11.2003).
II – A presunção de veracidade da jornada de trabalho, ainda que prevista em instrumento normativo, pode ser elidida por prova em contrário. (ex-OJ nº 234 - Inserida em 20.06.2001).
III – Os cartões de ponto que demonstram horários de entrada e saída uniformes são inválidos como meio de prova, invertendo-se o ônus da prova, relativo às horas extras, que passa a ser do empregador, prevalecendo a jornada da inicial se dele não se desincumbir. (ex-OJ nº 306 da SBDI-1– DJ 11.08.2003).

de ponto "por exceção", mesmo que autorizada por norma coletiva regularmente celebrada, uma vez que o legislador constituinte, ao prever o reconhecimento das negociações coletivas (CF, art. 7º, XXVI), não chancelou a possibilidade de excluir direito indisponível dos trabalhadores por meio dessa modalidade de pactuação. Assim, esta Corte tem adotado o entendimento de ser nula cláusula de acordo coletivo a qual suprime direitos ou impede seu exercício, como o estabelecido no artigo 74, § 2º, da CLT. Dessa forma, considera-se inválida a cláusula coletiva que estipula controle de ponto "por exceção", por atentar contra as normas de fiscalização da jornada laboral. Recurso de revista conhecido e provido. Processo: RR - 3512-57.2010.5.12.0009 Data de Julgamento: 08.11.2017, Relator Ministro: Augusto César Leite de Carvalho, 6ª Turma, Data de Publicação: *DEJT* 10.11.2017.

HORAS EXTRAORDINÁRIAS. REGISTRO DE PONTO. MARCAÇÃO DA "JORNADA POR EXCEÇÃO". PREVISÃO. NORMA COLETIVA. INVALIDADE. NÃO CONHECIMENTO. Segundo o entendimento desta Corte Superior, são inválidas as cláusulas constantes em acordo ou convenção coletiva de trabalho que isentem o empregador de registrar as horas efetivamente prestadas por seus empregados, já que a obrigatoriedade do registro de horário é garantida por norma de ordem pública. Precedentes da Corte. In casu, consta do v. acórdão regional que a reclamada colacionou aos autos cartões-ponto que continham apenas registros "por exceção". Referida cláusula normativa foi considerada ilegal e, por consequência, foi considerado inválido o regime de prorrogação e compensação de horas e banco de horas. Incidência Súmula nº 333 e do artigo 896, § 7º, da CLT. Processo: RR - 3051-61.2011.5.12.0038 Data de Julgamento: 2510.2017, Relator Ministro: Guilherme Augusto Caputo Bastos, 5ª Turma, Data de Publicação: *DEJT* 27.10.2017.

A Portaria nº 1.510/2009 do Ministério do Trabalho e Emprego criou o Registro de Ponto Eletrônico, que regulamentou o art. 74 da CLT, obrigando apenas os estabelecimentos com mais de dez empregados. O art. 3º define o ponto eletrônico, o art. 4º trata de seus requisitos principais e o art. 31 cuida do Certificado de Conformidade do REP com a legislação trabalhista.

Neste contexto, fica o registro de que a negociação coletiva de trabalho poderá ser o instrumento pelo qual as partes interessadas poderão estabelecer modalidades de registro de ponto, de acordo com suas conveniências e peculiaridades, porém, jamais fixar limites e obrigações envolvendo registros de entrada, saída, intervalos intra e interjornada nos estabelecimentos com mais de dez empregados, pois ao agir como tal estaria invadindo área de competência exclusiva da União, no que respeita à organização e funcionamento da polícia do trabalho, consoante art. 21, XXIV, da CF/88.

8.3.3.2.11. Troca do dia de feriado

Tal prática já é comum no mercado de trabalho, pelo que não apresenta qualquer novidade sua discussão e implementação por meio da negociação coletiva de trabalho.

Havendo trabalho nos dias de feriado, a remuneração será paga em dobro, salvo se o empregador determinar outro dia de folga, de acordo com o art. 9º da Lei nº 605/1949.[48]

Já em relação aos empregados do comércio em geral, o trabalho em feriado é permitido desde que autorizado em convenção coletiva de trabalho e observada a legislação municipal, consoante art. 6-A da Lei nº 10.101/2000, *in verbis*:

> Art. 6º-A. É permitido o trabalho em feriados nas atividades do comércio em geral, desde que autorizado em convenção coletiva de trabalho e observada a legislação municipal, nos termos do inciso I do *caput* do art. 30 da Constituição Federal. (Artigo acrescentado pela Lei nº 11.603, de 05.12.2007, *DOU* 06.12.2007, conversão da Medida Provisória nº 388, de 05.09.2007, *DOU* 06.09.2007).

Observamos que a legislação previa a obrigatoriedade de convenção coletiva de trabalho para autorizar o trabalho em feriados, diferentemente da exigência em relação ao trabalho aos domingos[49].

No entanto, o novel art. 620 da CLT, alterado pela Lei nº 13.467/2017, dispõe que o acordo coletivo tem prevalência sobre a convenção coletiva de

---

[48] Art. 1º Todo empregado tem direito ao repouso semanal remunerado de vinte e quatro horas consecutivas, preferentemente aos domingos e, nos limites das exigências técnicas das empresas, nos feriados civis e religiosos, de acordo com a tradição local. (...) Art. 8º Excetuados os casos em que a execução do serviço for imposta pelas exigências técnicas das empresas, é vedado o trabalho em dias feriados, civis e religiosos, garantia, entretanto, aos empregados a remuneração respectiva, observados os dispositivos dos artigos 6º e 7º desta lei. Art. 9º Nas atividades em que não for possível, em virtude das exigências técnicas das empresas, a suspensão do trabalho, nos dias feriados civis e religiosos, a remuneração será paga em dobro, salvo se o empregador determinar outro dia de folga.

[49] Lei nº 10.101/2000
(...)
Art. 6º (...) Parágrafo único. O repouso semanal remunerado deverá coincidir, pelo menos uma vez no período máximo de quatro semanas, com o domingo, respeitadas as demais normas de proteção ao trabalho e outras previstas em acordo ou convenção coletiva. (Redação dada pela Lei nº 11.603/2007).

trabalho, assinalando o acolhimento do princípio da especificidade, no sentido de dar guarida às peculiaridades de cada empreendimento empresarial.

Neste contexto, não vemos óbice que o acordo coletivo, agora reforçado pela Lei da Reforma Trabalhista, possa ser utilizado para estabelecer, por meio da negociação coletiva, o trabalho em feriados, mediante compensação, para todas as categorias profissionais dos trabalhadores, ou seja, para aquelas que não se encontram vetadas[50] pela Lei nº 605/49.

8.3.3.2.12. Enquadramento do grau de insalubridade

A Medida Provisória nº 808/2017 revogou a antiga redação deste inciso XII do art. 611-A da CLT, substituindo-a pela seguinte nova redação, *in verbis*:

> XII – enquadramento do grau de insalubridade e prorrogação de jornada em locais insalubres, incluída a possibilidade de contratação de perícia, afastada a licença prévia das autoridades competentes do Ministério do Trabalho, desde que respeitadas, na integralidade, as normas de saúde, higiene e segurança do trabalho previstas em lei ou em normas regulamentadoras do Ministério do Trabalho.

O art. 189 da CLT dispõe que:

> Art. 189. Serão consideradas atividades ou operações insalubres aquelas que, por sua natureza, condições ou métodos de trabalho, exponham os empregados a agentes nocivos à saúde, acima dos limites de tolerância fixados em razão da natureza e da intensidade do agente e do tempo de exposição aos seus efeitos.

Complementando, o art. 190 da CLT estabelece:

> Art. 190. O Ministério do Trabalho aprovará o quadro das atividades e operações insalubres e adotará normas sobre os critérios de caracterização da insalubridade, os limites de tolerância aos agentes agressivos, meios de proteção e o tempo máximo de exposição do empregado a esses agentes.

---

[50] Art. 5º Esta lei não se aplica às seguintes pessoas: (...) b) aos funcionários públicos da União, dos Estados e dos Municípios e aos respectivos extranumerários em serviço nas próprias repartições; c) aos servidores de autarquias paraestatais, desde que sujeitos a regime próprio de proteção ao trabalho que lhes assegure situação análoga à dos funcionários públicos. Parágrafo único. São exigências técnicas, para os efeitos desta lei, as que, pelas condições peculiares às atividades da empresa, ou em razão do interesse público, tornem indispensável a continuidade do serviço.

Parágrafo único. As normas referidas neste artigo incluirão medidas de proteção do organismo do trabalhador nas operações que produzem aerodispersoides tóxicos, irritantes, alergênicos ou incômodos.

A Norma Regulamentadora nº 15 do Ministério do Trabalho e Previdência Social determina quais as atividades são consideradas insalubres e o seu respectivo grau mínimo, médio ou máximo, consistindo em matéria de ordem pública, relacionadas à saúde, medicina e segurança no trabalho, portanto, verdadeiros direitos humanos fundamentais dos trabalhadores e de imperatividade absoluta, estando, pois vetadas de ser flexibilizadas pela negociação coletiva, por força do inciso XVII[51] do art. 611-B da CLT, que constitui a cláusula de barreira ou de contenção à negociação coletiva *in pejus* e flexibilizante.

8.3.3.2.13. Prorrogação de jornada em ambientes insalubres, sem licença prévia das autoridades competentes do Ministério do Trabalho

O inciso XIII do art. 611-A da CLT, implantado pela Lei nº 13.467/2017, foi revogado pela Medida Provisória nº 808/2017.

A redação do inciso XII do art. 611-A foi alterada pela MP 808/2017, da seguinte forma:

> XII – enquadramento do grau de insalubridade e prorrogação de jornada em locais insalubres, incluída a possibilidade de contratação de perícia, afastada a licença prévia das autoridades competentes do Ministério do Trabalho, desde que respeitadas, na integralidade, as normas de saúde, higiene e segurança do trabalho previstas em lei ou em normas regulamentadoras do Ministério do Trabalho.

Como fica, então, a possibilidade de prorrogação de jornada em locais insalubres, por meio da negociação coletiva de trabalho?

Até o advento da Lei nº 13.467/2017, a posição do Colendo TST era pela invalidade da norma coletiva que dispusesse neste sentido. Vejamos:

> AGRAVO DE INSTRUMENTO EM RECURSO DE REVISTA INTERPOSTO NA VIGÊNCIA DA LEI 13.015/2014. 1. JORNADA DE TRABALHO. ACORDO DE COMPENSAÇÃO. ATIVIDADE INSALUBRE.

---

[51] Art. 611-B. Constituem objeto ilícito de convenção coletiva ou de acordo coletivo de trabalho, exclusivamente, a supressão ou a redução dos seguintes direitos: (...) XVII – normas de saúde, higiene e segurança do trabalho previstas em lei ou em normas regulamentadoras do Ministério do Trabalho.

INVALIDADE. SÚMULA 85/TST. Pacífico nesta Corte entendimento segundo o qual é inválido acordo de compensação de jornada em atividade insalubre, sem permissão da autoridade e competente, ainda que estipulado em norma coletiva. Registrado pelo Tribunal Regional que o Reclamante trabalhava em ambiente insalubre, a decisão recorrida, em que considerado inválido o regime compensatório, está em consonância com o item VI da Súmula 85/TST. Processo: AIRR – 20152-63.2014.5.04.0383. Data de Julgamento: 02.08.2017, Relator Ministro: Douglas Alencar Rodrigues, 7ª Turma, Data de Publicação: *DEJT* 04.08.2017.

Antes tínhamos a redação da Súmula 349[52] do TST, que foi cancelada, justamente porque o TST passou a se posicionar no sentido de que o disposto no art. 60 da CLT constitui norma de ordem pública, não comportando nenhuma possibilidade de flexibilização.

Agora, a Medida Provisória nº 808/2017 alterou a redação anterior dada pela Lei nº 13.467/2017, no sentido de permitir a prorrogação de jornada em locais insalubres, incluindo a possibilidade de contratação de perícia, afastada a licença prévia das autoridades competentes do Ministério do Trabalho, desde que respeitadas, na integralidade, as normas de saúde, higiene e segurança do trabalho, previstas em lei ou em normas regulamentadoras do Ministério do Trabalho.

A norma passa a dispor sobre a necessidade de se respeitar, na integralidade, as normas de saúde, higiene e segurança do trabalho, previstas em lei ou em normas regulamentadores do Ministério do Trabalho, que na verdade são normas de ordem pública, garantidoras do direito à própria vida do trabalhador, e desta forma, com o intuito de dar cumprimento ao princípio da dignidade da pessoa humana, aos valores sociais do trabalho e da livre-iniciativa (art. I, III e IV, CF/88), bem como aos demais preceitos relacionados à ordem econômica, fundada na valorização do trabalho humano, tendo por fim assegurar a todos existência digna, conforme os ditames da justiça social (art. 170, CF/88), a função social da propriedade e a defesa do meio ambiente (art. 170, III e VI, CF/88), nele ainda incluído o equilíbrio do meio ambiente laboral (CF, art. 200, VIII), impondo-se à coletividade e ao Poder Público, o dever de defendê-lo e de preservá-lo (art. 225, *caput*, CF/88).

---

[52] Nº 349 – ACORDO DE COMPENSAÇÃO DE HORÁRIO EM ATIVIDADE INSALUBRE, CELEBRADO POR ACORDO COLETIVO. VALIDADE. (CANCELADA). A validade de acordo coletivo ou convenção coletiva de compensação de jornada de trabalho em atividade insalubre prescinde da inspeção prévia da autoridade competente em matéria de higiene do trabalho (art. 7º, XIII, da CF/1988; art. 60 da CLT).

Esta proteção ao meio ambiente laboral e à saúde do trabalhador impõe barreiras constitucionais sólidas à livre estipulação de prorrogação de jornada em ambientes insalubres, ao alvedrio das partes convenentes da negociação coletiva de trabalho, na medida em que encontra amparo no princípio da prevenção, da precaução e na própria Convenção nº 155 da OIT, devidamente ratificada pelo Brasil, reforçando a necessidade de se respeitar integralmente o disposto no art. 7º, XXII, da CF/88 alusivo à redução dos riscos (físicos, químicos, biológicos, ergonômicos, psicossociais, sejam de natureza individual ou coletiva) inerentes ao trabalho, por meio de normas de saúde, higiene e segurança no trabalho.

A propósito, oportuno pensamento de Antonio Umberto de Souza Júnior e outros, quando aduzem: "(...) propomos que o regramento em apreço receba interpretação conforme a CF, de modo que a prorrogação mencionada no novo texto legal só será permitida em situações especiais, como nas hipóteses do art. 61 da CLT (prorrogação por motivo de força maior, necessidade imperiosa de conclusão de serviços ou recuperação de tempo de paralisação), compensação de jornada (art. 7º, XIII, CF) e prestação de horas extras eventuais. Pensar que a negociação coletiva possa galgar o patamar da irresponsabilidade, com a saúde do trabalhador, multiplicando o risco mediante prorrogação habitual e injustificada da jornada em atividade insalubre, seria contrariar conquistas históricas dos trabalhadores expressas no texto constitucional".[53]

8.3.3.2.14. Prêmios de incentivo em bens ou serviços, eventualmente concedidos em programas de incentivo

Os prêmios constituem um tipo de remuneração que o empregador concede àqueles empregados que se destacam na empresa, seja por uma melhor *performance* em determinado mês, trabalho superior ao ordinariamente esperado no exercício de atividades triviais ao longo de determinado período de tempo ou ainda por algo inovador que o empregado possa ter contribuído com o desempenho geral da organização empresarial. Pode ser de caráter individual ou coletivo, contemplando apenas um empregado, ou a totalidade do grupo, caso todos tenham participado, em conjunto, das atividades que ensejaram o sucesso da empresa, em relação a seus planos de metas (*business plan*).

---

[53] SOUZA JÚNIOR, Antonio Umberto de; SOUZA, Fabiano Coelho de; MARANHÃO, Ney; AZEVEDO NETO, Platon Teixeira de. *Reforma trabalhista*: análise comparativa e crítica da Lei nº 13.467/2017. São Paulo: Rideel, 2017, p. 292.

Por isso, tais prêmios são institutos que se aproximam da participação nos lucros ou resultados das empresas, diferenciando-se, apenas, no que respeita à participação sindical. Os primeiros são concedidos de forma unilateral, e, ao livre alvedrio do empregador. O segundo geralmente é entabulado com o sindicado, por meio da negociação coletiva de trabalho, resultando geralmente em um acordo coletivo de trabalho.

O art. 457, § 2º da CLT, alterado pela Lei nº 13.467/2017, e agora pela MP 808/2017, assim dispõe sobre os prêmios:

> § 2º As importâncias, ainda que habituais, pagas a título de ajuda de custo, limitadas a cinquenta por cento da remuneração mensal, o auxílio-alimentação, vedado o seu pagamento em dinheiro, as diárias para viagem e os prêmios não integram a remuneração do empregado, não se incorporam ao contrato de trabalho e não constituem base de incidência de encargo trabalhista e previdenciário.

Desta forma, ficou definido pela novel legislação que os prêmios não integram a remuneração do empregado, de forma que poderão ser pagos pelo empregador, sem os devidos reflexos nas demais verbas de natureza salarial do empregado, e não estarão sujeitos ao recolhimento de INSS ou de imposto de renda (IR). A negociação coletiva de trabalho, no tema, poderá ser exercida com desenvoltura pelas partes, inclusive para modificar eventual regra anteriormente utilizada pelo empregador.

8.3.3.2.15. Participação nos lucros ou resultados da empresa

A CF/88 elenca entre os direitos dos trabalhadores, no art. 7º, XI, a participação nos lucros ou resultados da empresa, desvinculada da remuneração, na forma da Lei.

A Lei nº 10.101/2000, que regula tal direito trabalhista, dispõe:

> Art. 1º Esta Lei regula a participação dos trabalhadores nos lucros ou resultados da empresa como instrumento de integração entre o capital e o trabalho e como incentivo à produtividade, nos termos do artigo 7º, inciso XI, da Constituição.
>
> Art. 2º A participação nos lucros ou resultados será objeto de negociação entre a empresa e seus empregados, mediante um dos procedimentos a seguir descritos, escolhidos pelas partes de comum acordo:
> I – comissão paritária escolhida pelas partes, integrada, também, por um representante indicado pelo sindicato da respectiva categoria; (Redação dada ao inciso pela Lei nº 12.832, de 20.06.2013, *DOU* de 21.06.2013, com efeitos a partir de 01.01.2013)

II – convenção ou acordo coletivo.

§ 1º Dos instrumentos decorrentes da negociação deverão constar regras claras e objetivas quanto à fixação dos direitos substantivos da participação e das regras adjetivas, inclusive mecanismos de aferição das informações pertinentes ao cumprimento do acordado, periodicidade da distribuição, período de vigência e prazos para revisão do acordo, podendo ser considerados, entre outros, os seguintes critérios e condições:

I – índices de produtividade, qualidade ou lucratividade da empresa;

II – programas de metas, resultados e prazos, pactuados previamente.

§ 2º O instrumento de acordo celebrado será arquivado na entidade sindical dos trabalhadores.

§ 3º Não se equipara a empresa, para os fins desta Lei:

I – a pessoa física;

II – a entidade sem fins lucrativos que, cumulativamente:

a) não distribua resultados, a qualquer título, ainda que indiretamente, a dirigentes, administradores ou empresas vinculadas;

b) aplique integralmente os seus recursos em sua atividade institucional e no País;

c) destine o seu patrimônio a entidade congênere ou ao poder público, em caso de encerramento de suas atividades;

d) mantenha escrituração contábil capaz de comprovar a observância dos demais requisitos deste inciso, e das normas fiscais, comerciais e de direito econômico que lhe sejam aplicáveis.

§ 4º Quando forem considerados os critérios e condições definidos nos incisos I e II do § 1º deste artigo: (Incluído pela Lei nº 12.832, de 2013)

I – a empresa deverá prestar aos representantes dos trabalhadores na comissão paritária informações que colaborem para a negociação;

II – não se aplicam as metas referentes à saúde e segurança no trabalho. (Parágrafo acrescentado pela Lei nº 12.832, de 20.06.2013, *DOU* de 21.06.2013, com efeitos a partir de 01.01.2013)

Art. 3º A participação de que trata o artigo 2º não substitui ou complementa a remuneração devida a qualquer empregado, nem constitui base de incidência de qualquer encargo trabalhista, não se lhe aplicando o princípio da habitualidade.

§ 1º Para efeito de apuração do lucro real, a pessoa jurídica poderá deduzir como despesa operacional as participações atribuídas aos empregados nos lucros ou resultados, nos termos da presente Lei, dentro do próprio exercício de sua constituição.

(...).

A Reforma Trabalhista tem por escopo justamente prover uma maior liberdade às partes convenentes, por meio da negociação coletiva de trabalho, para dispor de forma diversa da previsão legal. Como já replicamos em várias passagens desta obra, para o Direito Coletivo de Trabalho, as normas da CLT e disposições legais infraconstitucionais são consideradas normas dispositivas, facultativas, supletivas, livremente afastadas, até mesmo *in pejus*, pelo processo negocial. Diversamente se apresentam para o Direito Individual, para o qual aquela legislação tem caráter de imperatividade relativa, e em alguns casos imperatividade absoluta, como nas matérias alusivas ao salário mínimo, normas de saúde e segurança etc.

Embora possa haver enorme espaço para flexibilização em relação a esta disciplina da participação nos lucros ou resultados, no escopo da supremacia do negociado em face do legislado, não podemos esquecer que o processo negocial não poderá abarcar objeto ilícito previsto na cláusula de barreira ou de contenção do art. 611-B, ou seja, não haverá espaço para flexibilizar ou afastar matérias como tributos ou créditos de terceiros (art. 611-B, CLT, inciso XXIX).

De modo idêntico, entendemos que a Lei nº 13.467/2017 e a Medida Provisória nº 808/2017 não atingiram a Súmula 451, do TST, alusiva à matéria, que dá guarida ao princípio da igualdade (isonomia), de índole constitucional, e direito humano fundamento de 2ª dimensão, ao estabelecer:

> Nº 451 – PARTICIPAÇÃO NOS LUCROS E RESULTADOS. RESCISÃO CONTRATUAL ANTERIOR À DATA DA DISTRIBUIÇÃO DOS LUCROS. PAGAMENTO PROPORCIONAL AOS MESES TRABALHADOS. PRINCÍPIO DA ISONOMIA (conversão da Orientação Jurisprudencial nº 390 da SBDI-1). Fere o princípio da isonomia instituir vantagem mediante acordo coletivo ou norma regulamentar que condiciona a percepção da parcela participação nos lucros e resultados ao fato de estar o contrato de trabalho em vigor na data prevista para a distribuição dos lucros. Assim, inclusive na rescisão contratual antecipada, é devido o pagamento da parcela de forma proporcional aos meses trabalhados, pois o ex-empregado concorreu para os resultados positivos da empresa.

Não vemos, por outro lado, qualquer óbice em se permitir, por meio do processo negocial, a flexibilização da periodicidade do pagamento da parcela, pelo que já se manifestou o Colendo TST, neste sentido, por meio da OJ – SBDI I transitória nº 73, da SDI I:

> OJ 73. VOLKSWAGEN DO BRASIL LTDA. PARTICIPAÇÃO NOS LUCROS E RESULTADOS. PAGAMENTO MENSAL EM DECORRÊNCIA DE NORMA COLETIVA. NATUREZA INDENIZATÓRIA. A despeito da vedação de pagamento em periodicidade inferior a um

semestre civil ou mais de duas vezes no ano cível, disposta no art. 3º, § 2º, da Lei nº 10.101, de 19.12.2000, o parcelamento em prestações mensais da participação nos lucros e resultados de janeiro de 1999 a abril de 2000, fixado no acordo coletivo celebrado entre o Sindicato dos Metalúrgicos do ABC e a Volkswagen do Brasil Ltda., não retira a natureza indenizatória da referida verba (art. 7º, XI, da CF), devendo prevalecer a diretriz constitucional que prestigia a autonomia privada coletiva (art. 7º, XXVI, da CF).

Em síntese conclusiva neste tópico, ao que parece o legislador quis estender a todos os empregadores a possibilidade de flexibilização desta parcela, de modo a se compatibilizar com a planilha de custos e orçamento, bem como às peculiaridades empresariais, por meio do processo negocial.

8.3.3.2.16. Princípio da intervenção estatal mínima na autonomia da vontade coletiva

Se o art. 7º, XXVI, da CF/88 busca tonificar a presunção quanto à validade dos instrumentos normativos que emanam da negociação coletiva de trabalho, o § 3º do art. 8º da CLT, com a nova redação dada pela Lei nº 13.467/2017 estabelece que no exame de convenção ou acordo coletivo de trabalho, a Justiça do Trabalho analisará exclusivamente a conformidade dos elementos essenciais do negócio jurídico, respeitado o art. 104 do Código Civil, e balizará sua atuação pelo princípio da intervenção mínima na autonomia da vontade coletiva.

Temos, desta forma, um embate jurídico: o fortalecimento da presunção da validade da convenção e acordo coletivo de trabalho, de índole constitucional, por um lado, e da restrição à análise do conteúdo (de suas cláusulas normativas e obrigacionais), por outro, tendo por balizamento a conformidade dos elementos essenciais do negócio jurídico e o princípio da intervenção mínima estatal (do Poder Judiciário e do Ministério Público do Trabalho) na autonomia privada coletiva das partes convenentes.

Em outras palavras, o legislador parece comunicar no sentido de que, se a norma ápice constitucional dá guarida e robustece os instrumentos normativos que defluem do processo negocial, a legislação infraconstitucional (Lei nº 13.467/2017) vem impor as restrições ou as limitações do papel a ser desempenhado pelo Judiciário e MPT, que doravante, somente poderão examinar o conteúdo das mencionadas cláusulas, tendo como parâmetros a sua conformidade ou adequação com os elementos essenciais do negócio jurídico (capacidade, legitimidade, forma prescrita em lei e licitude do objeto do instrumento coletivo), sob a ótica da intervenção mínima.

A finalidade desta alteração legislativa é limitar ao máximo o exercício do controle da legalidade, da constitucionalidade e da convencionalidade das cláusulas normativas e obrigacionais dos acordos e convenções coletivas de trabalho pelos juízes trabalhistas, permitindo uma ampla margem de manobra no processo judicial, no campo do Direito Coletivo, até mesmo *in pejus*.

Se isto é o que se deve extrair da norma em comento, quanto ao seu sentido e alcance, também é necessário registrar que o juiz pode e deve examinar o conteúdo da norma para dizer o direito no caso concreto, não sendo possível atuar de modo diverso.

Entendemos, entretanto, que o princípio da intervenção mínima na autonomia privada coletiva colide frontalmente com o princípio do acesso à justiça, previsto no art. 5º, inciso XXXV, da CF/88, de maneira que a norma ordinária não tem o condão de afastar um direito fundamental estabelecido constitucionalmente.

8.3.3.2.17. Inexigibilidade de indicação expressa de contrapartidas recíprocas

O § 2º do art. 611-A da CLT dispõe que "a inexistência de expressa indicação de contrapartidas recíprocas em convenção coletiva ou acordo coletivo de trabalho não ensejará sua nulidade por não caracterizar um vício do negócio jurídico".

Evidente que em sede de negociação coletiva de trabalho não poderá simplesmente ocorrer a renúncia, pura e simples, de direitos já incorporados no patrimônio jurídico da classe de trabalhadores, havendo sim necessidade de contrapartidas. Porém, a lei não se expressa no sentido de que não haja necessidade de contrapartidas recíprocas. O que lei diz é que não há necessidade de expressa indicação de contrapartidas recíprocas em convenção ou acordo coletivo de trabalho, ou seja, que haja uma explicitação, ponto a ponto, cláusula a cláusula, daquilo que foi transacionado entre as partes convenentes.

Pensar de modo diferente nos levaria a uma completa desregulamentação do Direito do Trabalho, com a retirada pura e simples de inúmeros direitos trabalhistas pelo processo negocial, o que não se coaduna com os princípios fundamentais do Direito do Trabalho e da própria dignidade da pessoa do trabalhador.

Importante consignar a observação de Antonio Umberto de Souza Júnior e outros[54] ao aduzir que:

---

[54] SOUZA JÚNIOR, Antonio Umberto de; SOUZA, Fabiano Coelho de; MARANHÃO, Ney; AZEVEDO NETO, Platon Teixeira de. *Reforma trabalhista*: análise comparativa e crítica da Lei nº 13.467/2017. São Paulo: Rideel, 2017, p. 295.

isso não impede, portanto, que o juiz, de ofício ou a requerimento, visando a alcançar esclarecimentos importantes para o bom julgamento da lide, ordene, em determinado caso concreto, se possível, a precisa indicação das contrapartidas recíprocas que deram ensejo ao instrumento coletivo cuja juridicidade esteja sob sua análise (CLT, art. 765), movido pelo legítimo propósito de averiguar a própria existência ou não, de genuína negociação entre os litigantes, e suas respectivas representações sindicais, em vez de mera renúncia de direitos. Enfim, as condicionantes relativas à dimensão da validade por certo não afastam a configuração dos necessários requisitos alusivos à dimensão da existência do negócio jurídico – algo que, reiteramos, sequer poderia ser objeto de vedação por parte da Lei nº 13.467/2017, sob pena de incorrer em descarado arbítrio legislativo.

E concluem:[55]

(...) mas, afinal, se a inexistência de expressa indicação de contrapartidas recíprocas na norma coletiva não caracteriza um vício de negócio jurídico, conforme a regra do § 2º do art. 611-A da CLT, será possível, ao contrário, anular uma cláusula pela falta da vantagem compensatória? Uma cláusula apenas, isoladamente, não, porque, ao contrário da previsão inicial do PL nº 6.787/2016, não se exige previsão explícita de uma vantagem para cada direito reduzido. No entanto, pela leitura sistemática e pela própria regra constitucional de reconhecimento da norma coletiva como direito dos trabalhadores, chegamos à conclusão de que o ajuste sem nenhuma contrapartida, a ser analisado de modo global, não deterá validade jurídica, cabendo a anulação do instrumento normativo por inteiro. Haverá ilicitude do conjunto normativo como um todo.

8.3.3.2.18. Garantia de emprego em contrapartida à redução salarial

O § 3º do art. 611-A da CLT, na redação dada pela Lei nº 13.467/2017, dispõe que, se for pactuada cláusula que reduza salário ou a jornada, a

---

[55] Idem, ibidem, p. 297. Os autores, a respeito, ainda assinalam que "(...) mesmo que haja contrapartida expressa, também isso, por si, em nenhum momento impedirá inafastável crivo judicial sobre o objeto da norma coletiva, especialmente para levar a efeito incontornáveis análises de constitucionalidade e convencionalidade. Daí a investigação judicial da existência de contrapartida como requisito de validade da norma coletiva (ou seja, como faceta da necessária avaliação da licitude de seu objeto) não há de passar por um reles juízo mecânico de constatação de qualquer espécie de concessão, mas, por um juízo analítico de significância dessa concessão".

convenção coletiva ou o acordo coletivo de trabalho deverão prever a proteção dos empregados contra dispensa imotivada durante o prazo de vigência do instrumento coletivo.

Trata-se, na verdade, de uma garantia de manutenção no emprego aos trabalhadores das empresas que celebraram acordo ou convenção coletiva de trabalho, com redução salarial ou de jornada, durante todo o prazo de vigência do instrumento coletivo.

O disposto neste parágrafo, na verdade, já vinha sendo praticado na seara laboral pelos sindicatos profissionais, por meio de negociação coletiva, bem como pelo MPT, na celebração de termo de ajuste de conduta (TAC), nos casos de suspensão coletiva de trabalho para qualificação e requalificação profissional, permitindo-se a redução salarial de até 25%, porém, com a garantia no emprego pelo mesmo prazo para todos os empregados da empresa, com utilização de verbas do FAT para pagamento do benefício no interregno em que o contrato de trabalho ficara suspenso.

Importante mencionar que apenas o acordo ou convenção coletiva de trabalho são instrumentos hábeis para a redução de salário e jornada, não se estendendo tal prerrogativa às decisões judiciais, nem mesmo às sentenças normativas da Justiça do Trabalho, oriundas dos dissídios coletivos de natureza econômica.

8.3.3.2.19. Efeito da nulidade de cláusula de convenção coletiva ou de acordo coletivo de trabalho

O § 4º do art. 611-A da CLT, em sua nova redação, estabelece que na hipótese de procedência de ação anulatória de cláusula de convenção coletiva ou de acordo coletivo de trabalho, quando houver a cláusula compensatória, esta deverá ser igualmente anulada, sem repetição do indébito.

Em primeiro plano, cabe ressaltar que a competência da ação anulatória ou de nulidade de cláusula de acordo ou de convenção coletiva, ou de todo o instrumento normativo, é de competência dos órgãos de segundo grau (Tribunais Regionais do Trabalho) ou do Tribunal Superior do Trabalho, dependendo da abrangência do conflito coletivo, produzindo coisa julgada *erga omnes* e *ultra partes*, nos exatos termos do art. 83, IV,[56] da Lei Complementar nº 75/93.

---

[56] Art. 83. Compete ao Ministério Público do Trabalho (...). IV – propor as ações cabíveis para declaração de nulidade de cláusula de contrato, acordo coletivo ou convenção coletiva que viole as liberdades individuais ou coletivas ou os direitos individuais indisponíveis dos trabalhadores; (...).

Trata-se, na verdade, de uma ação molecular, integrante do microssistema de tutela coletiva, que pode ser manejada apenas pelos legitimados inscritos no art. 5º da Lei nº 7.347/85 e art. 82 da Lei nº 8.078/90, entre eles, o Ministério Público do Trabalho e as organizações sindicais.

O que o novel preceptivo legal em tela aduz é que, em caso de procedência da ação de nulidade, ou ação anulatória, por parte de algum legitimado, se e quando houver cláusula compensatória, esta deverá ser anulada, sem repetição do indébito, ou seja, sem possibilidade de ressarcimento de danos aos empregados, com data retroativa, considerando o prazo prescricional.

Poderíamos citar o exemplo de uma ação de nulidade de cláusula de acordo ou convenção coletiva, que tenha imposto contribuição assistencial obrigatória a trabalhadores não sindicalizados de determinada categoria. Em caso de procedência da ação, normalmente, a decisão estabelece a necessidade de devolução aos empregados, de todas aquelas contribuições mensais já descontadas de seus vencimentos, no prazo prescricional de 5 anos, o que gera um desencaixe expressivo para o caixa dos já combalidos sindicatos. O que o § 4º do art. 611-A tenta evitar é, justamente, a devolução destes valores aos empregados.

Não obstante, cremos que o presente preceito legal não se aplicará às reclamatórias trabalhistas, em que o empregado busca a tutela jurisdicional para reaver eventuais valores pagos ilicitamente, já que neste caso trata-se de ações atomizadas, de competência do juízo de primeiro grau, cuja decisão será *pro et contra* e *inter partes*.

8.3.3.2.20. Participação das organizações sindicais como litisconsortes necessários em ações anulatórias de cláusulas normativas

A Medida Provisória nº 808/2017 alterou a redação original deste § 5º do art. 611-A, para determinar que os sindicatos subscritores de convenção coletiva ou de acordo coletivo de trabalho participarão, como litisconsortes necessários, em ação coletiva que tenha por objeto a anulação de cláusulas desses instrumentos, vedada a apreciação por ação individual.

Como dito no item anterior, a ação de nulidade de cláusula ou de acordo ou convenção coletiva de trabalho, disposta no inciso IV do art. 83 da LC nº 75/93, destina-se a retirar do mundo jurídico eventual cláusula ou todo o instrumento normativo eivado de ilegalidades ou ilicitudes, com efeito *ex-tunc*, ou seja, de forma retroativa, como se não tivesse existido na órbita do direito.

Portanto, é natural que haja a formação de litisconsórcio necessário entre os convenentes, pois a decisão judicial espraiará seus efeitos *erga omnes* e *ultra partes* para todos os integrantes da categoria, seja do lado empresarial, seja do lado da categoria profissional. Trata-se de hipótese de litisconsórcio unitário, uma vez que em decorrência da natureza da relação jurídica, o Poder Judiciário terá que decidir o mérito de modo uniforme para todos os litisconsortes (art. 116[57] do CPC).

Em caso de nulidade de acordo coletivo de trabalho, haverá a necessidade de intimação pelo juízo de todas as empresas envolvidas no processo negocial, para que participem do processo judicial como litisconsortes necessários, pois a decisão judicial produzirá efeitos em relação a todas as partes envolvidas.

A exegese destes dois últimos preceitos legais, os § 4º e 5º do art. 611-A, nos leva a considerar que, enquanto no primeiro (4º) o legislador procurou criar uma barreira para que a Justiça do Trabalho ou o próprio MPT, por meio do Inquérito Civil, em julgando procedente a ação de nulidade, decidissem no sentido de obrigar os sindicatos, a devolver todas as verbas aos trabalhadores, que porventura tenham sido arrecadadas com o ilícito, no segundo (5º), procura vedar a apreciação individual de tais ilegalidades, na medida que "veda a apreciação por ação individual".

Cremos não ser possível tal vedação legal à ação individual, por lei ordinária federal, pois tal imposição fere frontalmente o princípio da inafastabilidade ao Judiciário, ou acesso à justiça, insculpido no art. 5º, inciso XXXV,[58] da CF/88. Um trabalhador ou mesmo uma empresa não pode ser impedida de recorrer ao Judiciário, em reclamatória individual, buscando a anulação de eventual cláusula ou de acordo coletivo, eivado de ilegalidades/ ilicitudes, pois se trata- de verdadeiro direito humano e fundamento do Estado Democrático de Direito.

8.3.3.3. *Cláusula de contenção ou de barreira. Art. 611-B da CLT e o conteúdo ilícito da negociação coletiva*

Em princípio e nos moldes tradicionais, até mesmo em homenagem ao disposto no *caput* do art. 7º da CF/88 (... "além de outros, que visem à melhoria de sua condição social"), a negociação coletiva de trabalho sempre foi utilizada na seara laboral, pelos sindicatos patronais, para agregar novos direitos à classe obreira, uma vez que a legislação constitucional e infraconstitucional sempre estipularam direitos mínimos.

---

[57] Art. 116. O litisconsórcio será unitário quando, pela natureza da relação jurídica, o juiz tiver de decidir o mérito de modo uniforme para todos os litisconsortes.

[58] XXXV – a lei não excluirá da apreciação do Poder Judiciário lesão ou ameaça a direito; (...).

Agora, seguindo uma tendência mundial, não apenas os sindicatos de trabalhadores, como também os sindicatos patronais começam a tremular a bandeira da autonomia privada coletiva, no sentido de ajustar custos de produção à realidade econômica e financeira dos respectivos setores, fato que foi acolhido pela legislação laboral de vários países da União Europeia (França, Alemanha, Espanha, Portugal etc.), que adotaram a tese da supremacia do negociado em face da legislação do trabalho.

Neste enfoque, que apresentamos ao leitor a aplicação bifronte ou bidimensional da legislação trabalhista em face do Direito Individual e do Direito Coletivo do Trabalho. Em outras palavras, diante deste novo cenário, as normas da CLT passam a ser de aplicação supletiva, facultativa, dispositiva perante o Direito Coletivo de Trabalho, podendo ser afastadas livremente, até mesmo *in pejus*, enquanto para o Direito Individual do Trabalho aquelas normas continuam a ser de imperatividade absoluta ou relativa.

Para o contrato individual de trabalho, prevalecerão as normas da CLT e da legislação trabalhista, com imperatividade absoluta ou relativa, com exceção do empregado, com curso superior e que tenha remuneração superior a duas vezes o teto máximo da Previdência Social, que também poderá negociar livremente com o empregador (art. 444, parágrafo único, da CLT), cujo contrato terá predominância inclusive sobre o acordo e a convenção coletiva de trabalho. Para o acordo ou a convenção coletiva de trabalho, as disposições legais do trabalho são consideradas facultativas, supletivas ou dispositivas, podendo ser livremente afastadas, com exceção das normas constitucionais de imperatividade absoluta, entre elas, os direitos humanos fundamentais dos trabalhadores, elencados no art. 7º da CF/88 e as normas de ordem pública, inclusive como já decidiu o próprio STF, no caso PDV, do BESC, de relatoria do Ministro Luis Roberto Barroso, já mencionado nesta obra.

Neste sentido, surgiu a cláusula de barreira ou de contenção à livre autonomia da vontade coletiva, representada pelo art. 611-B, que embora se utilize da expressão "exclusivamente", para relacionar os direitos trabalhistas que constituem objeto ilícito da convenção ou do acordo coletivo de trabalho, no que respeita a sua supressão ou redução, em uma interpretação sistemática, axiológica e teleológica, chegamos facilmente à ilação de que muitas outras matérias constitucionais foram deixadas à margem do elenco ali relacionado.

A título de exemplo, listamos abaixo alguns direitos constitucionais, entre outros, que foram ignorados pelo legislador ordinário ao elaborar o rol do art. 611-B da CLT:

a) relação de emprego protegida contra despedida arbitrária ou sem justa causa, nos termos de lei complementar, que preverá indenização compensatória, entre outros direitos (art. 7º, I);

b) piso salarial proporcional à extensão e à complexidade do serviço (art. 7º, V);

c) proteção em face da automação, na forma da lei (art. 7º, XXVII);

d) proibição de distinção entre trabalho, manual, técnico e intelectual ou entre os profissionais respectivos (art. 7º, XXXII);

e) vedação de dispensa de empregado sindicalizado, a partir do registro da candidatura a cargo de direção ou representação sindical e, se eleito, ainda que suplente, até um ano após o final do mandato, salvo se cometer falta grave nos termos da lei (art. 8º, VIII);

f) vedação de dispensa arbitrária ou sem justa causa do empregado eleito para a cargo de direção de comissões internas de prevenção de acidentes, desde o registro de sua candidatura até um ano após o final de seu mandado (ADCT, art. 10, II, "a");

g) vedação de dispensa arbitrária ou sem justa causa da empregada gestante, desde a confirmação da gravidez até cinco meses após o parto (ADCT, art. 10, II, "b").

Neste contexto, entendemos que o elenco previsto no art. 611-B (cláusula de barreira ou de contenção) é meramente exemplificativo, não obstante, o caráter restritivo da norma que alude à expressão "exclusivamente", à luz de uma interpretação constitucional.

8.3.3.3.1. Proibição de negociação coletiva das normas de identificação profissional

Como se trata de normas de ordem pública, natural que o inc. I do art. 611-B da CLT se expresse no sentido de que é ilícita a negociação coletiva no que respeita a normas de identificação profissional, inclusive as anotações na CTPS. Neste caso, não há como se flexibilizar a norma estabelecida no art. 29, *caput*, da CLT, alusiva à obrigação patronal de registrar a CTPS do empregado no prazo de 48 horas, a partir do início do pacto empregatício.

Da mesma forma, não há como flexibilizar pela negociação coletiva, conceitos jurídicos expressos nos arts. 2º e 3º da CLT.

8.3.3.3.2. Seguro-desemprego

De forma idêntica ao inciso retrocomentado, o seguro-desemprego é um instituto disciplinado pela Lei 7.998/98, envolvendo o desemprego involuntário (art. 7º, II), e exige requisitos próprios estabelecidos pela legislação, não havendo, portanto, campo para que haja flexibilização deste instituto por meio da negociação coletiva de trabalho, que não tem o condão de limitar ou ampliar o acesso do trabalhador a este benefício.

8.3.3.3.3. Fundo de Garantia do Tempo de Serviço (FGTS)

O inc. III do art. 611-B da CLT confirma a posição jurisprudencial do Colendo TST, de que não é possível a flexibilização dos valores e percentuais que são depositados mensalmente na conta vinculada do trabalhador, haja vista que a CF/88 garante o FGTS, mas nada diz sobre o percentual de 8% sobre a remuneração mensal do empregado.

Identicamente, a indenização rescisória de 40% sobre o montante do saldo do FGTS, estabelecida no art. 10, I, do ADCT, também não poderá ser flexibilizada, conforme o TST já vinha decidindo em casos semelhantes, conforme acórdão abaixo:

> AGRAVO DE INSTRUMENTO. RECURSO DE REVISTA. INDENIZAÇÃO DE 40% DO FGTS. REDUÇÃO POR CLÁUSULA CONVENCIONAL. IMPOSSIBILIDADE. DECISÃO DENEGATÓRIA. MANUTENÇÃO. O acordo e a convenção coletiva de trabalho, reconhecidos expressamente pela CF como fontes formais do Direito do Trabalho, não se prestam a validar, a pretexto de flexibilização, a supressão ou a diminuição de direitos trabalhistas indisponíveis. Com efeito, a flexibilização das condições de trabalho apenas pode ter lugar em matéria de salário e de jornada de labor desde que isso importe uma contrapartida em favor da categoria profissional. Esta Corte adota entendimento no sentido de considerar inválida cláusula coletiva prevendo a redução do percentual da indenização do FGTS (art. 10, I, do ADCT) de 40% para 20%, por se tratar de norma de ordem pública, insuscetível de flexibilização, ainda que por negociação coletiva. Precedentes. Assim, não há como assegurar o processamento do recurso de revista quando o agravo de instrumento interposto não desconstitui os fundamentos da decisão denegatória, que subsiste por seus próprios fundamentos. Agravo de instrumento desprovido. (TST – AIRR: 1992120105100017 199-21.2010.5.10.0017, Relator: Mauricio Godinho Delgado, Data de Julgamento: 11.09.2013, 3ª Turma, Data de Publicação: *DEJT* 1309.2013).

8.3.3.3.4. Salário mínimo

O salário mínimo constitui norma de indisponibilidade absoluta, e portanto, houve bem o legislador incluí-lo na cláusula de contenção ou de barreira disposta no art. 611-B da CLT.

Logo, a barreira à vedação quanto a eventual flexibilização deve abarcar não apenas o salário mínimo fixado em lei (art. 7, IV, CF), como também a garantia do salário nunca inferior ao mínimo para os que percebam remuneração variável (art. 7º, VII, CF) e o piso salarial proporcional à extensão e à complexidade dos serviços (art. 7º, V, CF), todos imantados de indisponibilidade absoluta e, portanto, irredutíveis.

8.3.3.3.5. Proteção do valor nominal do décimo terceiro salário

Observe que o legislador inclui, na cláusula de barreira do art. 611-B da CLT, a proteção do valor nominal, e não do valor real proporcional do décimo terceiro salário, o que indica que poderia, em tese, ocorrer o pagamento desta parcela constitucional, com periodicidade mensal ou trimestral, juntamente com o salário do trabalhador.

Porém, este importante instituto, criado pelos costumes trabalhistas, chamado de gratificação natalina, tem por objetivo justamente reforçar o orçamento do empregado nos finais de cada ano, e seu partilhamento, em pagamentos mensais ou trimestrais, viria desvirtuar completamente a sua teleologia, afastando o escopo social da norma, pelo que, entendemos que a negociação coletiva não poderá promover, *in mellius*, tal procedimento, daí, sua inclusão na cláusula de contenção acima mencionada.

8.3.3.3.6. Proteção do adicional noturno superior ao diurno

Da mesma forma como comentamos em relação à alíquota do FGTS, embora a Constituição garanta a proteção do adicional noturno superior ao diurno, o que agora é replicado na cláusula de contenção do art. 611-B, a CF/88 nada diz sobre os respectivos percentuais que devem ser acrescidos.

Deste modo, por ser caracterizar como norma de imperatividade absoluta, os percentuais estabelecidos em lei, a título de adicional noturno, da mesma forma como os horários já estipulados, não poderão ser alterados, *in pejus*, pela negociação coletiva de trabalho.

A *contrario sensu*, poderá haver a prevalência na autonomia privada coletiva, de alteração *in mellius*. Vejamos o acórdão do TST, neste sentido:

> A Kaefer Agro Industrial, do Paraná, foi absolvida da condenação ao pagamento de horas extras a um auxiliar de produção. A decisão é da Segunda Turma do TST, que reconheceu a validade da fixação da hora noturna em 60 minutos por meio de uma norma coletiva. A decisão segue entendimento pacificado pela Corte Trabalhista no sentido da possibilidade de flexibilizar a hora noturna, mediante compensação no percentual do adicional noturno. De acordo com o artigo 73 da CLT, a hora do trabalho noturno, entre às 10h da noite às 5h da manhã, deve ser computada como

de 52 minutos e 30 segundos. Esse tempo deve ser remunerado com acréscimo de pelo menos 20% em relação à hora diurna. No caso da Kaefer, até janeiro de 2007 as convenções coletivas estabeleciam que a hora noturna era de 60 minutos, e o adicional compensatório era de 40%. Ao entrar com a ação trabalhista, o auxiliar argumentou que a hora noturna não pode ser objeto de negociação coletiva, por se tratar de benefício ao trabalhador que atua nesse período. Por isso, ele pediu o pagamento da diferença. Em primeira instância o pedido foi julgado improcedente. O entendimento foi de que o ajuste era mais benéfico ao trabalhador, que receberia o adicional em dobro e aumento de menos de 15% da jornada. Já o TRT do Paraná, declarou a norma coletiva inválida e concedeu as diferenças ao empregado. A empresa recorreu ao TST alegando que o Regional, ao afastar a validade da norma coletiva, negou vigência ao artigo 7º da Constituição Federal, que reconhece as convenções e acordos coletivos de trabalho. O relator do caso na Segunda Turma, ministro José Roberto Freire Pimenta, ressaltou que a Seção 1 de Dissídios Individuais do TST, ao julgar um recurso a respeito do tema, pacificou o entendimento da validade da norma coletiva, que aumenta a hora noturna prevista na CLT. Dessa forma, o pagamento do adicional noturno deve ser em percentual maior que 20%. O voto do relator foi acompanhado por unanimidade. Com isso, a flexibilização da hora noturna por norma coletiva mediante aumento do adicional foi considerada válida. Publicado em 07.6.2017. SDI I do TST. 2ª. T. Relator: Min. José Roberto Freire Pimenta.

8.3.3.3.7. Proteção do salário, na forma da lei

Em face do princípio da intangibilidade salarial que prevalece no Direito Individual do Trabalho, esta norma também é imantada de imperatividade absoluta, não devendo, pois, ser alterada pela autonomia privada coletiva.

Ademais, a proteção do salário do empregado também encontra guarida na Convenção nº 94 da OIT, que dispõe sobre os contratos de trabalho de terceirizados no setor público e na Convenção nº 95, que cuida da proteção do salário propriamente dito.

Neste panorama, normas relacionadas a prazo e periocidade de pagamentos, impenhorabilidade, preferência do crédito trabalhista, descontos etc. não poderão ser disciplinadas pela autonomia privada coletiva no atinente à supressão ou redução de direitos.

8.3.3.3.8. Salário-família

O salário-família é instituto do Direito Previdenciário, devidamente disciplinado pela Lei nº 8.213/91 (arts. 65 a 70), envolvendo relação jurídica estabelecida entre o empregado e a Previdência social.

A cláusula de contenção do art. 611-B da CLT, neste caso se torna inócua, uma vez que a autonomia privada coletiva não teria legitimidade para afastar direitos previdenciários, em qualquer sentido, ou seja, nem para reduzir, e muito menos para ampliar.

8.3.3.3.9. Repouso semanal remunerado

O art. 611-B da CLT omitiu a expressão constitucional "preferencialmente aos domingos", o que pode levar incautos a considerar que a flexibilização em sede de autonomia privada coletiva poderá afastar, de modo definitivo, o repouso semanal aos domingos de certa classe de trabalhadores, consoante estabelece o art. 6º, parágrafo único, da Lei nº 10.101/2000:

> Parágrafo único. O repouso semanal remunerado deverá coincidir, pelo menos 1 (uma) vez no período máximo de 3 (três) semanas, com o domingo, respeitadas as demais normas de proteção ao trabalho e outras a serem estipuladas em negociação coletiva.

8.3.3.3.10. Remuneração do serviço extraordinário superior à do normal

O art. 611-B inclui, com propriedade, a proteção do direito constitucional a adicional de horas superior em 50%, no mínimo, às horas normais de trabalho (art. 7º, XVI, CF), que fica ao abrigo de investidas *in pejus* pela autonomia privada coletiva.

Cremos que idêntico raciocínio se aplica ao adicional não inferior a 100% sobre o valor da hora normal de trabalho para o pagamento de horas extras do advogado, conforme dispõe o art. 20, § 2º, da Lei nº 8.906/1994.

8.3.3.3.11. Número de dias de férias devidas ao empregado

Com a revogação do enunciado do art. 130-A da CLT, passa a ser aplicável aos trabalhadores urbanos e rurais, inclusive nos contratos de trabalho a tempo parcial, a fixação dos dias de férias de acordo com o número de faltas injustificadas ocorridas no período aquisitivo.

8.3.3.3.12. Proteção da remuneração de férias

É cediço que a remuneração das férias é acrescida de, pelo menos, um terço a mais do que o salário normal, de modo que a cláusula de barreira ou de contenção do art. 611-B dá guarida, neste aspecto, como não poderia deixar de ser, tornando ilícita norma coletiva em sentido contrário.

8.3.3.3.13. Licença-maternidade, com duração mínima de 120 dias

Entendemos que o art. 611-B, neste tópico, deve receber uma leitura à luz das normas constitucionais, ou seja, abarcar não apenas a duração mínima de 120 dias, como também a garantia fundamental de licença à gestante, sem prejuízo do emprego e do salário (art. 7º, XVIII, CF).

8.3.3.3.14. Proteção à licença-paternidade

Neste tópico, o art. 611-B dá guarida não apenas ao prazo de cinco dias (ADCT, art. 10, § 1º), bem como em relação ao acréscimo de 15 dias, nos casos em que o empregador tenha aderido ao Programa Empresa Cidadã (Lei nº 11.770/2008).

8.3.3.3.15. Proteção ao trabalho da mulher

Se a autonomia privada coletiva sempre foi utilizada no sentido de incrementar ou agregar novos direitos à classe obreira, e ainda considerando que a Lei nº 13.467/2017, da Reforma Trabalhista, foi ostensivamente favorável à classe empresarial, afastando vários direitos trabalhistas conquistados há décadas, é natural que, doravante, os sindicatos profissionais procurem, por meio da negociação coletiva, reconstruir parte do elo da rede de direitos que foram afastados pela Reforma Trabalhista.

Este tópico constitui um campo fértil para se avançar, e não reduzir, direitos das trabalhadoras, haja vista a grande discriminação que existe no mercado de trabalho brasileiro, quando cotejamos salários de homens e mulheres, no exercício de idênticas funções. Se o princípio da igualdade (art. 5º, II, CF/88) constitui direito humano, fundamento de segunda dimensão, e é abarcado pelas Convenções nos 100 e 111 da OIT, nada mais natural que a autonomia privada coletiva seja o palco apropriado para reduzir estas desigualdades sociais e dar cumprimento ao mandamento constitucional insculpido no art. 3º[59] da CF/88.

8.3.3.3.16. Aviso-prévio proporcional ao tempo de serviço

O art. 611-B da CLT também dá guarida a qualquer forma de transação *in pejus* em relação ao aviso-prévio proporcional ao tempo de serviço, sendo no mínimo 30 dias, de acordo com a lei.

---

[59] III – erradicar a pobreza e a marginalização e reduzir as desigualdades sociais e regionais; IV – promover o bem de todos, sem preconceitos de origem, raça, sexo, cor, idade e quaisquer outras formas de discriminação.

A Lei nº 12.506/2011 determina que o aviso- prévio será concedido na proporção de 30 dias aos empregados que tenham laborado até um ano de serviço na mesma empresa, com acréscimo de três dias por ano de serviço prestado na mesma empresa, até o máximo de 60 dias, perfazendo um total de até 90 dias.

Desta feita, a cláusula de contenção ou de barreira do art. 611-B da CLT abarca não apenas a previsão constitucional de 30 dias, como também a proporcionalidade determinada na Lei nº 12.506/2011, não tendo a autonomia privada coletiva legitimidade para avançar no afastamento deste direito obreiro.

8.3.3.3.17. Normas de saúde, higiene e segurança no trabalho

Trata-se de normas de ordem pública, de interesse de toda a sociedade, amparadas por tratados e convenções internacionais (Convenção nº 155 da OIT), e insculpidas no texto constitucional (art. 7º, *caput*, inciso XXII, art. 200, inciso VIII, e art. 225), pelo que de imperatividade absoluta, não podendo ser deixadas ao livre alvedrio da autonomia privada coletiva.

Evidente, que em caráter excepcional, normas regulamentadoras do Ministério do Trabalho poderão, pontualmente, ser objeto de negociação coletiva, em análise restritiva, pelo escopo peculiar da proteção que o ordenamento jurídico garante ao trabalhador.

Entendemos que estão incluídos neste conceito a proteção em face da automação, na forma da lei (art. 7º, XXVII), o direito à indenização a cargo do empregador, quando incorrer em dolo ou culpa na ocorrência de acidente de trabalho (art. 7º, XXVIII), e à garantia contra dispensa arbitrária ou sem justa causa do empregado eleito para o cargo de direção de comissões internas de prevenção de acidentes, desde o registro de sua candidatura até um ano após o final de seu mandado (ADCT, art. 10, II, *a*), que de acordo com o *caput* do art. 611-B, constituirão objeto ilícito para fins de negociação coletiva no que respeita à supressão ou redução de direitos.

8.3.3.3.18. Proteção do adicional de remuneração para atividades penosas, insalubres ou perigosas

Embora o adicional para atividades penosas, certificado constitucionalmente, ainda não possua uma regulamentação infraconstitucional, o legislador houve por bem inseri-lo na cláusula de barreira, *in pejus*, à autonomia privada coletiva.

Sendo assim, existe vedação expressa no art. 611-B à flexibilização dos adicionais de insalubridade, penosidade e periculosidade pela negociação coletiva de trabalho no que respeita à sua redução ou exclusão, motivo pelo qual a base de cálculo, percentual e hipóteses de enquadramento desses tipos de atividades são consideradas de ordem pública, ou seja, de imperatividade absoluta, somente podendo sofrer alterações se for para melhorá-las (*in mellius*) pelos instrumentos coletivos.

8.3.3.3.19. Proteção da aposentadoria

A aposentadoria constitui instituto do Direito Previdenciário, da mesma forma que o salário-família, constituindo relação jurídica firmada entre o segurado e a Previdência, não podendo, desta forma, ser objeto de negociação coletiva de trabalho.

8.3.3.3.20. Seguro contra acidentes de trabalho, a cargo do empregador

Mais uma vez o legislador acrescenta à cláusula de barreira do art. 611-B instituto do Direito Previdenciário, totalmente infensa à autonomia privada coletiva.

Este tipo de seguro constitui uma contribuição previdenciária, paga pelos empregadores, de acordo com o grau de risco de sua atividade econômica, bem como de sua sinistralidade, para dar guarida às despesas com a concessão de benefícios previdenciários decorrentes dos acidentes de trabalho.

Entretanto, não existe óbice a que a negociação coletiva de trabalho contemple um escopo ainda maior de proteção ao trabalhador, no que respeita a este tipo de seguro, incluindo outros tipos de proteção.

Para amenizar os custos correlatos aos empregadores, o Código Civil Brasileiro, estabeleceu em seu art. 787, o seguro de responsabilidade civil, como segue:

> Art. 787. No seguro de responsabilidade civil, o segurador garante o pagamento de perdas e danos devidos pelo segurado a terceiro.
>
> § 1º Tão logo saiba o segurado das consequências de ato seu, suscetível de lhe acarretar a responsabilidade incluída na garantia, comunicará o fato ao segurador.
>
> § 2º É defeso ao segurado reconhecer sua responsabilidade ou confessar a ação, bem como transigir com o terceiro prejudicado, ou indenizá-lo diretamente, sem anuência expressa do segurador.
>
> § 3º Intentada a ação contra o segurado, dará este ciência da lide ao segurador.
>
> § 4º Subsistirá a responsabilidade do segurado perante o terceiro, se o segurador for insolvente.

Art. 788. Nos seguros de responsabilidade legalmente obrigatórios, a indenização por sinistro será paga pelo segurador diretamente ao terceiro prejudicado.

(...).

Observe-se que este tipo de seguro protege o empregador mesmo em face de condenações judiciais, por dano extrapatrominal, consoante art. 5º, incisos V e X, da Constituição Federal.

8.3.3.3.21. Direito de ação e regra prescricional

O direito de ação é direito humano fundamental, insculpido na Declaração Universal dos Direitos Humanos, de 1948, da ONU, e também disciplinado no art. 5º, XXXV, da CF/88, porquanto, de indisponibilidade absoluta, não podendo, destarte, ser afastado ou limitado em sede de autonomia privada coletiva, agora com amparo da cláusula de barreira representada pelo art. 611-B da CLT.

Além de não poder limitar o acesso ou restringir os casos em que o possa fazer em relação ao trabalhador, o dispositivo legal também dá guarida aos sindicatos, como legitimados e substitutos processuais, de acordo com o art. 5º da Lei nº 7.347/85 e o art. 82 da Lei nº 8.078/90, para ajuizar ações moleculares na Justiça do Trabalho, na defesa e proteção da respectiva categoria, além de se utilizar de todo instrumental de acesso ao sistema de justiça, disponibilizado em nosso ordenamento jurídico (denúncias e representações ao MPT, mesas-redondas no Ministério do Trabalho, representações ao TCU etc.).

Além disso, importante destacar que a autonomia privada coletiva não tem legitimidade para estabelecer regras processuais, pois estaria usurpando competência exclusiva da União (art. 22, I, CF/88).

Não se pode perder de vista, todavia, que a própria CF/88 permite a flexibilização de normas trabalhistas dispostas no art. 7º, VI, XIII e XIV, mediante negociação coletiva de trabalho, o que nos leva à ilação de que, se os sujeitos convenentes do Direito Coletivo são presumivelmente equivalentes (teoria da equivalência dos sujeitos coletivos) nada obsta que venham a celebrar pactos pré-processuais em seus acordos ou convenções coletivas de trabalho, nos moldes do art. 7º, XXVI, da CF/88, desde que em estrita consonância com os dispositivos constitucionais.

8.3.3.3.22. Proteção da pessoa com deficiência

O art. 93 da Lei nº 8.213/1991 assim estabelece:

Art. 93. A empresa com 100 (cem) ou mais empregados está obrigada a preencher de 2% (dois por cento) a 5% (cinco por cento) dos seus cargos com beneficiários reabilitados ou pessoas portadoras de deficiência, habilitadas, na seguinte proporção:

I – até 200 empregados   2%

II – de 201 a 500   3%

III – de 501 a 1.000   4%

IV – de 1.001 em diante   5%

§ 1º A dispensa de trabalhador reabilitado ou de deficiente habilitado ao final de contrato por prazo determinado de mais de 90 (noventa) dias, e a imotivada, no contrato por prazo indeterminado, só poderá ocorrer após a contratação de substituto de condição semelhante.

(...).

O art. 611-B da CLT, em seu inciso XXII, estabelece a proteção da pessoa com deficiência, ao dispor que será ilícita a negociação coletiva, que promova a redução ou supressão do direito correspondente à proibição de qualquer discriminação, no tocante a salário e critérios de admissão do trabalhador com deficiência.

Além disso, esta proteção também vem amparada pela Declaração dos Direitos das Pessoas com Deficiência, devidamente ratificada pelo Brasil.

8.3.3.3.23. Proibição do trabalho infantil

A Declaração dos Direitos Fundamentais do Trabalhador, da OIT, de 1998, as Convenções n°s 138 (sobre a idade mínima) e 182 (sobre as piores formas de exploração do trabalho infantil), todas acolhidas pelo Brasil, tem por objetivo eliminar todas as formas de trabalho infantil e a proteção do jovem e do adolescente.

Daí, o art. 611-B da CLT, em seu inciso XXIII, afasta a autonomia privada coletiva de estabelecer regras que inibam ou frustrem direitos relacionados à proibição de trabalho noturno, perigoso ou insalubre a menores de dezoito anos e de qualquer trabalho a menores de dezesseis anos, salvo na condição de aprendiz, a partir de quatorze anos.

8.3.3.3.24. Proteção legal de crianças e adolescentes

O art. 227 da CF/88 estabelece o princípio da proteção integral da criança, do jovem e do adolescente, que se alia ao Decreto nº 5.598/2005, que estabelece regras precisas sobre a contratação de aprendizes, cujo regramento se encontra nos arts. 428 e seguintes da CLT, tratando-se de um contrato de trabalho especial, para fins de inclusão de jovens e adolescentes no mercado de trabalho.

Agora. o art. 611-B da CLT, no inciso XXIV, também dá guarida a esta clientela especial, pelo que entendemos, que deve também abarcar o nascituro, na proteção da trabalhadora gestante, com a garantia temporária de emprego decorrente de seu estado gravídico.

8.3.3.3.25. Equiparação de direitos para o trabalhador avulso

A previsão constitucional é agora transferida também para o inciso XXV do art. 611-B da CLT, na Reforma Trabalhista, de igualdade de direitos entre o trabalhador com vínculo empregatício permanente e o trabalhador avulso, devendo ser considerada ilícita qualquer forma de pacto que promova a discriminação de direitos constitucionalmente garantidos aos trabalhadores avulsos.

8.3.3.3.26. Liberdade sindical

É consabido na doutrina que o Brasil até o momento não pode ratificar a Convenção nº 87 da OIT, pelo fato de ainda remanescer, em nosso ordenamento jurídico, alguns ranços do corporativismo, entre eles o poder normativo da Justiça do Trabalho, a unicidade sindical e o sistema de categorias, já que a contribuição sindical obrigatória foi transformada em voluntária, com a expressa concordância do trabalhador.

O art. 611-B da CLT dá amparo à liberdade sindical, não autorizando qualquer redução ou supressão deste direito em sede de autonomia privada coletiva, inclusive no sentido de vetar que o empregado venha a sofrer, sem sua autorização expressa e prévia, cobrança ou desconto salarial estabelecido em norma coletiva, a qualquer título.

Veda-se, também, qualquer forma de conduta antissindical (*unfair labour practices* do direito norte americano) das partes convenentes, inclusive as cláusulas de preferência na admissão de empregados sindicalizados (OJ nº 20, SDC, do TST).

Observa-se que a Reforma Trabalhista contemplou decisões jurisprudenciais do Colendo TST (OJ 17 SDC e PN 119) e do STF (Súmula Vinculante nº 40 e Súmula nº 666) no sentido de não permitir descontos de contribuições confederativa e assistencial de empregados não filiados aos sindicatos das respectivas categorias.

Não podemos olvidar, neste tópico, de destacar a proteção que se deve atribuir no contexto do direito à liberdade sindical, à vedação pela autonomia privada coletiva, de dispensa de empregado sindicalizado, a partir do registro da candidatura a cargo de direção ou representação sindical e, se eleito, ainda que suplente até um ano após o final do mandato, salvo se cometer falta grave, nos termos do art. 8º, III, CF/88. Qualquer cláusula de norma coletiva que malferir tais direitos deverá ser considerada ilícita.

8.3.3.3.27. Direito de greve

O direito de greve é previsto também na Declaração Universal dos Direitos Humanos, da ONU, de 1948, na Constituição Federal de 1988 (art. 9º e art. 37, VII[60]), na Lei nº 7.783/89, e agora foi replicado no art. 611-B da CLT, que considera ilícita a negociação coletiva que trate de sua supressão ou redução, competindo aos trabalhadores decidir sobre a oportunidade de exercê-lo e sobre os interesses que devam por meio dela se defender.

8.3.3.3.28. Definição dos serviços ou atividades essenciais

O art. 10 da Lei nº 7.783/89 dispõe que:

> Art. 10. São considerados serviços ou atividades essenciais:
> I – tratamento e abastecimento de água; produção e distribuição de energia elétrica, gás e combustíveis;
> II – assistência médica e hospitalar;
> III – distribuição e comercialização de medicamentos e alimentos;
> IV – funerários;
> V – transporte coletivo;
> VI – captação e tratamento de esgoto e lixo;
> VII – telecomunicações;
> VIII – guarda, uso e controle de substâncias radioativas, equipamentos e materiais nucleares;
> IX – processamento de dados ligados a serviços essenciais;
> X – controle de tráfego aéreo;
> XI – compensação bancária.
>
> Art. 11. Nos serviços ou atividades essenciais, os sindicatos, os empregadores e os trabalhadores ficam obrigados, de comum acordo, a garantir, durante a greve, a prestação de serviços indispensáveis ao atendimento das necessidades inadiáveis da comunidade.
> (...).

---

[60] VII – o direito de greve será exercido nos termos e nos limites definidos em lei específica; (...).

Trata-se de matéria de ordem pública, de interesse de toda a sociedade, portanto, que não deve ser disciplina pela autonomia privada coletiva, sendo de exclusiva competência do MPT instaurar inquérito civil ou ajuizar ações coletivas na proteção deste direto social e humano fundamental dos trabalhadores, consoante, art. 114, § 3º, da CF/88.

8.3.3.3.29. Tributos e outros créditos de terceiros

A autonomia privada coletiva não poderá regulamentar tributos e outros créditos de terceiros, estranhos à relação de emprego, em face da falta de competência e de legitimidade para este desiderato, que é matéria de competência exclusiva do Estado.

Da mesma forma, não poderá se imiscuir na natureza jurídica de parcelas consideradas de natureza salarial, transmutando-as em de natureza indenizatória para fins de recolhimento do INSS e de IR (imposto de renda).

Podemos citar o art. 28 da Lei nº 8.213/91, que apresenta a natureza jurídica de parcelas como: décimo terceiro salário, salário-maternidade, gorjetas etc.

8.3.3.3.30. Disposições previstas nos arts. 373-A, 390, 392, 392-A, 394, 394-A 395, 396 e 400 da CLT sobre proteção adicional do trabalho feminino e da maternidade

Trata-se de importantíssimo papel de proteção ao trabalho infantil e à maternidade amparados pela cláusula de contenção ou de barreira do art. 611-B, pois imantados de imperatividade absoluta, infensos, portanto, à autonomia privada coletiva.

Diz o art. 373-A da CLT:

> Art. 373-A. Ressalvadas as disposições legais destinadas a corrigir as distorções que afetam o acesso da mulher ao mercado de trabalho e certas especificidades estabelecidas nos acordos trabalhistas, é vedado:
>
> I – publicar ou fazer publicar anúncio de emprego no qual haja referência ao sexo, à idade, à cor ou situação familiar, salvo quando a natureza da atividade a ser exercida, pública e notoriamente, assim o exigir;
>
> II – recusar emprego, promoção ou motivar a dispensa do trabalho em razão de sexo, idade, cor, situação familiar ou estado de gravidez, salvo quando a natureza da atividade seja notória e publicamente incompatível;
>
> III – considerar o sexo, a idade, a cor ou situação familiar como variável determinante para fins de remuneração, formação profissional e oportunidades de ascensão profissional;

IV – exigir atestado ou exame, de qualquer natureza, para comprovação de esterilidade ou gravidez, na admissão ou permanência no emprego;

V – impedir o acesso ou adotar critérios subjetivos para deferimento de inscrição ou aprovação em concursos, em empresas privadas, em razão de sexo, idade, cor, situação familiar ou estado de gravidez;

VI – proceder o empregador ou preposto a revistas íntimas nas empregadas ou funcionárias.

Parágrafo único. O disposto neste artigo não obsta a adoção de medidas temporárias que visem ao estabelecimento das políticas de igualdade entre homens e mulheres, em particular as que se destinam a corrigir as distorções que afetam a formação profissional, o acesso ao emprego e as condições gerais de trabalho da mulher.

Esta proteção ao trabalho feminino também está contemplada na Lei nº 9.029/1995,[61] pelo que a autonomia privada coletiva não poderá impor

---

[61] Art. 1º Fica proibida a adoção de qualquer prática discriminatória e limitativa para efeito de acesso à relação de emprego, ou sua manutenção, por motivo de sexo, origem, raça, cor, estado civil, situação familiar ou idade, ressalvadas, neste caso, as hipóteses de proteção ao menor previstas no inciso XXXIII do artigo 7º da Constituição Federal. Art. 2º Constituem crime as seguintes práticas discriminatórias: I – a exigência de teste, exame, perícia, laudo, atestado, declaração ou qualquer outro procedimento relativo à esterilização ou a estado de gravidez; II – a adoção de quaisquer medidas, de iniciativa do empregador, que configurem: a) indução ou instigamento à esterilização genética; b) promoção do controle de natalidade, assim não considerado o oferecimento de serviços e de aconselhamento ou planejamento familiar, realizados através de instituições públicas ou privadas, submetidas às normas do Sistema Único de Saúde – SUS. Pena: detenção de um a dois anos e multa.

Parágrafo único. São sujeitos ativos dos crimes a que se refere este artigo: I – a pessoa física empregadora; II – o representante legal do empregador, como definido na legislação trabalhista; III – o dirigente, direto ou por delegação, de órgãos públicos e entidades das administrações públicas direta, indireta e fundacional de qualquer dos Poderes da União, dos Estados, do Distrito Federal e dos Municípios. Art. 3º Sem prejuízo do prescrito no art. 2º e nos dispositivos legais que tipificam os crimes resultantes de preconceito de etnia, raça ou cor, as infrações do disposto nesta Lei são passíveis das seguintes cominações:

I – multa administrativa de dez vezes o valor do maior salário pago pelo empregador, elevado em cinquenta por cento em caso de reincidência; (Inciso acrescentado pela Lei nº 12.288, de 20.07.2010, *DOU* 21.07.2010, com efeitos a partir de 90 (noventa) dias após a data de sua publicação). II – proibição de obter empréstimo ou financiamento junto a instituições financeiras oficiais. (Inciso acrescentado pela Lei nº 12.288, de 20.07.2010, *DOU* 21.07.2010, com efeitos a partir de 90 (noventa) dias após a data de sua publicação). Art. 4º O rompimento da relação de trabalho por ato discriminatório, nos moldes desta Lei, além do direito à reparação pelo dano moral, normas coletivas discriminatórias em face da mulher, o que inclui realização de exames de gravidez ou de esterilidade para fins de admissão ou permanência no emprego, bem como criar sistemas de revista íntima que viole à intimidade da trabalhadora.

Diz o art. 390 da CLT:

> Art. 390. Ao empregador é vedado empregar a mulher em serviço que demande o emprego de força muscular superior a 20 (vinte) quilos, para o trabalho contínuo, ou 25 (vinte e cinco) quilos, para o trabalho ocasional.
>
> Parágrafo único. Não está compreendida na determinação deste artigo a remoção de material feita por impulsão ou tração de vagonetes sobre trilhos, de carros de mão ou quaisquer aparelhos mecânicos.

Este direito ao trabalho feminino também é amparado pela Convenção nº 127 da OIT e Norma Regulamentadora nº 11 do Ministério do Trabalho. O limite de emprego de força física deverá obedecer à condição pessoal de cada trabalhador, não se permitindo que a autonomia privada coletiva regule tais aspectos de ordem pública e de defesa da saúde da trabalhadora.

Os arts. 392 e 392-A da CLT estabelecem:

> Art. 392. A empregada gestante tem direito à licença-maternidade de 120 (cento e vinte) dias, sem prejuízo do emprego e do salário.
>
> § 1º A empregada deve, mediante atestado médico, notificar o seu empregador da data do início do afastamento do emprego, que poderá ocorrer entre o 28º (vigésimo oitavo) dia antes do parto e ocorrência deste.
>
> § 2º Os períodos de repouso, antes e depois do parto, poderão ser aumentados de 2 (duas) semanas cada um, mediante atestado médico.
>
> § 3º Em caso de parto antecipado, a mulher terá direito aos 120 (cento e vinte) dias previstos neste artigo.
>
> § 4º É garantido à empregada, durante a gravidez, sem prejuízo do salário e demais direitos:
>
> I – transferência de função, quando as condições de saúde o exigirem, assegurada a retomada da função anteriormente exercida, logo após o retorno ao trabalho;

---

faculta ao empregado optar entre: I – a readmissão com ressarcimento integral de todo o período de afastamento, mediante pagamento das remunerações devidas, corrigidas monetariamente, acrescidas dos juros legais; II – a percepção, em dobro, da remuneração do período de afastamento, corrigida monetariamente e acrescida dos juros legais.

> II – dispensa do horário de trabalho pelo tempo necessário para a realização de, no mínimo, seis consultas médicas e demais exames complementares.
>
> § 5º (VETADO na Lei nº 10.421, de 15.04.2002, DOU 16.04.2002)
>
> Art. 392-A. À empregada que adotar ou obtiver guarda judicial para fins de adoção de criança ou adolescente será concedida licença-maternidade nos termos do art. 392 desta Lei. (Redação dada pela Lei nº 13.509, de 2017)
>
> § 1º REVOGADO
>
> § 2º REVOGADO
>
> § 3º REVOGADO
>
> § 4º A licença-maternidade só será concedida mediante apresentação do termo judicial de guarda à adotante ou guardiã. (Artigo acrescentado pela Lei nº 10.421, de 15.04.2002, DOU 16.04.2002)
>
> § 5º A adoção ou guarda judicial conjunta ensejará a concessão de licença-maternidade a apenas um dos adotantes ou guardiães empregado ou empregada.

A Lei nº 13.509, de 22.11.2017, acrescentou à CLT:

> Art. 391-A. (...)
>
> Parágrafo único. O disposto no *caput* deste artigo aplica-se ao empregado adotante ao qual tenha sido concedida guarda provisória para fins de adoção.
>
> Art. 392-A. À empregada que adotar ou obtiver guarda judicial para fins de adoção de criança ou adolescente será concedida licença-maternidade nos termos do art. 392 desta Lei.
>
> (...)
>
> Art. 396. Para amamentar seu filho, inclusive se advindo de adoção, até que este complete 6 (seis) meses de idade, a mulher terá direito, durante a jornada de trabalho, a 2 (dois) descansos especiais de meia hora cada um.
>
> (...).

Ainda nesta esteira de proteção ao trabalho da mulher, o art. 611-B também deu abrigo ao seguinte artigo da CLT:

> Art. 394. Mediante atestado médico, à mulher grávida é facultado romper o compromisso resultante de qualquer contrato de trabalho, desde que este seja prejudicial à gestação.

A Lei nº 13.467/2017 apresentou as seguintes alterações em relação a esse artigo:

Art. 394-A. Sem prejuízo de sua remuneração, nesta incluído o valor do adicional de insalubridade, a empregada deverá ser afastada de:

I – atividades consideradas insalubres em grau máximo, enquanto durar a gestação; (REVOGADO pela MP 808/2017)

II – atividades consideradas insalubres em grau médio ou mínimo, quando apresentar atestado de saúde, emitido por médico de confiança da mulher, que recomende o afastamento durante a gestação; (REVOGADO pela MP 808/2017)

III – atividades consideradas insalubres em qualquer grau, quando apresentar atestado de saúde, emitido por médico de confiança da mulher, que recomende o afastamento durante a lactação. (REVOGADO pela MP 808/2017)

§ 1º VETADO (...)

§ 2º Cabe à empresa pagar o adicional de insalubridade à gestante ou à lactante, efetivando-se a compensação, observado o disposto no art. 248 da Constituição Federal, por ocasião do recolhimento das contribuições incidentes sobre a folha de salários e demais rendimentos pagos ou creditados, a qualquer título, à pessoa física que lhe preste serviço.

§ 3º Quando não for possível que a gestante ou a lactante afastada nos termos do *caput* deste artigo exerça suas atividades em local salubre na empresa, a hipótese será considerada como gravidez de risco e ensejará a percepção de salário-maternidade, nos termos da Lei no 8.213, de 24 de julho de 1991, durante todo o período de afastamento.

Art. 396. (...)

§ 1º

§ 2º Os horários dos descansos previstos no *caput* deste artigo deverão ser definidos em acordo individual entre a mulher e o empregador.

A Medida Provisória nº 808/2017 introduziu as seguintes alterações na Lei nº 13.467/2017:

Art. 394-A. A empregada gestante será afastada, enquanto durar a gestação, de quaisquer atividades, operações ou locais insalubres e exercerá suas atividades em local salubre, excluído, nesse caso, o pagamento de adicional de insalubridade.

(...)

§ 2º O exercício de atividades e operações insalubres em grau médio ou mínimo, pela gestante, somente será permitido quando ela, voluntariamente, apresentar atestado de saúde, emitido por médico de sua confiança, do sistema privado ou público de saúde, que autorize a sua permanência no exercício de suas atividades.

§ 3º A empregada lactante será afastada de atividades e operações consideradas insalubres em qualquer grau quando apresentar atestado de saúde emitido por médico de sua confiança, do sistema privado ou público de saúde, que recomende o afastamento durante a lactação.

As normas e hipóteses de afastamento da gestante e da lactante do ambiente de trabalho constituem normas de interesse público, portanto, de imperatividade absoluta, não podendo ser flexibilizadas pela autonomia coletiva.

O mesmo pode ser dito em relação à licença remunerada nos casos de aborto não criminoso, conforme dicção do art. 395 da CLT:

> Art. 395. Em caso de aborto não criminoso, comprovado por atestado médico oficial, a mulher terá um repouso remunerado de 2 (duas) semanas, ficando-lhe assegurado o direito de retornar à função que ocupava antes de seu afastamento.

Ademais, a autonomia privada coletiva também não poderá reduzir a estrutura mínima, mantida pelos empregadores, que se destina à guarda dos filhos das empregadas, como segue:

> Art. 400. Os locais destinados à guarda dos filhos das operárias, durante o período da amamentação, deverão possuir, no mínimo, um berçário, uma saleta de amamentação, uma cozinha dietética e uma instalação sanitária.

De outro lado, não entendemos por que o legislador reformista não contemplou na cláusula de barreira ou de contenção do art. 611-B outros direitos das trabalhadoras, igualmente de ordem pública, verdadeiros direitos fundamentais, quais sejam:

> Art. 377. A adoção de medidas de proteção ao trabalho das mulheres é considerada de ordem pública, não justificando, em hipótese alguma, a redução de salário.
>
> Art. 382. Entre duas jornadas de trabalho, haverá um intervalo de onze horas consecutivas, no mínimo, destinado ao repouso.
>
> Art. 383. Durante a jornada de trabalho, será concedido à empregada um período para refeição e repouso não inferior a uma hora nem superior a duas horas, salvo a hipótese prevista no artigo 71, § 3º
>
> Art. 385. O descanso semanal será de 24 (vinte e quatro) horas consecutivas e coincidirá no todo ou em parte com o domingo, salvo motivo de conveniência pública ou necessidade imperiosa de serviço, a juízo da

autoridade competente, na forma das disposições gerais, caso em que recairá em outro dia.

Parágrafo único. Observar-se-ão, igualmente, os preceitos da legislação geral sobre a proibição de trabalho nos feriados civis e religiosos.

Art. 386. Havendo trabalho aos domingos, será organizada uma escala de revezamento quinzenal que favoreça o repouso dominical.

Art. 389. Toda empresa é obrigada:

I – a prover os estabelecimentos de medidas concernentes à higienização dos métodos e locais de trabalho, tais como ventilação e iluminação e outros que se fizerem necessários à segurança e ao conforto das mulheres, a critério da autoridade competente;

II – a instalar bebedouros, lavatórios, aparelhos sanitários; dispor de cadeiras ou bancos, em número suficiente, que permitam às mulheres trabalhar sem grande esgotamento físico;

III – a instalar vestiários com armários individuais privativos das mulheres, exceto os estabelecimentos comerciais, escritórios, bancos e atividades afins, em que não seja exigida a troca de roupa, e outros, a critério da autoridade competente em matéria de segurança e medicina do trabalho, admitindo-se como suficientes as gavetas ou escaninhos, onde possam as empregadas guardar seus pertences;

IV – a fornecer, gratuitamente, a juízo da autoridade competente, os recursos de proteção individual, tais como óculos, máscaras, luvas e roupas especiais, para a defesa dos olhos, do aparelho respiratório e da pele, de acordo com a natureza do trabalho.

§ 1º Os estabelecimentos em que trabalharem pelo menos 30 (trinta) mulheres, com mais de 16 (dezesseis) anos de idade, terão local apropriado onde seja permitido às empregadas guardar sob vigilância e assistência os seus filhos no período da amamentação.

§ 2º A exigência do § 1º poderá ser suprida por meio de creches distritais mantidas, diretamente ou mediante convênios, com outras entidades públicas ou privadas, pelas próprias empresas, em regime comunitário, ou a cargo do SESI, do SESC, da LBA ou de entidades sindicais.

Art. 391. Não constitui justo motivo para a rescisão do contrato de trabalho da mulher o fato de haver contraído matrimônio ou de encontrar-se em estado de gravidez.

Parágrafo único. Não serão permitidos, em regulamentos de qualquer natureza, contratos coletivos ou individuais de trabalho, restrições ao direito da mulher ao seu emprego, por motivo de casamento ou de gravidez.

Art. 391-A. A confirmação do estado de gravidez advindo no curso do contrato de trabalho, ainda que durante o prazo do aviso prévio trabalhado ou indenizado, garante à empregada gestante a estabilidade provisória prevista na alínea b do inciso II do art. 10 do Ato das Disposições Constitucionais Transitórias.

Parágrafo único. (...)

Art. 392-B. Em caso de morte da genitora, é assegurado ao cônjuge ou companheiro empregado o gozo de licença por todo o período da licença--maternidade ou pelo tempo restante a que teria direito a mãe, exceto no caso de falecimento do filho ou de seu abandono.

Art. 392-C. Aplica-se, no que couber, o disposto no art. 392-A e 392-B ao empregado que adotar ou obtiver guarda judicial para fins de adoção.

Art. 393. Durante o período a que se refere o artigo 392, a mulher terá direito ao salário integral e, quando variável, calculado de acordo com a média dos 6 (seis) últimos meses de trabalho, bem como os direitos e vantagens adquiridos, sendo-lhe ainda facultado reverter à função que anteriormente ocupava.

8.3.3.3.31. Exclusão das regras sobre duração do trabalho e intervalos

O parágrafo único do art. 611-B da CLT estabelece que as regras sobre duração do trabalho e intervalos não são consideradas como normas de saúde, higiene e segurança do trabalho para os fins do disposto neste artigo.

Com efeito, o legislador pretendeu retirar o caráter de ordem pública dos dispositivos legais sobre duração de trabalho e intervalos, de modo que possam ser livremente afastáveis, *in pejus*, pela autonomia privada coletiva. Não existe outra interpretação plausível para este parágrafo único do art. 611-B.

Em que pese o discurso de modernização das relações de trabalho, que constituiu o mote da Reforma Trabalhista (Lei nº 13.467/2017), o que se verifica, de fato, é um retorno a épocas medievais da gênese do Direito do Trabalho, e a grande preocupação, já na época da Revolução Industrial, foi justamente a redução da jornada de trabalho e do tempo de serviço, que chegava a 16 horas por dia, envolvendo inclusive mulheres e crianças. As próprias convenções da OIT vieram de encontro a esse objetivo, que foi ratificado pela constitucionalização dos direitos trabalhistas, que promoveu uma limitação da jornada a 8 horas/dia, consoante a Constituição do México, de 1917, e de Weimar, de 1919.

Neste quadro, não remanesce dúvida de que tais direitos trabalhistas, bem como os relacionados ao meio ambiente de trabalho (art. 7º, *caput*, XXII, art. 200, VIII e art. 225, *caput*), constituem normas de ordem pública primária, de interesse de toda a sociedade, pelo que não podem ser manejados pela autonomia privada coletiva, ao livre alvedrio das partes, desconsiderando todas as normas constitucionais mencionadas, pelas as convenções da OIT, especialmente a Convenção nº 155, que trata da saúde do trabalhador.

No entanto, o legislador já mitigou esta medida, ao revogar o inciso XIII[62] e alterar a redação do inciso XII do art. 611-A, pela Medida Provisória nº 808/2017, que passou a ter a seguinte redação:

> Art. 611-A. A convenção coletiva e o acordo coletivo de trabalho, observados os incisos III[63] e VI do *caput* do art. 8º da Constituição, têm prevalência sobre a lei quando, entre outros, dispuserem sobre:
> (...)
> XII – enquadramento do grau de insalubridade e prorrogação de jornada em locais insalubres, incluída a possibilidade de contratação de perícia, afastada a licença prévia das autoridades competentes do Ministério do Trabalho, desde que respeitadas, na integralidade, as normas de saúde, higiene e segurança do trabalho previstas em lei ou em normas regulamentadoras do Ministério do Trabalho.

O Ministério Público Federal e o Ministério Público do Trabalho ajuizaram ação direta de inconstitucionalidade, em 28.08.2017, ADI 5766, contra a Reforma Trabalhista no STF, com a relatoria do Min. Luís Roberto Barroso. Existem ainda cerca de sete ações propostas no STF questionando a constitucionalidade do fim da obrigatoriedade da contribuição sindical e outras duas contra o trabalho intermitente. Há ainda duas Adins propostas pelo MPF a respeito da assistência judiciária gratuita e da terceirização.[64]

8.3.3.3.32. Aplicação dos arts. 611-A e 611-B na negociação coletiva no setor público

Dispõem os arts. 37, VI, VII e X, e 39, § 3º, da CF/88:

> Art. 37 (...)
> VI – é garantido ao servidor público civil o direito à livre associação sindical;

---

[62] XIII – prorrogação de jornada em ambientes insalubres, sem licença prévia das autoridades competentes do Ministério do Trabalho.
[63] III – ao sindicato cabe a defesa dos direitos e interesses coletivos ou individuais da categoria, inclusive em questões judiciais ou administrativas; e
VI – é obrigatória a participação dos sindicatos nas negociações coletivas de trabalho.
[64] *O Estado de S. Paulo*, 1 jan. 2018. Notas e Informações. "A Constituição no STF", p. A3.

VII – o direito de greve será exercido nos termos e nos limites definidos em lei específica;

(...)

X – a remuneração dos servidores públicos e o subsídio de que trata o § 4º do artigo 39 somente poderão ser fixados ou alterados por lei específica, observada a iniciativa privativa em cada caso, assegurada revisão geral anual, sempre na mesma data e sem distinção de índices;

(...)

Art. 39. (....)

§ 3º Aplica-se aos servidores ocupantes de cargo público o disposto no artigo 7º, IV, VII, VIII, IX, XII, XIII, XV, XVI, XVII, XVIII, XIX, XX, XXII e XXX, podendo a lei estabelecer requisitos diferenciados de admissão quando a natureza do cargo o exigir. (Parágrafo acrescentado pela Emenda Constitucional nº 19, de 04.06.1998, *DOU* 05.06.1998).

Se o art. 37 da CF/88 garante aos servidores públicos da Administração Pública direta e indireta, o direito à livre associação sindical e o direito à greve, agora com o reforço da ratificação da Convenção nº 151 da OIT, nada obsta, no nosso sentir, em que pese a ausência do inciso XXVI no rol dos direitos inscritos no § 3º do art. 39 acima mencionado, a extensão do direito à negociação coletiva de trabalho no setor público, restrito, porém, ao acordo coletivo de trabalho, haja vista a impossibilidade jurídica da celebração da convenção coletiva de trabalho.

Visto deste modo, diante da supremacia do negociado versus o legislado, e, em havendo a negociação coletiva no setor público, envolvendo não apenas os celetistas, mas também os estatutários, que são regidos pela Lei 8.112/90, no plano federal, pelas leis estaduais e leis orgânicas dos Municípios alusivas à matéria trabalhista, no plano da negociação coletiva, que ensejará o acordo coletivo de trabalho, que, por sua vez, dará lugar a um projeto de lei, que será levado aos poderes competentes, deverá observar os mandamentos legais alusivos às normas de ordem pública e aos direitos trabalhistas de imperatividade absoluta ou relativa, elencados no art. 7º da Constituição Federal.

Sendo assim, na negociação coletiva no setor público, as partes envolvidas (o sindicato profissional e as Secretarias de Estado, da Fazenda, ou Ministério da Fazenda e do Planejamento, no plano federal), de forma análoga à negociação coletiva no setor privado, somente estarão vetadas de negociar, o elenco discriminado no art. 611-B da CLT, que constitui a cláusula de barreira ou de contenção à livre negociação coletiva, preservando-se, também como já anteriormente mencionado, as normas de ordem pública e os direitos de imperatividade absoluta ou relativa, de modo que o acordo coletivo convolado em Lei (estadual ou municipal) não tenha sua eficácia questionada, sob o crivo da inconstitucionalidade.

8.3.3.4. A reforma trabalhista em Portugal sob a bandeira da austeridade

A propósito, cabe ressaltar que, em face da crise econômica, o Brasil foi buscar em Portugal os elementos que faltavam para justificar uma mudança estrutural nas relações de trabalho, por meio da Lei nº 13.467/2017, bem como uma aproximação entre os direitos dos trabalhadores privados e dos servidores públicos, por meio de uma técnica conhecida como teoria da austeridade, preconizada pelo filósofo Zygmunt Bauman, em seus escritos (A sociedade sitiada. Lisboa: Instituto Piaget e Liquid modernity. Cambridge: Polity Press), nas palavras de Antonio Camisiro Ferreira,[65] a quem pedimos vênia para transcrever uma pequena síntese:

> A economia de austeridade é, como referem João Rodrigues e Sandra Monteiro, a resposta dos Estados que materializa essa transferência para os cidadãos, dos custos da recuperação do sistema financeiro, podendo ser imposta diretamente pelos poderes nacionais ou indiretamente pelos credores. Em última análise, é no esforço dos cidadãos que residem as soluções para a crise. Concomitantemente, essa transferência requer força moral e política da autoridade que fundamente o reconhecimento e a legitimação da austeridade e que constitua a razão da submissão voluntária. (...) Argumento que o processo de "austerização" da sociedade em geral, e da esfera laboral em particular, envolve uma dinâmica política nacional que resulta da atuação de um governo ocupado em difundir a mensagem de que "não há alternativa". Neste sentido, transmite a ideia de que a culpa pela situação em que estamos mergulhados passa por todos os indivíduos, fazendo-os "pagar" e acreditar que foram as suas ações e o seu modo de vida imprudente que contribuíram para a situação atual (cf. Bauman, 2002: 87). Com a força da nova autoridade, as reformas da austeridade levadas a cabo pelo Estado deixam perceber a dupla lógica de atuação do mesmo. Por um lado, o Estado surge como detendo o monopólio da austeridade legítima, instrumento através do qual assume as tarefas de combater a crise, impedindo a bancarrota nacional, e de proteger os indivíduos da incerteza face ao futuro. Por outro lado, aprofunda o processo de desmantelamento do Estado Social, cujo núcleo é

---

[65] FERREIRA, Antonio Casimiro. A sociedade da austeridade: poder, medo e direito do trabalho de exceção. *Revista Crítica de Ciências Sociais* (*on-line*), 2012. Disponível em: <https://goo.gl/T7Q6AJ>. Acesso em: 27 fev. 2018.

a proteção coletiva dos danos particulares através do triplo processo de privatização dos bens públicos, de individualização dos riscos sociais e de mercadorização da vida social. A orientação pela austeridade introduz uma nuance nas teses defendidas por Loïc Wacquant e Zygmunt Bauman, assentes na mudança paradigmática do Estado Social para o Estado Penal. Para os autores, o modelo da law and order e da justiça criminal seria induzido pela crise de legitimidade do Estado Social, que, não podendo manter os padrões de proteção e segurança social, promove uma retórica assente no abaixamento das expetativas em matéria social, propiciando em seu lugar um modelo de segurança penal através do qual adquire nova legitimidade. O Estado de Austeridade, por sua vez, não carece de trocas entre a questão social e as questões da lei e da ordem, na medida em que afirma não existirem alternativas de combate à crise, a não ser as que residem numa transferência clara dos seus custos para a sociedade. Põe, deste modo, termo à ambivalência associada à avaliação dos mecanismos de proteção social, uniformizando sob o signo da austeridade o repertório de medidas da nova ordem social: impostos, cortes salariais, cortes nas pensões e subsídios, reforma do sistema de saúde, flexibilização negativa do direito do trabalho, etc. Embora a fórmula de legitimação do Estado de Austeridade seja concordante com a do Estado Penal, isto é, coloque em estreita relação as políticas do medo, da segurança, da incerteza e da ansiedade partilhada, o referente muda. O "Estado de Emergência", produzido pelo medo crescente acerca da segurança pessoal face ao "desperdício humano" – imigrantes, criminosos, excluídos, etc. – dá agora lugar ao Estado de Emergência Social clamando pelo sacrifício em nome do bem comum.

Continua o autor[66] a informar que:

> Por isso não pode causar admiração o facto de que, sendo Portugal um dos países mais assimétricos da Europa (Carmo, 2010; OCDE, 2011), os efeitos das medidas de austeridade contribuam para agudizar as desigualdades sociais. De acordo com um estudo realizado pela Comissão Europeia, intitulado The Distributional Effects of Austerity Measures: A Comparison of Six EU Countries (2011), a propósito da aplicação das suas recomendações, entre 2009 e julho de 2011, nos países em crise (Grécia, Portugal, Espanha, Reino Unido, Irlanda e Estónia), Portugal é o único país onde as medidas de austeridade têm exigido maior esforço financeiro aos mais pobres do que aos mais ricos. As medidas contribuíram para que os 20% mais pobres perdessem entre 4,5% e 6% dos seus rendimentos, sendo ainda mais grave quando estes têm

---

[66] Idem, ibidem.

filhos, ascendendo as perdas até aos 9% (cf. European Commission, 2011: 21-22). Por outro lado, os 20% mais ricos perderam apenas 3% dos seus rendimentos. Os dados mostram que Portugal é o único país onde a percentagem do corte é maior nos dois escalões mais pobres da sociedade do que nos restantes, recaindo principalmente sobre os subsídios e pensões (ibidem: 16-18). Em comparação, a Grécia, que tem tido repetidos pacotes de austeridade, apresenta uma maior equidade nos sacrifícios implementados. Deste modo, os 3% de quebra de rendimento referidos refletem sobretudo o esforço suportado por reformados e por pensionistas, seguindo-se o aumento dos impostos com encargo, principalmente, para a classe média, refletindo ainda os cortes nos salários e subsídios dos funcionários públicos. Em suma, trata-se da austeridade mais regressiva do conjunto dos seis países estudados, no qual o impacto na distribuição do esforço pelas classes de rendimento é mais assimétrico, penalizando os cidadãos de menores rendimentos.

E que:[67]

A atuação da justiça constitucional na fiscalização da atividade política ganha realce com o pedido de apreciação da constitucionalidade, relativo à Lei do Orçamento de Estado de 2011. Neste caso, o Acórdão nº 396/201118 considera que "intentando-se até por força de compromisso com instâncias europeias e internacionais, conseguir resultados a curto-prazo, foi entendido que, pelo lado da despesa, só a diminuição de vencimentos garantia eficácia certa e imediata, sendo, nessa medida, indispensável". Acrescenta ainda que "não havendo razões de evidência em sentido contrário e dentro de 'limites do sacrifício', que a transitoriedade e os montantes das reduções ainda salvaguardam, é de aceitar que essa seja uma forma legítima e necessária, dentro do contexto vigente, de reduzir o peso da despesa do estado, com a finalidade de reequilíbrio orçamental". (...) No caso concreto, a justiça constitucional não funcionou como uma instituição "contra as maiorias" (Araújo e Magalhães, 2000), apesar das declarações de voto vencido de alguns conselheiros, que consideraram a inconstitucionalidade do diploma em apreço por violação do princípio do Estado de direito democrático em conjugação com os princípios da igualdade e da confiança. Também os tribunais de 1ª Instância têm sido chamados a apreciar as medidas de exceção, pronunciando-se, no entanto, em sentido contrário ao do Tribunal Constitucional. Assim, o Tribunal de Trabalho de Lisboa indeferiu o pedido de redução de retribuições e congelamento na progressão da carreira dos trabalhadores dos CTT, tendo concluído a sentença pela inconstitucionalidade material das normas do

---

[67] Idem, ibidem.

Orçamento de Estado para 2011 e pela violação do princípio da igualdade dos cidadãos perante a lei (Processo n° 144/11.8ttlsb).

E finalmente que:[68]

> A excepcionalidade deste direito faz parte do processo de "austerização" suportado por uma racionalidade instrumental e de cálculo custo-benefício, a qual liquidifica e fragiliza os obstáculos colocados pelo direito até então vigente. Este fenómeno é particularmente evidente na esfera laboral, onde o direito de exceção se apresenta em rutura paradigmática com os pressupostos do direito do trabalho, eliminando o conflito enquanto elemento dinâmico das relações laborais e a proteção do trabalhador enquanto condição de liberdade. As funções protetoras do direito do trabalho são questionadas, nomeadamente, quando se altera de uma forma radical as questões relacionadas com o tempo de trabalho e descanso, se facilita o processo de despedimento e se minimiza o papel da negociação coletiva. (...) O direito de exceção surge agora como incontornável, não podendo contra ele valer a soberania popular ou o princípio da produção democrática do direito. Projetando-se como direito líquido, no sentido de Bauman, prescinde dos predicados da previsibilidade, da segurança e da confiança, transmutando-se em instrumento de dominação da nova configuração de poderes.

Importante também destacar que o próprio Governo Português, enquanto empregador, obriga-se a dinamizar a negociação coletiva na Administração Pública e no Setor Empresarial do Estado e, enquanto órgão da Administração Pública, a tornar mais operativos os serviços de conciliação e mediação e a utilizar os mecanismos administrativos a seu dispor. Por seu turno, os parceiros sociais devem celebrar entre si acordos para dinamizar a negociação coletiva.

De acordo com o Memorando de Entendimento sobre as Condicionalidades de Política Económica:

> o Direito do Trabalho longe de ser fundado nos interesses da parte mais fraca, em contradição com a retórica proclamada, também não procura sequer atender aos interesses dos dois de seus protagonistas principais. Lança-se na proteção unilateral dos interesses do empregador e está cada vez mais a afastar-se dos equilíbrios básicos assumidos no "contrato social" plasmado na Constituição Portuguesa. Assume-se como uma projecção direta, quase automática, das regras econômicas dominantes em Portugal neste período histórico.

---

[68] Idem, ibidem.

O Memorando citado também apresentou as alterações que foram promovidas no mercado de trabalho, que, evidentemente, não visam tutelar uma maior disponibilidade pessoal e familiar do trabalhador, mas atender aos anseios do mercado, pois, "no atual contexto econômico, o mercado de trabalho exige capacidade cada vez mais elevada de adaptação às necessidades de uma economia globalizada e deve adequar o regime de trabalho a estas necessidades".[69]

Entre as alterações nas relações jurídicas trabalhistas em Portugal, neste período, considerado como período de austeridade (de 2010 a 2016), podemos mencionar, seguindo dados extraídos do Memorando retromencionado:

- flexibilização do tempo de trabalho;
- expansão do uso do regime do "banco de horas" por mero acordo individual ou permitir o "banco de horas grupal";
- alterações quanto ao trabalho suplementar (baixa de custo);
- alterações de férias e de feriados (diminuição);
- alterações no despedimento (facilitação e embaratecimento);
- alterações na caducidade do contrato a termo (barateamento); e
- subsídio do desemprego (diminuição do período de concessão e embaratecimento).

Além dessas medidas, podemos acrescentar:

- proliferação de contratos atípicos: contratos de duração determinada; trabalho a tempo parcial; trabalho temporário; trabalho intermitente e teletrabalho;
- descentralização da negociação coletiva de trabalho, com possibilidade de delegação sindical para que a negociação seja feita pela representação dos trabalhadores nas empresas, o que levaria a um enfraquecimento sindical.

Recentemente, foi votada na Assembleia da República uma lei que, em nome do princípio da igualdade, procura aproximar o contrato administrativo do funcionalismo público português ao contrato de trabalho da iniciativa privada, conforme extrato da reportagem[70] que transcrevemos abaixo:

---

[69] Idem, ibidem.
[70] Disponível em: <www.publico.pt/2013/11/25/politica/noticia/tribunal-constitucional--deixa-passar-lei-das-40-horas-na-funcao-publica-1613935>. Acesso em: 20.08.2017.

"O Tribunal Constitucional decidiu que os trabalhadores da função pública vão mesmo ter de cumprir 40 horas semanais, em vez das 35 que vigoravam até Julho. Num acórdão enviado nesta segunda-feira aos grupos parlamentares da oposição, os juízes do Palácio Ratton declaram a proposta de lei do Governo conforme a Constituição, numa decisão tomada por sete votos contra seis. No total, os funcionários públicos passam a trabalhar 40 horas por semana e oito por dia, em vez das sete que vigoravam antes de o diploma ter sido aprovado na Assembleia da República". (…)
"Igualdade no público e no privado. A maioria dos juízes entendeu que a lei das 40 horas, (…) corresponde a uma nova opção fundamental do legislador [itálico no acórdão], inserindo-se no quadro de uma reforma da administração pública e do estatuto dos seus trabalhadores que visa aproximar este do regime do contrato individual de trabalho. Trata-se de uma solução destinada a garantir a eficácia imediata da alteração do período normal de trabalho dos trabalhadores em funções públicas e que todos estes trabalhadores fiquem colocados numa situação inicial de igualdade, a partir da qual, futuramente, se poderão estabelecer as diferenciações que, em função dos diferentes sectores de actividade e pelos modos previstos nos regimes próprios aplicáveis, sejam consideradas convenientes", lê-se no acórdão. Os juízes do Palácio Ratton reconhecem que ao aumento de cinco horas semanais de trabalho corresponde um "grande prejuízo" de tempo para os trabalhadores da função pública. Além da diminuição de "tempo disponível para si mesmos", os juízes também sinalizaram a "perda salarial real" que advém de um aumento da carga horária diária sem que a tal corresponda um aumento salarial. Mas essa perda salarial, fundamentam, "limita-se à remuneração do trabalho suplementar". Quanto à violação da obrigação de fixar um limite máximo do horário de trabalho, alegada pelo PS por considerar que aquele limite máximo não é absoluto, dado que a fixação do período normal de trabalho em oito horas por dia e 40 por semana não prejudica a previsão, por diploma próprio, de períodos superiores, o TC também não viu nenhuma inconstitucionalidade. "Esses limites só podem ser excedidos pelos mecanismos de flexibilização taxativamente fixados na lei, com especial destaque para a adaptabilidade e para o banco de horas", sustentam os juízes. E, nos casos em que a lei aceite que se excedam as 40 horas, "o regime coincide inteiramente com o consagrado no Código do Trabalho. E o Tribunal Constitucional já decidiu, nos acórdãos 338/2010 e 602/2013, que tal não representava uma restrição ilegítima ao direito ao repouso e ao lazer dos trabalhadores", justifica o acórdão. Para os juízes que aprovaram este acórdão, a Lei nº 68/2013 é "mais uma etapa" do "processo de laboralização da função pública", no âmbito do qual tem sido reconhecida "a convergência entre o regime laboral privado e as regras do trabalho público, em termos de flexibilidade da parte do trabalhador e condicionalismos do empregador".
"O objectivo, declarado, de convergência, gradual e tendencial, entre o

regime laboral dos trabalhadores do sector privado e do sector público é um propósito admissível no actual quadro jurídico-constitucional, pelo menos no que respeita a boa parte das matérias disciplinadas pelo regime jurídico do emprego público, de que não se exclui a duração do tempo de trabalho. Daí não se poder falar de justificada expectativa de manutenção do statu quo", conclui o acórdão. No final, os juízes consideram ainda que a lei é positiva e necessária. No primeiro caso, porque "proporciona um alargamento dos horários de funcionamento e atendimento ao público dos serviços da administração, o que não poderá deixar de considerar-se como um efeito positivo, não só a nível individual, para cada utente, como em termos globais, para a sociedade". No segundo, porque se insere num "pacote de medidas de contenção de despesa pública que constam da Sétima Revisão do Programa de Ajustamento para Portugal constante do Memorando de Entendimento sobre as Condicionalidades de Política Económica", visando "a diminuição da massa salarial do sector público através de restrições ao emprego e a redução da remuneração do trabalho extraordinário e de compensações.

Percebe-se, desta forma, que o legislador brasileiro ao editar a Lei nº 13.467/2017, na verdade, se inspirou e foi buscar seus fundamentos de validade na experiência portuguesa, na época da crise, denominada pelos doutrinadores como "tempo de austeridade", o que culminou na criação da teoria da austerização, de Bauman, como já mencionado nesta obra.

E, finalizando, assinala a mesma reportagem:

> Na concepção do Memorando e dos acordos de concertação social, a pessoa enquanto trabalhador cede à pessoa enquanto simples detentora de uma mercadoria que se chama força de trabalho. Ora, de há muito que a nossa consciência ético-jurídica não aceita que a pessoa seja reificada. Isto põe sérios problemas não apenas ao Direito do Trabalho, mas ao Direito em geral. Nos Estados em cujas leis fundamentais se jura um incondicional e inquebrantável compromisso com a dignidade da pessoa humana, como é o caso do primeiro artigo da Constituição portuguesa, a pessoa não pode ser uma coisa.

A Lei de Reforma Portuguesa foi submetida ao Tribunal Constitucional Português, questionando a constitucionalidade das várias alterações promovidas na relação jurídica de emprego e a declaração de inconstitucionalidade, com força obrigatória geral, "das normas contidas no Código do Trabalho, na redação dada pela Lei nº 23/2012, de 25 de junho, publicada no Diário da República, 1ª série, nº 121, que "procede à alteração ao Código do Trabalho, aprovado pela Lei nº 7/2009, de 12 de fevereiro, e alterado pelas Leis n°s 105/2009, de 14 de setembro, e 53/2011, de 14 de outubro".

Transcrevemos abaixo o dispositivo do Acórdão nº 602/2013, Processo nº 531/12, da relatoria do juiz relator Conselheiro Pedro Machete, que julgou a matéria trabalhista:

> Pelos fundamentos expostos, o Tribunal Constitucional decide:
>
> a) Não declarar a inconstitucionalidade das normas do artigo 208.º-A do Código do Trabalho, aprovado pela Lei nº 7/2009, de 12 de fevereiro, com a redação dada pela Lei nº 23/2012, de 25 de junho;
>
> b) Não declarar a inconstitucionalidade das normas do artigo 208.º-B do Código do Trabalho, aprovado pela Lei nº 7/2009, de 12 de fevereiro, com a redação dada pela Lei nº 23/2012, de 25 de junho;
>
> c) Não declarar a inconstitucionalidade das normas do artigo 9.º, nº 2, da Lei nº 23/2012, de 25 de junho, na parte em que procedeu à revogação do artigo 229º n°s 1, 2 e 6, do Código do Trabalho, aprovado pela Lei nº 7/2009, de 12 de fevereiro, e dos artigos 268º, n°s 1 e 3, e 269º, nº 2, ambos do mesmo Código, na redação dada por aquela Lei;
>
> d) Não declarar a inconstitucionalidade da norma do artigo 2.º da Lei nº 23/2012, de 25 de junho, na parte em que, ao modificar o artigo 234º, nº 1, do Código do Trabalho, aprovado pela Lei nº 7/2009, de 12 de fevereiro, deixou de considerar como feriados obrigatórios os dias de Corpo de Deus, 5 de outubro, 1 de novembro e 1 de dezembro, revogando desse modo o segmento do citado artigo 234º, nº 1, na redação anterior, que os previa;
>
> e) Não declarar a inconstitucionalidade das normas dos artigos 2º da Lei nº 23/2012, de 25 de junho, na parte em que, ao modificar o artigo 238º, nº 3, do Código do Trabalho, aprovado pela Lei nº 7/2009, de 12 de fevereiro, eliminou a possibilidade de aumentar o período anual de férias em função da assiduidade, revogando desse modo o citado artigo 238º, nº 3, na redação anterior, que a previa e do artigo 9º, nº 2, da mesma Lei, na parte em que procedeu à revogação do nº 4 do referido artigo 234º;
>
> f) Declarar a inconstitucionalidade, com força obrigatória geral, da norma do artigo 368º, nº 2, do Código do Trabalho, aprovado pela Lei nº 7/2009, de 12 de fevereiro, com a redação dada pela Lei nº 23/2012, de 25 de junho, por violação da proibição de despedimentos sem justa causa consagrada no artigo 53º da Constituição;
>
> g) Declarar a inconstitucionalidade, com força obrigatória geral, da norma do artigo 368º, nº 4, do Código do Trabalho, aprovado pela Lei nº 7/2009, de 12 de fevereiro, com a redação dada pela Lei nº 23/2012, de 25 de junho,

por violação da proibição de despedimentos sem justa causa consagrada no artigo 53º da Constituição;

h) Declarar a inconstitucionalidade, com força obrigatória geral, da norma do artigo 9.º, nº 2, da Lei nº 23/2012, de 25 de junho, na parte em que procedeu à revogação da alínea d) do nº 1 do artigo 375º do Código do Trabalho, aprovado pela Lei nº 7/2009, de 12 de fevereiro, por violação da proibição de despedimentos sem justa causa consagrada no artigo 53º da Constituição;

i) Não declarar a inconstitucionalidade da norma do artigo 9º, nº 2, da Lei nº 23/2012, de 25 de junho, na parte em que procedeu à revogação da alínea e) do nº 1 do artigo 375º do Código do Trabalho, aprovado pela Lei nº 7/2009, de 12 de fevereiro;

j) Não declarar a inconstitucionalidade da norma do artigo 375º, nº 2, do Código do Trabalho, aprovado pela Lei nº 7/2009, de 12 de fevereiro, com a redação dada pela Lei nº 23/2012, de 25 de junho;

k) Não declarar a inconstitucionalidade da norma do artigo 7º, nº 1, da Lei nº 23/2012, de 25 de junho, na parte em que se reporta às disposições de instrumentos de regulamentação coletiva de trabalho;

l) Declarar a inconstitucionalidade, com força obrigatória geral, da norma do artigo 7º, nº 2, da Lei nº 23/2012, de 25 de junho, na parte em que se reporta às disposições de instrumentos de regulamentação coletiva de trabalho, por violação das disposições conjugadas dos artigos 56, n°s 3 e 4, e 18.º, nº 2, da Constituição;

m) Declarar a inconstitucionalidade, com força obrigatória geral, da norma do artigo 7.º, nº 3, da Lei nº 23/2012, de 25 de junho, na parte em que se reporta às disposições de instrumentos de regulamentação coletiva de trabalho, por violação das disposições conjugadas dos artigos 56, n°s 3 e 4, e 18º, nº 2, da Constituição;

n) Não declarar a inconstitucionalidade da norma do artigo 7º, nº 4, da Lei nº 23/2012, de 25 de junho, na parte em que se reporta às disposições de instrumentos de regulamentação coletiva de trabalho;

o) Declarar a inconstitucionalidade, com força obrigatória geral, da norma do artigo 7.º, nº 5, da Lei nº 23/2012, de 25 de junho, na parte em que se reporta às disposições de instrumentos de regulamentação coletiva de trabalho, por violação das disposições conjugadas dos artigos 56, n^{os}3 e 4, e 18º, nº 2, da Constituição.

Lisboa, 20 de Setembro de 2013. – Pedro Machete (vencido quanto à alínea F) da decisão, conforme declaração em anexo) – Maria João Antunes (vencida, quanto às alíneas j), l), m) e o), pelas razões constantes da declaração que se anexa) – Maria de Fátima Mata-Mouros (vencida, quanto às alíneas j) e l), tendo acompanhado a decisão da alínea b) embora com dúvidas) – José da Cunha Barbosa (vencido, quanto às alíneas l), m) e o) da decisão, de acordo com a declaração de voto que junto.) – Catarina Sarmento e Castro (vencida quanto às alíneas b), j), k), n), nos termos da declaração de voto junta). – Maria José Rangel de Mesquita (vencida quanto às alíneas b), k) e n) nos termos da declaração de voto que se junta). – João Cura Mariano (vencido quanto à alínea b) nos termos da declaração junta) – Fernando Vaz Ventura (vencido quanto às alíneas j), l), m) e o), nos termos da declaração junta) – Maria Lúcia Amaral (vencida quanto às alíneas b), f) e g), conforme declaração de voto junta) – Carlos Fernandes Cadilha (vencido quanto à decisão das alíneas k) e n) nos termos da declaração em anexo) – Ana Maria Guerra Martins (vencida quanto às alíneas b), l), m) e o) da decisão) – Joaquim de Sousa Ribeiro (vencido, quanto às alíneas b), j), k) e n) da decisão, nos termos da declaração de voto junta)

Tem voto de conformidade do Senhor Conselheiro Vítor Gomes quanto às alíneas a), b), c), d), e), g), h), i), j), k) e n) da decisão, que não assina por entretanto ter cessado funções neste Tribunal.

Pedro Machete.

Em relação ao caso brasileiro, podemos adiantar que várias das alterações promovidas já foram aprioristicamente examinadas pelo Supremo Tribunal Federal. Vejamos:

a) Inconstitucionalidade das alterações nos direitos trabalhistas por violação à meta constitucional da melhoria das condições sociais do trabalhador, com base no Princípio do Não Retrocesso:

Esse tema já foi analisado pelo STF na lei que apresentou alterações no regime do seguro DPVAT. O argumento de invalidação da nova lei era que esta teria restringido o direito social relacionado ao benefício e qualquer retrocesso seria vedado.

A conclusão do STF, entretanto, de acordo com o voto condutor do Relator, Min. Luiz Fux, foi a seguinte:

> O princípio da vedação ao retrocesso social não pode impedir o dinamismo da atividade legiferante do Estado, mormente quando não se está diante de alterações prejudiciais ao núcleo fundamento das garantias sociais. As alterações legais ora impugnadas destinaram-se à racionalização das políticas sociais já estabelecidas e tocantes ao seguro DPVAT e não afetaram desfavoravelmente o núcleo essencial de direitos sociais prestados pelo Estado, porquanto modificaram apenas marginalmente os contornos do seguro DPVAT para viabilizar a sua subsistência. Indenizações pagas pelo Seguro DPVAT, que passaram de frações de salários- mínimos para valores fixos.

b) Inconstitucionalidade da Lei nº 13.467/2017 em relação aos arts. 611-A e 611-B, em relação à negociação coletiva de trabalho, mais especificamente na prevalência ou supremacia do negociado em relação às disposições legais da CLT.

O STF, em decisão unânime de seu Plenário (RE 590.415 – tema nº 152 da repercussão geral, *DJe* 29.05.2015), tendo como Relator o Ministro Luís Roberto Barroso, já firmou entendimento sobre a temática, conforme trecho do acórdão, como segue:

> (...) a Constituição reconheceu as convenções e os acordos coletivos como instrumentos legítimos de prevenção e de autocomposição de conflitos trabalhistas; tornou explícita a possibilidade de utilização desses instrumentos, inclusive para a redução de direitos trabalhistas (...) a Constituição de 1988 (...) prestigiou a autonomia coletiva da vontade como mecanismo pelo qual o trabalhador contribuirá para a formulação das normas que regerão a sua própria vida, inclusive no trabalho (art. 7º, XXVI, CF) (...) não deve ser vista com bons olhos a sistemática invalidação dos acordos coletivos de trabalho com base em uma lógica de limitação da autonomia da vontade exclusivamente aplicável às relações individuais de trabalho (...) as regras autônomas juscoletivas podem prevalecer sobre o padrão geral heterônomo, mesmo que sejam restritivas dos direitos dos trabalhadores, desde que não transacionem setorialmente parcelas justrabalhistas de indisponibilidade absoluta.

Em outras palavras, podemos depreender do voto condutor que levou à unanimidade do Acórdão que a negociação coletiva deve ser respeitada, mesmo que, de forma aparente, reduza ou restrinja direitos previstos na legislação. O princípio da intervenção mínima do Judiciário repousa nesta premissa. O próprio STF, por meio desta decisão, informa que o Poder Judiciário poderá intervir naquilo que foi negociado coletivamente, quando haja violação a direitos considerados de indisponibilidade absoluta, e não pelo fato de o negociado não corresponder ao que a lei disponha.

c) Inconstitucionalidade da jornada 12 × 36 horas:

A tese levantada pela doutrina de que o regime de trabalho de 12 horas de trabalho por 36 horas de descanso seria inconstitucional por impor regime extenuante de trabalho, sem descanso, suscetível de afetar a saúde do trabalhador, violando, desta forma, o art. 7º, XXII, da Constituição foi analisada pelo STF, na ação direta de inconstitucionalidade em face do art. 5º da Lei nº 11.901/2009, que regulou essa espécie de jornada de trabalho para os bombeiros.

Segundo o Informativo nº 839 do STF, temos uma síntese do julgamento:

> (...) É constitucional o art. 5º da Lei 11.901/2009 ("A jornada do Bombeiro Civil é de 12 (doze) horas de trabalho por 36 (trinta e seis) horas de descanso, num total de 36 (trinta e seis) horas semanais"). Com base nesse entendimento, o Plenário, por maioria, julgou improcedente o pedido formulado em ação direta que questionava o referido dispositivo. Segundo o Tribunal, a norma impugnada não viola o art. 7º, XIII, da CF/1988 (...). A jornada de 12 horas de trabalho por 36 horas de descanso encontra respaldo na faculdade conferida pelo legislador constituinte para as hipóteses de compensação de horário. Embora não exista previsão de reserva legal expressa no referido preceito, há a possibilidade de negociação coletiva. Isso permite inferir que a exceção estabelecida na legislação questionada garante aos bombeiros civis, em proporção razoável, descanso de 36 horas para cada 12 horas trabalhadas, bem como jornada semanal de trabalho não superior a 36 horas. Da mesma forma, não haveria ofensa ao art. 196 da CF/1988. A jornada de trabalho que ultrapassa a 8ª hora diária pode ser compensada com 36 horas de descanso e o limite de 36 horas semanais. Ademais, não houve comprovação, com dados técnicos e periciais consistentes, de que essa jornada causasse danos à saúde do trabalhador, o que afasta a suposta afronta ao art. 7º, XXII, da CF/1988.

Vemos, dessa forma, que o STF entende que regime de trabalho não colide com os dispositivos constitucionais relacionados ao descanso, à saúde do trabalhador, ou mesmo ao valor social do trabalho.

No entanto, a Medida Provisória nº 808/2017, que alterou a Lei nº 13.467/2017, apresentou uma nova disciplina à jornada 12 × 36 horas, atendendo a um clamor da doutrina quanto ao tema, ao dispor, quanto à necessidade da negociação coletiva de trabalho:

> Art. 59-A. Em exceção ao disposto no art. 59 e em leis específicas, é facultado às partes, por meio de convenção coletiva ou acordo coletivo de trabalho, estabelecer horário de trabalho de doze horas seguidas por trinta e seis horas ininterruptas de descanso, observados ou indenizados os intervalos para repouso e alimentação.
>
> § 1º A remuneração mensal pactuada pelo horário previsto no *caput* abrange os pagamentos devidos pelo descanso semanal remunerado e pelo descanso em feriados e serão considerados compensados os feriados e as prorrogações de trabalho noturno, quando houver, de que tratam o art. 70 e o § 5º do art. 73.

§ 2º É facultado às entidades atuantes no setor de saúde estabelecer, por meio de acordo individual escrito, convenção coletiva ou acordo coletivo de trabalho, horário de trabalho de doze horas seguidas por trinta e seis horas ininterruptas de descanso, observados ou indenizados os intervalos para repouso e alimentação.

Desta feita, agora, a Lei da Reforma Trabalhista passou a não mais permitir que o ajuste na jornada 12 × 36 horas, seja feito por acordo individual, como havia previsto a Lei nº 13.467/2017, com exceção do setor da saúde.

Finalmente, também não podemos deixar de destacar algo que aguça a mente das pessoas comuns, leigas em Direito, relacionadas à eficácia das leis no ordenamento jurídico brasileiro. Com efeito, é dito popular que o direito é o que dizem os Tribunais, porém, existe nas democracias modernas, nas quais o Brasil está inserido, o fenômeno do diálogo das fontes e da superação dos entendimentos jurisprudenciais, inclusive no plano constitucional, das súmulas e entendimentos do Supremo Tribunal Federal, pela edição de uma lei nova. Em outras palavras, um entendimento do STF pode ser afastado ou superado com a edição de uma nova lei federal pelo Congresso Federal, já que cabe a este último a função de legislar. Em várias situações, o Parlamento Brasileiro (Congresso Nacional) promoveu alterações no texto constitucional justamente para superar entendimentos firmados pelo STF.

Como exemplos, podemos mencionar a interpretação do teto remuneratório dos agentes públicos e a possibilidade de cobrança de IPTU progressivo. Nota-se que, a partir da edição das novas normas, o STF adequou seu entendimento de acordo com a novel disposição legal, não havendo qualquer tipo de insurgência.

Se com o advento da Lei nº 13.467/2017 houve uma desconstrução de vários direitos e interesses dos trabalhadores, que já haviam se incorporado ao seu patrimônio jurídico comum (de toda a comunidade de trabalhadores), ou em outras palavras, uma tentativa de implodir o seu "DNA", ou seu núcleo essencial fundado no princípio protetor, considerando o desequilíbrio patente nas relações individuais de trabalho entre empregado (ser individual) e empregador (ser coletivo), caberá ao instituto da negociação coletiva de trabalho, por meio dos sindicatos profissionais, justamente em um momento em que se encontram fragilizados pela perda de arrecadação sindical, aos Tribunais Trabalhistas, ao Ministério Público do Trabalho, por meio da celebração dos TACs e do ajuizamento das ações moleculares, e mais especificamente à Suprema Corte, quando se tratar de matéria constitucional, a reconstrução daquilo que foi supostamente desconstruído, parafraseando o filósofo alemão Schopenhauer, em "o mundo como vontade e representação".

8.4. OS DESDOBRAMENTOS DA NEGOCIAÇÃO COLETIVA DE TRABALHO

8.4.1. Instrumentos jurídicos que defluem da negociação coletiva de trabalho bem-sucedida

De acordo com o *nomem juris* adotado pela legislação brasileira, a negociação coletiva de trabalho, quando bem-sucedida, se concretiza por meio da Convenção Coletiva de Trabalho (CCT) ou Acordo Coletivo de Trabalho (ACT), ou ainda o contrato coletivo dos portuários (Lei nº 8.630/93, substituída pela Lei nº 12.815/2015).

Dessa forma, os instrumentos normativos decorrentes da negociação coletiva de trabalho são produtos jurídicos de uma negociação bem sucedida, de acordo com a doutrina e legislação brasileiras, a convenção coletiva é mais ampla e o acordo coletivo tem campo de abrangência mais restrito.

A Consolidação das Leis do Trabalho, em seu art. 611, define a Convenção Coletiva de Trabalho como o "acordo de caráter normativo, pelo qual dois ou mais sindicatos representativos de categorias econômicas e profissionais estipulam condições de trabalho aplicáveis, no âmbito das respectivas representações, às relações individuais de trabalho".

Por outro lado, o mesmo dispositivo define o acordo coletivo como sendo aquele celebrado pelos sindicatos profissionais com uma ou mais empresas da correspondente categoria econômica, que estipulem condições de trabalho, aplicáveis no âmbito da empresa ou das empresas acordantes às respectivas relações de trabalho.

Caso não haja sindicatos profissionais ou econômicos da categoria, as convenções coletivas de trabalho poderão ser celebradas pelas Federações e, na falta delas, pelas Confederações das categorias a elas vinculadas.

8.4.1.1. Validade, coercibilidade, vigência e prorrogação da CCT e do ACT

Tanto a convenção quanto o acordo coletivo de trabalho têm efeito jurídico vinculante e coercitivo sobre os convenentes, contudo, desde que respeitem suas exigências de validade subjetiva, formal e material, assim como no processo de constituição da norma foram respeitados seus princípios norteadores.

A legitimidade subjetiva para a sua celebração exige a participação do sindicato profissional, respeitada a sua base territorial de representação, conforme a ordem constitucional vigente (CF/88, art. 8º, II e VI). Portanto, além de ser obrigatória a participação do sindicato profissional, é necessário que seja o legítimo representante da categoria profissional dentro da base territorial respectiva.

Quanto à validade formal, diz respeito ao atendimento do devido processo de instituição das normas, incluindo-se aqui a legitimidade representativa dos sindicados convenentes. Entretanto, validade material, diz respeito ao conteúdo da norma, se está em conformidade com os limites materiais autorizados pelo próprio ordenamento jurídico.

Nos termos dos dispositivos da CLT que regem as convenções coletivas de trabalho (arts. 611[71] a 625), para produzirem efeitos coercitivos, devem seguir o *iter juris* que se descreve a seguir.

---

[71] O art. 611 da CLT com advento da Lei nº 13.467/2017 foi acrescido dos arts. 611-A (redação original) e 611-B, cuja redação transcrevemos, a seguir:
"Art. 611-A. A convenção coletiva e o acordo coletivo de trabalho têm prevalência sobre a lei quando, entre outros, dispuserem sobre:
I – pacto quanto à jornada de trabalho, observados os limites constitucionais;
II – banco de horas anual;
III – intervalo intrajornada, respeitado o limite mínimo de trinta minutos para jornadas superiores a seis horas;
IV – adesão ao Programa Seguro-Emprego (PSE), de que trata a Lei 13.189, de 19 de novembro de 2015;
V – plano de cargos, salários e funções compatíveis com a condição pessoal do empregado, bem como identificação dos cargos que se enquadram como funções de confiança;
VI – regulamento empresarial;
VII – representante dos trabalhadores no local de trabalho;
VIII – teletrabalho, regime de sobreaviso, e trabalho intermitente;
IX – remuneração por produtividade, incluídas gorjetas percebidas pelo empregado, e remuneração por desempenho individual;
X – modalidade de registro de jornada de trabalho;
XI – troca do dia de feriado;
XII – enquadramento do grau de insalubridade;
XIII – prorrogação de jornada em ambientes insalubres, sem licença prévia das autoridades competentes do Ministério do Trabalho;
XIV – prêmios de incentivo em bens ou serviços, eventualmente concedidos em programas de incentivo;
XV – participação nos lucros ou resultados da empresa.

§ 1º No exame da convenção coletiva ou do acordo coletivo de trabalho, a Justiça do Trabalho observará o disposto no § 3º do art. 8 desta Consolidação.

§ 2º A inexistência de expressa indicação de contrapartidas recíprocas em convenção coletiva ou acordo coletivo de trabalho não ensejará sua nulidade por não caracterizar um vício do negócio jurídico.

§ 3º Se for pactuada cláusula que reduza o salário ou a jornada, a convenção coletiva ou o acordo coletivo de trabalho deverão prever a proteção dos empregados contra dispensa imotivada durante o prazo de vigência do instrumento coletivo.

§ 4º Na hipótese de procedência de ação anulatória de cláusula de convenção coletiva ou de acordo coletivo de trabalho, quando houver a cláusula compensatória, esta deverá ser igualmente anulada, sem repetição do indébito.

§ 5º Os sindicatos subscritores de convenção coletiva ou de acordo coletivo de trabalho deverão participar, como litisconsortes necessários, em ação individual ou coletiva, que tenha como objetivo a anulação de cláusulas desses instrumentos.

Art. 611-B Constituem objeto ilícito de convenção coletiva ou de acordo coletivo de trabalho, exclusivamente, a supressão ou a redução dos seguintes direitos:

I – normas de identificação profissional, inclusive as anotações na Carteira de Trabalho e Previdência Social;

II – seguro-desemprego, em caso de desemprego involuntário;

III – valor dos depósitos mensais e da indenização rescisória do Fundo de Garantia do Tempo de Serviço (FGTS);

IV – salário mínimo;

V – valor nominal do décimo terceiro salário;

VI – remuneração do trabalho noturno superior à do diurno;

VII – proteção do salário na forma da lei, constituindo crime sua retenção dolosa;

VIII – salário-família;

IX – repouso semanal remunerado;

X – remuneração do serviço extraordinário superior, no mínimo, em 50% (cinquenta por cento) à do normal;

XI – número de dias de férias devidas ao empregado;

XII – gozo de férias anuais remuneradas com, pelo menos, um terço a mais do que o salário normal;

XIII – licença-maternidade com a duração mínima de cento e vinte dias;

XIV – licença-paternidade nos termos fixados em lei;

XV – proteção do mercado de trabalho da mulher, mediante incentivos específicos, nos termos da lei;

XVI – aviso-prévio proporcional ao tempo de serviço, sendo no mínimo de trinta dias, nos termos da lei;

XVII – normas de saúde, higiene e segurança do trabalho previstas em lei ou em normas regulamentadoras do Ministério do Trabalho;

XVIII – adicional de remuneração para as atividades penosas, insalubres ou periculosas;

Os Sindicatos só poderão celebrar Convenções ou Acordos Coletivos de Trabalho, por deliberação de Assembleia Geral especialmente convocada para tal finalidade, consoante o disposto nos respectivos Estatutos Sociais, dependendo a validade da mesma do comparecimento dos associados e votação em assembleia.

No caso da convenção coletiva de trabalho, exige-se comparecimento de 2/3 (dois terços) dos associados da entidade sindical em primeira convocação ou, no caso do acordo coletivo, 2/3 (dois terços) dos interessados. Em segunda convocação, exige-se o comparecimento de 1/3 (um terço), seja em caso de convenção ou acordo coletivo de trabalho (art. 612 da CLT).

Em relação à forma, as convenções e os acordos coletivos de trabalho serão celebrados por escrito, sem emendas nem rasuras, em tantas vias quantos forem os Sindicatos convenentes ou as empresas acordantes, além de uma destinada a registro (art. 613, parágrafo único, da CLT), que deve ser providenciado dentro de 8 (oito) dias da assinatura dos referidos instrumentos, no Ministério do Trabalho e Emprego (art. 614, *caput*, da CLT).

XIX – aposentadoria;

XX – seguro contra acidentes do trabalho, a cargo do empregador;

XXI – ação, quanto aos créditos resultantes das relações de trabalho, com prazo prescricional de cinco anos para os trabalhadores urbanos e rurais, até o limite de dois anos após a extinção do contrato de trabalho;

XXII – proibição de qualquer discriminação no tocante a salário e critérios de admissão do trabalhador com deficiência;

XXIII – proibição de trabalho noturno, perigoso ou insalubre a menores de dezoito anos e de qualquer trabalho a menores de dezesseis anos, salvo na condição de aprendiz, a partir dos quatorze anos;

XXIV – medidas de proteção legal de crianças e adolescentes;

XXV – igualdade de direitos entre o trabalhador com vínculo empregatício permanente e o trabalhador avulso;

XXVI – liberdade de associação profissional ou sindical do trabalhador, inclusive o direto de não sofrer, sem sua expressa e prévia anuência, qualquer cobrança ou desconto salarial estabelecidos em convenção coletiva ou acordo coletivo de trabalho;

XXVII – direito de greve, competindo aos trabalhadores decidir sobre a oportunidade de exercê-lo e sobre os interesses que devam por meio dele defender;

XXVIII – definição legal sobre os serviços ou atividades essenciais e disposições legais sobre o atendimento das necessidades inadiáveis da comunidade em caso de greve;

XXIX – tributos e outros créditos de terceiros;

XXX – as disposições previstas nos arts. 373- A, 390, 392, 392- A, 394, 394-A, 395, 396 e 400 desta Consolidação.

Parágrafo único. Regras sobre duração do trabalho e intervalos não são consideradas como normas de saúde, higiene e segurança do trabalho para os fins do disposto neste artigo."

As convenções e os acordos deverão conter obrigatoriamente o disposto no art. 613[72] da CLT.

Contudo, não poderão ter cláusula que contrarie, direta ou indiretamente, proibição ou norma disciplinadora da política econômico-financeira do Governo ou concernente à política salarial vigente, sendo nula de pleno direito, não produzindo quaisquer efeitos (art. 623 da CLT e Súmula nº 375 do TST).

Respeitados os requisitos de validade, as convenções e acordos coletivos passam a ter força coercitiva entre as partes, nos limites de seu instrumento normativo e nos a seguir expostos.

Nenhuma disposição de contrato individual de trabalho que contrarie normas de convenção ou acordo coletivo de trabalho poderá prevalecer na execução do mesmo, sendo considerada nula de pleno direito (art. 619 da CLT), além dos empregados e as empresas serem passíveis da multa neles fixada (art. 622 da CLT).

As condições estabelecidas em Convenção, quando mais favoráveis, prevaleciam sobre as estipuladas em Acordo, era o que estipulava a redação do antigo art. 620 da CLT. Porém, aqui também houve uma inversão da norma, de acordo com a Lei nº 13.467/2017, a dispor:

> Art. 620. As condições estabelecidas em acordo coletivo de trabalho sempre prevalecerão sobre as estipuladas em convenção coletiva de trabalho.

As Convenções e os Acordos poderão incluir entre suas cláusulas disposição sobre a constituição e funcionamento de comissões mistas de consulta e colaboração, assim como a participação nos lucros da empresa (art. 621 da CLT).

Importante mencionar que não foi feita qualquer alteração pela novel legislação da Reforma Trabalhista, em relação às normas de saúde, medicina e segurança no trabalho, a não ser na Medida Provisória nº 808/2017, no inciso XII, que passou a ter uma nova redação, como já expusemos em item anterior.

---

[72] Art. 613. As Convenções e os Acordos deverão conter obrigatoriamente: I – designação dos Sindicatos convenentes ou dos Sindicatos e empresas acordantes; II – prazo de vigência; III – categorias ou classes de trabalhadores abrangidas pelos respectivos dispositivos; IV – condições ajustadas para reger as relações individuais de trabalho durante sua vigência; V – normas para a conciliação das divergências surgidas entre os convenentes por motivo da aplicação de seus dispositivos; VI – disposições sobre o processo de sua prorrogação e de revisão total ou parcial de seus dispositivos; VII – direitos e deveres dos empregados e das empresas; VIII – penalidades para os Sindicatos convenentes, os empregados e as empresas em caso de violação de seus dispositivos. Parágrafo único. As Convenções e os Acordos serão celebrados por escrito, sem emendas nem rasuras, em tantas vias quantos forem os Sindicatos convenentes ou as empresas acordantes, além de uma destinada a registro. (Redação dada ao artigo pelo Decreto-Lei nº 229, de 28.02.1967, *DOU* 28.02.1967).

Em relação ao início da vigência, as convenções e os acordos entrarão em vigor três dias após a data da entrega dos mesmos para o respectivo registro, sendo que duas cópias autênticas das convenções e dos acordos deverão ser afixados de modo visível, pelos sindicatos convenentes, nas respectivas sedes e nos estabelecimentos das empresas compreendidas no seu campo de aplicação, dentro de 5 (cinco) dias da data do depósito (art. 614, §§ 1º e 2º, da CLT).

Quanto ao prazo, não é permitido estipular duração de convenção ou acordo superior a dois anos (art. 614, § 3º, da CLT) e o processo de prorrogação, revisão, denúncia ou revogação total ou parcial de convenção ou acordo ficará subordinado, em qualquer caso, à aprovação de Assembleia Geral dos sindicatos convenentes ou partes acordantes, com observância do quórum previsto art. 612 da CLT (art. 613 da CLT).

O art. 614, da nova CLT (Lei nº 13.467/2017) acrescentou o seguinte parágrafo em sua redação original:

> § 3º Não será permitido estipular duração de Convenção Coletiva ou Acordo Coletivo de trabalho superior a 2 (dois) anos, sendo vedada a ultratividade

Observe-se que a ultratividade das convenções e acordos coletivos foi afastada na novel legislação, o que deverá promover alterações na jurisprudência do Colendo TST, em especial da Súmula nº 277.

Para alguns doutrinadores, as normas fixadas em acordos e convenções coletivas de trabalho se incorporavam aos contratos individuais de trabalho, e somente poderiam ser modificadas ou suprimidas por nova negociação coletiva de trabalho. Para esta corrente, mesmo com a norma coletiva estabelecendo período de vigência de um ou dois anos, as normas se incorporavam aos contratos individuais, mesmo após o termo da vigência, até que nova convenção fosse realizada. Outra corrente doutrinária defendia que, com o fim do prazo da convenção, os contratos individuais voltavam ao estado anterior.

A atual redação da Súmula nº 277[73] do TST, alterada em 14.9.2012, representa nova posição daquela Corte. Transcrevemos em notas as redações (antiga e atual) da referida súmula. De nossa parte, já defendíamos o cancelamento desta

---

[73] Nº 277 – CONVENÇÃO COLETIVA DE TRABALHO OU ACORDO COLETIVO DE TRABALHO. EFICÁCIA. ULTRATIVIDADE (Redação Alterada na Sessão do Tribunal Pleno realizada em 14.09.2012). As cláusulas normativas dos acordos coletivos ou convenções coletivas integram os contratos individuais de trabalho e somente poderão ser modificadas ou suprimidas mediante negociação coletiva de trabalho. (Redação dada pela Resolução TST nº 185, de 14.09.2012, *DJe* TST de 26.09.2012, rep. *DJe* TST de 27.09.2012 e *DJe* TST de 28.09.2012).

Súmula, na redação antiga, pela total incompatibilidade com os dizeres do § 2º do art. 114 da Constituição Federal.

Ora, a referida súmula colidia com o mandamento constitucional estampado na parte final do § 2º do art. 114 da Constituição Federal de 1988, que aludia ao termo "respeitadas as condições mínimas legais e as convencionadas anteriormente". Desde o advento da Emenda Constitucional nº 45/2004, que alterou a redação deste artigo constitucional, já era certo que a negociação coletiva de trabalho deveria ter por limites não apenas as condições mínimas legais, quer dizer, as leis, sejam de que natureza for, tendo como ápice a norma constitucional, mesmo que em face da teoria da pirâmide invertida, bem como as normas convencionadas anteriormente, ou seja, as cláusulas normativas oriundas dos acordos e convenções coletivas de trabalho. A alteração da Súmula nº 277 do TST nada mais veio fazer do que compatibilizar a sua nova redação com o mandamento constitucional.

Portanto, de acordo com a nova posição do TST, as normas coletivas estão incorporadas aos contratos individuais de trabalho, devendo ser respeitadas e aplicadas mesmo depois do término da vigência da convenção ou contrato coletivo de trabalho, e somente com novo acordo ou convenção coletiva poderão ser modificadas ou suprimidas, mesmo assim com obediência aos princípios fundantes do Direito do Trabalho, neste caso, em especial o princípio da irrenunciabilidade.

Com o advento da Lei nº 13.467/2017 haverá a necessidade de construção de uma nova jurisprudência a respeito desta temática, uma vez que a tese da não ultratividade ou ultravigência colide com o disposto no § 2º do art. 114 da Constituição Federal de 1988.

8.4.2. Efeitos jurídicos da negociação coletiva de trabalho malsucedida

Da negociação coletiva de trabalho malsucedida, ou quando ocorrer recusa por parte dos atores sociais à negociação, poderá defluir a mediação, a arbitragem[74] (regulada pela Lei nº 9.307/96, alterada pela Lei nº 13.129/2015 e art. 114, § 1º, da Constituição Federal), a greve (regulada pela Lei nº 7.783/89) ou o dissídio coletivo.

8.4.2.1. Direito à sindicalização, à negociação coletiva de trabalho e à greve

Os direitos à sindicalização, à negociação coletiva e à greve são considerados os pilares, ou tripé, do direito coletivo, pois os dois últimos são desdobramentos

---

[74] A arbitragem ganhou assento também na nova Lei nº 13.467/2017, inclusive para as lides individuais, que tenham como parte trabalhador com remuneração acima do valor equivalente a duas vezes o teto da Previdência Social.

do direito à sindicalização. Ou seja, pensar em direito à sindicalização sem a possibilidade de utilização de seus instrumentos, negociação coletiva e greve, seria o mesmo que admitir o direito à sindicalização sem qualquer possibilidade do sindicato atuar na defesa dos interesses de seus membros.

Conforme esclarece este autor,[75] a representação triangular do Direito Coletivo do Trabalho foi proposta por Mario de La Cueva, ao defender que este poderia ser representado por um triângulo equilátero (idênticos ângulos em graduação), cujos ângulos seriam o sindicato, a negociação coletiva e a greve, de tal maneira que nenhuma das três figuras da trilogia poderia faltar porque desapareceria o triângulo, o que elucida bem a importância do direito à negociação coletiva. Posteriormente, tal representação triangular do direito coletivo do trabalho foi seguida por inúmeros autores, com diferentes denominações, tais como pilares ou fundamentos.

Importante destacar que o direito de greve é um dos direitos fundamentais dos trabalhadores e dos sindicatos. Constitui meio de defesa dos interesses econômicos e sociais dos trabalhadores e legítimo instrumento para contrabalancear com o poder econômico em sua permanente dialética, ou tensão, com o trabalho.

No caso específico dos servidores públicos, a Constituição Federal faz previsão expressa de que os termos e limites do exercício do direito de greve serão definidos em lei específica, conforme o art. 37, VII.

Por esta razão, doutrina e jurisprudência se dividiam em duas correntes, uma que defendia ter este dispositivo constitucional eficácia limitada e outra que defendia ter eficácia contida. Para os que defendiam a eficácia limitada do art. 37, VII, da Constituição Federal, enquanto não houvesse a "lei específica" prevista no dispositivo, este não poderia ser aplicado.

Para os doutrinadores que defendiam a interpretação do art. 37, VII, da Constituição Federal, como norma de eficácia contida, e entre eles nos filiávamos, tal direito deveria ser plenamente exercitável até que lei superveniente posterior viesse a fixar-lhe limites e termos para seu exercício. Os partidários desta corrente defendiam o pleno exercício do direito de greve dos servidores públicos civis, desde que respeitados outros dispositivos legais, tais como o art. 9º, § 1º, da Constituição Federal de 1988, que dispõe sobre o atendimento das necessidades inadiáveis da comunidade, bem como o dever de respeitar o princípio da continuidade dos serviços públicos essenciais, definidos na Lei nº 7.783/89 (Lei de Greve), aplicada na falta de lei específica.

---

[75] SANTOS, Enoque Ribeiro dos. *Direitos humanos na...* Op. cit., p. 85.

O Supremo Tribunal Federal pôs fim à celeuma, decidindo em 25.10.2007 que o art. 37, VII, da CRFB é norma de eficácia contida, de modo que nas greves envolvendo servidores públicos estatutários, deverá ser aplicada a Lei nº 7.783/89 até que advenha, entre nós, a novidade jurídica que irá regular a matéria. Naquela ocasião, o STF[76] concluiu o julgamento de três mandados de injunção impetrados, respectivamente, pelo Sindicato dos Servidores Policiais Civis do Espírito Santo (SINDIPOL), pelo Sindicato dos Trabalhadores em Educação do Município de João Pessoa (SINTEM), e pelo Sindicato dos Trabalhadores do Poder Judiciário do Estado do Pará (SINJEP), em que se pretendia fosse garantido aos seus associados o exercício do direito de greve previsto no art. 37, VII, da Constituição Federal, quando, conheceu dos mandados de injunção e propôs a solução para a omissão legislativa com a aplicação, no que couber, da Lei nº 7.783/89, que dispõe sobre o exercício do direito de greve na iniciativa privada.

A decisão do STF foi a mais acertada e condizente com o princípio do não retrocesso social, pois em se tratando de direitos fundamentais, como o é o direito de greve, a interpretação da norma deve ser moldada por uma práxis jurídica comprometida a concretizar e ampliar os direitos fundamentais e jamais restringi-los.

Entretanto, vale salientar que a greve no setor público não é tão eficaz como instrumento de pressão, pois afeta mais a população do que a Administração Pública propriamente dita, diferentemente do setor privado, no qual a greve produz efeitos mais deletérios em face dos maiores prejuízos que poderá proporcionar aos empregadores, como paralisação da produção, do faturamento interno e externo, não cumprimento de contratos comerciais etc.

De forma diversa, quem paga a conta na greve dos servidores públicos sempre é a população mais carente, que necessita dos serviços públicos essenciais, como transporte, segurança, educação e saúde, já que o Estado não possui funções lucrativas, a não ser por meio das empresas públicas e sociedades de economia mista que exercem atividades econômicas (art. 173, CF/88).

8.4.2.2. Dissídio coletivo de trabalho

O dissídio coletivo de trabalho já vem previsto na CLT de 1943, o que demonstra a preocupação do legislador em colocar à disposição dos atores sociais um instrumento jurídico de tutela dos direitos coletivos de trabalho.

---

[76] Informativo nº 485 do STF.

O dissídio coletivo de trabalho pode ser definido como uma ação molecular, por meio da qual, os atores sociais, sindicatos das categorias profissional e econômica, levam ao Poder Judiciário Trabalhista a controvérsia resultante da negociação coletiva malsucedida, envolvendo direitos e interesses abstratos e gerais da categoria, com objetivo de criar, modificar ou extinguir condições de trabalho e de remuneração, com base no princípio da autonomia privada coletiva.

Este instrumento jurídico, de natureza coletiva, que emana da negociação coletiva de trabalho malsucedida, de grande utilização no setor privado da economia brasileira, encontra-se disposto nos arts. 856 e seguintes da CLT, bem como no art. 114, § 2º, da Constituição Federal, fruto da manutenção do poder normativo dos Tribunais do Trabalho, pela Emenda Constitucional nº 45/2004.

8.4.2.3. Vantagens da negociação coletiva de trabalho

A negociação coletiva de trabalho é uma das formas mais eficazes de pacificação de conflitos coletivos, além de ser a função mais nobre que as organizações sindicais podem exercer, e estão intrinsecamente ligadas ao fortalecimento dos sindicatos.

A vantagem da negociação coletiva de trabalho se faz sentir na economia privada nacional, já de longa data pacificada, e operando em relativa harmonia e paz social, graças ao seu exercício ano a ano, que culmina com a celebração de acordos e convenções coletivas de trabalho, pelos respectivos seres coletivos. A pacificação social se faz presente e é observada na prática, na medida em que os sindicatos profissionais, nos últimos anos, têm conseguido êxito não apenas na reposição salarial dos índices inflacionários, bem como agregar valores relacionados à produtividade de várias categorias profissionais.

Em outras palavras, a partir da desindexação da economia e da inexistência de política salarial para o setor privado, o Estado passou a estabelecer apenas o valor do salário mínimo nacional, e não restou alternativa ao setor privado da economia, a não ser o exercício da negociação coletiva para resolver suas controvérsias. Dessa forma, a pacificação social na iniciativa privada é exercida a partir da aproximação das datas bases das categorias, por intermédio do processo negocial e autocompositivo.

No presente cenário, percebe-se que há relativa paz social no setor privado da economia, na medida em que de certa forma os trabalhadores, aqueles que estão empregados, se não satisfeitos, porém pelo menos conseguem repor seu poder de compra com os reajustes de salários em torno da taxa de inflação do período, enquanto que no setor público da economia – no qual os reajustamentos salariais somente podem decorrer de lei[77] – existe uma insatisfação ou descontentamento geral, pois o Poder Executivo além de não atender ao dispositivo constitucional retromencionado, resolveu aplicar, em nome do princípio da reserva do possível (orçamento), um derivado da Teoria da Austeridade aplicada em Portugal e na Grécia, a partir de 2010 que remanesceu até 2016, reduzindo direitos e benefícios da classe trabalhadora, inclusive dos servidores públicos.

Portugal reduziu os subsídios e aumentou a jornada de trabalho dos funcionários públicos, enquanto que no Brasil não é nem mesmo necessário promover este tipo de ajuste, pois o fato de manter nominalmente os subsídios, sem qualquer recomposição ao longo de vários anos, como demanda o art. 37, X, da CF/88, já produziu uma redução acentuada no poder de compra dessa classe de trabalhadores.

Por essa razão, a nossa defesa inconteste dos benefícios de uma política de imediata negociação coletiva de trabalho, em caráter permanente, contínuo, no âmbito federal (e também estadual e municipal) entre o Ministério do Planejamento ou órgãos delegados do Poder Executivo e os sindicatos profissionais de servidores públicos ou associações de agentes políticos.

Entre as inúmeras vantagens da negociação coletiva, na pacificação de conflitos coletivos, podemos ainda destacar:

a) celeridade na elaboração de seus instrumentos jurídicos (acordo, convenção coletiva ou contrato coletivo). No caso dos servidores públicos estatutários, vislumbramos somente a possibilidade de acordos coletivos de trabalho;

b) maior adaptação ao caso concreto, levando-se em conta as peculiaridades de cada empresa, órgão público, ramo de atividade, força de trabalho competitividade, produtividade, custos de produção etc.;

c) propensão a maior estabilidade social e a um menor nível de conflituosidade, em razão das novas condições terem sido acordadas pelas próprias partes;

---

[77] CF/88 – Art. 37. (...)

X – a remuneração dos servidores públicos e o subsídio de que trata o § 4º do artigo 39 somente poderão ser fixados ou alterados por lei específica, observada a iniciativa privativa em cada caso, assegurada revisão geral anual, sempre na mesma data e sem distinção de índices; (Redação dada ao inciso pela Emenda Constitucional nº 19, de 04.06.1998, *DOU* 05.06.1998).

d) melhor compatibilidade às necessidades e exigências do mercado e da produção, dos serviços prestados, especialmente pelo fato de muitas empresas operarem num mercado globalizado, sem fronteiras na linha de produção, onde nem sempre a jurisdição alcança;

e) maior grau de integração e solidariedade entre empregadores e empregados e servidores públicos envolvidos;

f) fortalecimento do sindicato e de outras formas de organização dos trabalhadores no local de trabalho.

8.5. NEGOCIAÇÃO COLETIVA DE TRABALHO NO SETOR PÚBLICO

A despeito das complexidades da Administração Pública, além das múltiplas formas pelas quais o Estado se faz presente na sociedade, assim como a inegável especificidade das relações entre servidores com os entes públicos, não se pode esquecer que toda a estrutura da Administração Pública, assim como todas as suas atividades, não prescindem das pessoas que as realizam, pois todo o trabalho que se presta a um ente público é sempre um trabalho humano.

Ademais, a concepção de que as condições de trabalho no setor público somente poderiam ser fixadas unilateralmente pela Administração Pública remontam à concepção de Estado como ente englobador da sociedade, autoritário, não numa perspectiva de impor limites ao poder do Estado, mas sim numa perspectiva de "manutenção de privilégios mediante a criação de um espaço infenso à atuação do particular e a dos Poderes Legislativo e Judiciário".[78] Tal concepção impediu por muito tempo a sindicalização dos servidores públicos.

Conforme já foi analisado no item 8.4.2.1 deste trabalho, os direitos à sindicalização, à negociação coletiva e à greve são considerados os pilares do direito coletivo, indissociáveis numa relação tridimensional que perderia todo o sentido sem qualquer um desses seus três elementos constitutivos. Visto de outro ângulo, os direitos à negociação coletiva e à greve são desdobramentos do direito à sindicalização, este último, mais amplo.

Neste sentido, destaca-se o pensamento de Arnaldo Süssekind a respeito, para quem "o direito à liberdade sindical, enquanto direito humano fundamental,

---

[78] RESENDE, Renato de Sousa. *Negociação coletiva de servidor público*. São Paulo: LTr, 2012, p. 66.

é preexistente ao direito positivo interno: este somente pode reconhecê-lo ou declarar sua existência, mas não concedê-lo, nem criá-lo"[79].

É certo que a Constituição Federal de 1988 garante ao servidor público o direito à livre associação sindical, nos termos do art. 37, VI, corolário do direito de associação estabelecido no art. 5º, XVII, da mesma Constituição. Adicionando-se a tais preceitos constitucionais, a decisão do STF, de 25.10.2007, favorável ao exercício do direito de greve por parte dos servidores públicos estatutários, o caminho estava aberto ao reconhecimento do direito ao exercício da negociação coletiva no setor público, por desdobramento lógico, o que a ratificação da Convenção nº 151 da OIT somente veio a chancelar.

8.5.1. As teorias desfavoráveis e as favoráveis à admissibilidade da negociação coletiva no setor público

Apesar de a liberdade sindical ser amplamente reconhecida como direito humano fundamental, da qual decorrem os direitos à negociação coletiva e à greve, no caso recente do Brasil, afigurava-se um problema quando entrava em cena a discussão sobre a admissibilidade da negociação coletiva de trabalho dos servidores públicos estatutários. Neste campo, doutrina e jurisprudência se apresentavam em duas correntes, uma que defendia sua total impossibilidade jurídica, enquanto que outra defendia sua possibilidade, desde que respeitadas certas condições.

Para a corrente contrária à possibilidade da negociação coletiva de trabalho no setor público,[80] a argumentação buscava fundamentos nos princípios da

---

[79] SUSSEKIND, Arnaldo. A justiça do trabalho 55 anos depois. *Revista LTr*, São Paulo, p. 882, v. 60, n. 7, 1996.

[80] A Assembleia da República portuguesa acaba de aprovar um projeto de lei sobre a negociação coletiva no setor público. O PL 3.831/2015 propõe que a negociação coletiva seja a regra permanente de solução de conflitos no serviço público, abarcando órgãos da administração direta e indireta (autarquias e fundações), de todos os poderes (Executivo, Legislativo e Judiciário), além do Ministério Público e da Defensoria Pública. Segundo o projeto, a negociação poderá tratar de todas as questões relacionadas ao mundo do trabalho, como plano de carreira, criação de cargos, salário, condições de trabalho, estabilidade, saúde e política de recursos humanos. A abrangência da negociação será definida livremente pelas duas partes. Poderá, por exemplo, envolver todos os servidores do Estado ou Município ou de apenas um órgão. Caberá ao ente público definir o órgão que o representará na mesa de negociação permanente, e fornecer os meios necessários para a efetivação da negociação coletiva. Isso inclui a disponibilização de espaço, infraestrutura e pessoal. A participação na mesa de negociação será paritária. Se os servidores públicos não possuírem um sindicato específico, eles poderão ser representados por

Administração Pública, em especial o da legalidade, assim como o fato do art. 39, § 3º, da Constituição Federal,[81] que trata dos direitos sociais dos servidores públicos, silenciar a respeito do inciso XXVI do art. 7º, que reconhece as convenções e acordos coletivos de trabalho.

Ademais, a Súmula nº 679 do STF declara que: "A fixação de vencimentos dos servidores públicos não pode ser objeto de convenção coletiva".

Há de se salientar que a Súmula nº 679 acima mencionada destaca o óbice apenas em relação à convenção coletiva e não ao acordo coletivo de trabalho. Isto porque realmente haverá uma grande dificuldade em ajuizamento de dissídio coletivo de natureza econômica em face da Administração Pública direta, especialmente os poderes constituídos da República, pois aqui não se verifica a ocorrência do princípio do paralelismo simétrico, ou seja, a existência de sindicato profissional, de um lado, e de sindicato patronal ou de empregador típico ou atípico, de outro.

Imaginemos uma situação em que haja o ajuizamento de um dissídio coletivo de trabalho, envolvendo estatutários, em que o sindicato profissional dos servidores públicos ingressa no PJE contra a Casa Civil da Presidência da

---

uma comissão de negociação, criada pela assembleia da categoria. Um dos pontos importantes do projeto é a permissão para que os dois lados da negociação solicitem a participação de um mediador, para resolver a questão em debate. O texto aprovado prevê punição para os dois lados da mesa de negociação quando houver desinteresse em adotar as medidas acordadas. Para o representante de órgão público, este tipo de conduta poderá ser enquadrado como infração disciplinar. Já os representantes dos empregados poderão ser multados em valor proporcional à condição econômica da entidade sindical. Acordo. O PL 3.831 determina que será elaborado um termo de acordo após a conclusão da negociação. O texto deverá identificar as partes, o objeto negociado, os resultados obtidos, a forma de implementação e o prazo de vigência. O documento será subscrito pelas duas partes e deverá ter ainda a chancela do titular do órgão que tem a competência de coordenar o sistema de pessoal. As cláusulas do termo de acordo serão encaminhadas aos órgãos para imediata adoção. Se a efetivação da cláusula depender de lei – como ocorre em reajustes salariais –, elas serão encaminhadas ao titular da iniciativa da lei (por exemplo, presidente da República ou governador), para que as envie, na forma de projeto, ao Poder Legislativo. O texto poderá tramitar com urgência, sempre que se julgar necessário. Tramitação. O PL 3.831/15 tramita em caráter conclusivo e será analisado ao longo de 2018/2019 pela Comissão de Constituição e Justiça e de Cidadania.

[81] § 3º Aplica-se aos servidores ocupantes de cargo público o disposto no artigo 7º, IV, VII, VIII, IX, XII, XIII, XV, XVI, XVII, XVIII, XIX, XX, XXII e XXX, podendo a lei estabelecer requisitos diferenciados de admissão quando a natureza do cargo o exigir. (Parágrafo acrescentado pela Emenda Constitucional nº 19, de 04.06.1998, *DOU* 05.06.1998).

República. Observa-se, que tal espécie de dissídio está fadado a não preencher os requisitos mínimos legais da negociação coletiva de trabalho, isto é, o início das discussões sobre eventual pauta de reivindicação votada pelos trabalhadores em Assembleia Geral, que o sindicato profissional teria que levar à mesa de negociação com o empregador estatal.

Agora, não refoge à realidade, a possibilidade de o sindicato profissional, munido da pauta de reivindicação, requerer ao Ministro Chefe da Casa Civil da Presidência da República, uma audiência para início de discussão sobre os pleitos dos servidores estatutários, e, a partir deste momento, se instalar a negociação coletiva com o Ministério responsável pelo orçamento público do Estado, e tal desenvolvimento culminar na celebração de um acordo coletivo de trabalho, que poderá dar ensejo a um Projeto de Lei para contemplar o acordo firmado entre o sindicato e a Administração.

O mesmo não acontece quando se trata da Administração Pública Indireta. Vejamos o caso dos servidores do Banco do Brasil, sociedade de economia mista, ou mesmo da Caixa Econômica Federal, empresa pública. Por certo neste caso, em cujas atividades prevalece a natureza econômica lucrativa, e, empresarial, haverá a participação direta do Banco, por meio de seus diretores, na negociação coletiva de abrangência nacional, com os sindicatos profissionais e a Febraban, que conduzirá à celebração de uma convenção coletiva, que se repetirá a cada ano, pacificando e harmonizando, desta forma, eventuais controvérsias entre capital e trabalho.

Outro aspecto da argumentação contrária à negociação coletiva dos servidores públicos dizia respeito ao sistema de controle dos gastos públicos, que impunha óbice à negociação de reajustamento de salários. Nesta esteira:

a) é de iniciativa exclusiva do Presidente da República a proposta de leis que disponham sobre criação de cargos, funções ou empregos públicos na administração direta e autárquica ou aumento de sua remuneração[82] (art. 61, § 1º, II, *a*, da CF/88), que deve ser submetida ao Congresso Nacional (art. 49, X, da CF/88);

b) as despesas com pessoal ativo e inativo da União, dos Estados, do Distrito Federal e dos Municípios não poderão exceder os limites estabelecidos em lei complementar (art. 169, *caput*, da CF/88);

---

[82] Se é da competência exclusiva do Presidente da República, a proposta de Lei para contratação ou aumento de remuneração dos servidores públicos, não vemos dificuldades intransponíveis, que esta etapa seja precedida de negociação coletiva de trabalho, por meio do sindicato profissional e os representantes do Poder Público, que venha a dar guarida a eventual acordo coletivo de trabalho celebrado nesta instância.

c) a concessão de qualquer vantagem ou aumento de remuneração, só poderão ser feitas, se houver prévia dotação orçamentária suficiente para atender às projeções de despesa de pessoal e aos acréscimos dela decorrentes e se houver autorização específica na lei de diretrizes orçamentárias, ressalvadas as empresas públicas e as sociedades de economia mista (art. 169, § 1º, I e II);

d) por sua vez, a Lei Complementar nº 101/2000 (Lei de Responsabilidade na Gestão Fiscal), fixa as despesas com pessoal da União a 50% e para os Estados e Municípios em 60% das respectivas receitas correntes líquidas (arts. 18 e 19).

Acrescente-se que em relação à Lei nº 8.112/90, que dispõe sobre o regime jurídico único dos servidores públicos civis da União, das autarquias e das fundações públicas federais, o STF declarou inconstitucional as alíneas "d" e "e" do art. 240, que havia assegurado ao servidor público civil o direito à negociação coletiva e fixado a competência da Justiça do Trabalho para dirimir controvérsias individuais e coletivas (ADI nº 492-1, Rel. Minº Carlos Velloso, julgamento em 21.10.1992, Plenário, DJ de 12.3.1993).

Acreditamos que os argumentos acima poderão ser afastados pelo simples fato de que mais recentemente o Brasil homologou a Convenção nº 151 da OIT, cujo objeto é justamente o contrário do que foi declarado pelo STF em relação à inconstitucionalidade das alíneas "d" e "e" do art. 240 da Lei n, 8.112/90, prevalecendo, destarte, no mínimo, o critério cronológico neste caso, já que se a Convenção nº 151 da OIT, porventura, não tenha ingressado em nosso ordenamento jurídico com *status* de emenda constitucional, como dispõe o art. 5º, § 3º, da CF/88, pelo menos, certamente, ostenta o caráter de supralegalidade, em análise de controle de convencionalidade.

Para a corrente que defendia a possibilidade de negociação coletiva no setor público, dentro de determinadas condições, a omissão do art. 39, § 3º, da Constituição Federal, que silenciou a respeito do inciso XXVI do art. 7º, não era motivo suficiente para a não fruição desse direito pelos servidores públicos, pois a omissão ao aludido dispositivo não constituía óbice de natureza constitucional.

Importante destacar o papel do Estado na concepção atual, conforme defendida por Norberto Bobbio,[83] como um subsistema do sistema sociopolítico, submisso ao ordenamento jurídico, sujeito de direitos e deveres, que tem como papel primordial dar respostas às demandas provenientes do

---

[83] BOBBIO, Norberto. *Estado, governo, sociedade...* Op. cit., p. 197.

ambiente social. De outra parte, no plano interno, o poder soberano é do povo, elemento constitutivo e fundamental do Estado, sem o qual este não existe legitimamente.

Portanto, o Estado Democrático de Direito representa a participação pública no processo de construção da sociedade, através do modelo democrático e a vinculação do Estado a uma Constituição como instrumento básico de garantia jurídica.

Ainda se não bastassem os argumentos acima, seria totalmente incoerente reconhecer os direitos à sindicalização e à greve sem o direito à negociação coletiva. Ora, se a greve é uma decorrência lógica da negociação coletiva de trabalho malsucedida, total incoerência é reconhecer os seus efeitos, ou seja, o resultado sem que se reconheça a causa, ou o processo, no caso a negociação coletiva.

Para esta última corrente, à qual nos filiamos, os instrumentos jurídicos que defluem da negociação coletiva (no caso apenas os acordos[84] coletivos de trabalho) teriam um caráter político e ético por meio do qual as partes (sindicato profissional e Ministério do Planejamento, na esfera federal e estadual ou Municipal) firmariam um compromisso estabelecendo os direitos contemplados que, posteriormente, seria transformado em Projeto de Lei pelas autoridades competentes, nos termos pactuados, para dar cumprimento ao convencionado.

Dessa maneira, estariam conciliados os princípios da Administração Pública com o direito à negociação coletiva.

Este é justamente o sistema atual de negociação coletiva de trabalho dos servidores públicos aplicado na Itália, e a base do Projeto de Lei nº 3.831/2015, que tramita na Assembleia da República em Portugal.

8.5.1.1. A recente alteração da OJ nº 5 da SDC do TST

Com a redação anterior da OJ nº 5 da SDC do TST, a jurisprudência do TST não reconhecia o direito ao dissídio coletivo no setor público.

---

[84] Não existe possibilidade jurídica de se firmar convenção coletiva de trabalho no âmbito da Administração pública Direta, pelo fato de inexistir sindicato patronal público, eis que o núcleo conceitual da convenção coletiva de trabalho estabelece no art. 611, *caput,* da CLT: "Art. 611. Convenção Coletiva de Trabalho é o acordo de caráter normativo, pelo qual dois ou mais sindicatos representativos de categorias econômicas e profissionais estipulam condições de trabalho aplicáveis, no âmbito das respectivas representações, às relações individuais de trabalho". Além disso, a Administração Pública não se apresenta jamais como representante de uma categoria econômica.

A mudança de orientação do Colendo Tribunal Superior do Trabalho, alterando radicalmente a redação desta OJ,[85] em 14.9.2012, colocou uma pá de cal na cizânia jurisprudencial, passando a admitir, de uma vez por todas, a possibilidade de dissídio coletivo no setor público, envolvendo empregados públicos, regidos pela CLT, fruto da influência da ratificação da Convenção nº 151 da OIT, pelo Brasil.

Ora, se permite o dissídio coletivo de natureza social, não econômico, em face dos óbices constitucionais mencionados, que decorre da existência da negociação coletiva de trabalho malsucedida, com muito mais certeza podemos afirmar a eficácia deste processo negocial de pacificação coletiva nas contendas envolvendo a reposição de dissídios entre os servidores públicos e o Estado.

Em que pese a posição do TST, que ainda impõe limites ao dissídio coletivo de natureza econômica envolvendo os servidores públicos estatutários, ou mesmo agentes políticos do Estado, a controvérsia pode ser superada por meio da negociação coletiva de trabalho entre os sindicatos ou associações respectivas e o Poder Executivo.

Quando não se tratar de dissídios de natureza econômica, ou seja, que envolvam dotação orçamentária, pode ocorrer até mesmo o dissídio coletivo, corolário da negociação coletiva de trabalho malsucedida, tendo por objeto tão somente condições de trabalho sem reflexos econômicos, tais como meio ambiente de trabalho e jornada de trabalho.

Indissociável para este debate é o fato de que a Constituição Federal, no já aludido art. 39, § 3º, faz menção expressa ao inciso XIII[86] do art. 7º, admitindo a compensação e horários e a redução de jornada mediante acordo ou convenção coletiva de trabalho, o que se aplica aos servidores públicos. Portanto, conforme esclarece a Luciana Bullamah Stoll, "a referência ao inciso XIII do art. 7º da Carta Magna implica na *(sic)* admissão da negociação coletiva para os servidores ocupantes de cargo público".[87]

---

[85] 5. Dissídio Coletivo. Pessoa Jurídica de Direito Público. Possibilidade Jurídica. Cláusula de Natureza Social (Redação Alterada na Sessão do Tribunal Pleno realizada em 14.09.2012). Em face de pessoa jurídica de direito público que mantenha empregados, cabe dissídio coletivo exclusivamente para apreciação de cláusulas de natureza social. Inteligência da Convenção nº 151 da Organização Internacional do Trabalho, ratificada pelo Decreto Legislativo nº 206/2010.

[86] XIII – duração do trabalho normal não superior a oito horas diárias e quarenta e quatro semanais, facultada a compensação de horários e a redução da jornada, mediante acordo ou convenção coletiva de trabalho.

[87] STOLL, Luciana Bullamah. *Negociação coletiva...* Op. cit., p. 109.

Pelas razões acima expostas, é mais lógico e condizente com o Estado Democrático de Direito a posição da corrente doutrinária que defende a possibilidade de negociação coletiva de trabalho no setor público que, além disso, é integrante do rol dos direitos humanos fundamentais, na categoria de direito social fundamental, que jamais poderia ser negado a essa categoria de trabalhadores.

Importante não deixar de mencionar que, com o advento da Lei nº 13.467/2017, da Reforma Trabalhista, houve a inversão da hierarquia das fontes do Direito do Trabalho, com a prevalência dos acordos e convenções coletivas sobre o disposto na legislação, respeitando-se as normas trabalhistas de indisponibilidade absoluta, nas redações dos arts. 611-A e 611-B da CLT.

8.5.2. Normas internacionais que apoiam a negociação coletiva de trabalho no setor público

8.5.2.1. Convenções e Recomendações da OIT

A negociação coletiva de trabalho foi erigida a direito fundamental social dos trabalhadores, estando, pois inserta no texto constitucional brasileiro, além de ter recebido especial destaque na Declaração da OIT sobre os Princípios e Direitos Fundamentais no Trabalho, de 19.6.1998, que declara em seu art. 2º que todos os Estados Membros, ainda que não tenham ratificado as convenções, têm compromisso derivado do simples fato de pertencerem à OIT de respeitar, promover e tornar realidade os princípios relativos aos direitos fundamentais dos trabalhadores, tais como a liberdade sindical e o direito de negociação coletiva de trabalho.[88]

No âmbito da Organização Internacional do Trabalho (OIT), a negociação coletiva de trabalho vem sendo indicada como o melhor meio de solucionar conflitos de interesses e de se conseguir melhores condições de trabalho e melhores salários, gradativamente, desde sua fundação em 1919, ora integrando parcialmente os instrumentos jurídicos daquela organização que tratam de outros temas específicos, ora sendo objeto integral de suas Convenções e Recomendações, cujas principais que tratam do tema da negociação coletiva de trabalho passa-se a analisar.[89]

---

[88] Art. 2º Declara que todos os Membros, ainda que não tenham ratificado as convenções aludidas, têm um compromisso derivado do fato de pertencer à Organização de respeitar, promover e tornar realidade, de boa-fé e de conformidade com a Constituição, os princípios relativos aos direitos fundamentais que são objeto dessas convenções, isto é: a) liberdade sindical e o reconhecimento efetivo do direito de negociação coletiva.

[89] STOLL, Luciana Bullamah. *Negociação coletiva...* Op. cit., p. 44 e MARTINS, Sergio Pinto. *Convenções da OIT*. São Paulo: Atlas, 2008, p. 211.

A Convenção nº 98 da OIT, de 1949, ratificada pelo Brasil em 1952, foi adotada para aplicação dos princípios do direito de sindicalização e de negociação coletiva, contudo, sem abranger os servidores públicos estatutários.

Estatui que os trabalhadores deverão usufruir de proteção adequada contra quaisquer atos atentatórios à liberdade sindical em matéria de emprego, devendo as organizações de trabalhadores e de empregadores gozar de proteção adequada contra quaisquer atos de ingerência, quer seja de umas contra as outras, quer seja por parte da Administração Pública, em sua formação, funcionamento e administração.

Deverão ser tomadas medidas apropriadas às condições nacionais, para fomentar e promover o pleno desenvolvimento e utilização dos meios de negociação voluntária entre empregadores ou organizações de empregadores e organizações de trabalhadores com o objetivo de regular, por meio de convenções, os termos e condições de emprego, trazendo a ressalva de não ser aplicada à situação dos funcionários públicos ao serviço do Estado e não deverá ser interpretada, de modo algum, em prejuízo dos seus direitos ou de seus estatutos.

A Convenção nº 154 da OIT, de 1981, ratificada pelo Brasil em 1992, foi adotada para fomentar a negociação coletiva de trabalho, aplicando-se a todos os ramos da atividade econômica, podendo a legislação ou a prática nacionais, fixar a aplicação desta Convenção no que se refere à Administração Pública.

Para efeito da presente Convenção, a expressão "negociação coletiva" compreende todas as negociações que tenham lugar entre, de uma parte, um empregador, um grupo de empregadores ou uma organização ou várias organizações de empregadores e, de outra parte, uma ou várias organizações de trabalhadores, com o fim de fixar as condições de trabalho e emprego, assim como regular as relações entre empregadores e trabalhadores, além das relações entre as organizações de empregadores e as organizações de trabalhadores.

Prevê que sejam adotadas medidas de estímulo à negociação coletiva, que devem prover sua ampla possibilidade de aplicação, sendo progressivamente estendida a todas as matérias, cujas medidas de estímulo adotadas pelas autoridades públicas deverão ser objeto de consultas prévias e, quando possível, de acordos entre as autoridades públicas e as organizações patronais e as de trabalhadores.

A Recomendação nº 163 da OIT, de 1981, sobre a promoção da negociação coletiva, assinala que medidas devem ser tomadas para facilitar o estabelecimento e desenvolvimento, em base voluntária, de organizações livres, independentes e representativas de empregadores e de trabalhadores, além de que tais organizações sejam reconhecidas para fins de negociação coletiva.

Além disso, a negociação coletiva deve ser possível em qualquer nível, seja ao da empresa, do ramo de atividade, da indústria, ou nas esferas regional ou nacional, podendo as autoridades públicas oferecer, a pedido das partes interessadas, assistência em treinamento para o pleno desenvolvimento de todo o processo da negociação coletiva.

As partes da negociação coletiva devem prover seus respectivos negociadores do necessário mandato para conduzir e concluir as negociações, sujeitos a disposições de consultas a suas respectivas organizações.

Outro ponto importante diz respeito à liberdade de informação necessária ao processo de negociação coletiva de trabalho, pois esta Recomendação da OIT assinala que as partes devem ter acesso à informação necessária às negociações, inclusive por parte de empregadores públicos e privados, que devem colocar à disposição informações sobre a situação econômica e social da unidade negociadora e da empresa em geral, se fundamentais para negociações, devendo tais informações serem tratadas com confidencialidade, quando necessário.

A Convenção nº 87 da OIT, de 1948, foi adotada para defender e fomentar a liberdade sindical e proteção ao direito de sindicalização, ainda não ratificada pelo Brasil, tendo em vista os obstáculos constitucionais relativos à unicidade sindical e aos demais ranços corporativistas ainda presentes em nosso texto constitucional.

Apesar de não tratar diretamente da negociação coletiva de trabalho, entende-se que o fez implicitamente ao afirmar e defender a liberdade sindical, que em seu bojo traz indissociavelmente o direito à negociação coletiva e à greve.

Finalmente, passa-se a expor a Convenção nº 151 da OIT e a Recomendação nº 159, ambas aprovadas pela Conferência Geral da Organização Internacional do Trabalho, em sua sexagésima quarta reunião, realizada em 7.6.1978 e, recentemente, aprovada pelo Decreto Legislativo nº 206/2010 que, por sua importância, serão analisadas em tópico próprio, a seguir.

8.5.2.2. A recente ratificação da Convenção nº 151 e da Recomendação nº 159 da OIT

O Decreto Legislativo nº 206, de 7.4.2010, aprovou com ressalvas os textos da Convenção nº 151 e da Recomendação nº 159 da OIT, ambas de 1978. A aprovação e incorporação ao ordenamento jurídico brasileiro da Convenção nº 151 da OIT foi solicitada ao Congresso Nacional em 14 de fevereiro de 2008, em mensagem da Presidência da República.

De acordo com a solicitação do Executivo, a Convenção estabelece princípios que asseguram a proteção dos trabalhadores da Administração Pública no exercício de seus direitos sindicais e a independência das entidades, assim como a realização de negociações coletivas da categoria com o Poder Executivo para questões como, por exemplo, reajustes salariais.

Outro acontecimento que contribuiu decisivamente para o momento político favorável à aprovação da Convenção nº 151 e da Recomendação nº 159 da OIT foi a deliberação pelo Supremo Tribunal Federal que, em 25.10.2007, decidiu considerar o art. 37, VII, da Constituição Federal como norma de eficácia contida, de modo que nas greves envolvendo servidores públicos estatutários, deverá ser aplicada a Lei nº 7.783/89 até que seja aplicada a lei específica, ou seja, decidiu pela legalidade do exercício do direito de greve por parte dos servidores públicos estatutários, o que certamente pavimentou o caminho rumo à aprovação da aludida Convenção nº 151 da OIT.

O Decreto Legislativo nº 206, de 7.4.2010, traz duas ressalvas. A primeira de que, no caso brasileiro, a expressão "pessoas empregadas pelas autoridades públicas" abrange tanto os empregados públicos, regidos pela CLT, quanto os servidores públicos estatutários, todos ingressos na Administração Pública mediante concurso público. A segunda ressalva diz que são consideradas organizações de trabalhadores, abrangidas pela Convenção, apenas aquelas constituídas nos termos do art. 8º da Constituição Federal, ou seja, as entidades sindicais.

A Convenção nº 151 da OIT deverá ser aplicada a todas as pessoas empregadas pela administração pública, na medida em que não lhes forem aplicáveis disposições mais favoráveis de outras Convenções Internacionais do Trabalho, com a ressalva de que cada país poderá determinar até que ponto as garantias previstas na presente Convenção se aplicam aos empregados de alto nível[90] que, por suas funções, possuam poder decisório ou desempenhem cargos de direção ou aos empregados cujas obrigações são de natureza altamente confidencial.

Os empregados e servidores públicos gozarão de proteção adequada contra todo ato de discriminação sindical em relação com seu emprego, seja contra ato que objetive subordinar o empregado público, despedir ou prejudicá-lo devido à sua filiação sindical.

Os sindicatos e empregados públicos gozarão de completa independência a respeito das autoridades públicas, de adequada proteção contra todo ato de ingerência de uma autoridade pública na sua constituição, funcionamento ou administração.

Serão considerados atos de ingerência, principalmente, os destinados a fomentar a constituição de sindicatos de empregados públicos dominadas pela

---

[90] Entendemos que tais servidores constituem os agentes políticos, que, por constituírem agentes dotados de soberania estatal, atribuída pelo próprio texto constitucional, em suas respectivas áreas de atuação, se confundem com o próprio Estado. São eles, os titulares do Poder Executivo (Presidente da República, Governadores de Estado, Prefeitos Municipais), Ministros de Estado, parlamentares (deputados e senadores), ministros dos Tribunais Superiores, desembargadores, magistrados, membros do Ministério público e Tribunais de Contas.

autoridade pública, ou sustentados economicamente por esta, ou qualquer outra forma que tenha o objetivo de colocar os sindicatos sob o controle da autoridade pública.

Deverão ser concedidas aos representantes dos sindicatos facilidades para permitir-lhes o desempenho rápido e eficaz de suas funções, durante suas horas de trabalho ou fora delas, sem que fique prejudicado o funcionamento eficaz da Administração Pública.

Deverão ser adotadas medidas adequadas para estimular e fomentar o pleno desenvolvimento e utilização de procedimentos de negociação entre as autoridades públicas competentes e os sindicatos de empregados públicos sobre as condições de emprego, ou de quaisquer outros métodos que permitam aos representantes dos empregados públicos participarem na determinação de tais condições.

A solução dos conflitos que se apresentem por motivo das condições de emprego será tratada por meio da negociação entre as partes ou mediante procedimentos independentes e imparciais, tais como a mediação, a conciliação e a arbitragem, estabelecidos de modo que inspirem a confiança dos interessados.

A Recomendação nº 159 da OIT, aprovada na mesma Assembleia em que fora ratificada a Convenção nº 151, também foi aprovada no Brasil pelo Decreto Legislativo nº 206, de 7.4.2010, tratando dos procedimentos para a definição das condições de emprego no serviço público.

Refere-se às recomendações complementares à Convenção nº 151, destacando a importância da legitimidade dos sindicatos, de critérios objetivos para sua constituição e representatividade da categoria profissional, assim como de definições legais, ou por outros meios, da representatividade da Administração Pública nas negociações coletivas de trabalho.

Também recomenda critérios objetivos de procedimentos na negociação, estabelecimento de prazos de vigência dos acordos bem sucedidos e critérios de revisão e renovação.

Para José Carlos Arouca:[91]

> não basta a incorporação da Convenção nº 151 ao nosso ordenamento jurídico, dependente de regulamentação precisa que defina os agentes da Administração legitimados a negociar e os limites da própria negociação, quando o atendimento das reivindicações dependerem de aprovação por lei.

---

[91] AROUCA, José Carlos. *Curso básico de direito sindical.* 3. ed. São Paulo: LTr, 2001, p. 176-177.

Com a ratificação da Convenção nº 151 da OIT, cremos que não remanescem dúvidas que ficou definitivamente permitida a negociação coletiva de trabalho para dirimir os conflitos coletivos trabalhistas no setor público brasileiro. Nesta esteira, no âmbito da União, foi editado o Decreto nº 7.674/12, que disciplina o processo de negociação nos conflitos coletivos de trabalho, no caso dos servidores públicos federais da administração pública federal direta, autárquica e fundacional.

8.5.3. A experiência brasileira

Existem várias experiências de negociação coletiva no setor público, no Brasil, mesmo antes da ratificação da Convenção nº 151 da OIT. Em outras palavras, a falta de previsão legal não impediu a realização de acordos coletivos entre vários Municípios brasileiros, por meio de Secretarias e os respectivos sindicatos de servidores públicos,[92] com estipulação de condições de trabalho e de remuneração de servidores estatutários.

Observe-se que estas negociações são fruto das reivindicações e greves dos sindicatos dos servidores públicos que acabaram por enfraquecer a resistência da Administração Pública em negociar democraticamente melhores condições de trabalho e salários.

Em âmbito federal, foi criada Mesa Nacional de Negociação Permanente, em 2002, com o intuito de instituir um Sistema de Negociação Permanente em âmbito federal, integrante do Sistema de Pessoal Civil da Administração Federal (SIPEC), criado pelo Decreto nº 67.326/70.

Podemos citar as seguintes experiências exitosas de negociação coletiva de trabalho no setor público:

a) a criação da Mesa Nacional de Negociação Permanente, em 2002, e dez mesas setoriais implantadas em dez Ministérios, com os seguintes resultados expressivos: 47 negociações concluídas, 5 planos especiais de cargos criados e 112 tabelas remuneratórias estruturadas;

b) a criação, em 2002, do Sistema de Negociação Permanente para a Eficiência na Prestação dos Serviços Públicos Municipais de São Paulo (SINP), composto por representantes do Governo Municipal, dos servidores públicos, da Câmara Municipal, do DIEESE, além de 31 associações de classe;

---

[92] O Município de Foz do Iguaçu e o sindicato municipal de servidores públicos realizaram vários acordos coletivos de trabalho, que resultaram em projetos de lei que proveram eficácia aos instrumentos coletivos firmados.

c) a instituição da Mesa Nacional de Negociação Permanente do Sistema Único de Saúde, em 1993;

d) os resultados exitosos em negociações coletivas, inclusive envolvendo aumento de salários, nos casos dos servidores do Poder Judiciário do Estado de São Paulo (reposição salarial de 14%), no caso dos servidores do Ministério do Planejamento (reajuste escalonado de 10,79%).

Assim, a embora tardia, a aprovação da Convenção nº 151 da OIT simplesmente legalizou a prática corrente, ou seja, reivindicações, negociações coletivas de trabalho, greves e pacificação de conflitos na seara pública, à imagem do que ocorre na atividade privada.

Contudo, muito ainda precisa ser feito quanto ao respeito do exercício do direito de negociação coletiva e greve, no setor público, haja vista a reclamação apresentada à OIT, em 8.8.2012, pela Central Única de Trabalhadores (CUT) e mais seis entidades sindicais, contra a República Federativa do Brasil, em razão da edição do Decreto nº 7.777/2012 e de desconto de salários dos servidores em greve.

O aludido decreto dispõe sobre medidas a serem tomadas durante a ocorrência de greves na Administração Pública Federal, que afrontam a Convenção nº 151 da OIT, na medida em que propicia insegurança jurídica aos servidores envolvidos, pelo fato de permitir a substituição de trabalhadores em greve por servidores de outras esferas (estadual e municipal), o que também colide com a Lei nº 7.783/89. Por tais fundamentos, a CUT requer à OIT a aplicação de sanções à República Federativa do Brasil.

Com o advento da Lei nº 13.467/2017, cujo eixo central é a supremacia do negociado em face da legislação trabalhista, não resta dúvida que entraremos em novo estágio de negociação, de diálogo social e de reconstrução do direito laboral, especialmente na seara do Direito Individual de Trabalho, que certamente mais sofrerá com os efeitos deletérios impactantes da Reforma Trabalhista.

8.6. A APLICABILIDADE DE ARBITRAGEM NA RESOLUÇÃO DE LIDES INDIVIDUAIS DE TRABALHO

Com a crescente valorização do instituto da arbitragem, como forma de resolução de conflitos nos vários campos do Direito, que ficou reforçada com o advento da Lei nº 13.129/2015, que alterou a Lei nº 9.307/96, com o novo Código de Processo Civil, que o elegeu entre os principais instrumentos de pacificação, ao lado da mediação e da conciliação e, finalmente, pela Lei nº 13.467/2017[93]

---

[93] Art. 507-A. Nos contratos individuais de trabalho cuja remuneração seja superior a duas vezes o limite máximo estabelecido para os benefícios do Regime Geral de Previdência Social, poderá ser pactuada cláusula compromissória de arbitragem,

(Reforma Trabalhista), entendemos que passou da hora de aprofundarmos o debate sobre a compatibilidade e a legitimidade desse instituto nas lides individuais laborais, especialmente pelo fato de a nova lei permitir a utilização desse instituto por órgãos da Administração Pública.

Assim dispõe o art. 1º da Lei nº 13.129/2015:

> Art. 1º Os arts. 1º, 2º, 4º, 13, 19, 23, 30, 32, 33, 35 e 39 da Lei nº 9.307, de 23 de setembro de 1996, passam a vigorar com a seguinte redação:
>
> Art. 1º (...)
>
> § 1º A administração pública direta e indireta poderá utilizar-se da arbitragem para dirimir conflitos relativos a direitos patrimoniais disponíveis.
>
> § 2º A autoridade ou o órgão competente da administração pública direta para a celebração de convenção de arbitragem é a mesma para a realização de acordos ou transações.
>
> Art. 2º (...)
>
> § 3º A arbitragem que envolva a administração pública será sempre de direito e respeitará o princípio da publicidade.

8.6.1. A crescente importância da arbitragem

Com o assoberbamento e exaurimento do Poder Judiciário como um dos canais preferenciais de acesso ao sistema de justiça, em uma sociedade conflituosa como a nossa, é natural que o legislador pátrio busque e incorpore as inovações processuais civis de outros sistemas jurídicos para o atendimento do mandamento constitucional da razoável duração do processo, de forma a pelo menos tentar reduzir a vergonhosa duração real de tramitação de nossos processos nas searas civis e trabalhista.

Como falar para um pai de família que seu processo trabalhista poderá durar até vinte anos, se o empregador se utilizar de todo instrumento recursal disponível e protelatório à disposição, na medida em que até o advento do novo Código de Processo Civil não existe capital de giro mais em conta que o passivo trabalhista?

Por isso, a imperativa necessidade de se criarem meios alternativos, inovadores, ousados, de resolução de conflitos individuais e coletivos que provoquem uma mudança no presente estado de coisas, na seara processual trabalhista, de modo a promover uma espécie de *turning point* (ponto de inflexão) no sistema atualmente vigente, no sentido de dar-lhe maior celeridade e eficácia.

---

desde que por iniciativa do empregado ou mediante a sua concordância expressa, nos termos previstos na Lei 9.307, de 23 de setembro de 1996.

8.6.2. Conceito de arbitragem

Para Alfredo Ruprecht,[94] "arbitragem é um meio de solução de conflitos coletivos de trabalho, pelo qual as partes, voluntária ou obrigatoriamente, levam suas dificuldades ante um terceiro, obrigando-se a cumprir o laudo que o árbitro ditar".

Carlos Alberto Etala,[95] por seu turno, conceitua arbitragem como "um procedimento de solução das lides de trabalho, mediante a qual as partes, de comum acordo, designam uma pessoa alheia a elas – o árbitro – para que resolvam em um prazo determinado as questões controvertidas que lhes submetem voluntariamente a sua decisão".

Vemos, desta forma, que a arbitragem, diferentemente da mediação e da conciliação, impõe a presença de um árbitro, ou seja, um terceiro de livre escolha dos litigantes, que, de comum acordo, podem estabelecer até mesmo o direito ou os princípios gerais de direito para a solução da controvérsia.

O instituto da arbitragem apresenta-se como um dos mais importantes instrumentos de resolução de conflitos nos Estados Unidos da América, o qual opera diferentemente das formas do sistema legal das cortes de justiça e das agências administrativas.

Vejamos, agora, de forma sucinta, que o instituto da arbitragem, desde seu advento entre nós, com a Lei nº 9.307/96, vem gradualmente densificando sua importância e participação como forma de resolução de conflitos, em especial no Direito Coletivo do Trabalho, no qual foi erigido a instituto constitucional, no art. 114, § 1º, da Constituição Federal de 1988.

Porém, o que se busca neste pequeno espaço é o seu reconhecimento como instrumento competente, legítimo e cabível para a resolução de demandas individuais trabalhistas, independentemente do *status* ou condição social ou econômica do trabalhador envolvido no litígio.

8.6.3. O desenvolvimento do instituto da arbitragem no direito brasileiro

É de reconhecimento geral e legal, da doutrina e da jurisprudência a legitimidade, cabimento e competência do instituto da arbitragem para a resolução de conflitos coletivos de trabalho, após sua inserção no art. 114 da Constituição Federal de 1988, *in verbis*:

> Art. 114.
>
> § 1º Frustrada a negociação coletiva, as partes poderão eleger árbitros.

---

[94] RUPRECHT, Alfredo. *Relações coletivas de trabalho*. São Paulo: LTr, 1995, p. 941.
[95] ETALA, Carlos Alberto. *Derecho colectivo del trabajo*. Buenos Aires, Astrea, 2001, p. 392.

§ 2º Recusando-se qualquer das partes à negociação coletiva ou à arbitragem, é facultado às mesmas, de comum acordo, ajuizar dissídio coletivo de natureza econômica, podendo a Justiça do Trabalho decidir o conflito, respeitadas as disposições mínimas legais de proteção ao trabalho, bem como as convencionadas anteriormente. (Redação dada ao parágrafo pela Emenda Constitucional nº 45, de 8.12.2004, *DOU* 31.12.2004.)

(...)

Já em 2000, a Lei nº 10.101/2000 (Participação nos Lucros e Resultados das empresas), contemplava este instituto, em seu art. 4º

Art. 4º Caso a negociação visando à participação nos lucros ou resultados da empresa resulte em impasse, as partes poderão utilizar-se dos seguintes mecanismos de solução do litígio:

I – mediação;

II – arbitragem de ofertas finais, utilizando-se, no que couber, os termos da Lei nº 9.307, de 23 de setembro de 1996. (Redação dada ao inciso pela Lei nº 12.832, de 20.6.2013, DOU de 21.6.2013, com efeitos a partir de 1º1.2013)

§ 1º Considera-se arbitragem de ofertas finais aquela em que o árbitro deve restringir-se a optar pela proposta apresentada, em caráter definitivo, por uma das partes.

§ 2º O mediador ou o árbitro será escolhido de comum acordo entre as partes.

§ 3º Firmado o compromisso arbitral, não será admitida a desistência unilateral de qualquer das partes.

§ 4º O laudo arbitral terá força normativa, independentemente de homologação judicial.

A Lei nº 11.442/2007 (Lei do Transporte Rodoviário de Cargas) também apresentou a seguinte inovação:

Art. 19. É facultado aos contratantes dirimir seus conflitos recorrendo à arbitragem.

A Lei Complementar nº 75/93, em seu art. 84, também apresenta o instituto da arbitragem como um dos veículos de solução de conflitos de atribuição e competência do *Parquet* Laboral:

XI – atuar como árbitro, se assim for solicitado pelas partes, nos dissídios de competência da Justiça do Trabalho.

A nova Lei dos Portos, Lei nº 12.815/2013, que revogou a Lei nº 8.630/93, apresenta os artigos alusivos à arbitragem:

> Art. 37. Deve ser constituída, no âmbito do órgão de gestão de mão de obra, comissão paritária para solucionar litígios decorrentes da aplicação do disposto nos arts. 32, 33 e 35.
>
> § 1º Em caso de impasse, as partes devem recorrer à arbitragem de ofertas finais.
>
> § 2º Firmado o compromisso arbitral, não será admitida a desistência de qualquer das partes.
>
> § 3º Os árbitros devem ser escolhidos de comum acordo entre as partes, e o laudo arbitral proferido para solução da pendência constitui título executivo extrajudicial.
>
> § 4º As ações relativas aos créditos decorrentes da relação de trabalho avulso prescrevem em 5 (cinco) anos até o limite de 2 (dois) anos após o cancelamento do registro ou do cadastro no órgão gestor de mão de obra.

Da mesma forma, as LC nº 123/2006 e nº 147/2014 também valorizaram o instituto da arbitragem, da conciliação e da mediação:

> Da Conciliação Prévia, Mediação e Arbitragem
>
> Art. 75. As microempresas e empresas de pequeno porte deverão ser estimuladas a utilizar os institutos de conciliação prévia, mediação e arbitragem para solução dos seus conflitos.
>
> § 1º Serão reconhecidos de pleno direito os acordos celebrados no âmbito das comissões de conciliação prévia.
>
> § 2º O estímulo a que se refere o *caput* deste artigo compreenderá campanhas de divulgação, serviços de esclarecimento e tratamento diferenciado, simplificado e favorecido no tocante aos custos administrativos e honorários cobrados.

O Estatuto da Defensoria Pública da União (LC nº 80/1994), também inseriu como funções institutos deste órgão federal, o instituto da arbitragem:

> Art. 4º São funções institucionais da Defensoria Pública, dentre outras:
>
> I – prestar orientação jurídica e exercer a defesa dos necessitados, em todos os graus; (Redação dada ao inciso pela Lei Complementar nº 132, de 7.10.2009, *DOU* 8.10.2009)
>
> II – promover, prioritariamente, a solução extrajudicial dos litígios, visando à composição entre as pessoas em conflito de interesses, por meio

de mediação, conciliação, arbitragem e demais técnicas de composição e administração de conflitos; (Redação dada ao inciso pela Lei Complementar nº 132, de 7.10.2009, *DOU* 8.10.2009).

A Lei Pelé (Lei nº 9.615/2008), também recebeu inovações da Lei nº 12.395/2011, que lhe acrescentou os seguintes artigos:

> Art. 90-C. As partes interessadas poderão valer-se da arbitragem para dirimir litígios relativos a direitos patrimoniais disponíveis, vedada a apreciação de matéria referente à disciplina e à competição desportiva.
>
> Parágrafo único. A arbitragem deverá estar prevista em acordo ou convenção coletiva de trabalho e só poderá ser instituída após a concordância expressa de ambas as partes, mediante cláusula compromissória ou compromisso arbitral.

Mais recentemente, o novo Código de Processo Civil (CPC) caminhou na mesma direção, ao introduzir, em seu art. 3º:

> Art. 3º Não se excluirá da apreciação jurisdicional ameaça ou lesão a direito.
>
> § 1º É permitida a arbitragem, na forma da lei.
>
> § 2º O Estado promoverá, sempre que possível, a solução consensual dos conflitos.
>
> § 3º A conciliação, a mediação e outros métodos de solução consensual de conflitos deverão ser estimulados por juízes, advogados, defensores públicos e membros do Ministério Público, inclusive no curso do processo judicial.

Observa-se que a própria Lei induz que os instrumento de solução consensual de conflitos devem ser estimulados em todas as suas fases, não apenas pelos agentes políticos encarregados do processo, como também por aqueles que participam da demanda.

E, ainda neste desenvolvimento, a Lei nº 13.129, de 26 de maio de 2015, veio acrescentar alguns dispositivos à Lei nº 9.307/96, bem como valorizar o papel dos árbitros, por meio de inovações legais, das quais citamos:

> Art. 1º (...)
>
> § 1º A administração pública direta e indireta poderá utilizar-se da arbitragem para dirimir conflitos relativos a direitos patrimoniais disponíveis.
>
> § 2º A autoridade ou o órgão competente da administração pública direta para a celebração de convenção de arbitragem é a mesma para a realização de acordos ou transações.

DAS TUTELAS CAUTELARES E DE URGÊNCIA

Art. 22-A. Antes de instituída a arbitragem, as partes poderão recorrer ao Poder Judiciário para a concessão de medida cautelar ou de urgência.

Parágrafo único. Cessa a eficácia da medida cautelar ou de urgência se a parte interessada não requerer a instituição da arbitragem no prazo de 30 (trinta) dias, contado da data de efetivação da respectiva decisão.

Art. 22-B. Instituída a arbitragem, caberá aos árbitros manter, modificar ou revogar a medida cautelar ou de urgência concedida pelo Poder Judiciário.

Parágrafo único. Estando já instituída a arbitragem, a medida cautelar ou de urgência será requerida diretamente aos árbitros.

CAPÍTULO IV-B
DA CARTA ARBITRAL

Art. 22-C. O árbitro ou o tribunal arbitral poderá expedir carta arbitral para que o órgão jurisdicional nacional pratique ou determine o cumprimento, na área de sua competência territorial, de ato solicitado pelo árbitro.

Parágrafo único. No cumprimento da carta arbitral será observado o segredo de justiça, desde que comprovada a confidencialidade estipulada na arbitragem.

Com base neste breve retrospecto histórico, não é difícil constatar que o instituto da arbitragem e o papel dos árbitros vêm sendo gradualmente valorizados em virtualmente todos os ramos do Direito, e é com fulcro neste fundamento que defendemos a plena aplicabilidade do instituto para a resolução de demandas individuais de trabalho.

8.6.4. Posição do Tribunal Superior do Trabalho quanto à aplicabilidade da arbitragem em lides individuais

O Colendo Tribunal Superior do Trabalho tem-se mostrado refratário à utilização da arbitragem como forma de resolução de conflito individual de trabalho, conforme acórdãos, cujas ementas abaixo transcrevemos:

> RECURSO DE REVISTA. ARBITRAGEM. INAPLICABILIDADE DA LEI N° 9.307/96 NOS CONFLITOS INDIVIDUAIS DE TRABALHO. Embora o art. 31 da Lei n° 9.307/96 disponha que – a sentença arbitral produz, entre as partes e seus sucessores, os mesmos efeitos da sentença proferida pelos órgãos do Poder Judiciário e, sendo condenatória, constitui título executivo –, entendo-a inaplicável ao contrato individual de trabalho. Com efeito, o instituto da arbitragem, em princípio, não se coaduna com as normas imperativas do Direito Individual do Trabalho, pois parte da premissa, quase nunca identificada nas relações laborais, de que empregado e empregador negociam livremente as cláusulas que regem o contrato individual de trabalho. Nesse sentido, a posição de desigualdade (jurídica e econômica)

existente entre empregado e empregador no contrato de trabalho dificulta sobremaneira que o princípio da livre manifestação da vontade das partes se faça observado. Como reforço de tese, vale destacar que o art. 114 da Constituição Federal, em seus §§ 1º e 2º, alude à possibilidade da arbitragem na esfera do Direito Coletivo do Trabalho, nada mencionando acerca do Direito Individual do Trabalho. Agravo de instrumento a que se nega provimento (Processo TST/AIRR 415/2005-039-02-40.9, Relator Ministro Horácio Raymundo de Senna Pires, 6ª Turma, *DEJT* 26.6.2009).

(...) RECURSO DE REVISTA. ARBITRAGEM. RELAÇÕES INDIVIDUAIS DE TRABALHO. INAPLICABILIDADE. As fórmulas de solução de conflitos, no âmbito do Direito Individual do Trabalho, submetem-se, é claro, aos princípios nucleares desse segmento especial do Direito, sob pena de a mesma ordem jurídica ter criado mecanismo de invalidação de todo um estuário jurídico-cultural tido como fundamental por ela mesma. Nessa linha, é desnecessário relembrar a absoluta prevalência que a Carta Magna confere à pessoa humana, à sua dignidade no plano social, em que se insere o trabalho, e a absoluta preponderância deste no quadro de valores, princípios e regras imantados pela mesma Constituição. Assim, a arbitragem é instituto pertinente e recomendável para outros campos normativos (Direito Empresarial, Civil, Internacional, etc.), em que há razoável equivalência de poder entre as partes envolvidas, mostrando-se, contudo, sem adequação, segurança, proporcionalidade e razoabilidade, além de conveniência, no que diz respeito ao âmbito das relações individuais laborativas. Recurso de revista provido, no aspecto. (Processo: RR 8952000-45.2003.5.02.0900. Data de Julgamento: 10.2.2010, Relator Ministro: Mauricio Godinho Delgado, 6ª Turma, Data de Divulgação: *DEJT* 19.2.2010)

RECURSO DE REVISTA. ARBITRAGEM. INAPLICABILIDADE AO DIREITO INDIVIDUAL DO TRABALHO. 1. Não há dúvidas, diante da expressa dicção constitucional (CF, art. 114, §§ 1º e 2º), de que a arbitragem é aplicável na esfera do Direito Coletivo do Trabalho. O instituto encontra, nesse universo, a atuação das partes em conflito valorizada pelo agregamento sindical. 2. Na esfera do Direito Individual do Trabalho, contudo, outro será o ambiente: aqui, os partícipes da relação de emprego, empregados e empregadores, em regra, não dispõem de igual poder para a manifestação da própria vontade, exsurgindo a hipossuficiência do trabalhador (bastante destacada quando se divisam em conjunção a globalização e tempo de crise). 3. Esta constatação medra já nos esboços do que viria a ser o Direito do Trabalho e deu gestação aos princípios que orientam o ramo jurídico. O soerguer de desigualdade favorável ao trabalhador compõe a essência dos princípios protetivo e da irrenunciabilidade, aqui se inserindo a indisponibilidade que gravará a maioria dos direitos – inscritos, quase sempre, em normas de ordem pública – que amparam a classe trabalhadora. 4. A Lei nº 9.307/96 garante a arbitragem como veículo para se dirimir – litígios relativos a direitos patrimoniais disponíveis (art. 1º). A essência do instituto está adstrita à composição que envolva direitos patrimoniais disponíveis, já aí se inserindo óbice ao seu manejo no Direito Individual do Trabalho (cabendo rememorar-se que a Constituição Federal a ele reservou apenas o espaço do Direito Coletivo do Trabalho). 5. A desigualdade que se insere na etiologia das relações de trabalho subordinado, reguladas pela CLT, condena até mesmo a possibilidade de livre eleição da arbitragem (e, depois, de árbitro), como forma de composição dos litígios trabalhistas, em confronto com o acesso ao Judiciário Trabalhista, garantido pelo art. 5º, XXXV, do Texto Maior. 6. A vocação protetiva que dá suporte às normas trabalhistas e ao processo que as instrumentaliza, a imanente indisponibilidade desses direitos e a garantia constitucional de acesso a ramo judiciário especializado erigem sólido anteparo à utilização da arbitragem no Direito Individual do Trabalho. Recurso de revista conhecido e provido. (RR-1020031-15.2010.5.05.0000, 3ª Turma, Rel. Min. Alberto Luiz Bresciani de Fontan Pereira, j. 23.3.2011);

TRABALHADOR PORTUÁRIO AVULSO. ARBITRAGEM. RELAÇÕES COLETIVAS DE TRABALHO. REDUÇÃO OU SUPRESSÃO DE DIREITOS DE INDISPONIBILIDADE ABSOLUTA. IMPOSSIBILIDADE. JORNADA DE SEIS HORAS. DOBRA DE TURNOS. DUPLA PEGADA. EXTRAPOLAÇÃO DA JORNADA. HORAS EXTRAS DEVIDAS. A jurisprudência trabalhista consolidou o entendimento acerca da incompatibilidade da arbitragem no campo do Direito Individual do Trabalho, no qual vigora o princípio da indisponibilidade de direitos, que imanta de invalidade qualquer renúncia ou mesmo transação lesiva operada pelo empregado ao longo do contrato. No campo do Direito Coletivo do Trabalho, por outro lado, a arbitragem é admitida, na medida em que há significativo equilíbrio de poder entre os agentes participantes, envolvendo, ademais, direitos efetivamente disponíveis. A própria Constituição faz expressa referência à arbitragem facultativa como veículo para a resolução de disputas coletivas no mercado de trabalho. De fato, dispõe a Carta Magna que, após frustrada a negociação coletiva, as partes juscoletivas poderão passar ao caminho da arbitragem (art. 114, § 1º). Neste quadro, autorizado pela negociação coletiva, esse tipo de laudo arbitral (que não se confunde com o produzido no âmbito das relações meramente bilaterais de trabalho) dá origem a regras jurídicas, isto é, dispositivos gerais, abstratos, impessoais e obrigatórios no âmbito das respectivas bases. Nada obstante, a circunstância de se admitir tal meio de solução de conflito no campo coletivo trabalhista não autoriza a redução ou supressão de direitos revestidos de indisponibilidade absoluta, na linha do que disciplina o art. 1º da Lei de Arbitragem (Lei nº 9.307/96). Nesse contexto, não se pode suprimir, mesmo por arbitragem em procedimento coletivo, o direito à sobrerremuneração da jornada extraordinária, assegurada constitucionalmente aos empregados (art. 7º, XVI, da CF), sob pena de precarização do labor, notadamente em face do caráter de saúde pública das normas jurídicas concernentes à duração do trabalho. Da mesma forma, eventual autorização em norma coletiva para o trabalho em diversas escalas do dia não pode acarretar a eliminação do pagamento pelo labor em sobrejornada. Portanto, o trabalho após a jornada contratada, inclusive em razão da "dobra de turno" e "dupla pegada", e ainda que em razão da prestação de trabalho para tomadores diversos, deve ser entendido como trabalho extraordinário, acarretando o pagamento do adicional sobre as horas trabalhadas em excesso (art. 7º, XVI e XXXIV, da CF). Todavia, em atendimento ao princípio do *non reformatio in pejus*, mantém-se a restrição da condenação do labor extraordinário aos dias em que o Obreiro trabalhou para o mesmo operador, uma vez que este aspecto do acórdão não foi objeto de irresignação por parte do Reclamante. Recurso de revista não conhecido no tema. Processo TST-RR-614-45.2012.5.09.0022. 3ª Turma. TST. Ministro Relator Mauricio Godinho Delgado. *DO* 29.6.2015.

ARBITRAGEM – RESCISÃO DO CONTRATO DE TRABALHO – HOMOLOGAÇÃO – NÃO CABIMENTO – Arbitragem. Aplicabilidade ao direito individual de trabalho. Quitação do contrato de trabalho. 1. A Lei nº 9.307/1996, ao fixar o Juízo Arbitral como medida extrajudicial de solução de conflitos, restringiu, no art. 1º, o campo de atuação do instituto apenas para os litígios relativos a direitos patrimoniais disponíveis. Ocorre que, em razão do princípio protetivo que informa o direito individual do trabalho, bem como em razão da ausência de equilíbrio entre as partes, são os direitos trabalhistas indisponíveis e irrenunciáveis. Por outro lado, quis o legislador constituinte possibilitar a adoção da arbitragem apenas para os conflitos coletivos, consoante se observa do art. 114, §§ 1º e 2º, da Constituição da República. Portanto, não se compatibiliza com o direito individual do trabalho a arbitragem. 2. Há que se ressaltar, no caso, que a arbitragem é questionada como meio de quitação geral do contrato de trabalho. Nesse aspecto, a jurisprudência desta Corte assenta ser inválida a utilização do instituto da arbitragem como supedâneo da homologação da rescisão do contrato de trabalho. Com efeito, a homologação da rescisão do contrato de trabalho somente pode ser feita pelo sindicato da categoria ou pelo órgão do Ministério do Trabalho, não havendo previsão legal de que seja feito por laudo arbitral. Recurso de embargos de que se conhece e a que se nega provimento. (TST – E-ED-RR 795/2006-028-05-00.8 – SBDI--I – Rel. Min. João Batista Brito Pereira – *DJe* 30.3.2010).

8.6.5. Posição dos Tribunais Regionais do Trabalho quanto à aplicabilidade da arbitragem às lides individuais

No entanto, temos observado que a posição do Colendo Tribunal Superior do Trabalho não é pacífica, ou uníssona, sequer no âmbito interno daquele Tribunal, apresentando posições divergentes.

Neste sentido, pedimos vênia para transcrevermos entendimento do Ministro Ives Gandra da Silva Martins Filho[96] para quem: "*A mesma preocupação quanto ao desprestígio das comissões de conciliação prévia contempladas pela CLT pelo STF nos assalta em relação à vedação à arbitragem em dissídios individuais formulada pelo TST, quando a lei da arbitragem estabelece, logo em seu art. 1º, que 'as pessoas capazes de contratar poderão valer-se da arbitragem para dirimir litígios relativos a direitos patrimoniais disponíveis' (Lei nº 9307/96). Ora, afastar, de plano, a arbitragem em dissídios laborais individuais seria afirmar que todo o universo de direitos laborais tenha natureza indisponível, o que não condiz com a realidade*".

Ainda conforme o ilustre Ministro do TST: "Interessante notar que o veto presidencial ao § 4º do art. 4º da Lei nº 9.307/96, alterado pelo art. 1º da Lei nº 13.129/15, o qual previa expressamente *a arbitragem como meio alternativo de composição de litígio trabalhista em relação a empregados que ocupassem cargos de direção e administração de empresas*, fundou-se especialmente no princípio da isonomia, considerando discriminatória a arbitragem apenas em relação a tais empregados".[97]

E finaliza sobre o assunto: "*De qualquer forma, em ações trabalhistas que tenham por reclamada embaixada, representação diplomática ou organismos internacionais que gozem de imunidade de jurisdição (Orientação Jurisprudencial nº 416 da SDI-1 do TST), especialmente na fase de execução, talvez a saída seja a arbitragem ou a mediação do Itamarati, visando a que o trabalhador brasileiro que neles se empregue possa vir a receber seus haveres trabalhistas reconhecidos judicialmente. Do contrário, continuarão a ganhar e não levar*".[98]

Filiamo-nos a esta posição exatamente porque nem todos os direitos trabalhistas são, o tempo todo, indisponíveis,[99] pois se assim o fossem ja-

---

[96] MARTINS FILHO, Ives Gandra da Silva. Métodos alternativos de solução de conflitos laborais: viabilizar a jurisdição pelo prestígio à negociação coletiva. *Revista LTr*, São Paulo, ano 79, p. 792-793, jul. 2015.
[97] Idem, ibidem, 793.
[98] Idem, ibidem, p. 793.
[99] Pode-se notar que idêntico fenômeno se verifica na diferença entre as hipóteses de dispensa por justa causa (art. 482 da CLT) e no inquérito para apuração de falta grave de empregado estável (art. 494 da CLT). Naquele, a partir da dispensa do empregado, com o contrato de trabalho morto, os direitos laborais já não são mais indisponíveis, transformam-se em créditos e podem ser objeto de transação nas comissões de conciliação prévia ou nas audiências individuais no curso da ação trabalhista, enquanto o segundo, como o contrato de trabalho suspenso, e, portanto, ainda vivo, os direitos materiais laborais continuam indisponíveis e eventual dispensa do estável somente

mais poderiam ser objeto de transação ou mesmo de negociação coletiva de trabalho.

Pensar desta forma seria relevar todos os trabalhadores a uma situação de menoridade, de falta absoluta de discernimento quanto a seus direitos básicos, inclusive de cidadania.

Apesar de viver em um país de miseráveis, com enorme contingente de trabalhadores ainda analfabetos, sem teto, sem educação e agora sem emprego,[100] e muitos na informalidade, as pessoas sabem como buscar seus direitos nos vários canais de acesso ao sistema de justiça disponibilizados, especialmente após a Constituição Federal de 1988.

Embora respeitemos, e muito, os nobres e sábios ensinamentos do insigne mestre Plá Rodrigues, que afirma que os direitos dos trabalhadores são sempre indisponíveis e irrenunciáveis, seja dentro ou fora do contrato de trabalho, data máxima vênia, preferimos diferenciar estes dois estágios, levando-se em conta a realidade dos fatos, aquilo que realmente acontece no dia a dia da vida cotidiana. Sendo assim, entendemos que se o contrato de trabalho está vivo, em *full force and effect*, temos que todos os direitos do empregado são irrenunciáveis e indisponíveis. Porém, com o advento da rescisão do contrato de emprego, o próprio art. 11 da CLT e art. 7º, XXIX, dispõem que tais direitos indisponíveis já não mais subsistem, e se a norma legal não dispõe de palavras inúteis, há uma transmutação de "direitos indisponíveis" para "créditos", e aqui sim, haverá possibilidade de transação.

Mas, mesmo assim, entendemos que a arbitragem não se aplica a todos os empregados, indistintamente. Não. Só para aqueles que dispõem de condições financeiras para arcar com as despesas comuns dos honorários arbitrais, que não são baratos. Nesta área, encontramos os trabalhadores do conhecimento e da informação, dotados de neurônios privilegiados, de *brain power*, em que haverá um tipo de subordinação mitigada (diminuída) ou invertida[101] com o

---

poderá ser declarada pelo juiz do trabalho, e não mais pelo empregador, com a limitação do poder potestativo patronal, que neste caso nada poderá fazer a não ser aguardar a decisão judicial, já que o poder disciplinar, nesta hipótese, não é mais absoluto.

[100] Segundo o IBGE, o índice de desemprego no Brasil em dezembro de 2017 situava-se em 12,3% da força de trabalho.

[101] Subordinação mitigada é aquela em que não existe a submissão total do empregado ao poder diretivo do empregador, enquanto a subordinação invertida significa que, na verdade, a dependência é do empregador, pelo alto grau de expertise do empregado contratado. O primeiro conceito aproxima-se da parassubordinação, enquanto o segundo, subordinação invertida, pode ser encontrada naquelas relações jurídicas, nas quais o empregador investe seu capital em negócio empresarial, em que não

empregador. Mas não entendemos que a remuneração igual ou superior a duas vezes o teto da Previdência Social coloquem todos na mesma situação, como dispõe o art. 444, parágrafo único, da CLT, acrescentado pela Lei nº 13.467/2017.

Diante deste fato, não podemos abraçar, com entusiasmo, o disposto na Reforma Trabalhista, em relação à possibilidade de arbitragem do trabalhador hipersuficiente, pois ela coloca na mesma situação todos os trabalhadores que reúnem a acima mencionada dupla condição.

Apresentamos, abaixo, a posição do Tribunal Regional do Trabalho da 5ª Região, cujas ementas transcrevemos, a seguir:

> *ARBITRAGEM – TRANSAÇÃO ENVOLVENDO DIREITOS INDIVIDUAIS TRABALHISTAS – POSSIBILIDADE* – A indisponibilidade dos direitos do empregado existe somente durante a vigência do contrato de trabalho, quando se presume encontrar-se o obreiro em uma situação de subordinação e dependência econômica que o impede de manifestar a sua vontade sem vícios. Findo o contrato de trabalho, esta indisponibilidade não mais existe, uma vez que o empregado já não se encontra subordinado ao empregador, nem também depende deste para a sua sobrevivência, estando, deste modo, em condições de livremente manifestar a sua vontade, o que inclusive possibilita a celebração de conciliação na Justiça do Trabalho, conforme dispõe o parágrafo único do art. 831 da CLT. (TRT 5ª R. – RO 0001482-62.2013.5.05.0551 – 5ª T. – Rel. Des. Paulino Couto – *DJe* 15.9.2014).
>
> ARBITRAGEM – DIREITO DO TRABALHO – COMPATIBILIDADE – Arbitragem. Lei nº 9.307/1996. Aplicável às relações individuais do trabalho. Validade da sentença arbitral quando inexistente vício de consentimento ou coação. As regras contidas na Lei nº 9.307/1996 são aplicáveis às relações individuais de trabalho e a sentença arbitral deve ser declarada válida nas demandas trabalhistas quando não demonstrado nenhum vício de consentimento, coação ou irregularidade capaz de torná-la nula. (TRT 5ª R. – RO 0001477-33.2012.5.05.0015 – 3ª T. – Rel. Des. Humberto Jorge Lima Machado – *DJe* 30.10.2013).

O TRT da 1ª Região – Rio de Janeiro, por sua 5ª Turma, em várias oportunidades, tem dado guarida à tese da aplicabilidade da arbitragem nas lides individuais de trabalho.

---

possui a *expertise*, contando amplamente com a colaboração do empregado, que detém a inteligência, os neurônios para conduzir o negócio, como por exemplo, nas empresas de consultoria altamente especializadas. Neste caso, o empregador tem pleno conhecimento que se perder o empregado, o empreendimento não sobrevive.

Vejamos o acórdão abaixo, neste sentido:

RECURSO DO RECLAMADO. PRELIMINAR DE CONVENÇÃO DE ARBITRAGEM. TRANSAÇÃO ENVOLVENDO DIREITOS TRABALHISTAS. POSSIBILIDADE. O fundamento principal para justificar que os direitos trabalhistas são indisponíveis/irrenunciáveis é fulcrado na hipossuficiência/vulnerabilidade do trabalhador. E, é exatamente por isso que o próprio TST, ainda que timidamente, já vem admitindo a arbitragem nos casos em que não se vislumbra esta hipossuficiência, deixando claro que tal indisponibilidade/irrenunciabilidade não é absoluta. Fato é que nem todos os direitos trabalhistas são, a todo tempo, indisponíveis, pois, se assim o fossem, jamais poderiam ser objeto de transação ou mesmo de negociação coletiva de trabalho. Aliás, se todos os direitos gozassem de uma indisponibilidade absoluta intangível, haveria, certamente, um entrave à evolução da ordem jurídica e social. Na verdade, não há que se falar em indisponibilidade absoluta de qualquer direito em abstrato, pois é, no caso concreto, que o Judiciário vai aferir se aquele direito é ou não indisponível, analisando-o e ponderando-o com os demais direitos, princípios e normas presentes no ordenamento jurídico. No caso em questão, a magistrada sentenciante afastou a cláusula de arbitragem prevista no contrato celebrado entre o autor e o réu utilizando como fundamentos a "inafastabilidade da jurisdição" e a "indisponibilidade dos direitos trabalhistas". Quanto à inafastabilidade da jurisdição, esta não é violada com a aplicação da arbitragem, pois o decidido pelo árbitro evidentemente poderá ser apreciado pelo Poder Judiciário. E no que tange à indisponibilidade dos direitos trabalhistas, se esta é fulcrada na hipossuficiência/vulnerabilidade do trabalhador, então, obviamente, não tem aplicabilidade no presente caso, eis que o autor era um alto executivo do banco réu, verdadeiro *alter ego* e detentor de *expertise* e *brain-power* financeiro, com vultosos ganhos mensais e vasto conhecimento na área, razão pela qual não se vislumbra qualquer hipossuficiência/vulnerabilidade por parte dele, mas sim sua paridade com a parte adversa. Aliás, é justamente no setor do conhecimento e da informação que a relação jurídica de dependência muitas vezes se inverte, ou seja, é o empregador que fica dependente ou refém do empregado dotado do *(sic) expertise* e neurônios privilegiados, que dá um diferencial ao seu negócio, proporcionando-lhe elevados ganhos financeiros, levando-o a celebrar pactos e aditivos para a manutenção de tais empregados laborando a seu favor. Entendo também que os direitos indisponíveis do empregado se mantêm ao longo de todo o contrato de trabalho, pois, a partir da ruptura deste há uma transmutação dos direitos indisponíveis do empregado em créditos, na esteira do que expressa o art. 11 da CLT e o art. 7º, inciso XXIX da CF/88, o que permite até mesmo a transação entre as partes em juízo ou fora dele. Portanto, havendo instrumento alternativo entre os canais de acesso ao sistema de justiça, que não se confunde com acesso à jurisdição, que, na verdade constitui-se em apenas um entre os vários outros disponíveis ao empregado na seara laboral, deve-se privilegiar os demais meios de pacificação dos conflitos individuais e coletivos de trabalho e não rechaçá-los como fez o juízo monocrático, porque de nada vale o discurso, corroborado pelo CPC/2015, se, diante dos casos concretos, na prática, o judiciário ao invés de acolhê-los, os afasta. Preliminar acolhida. PROCESSO nº 0011289-92.2013.5.01.0042 (RO). TRT 1ª Região. 5ªTurma. Relator. Des. Enoque Ribeiro dos Santos.

8.6.6. Posição da doutrina quanto à aplicabilidade da arbitragem nas lides individuais de trabalho

O fundamento que embasa a posição divergente quanto à aplicabilidade da arbitragem nas lides individuais de trabalho se relaciona ao art. 1º da Lei nº 9.307/96, que assim dispõe:

As pessoas capazes de contratar poderão valer-se da arbitragem para dirimir litígios relativos a direitos patrimoniais disponíveis.

Com o advento da Lei nº 13.129, de 26 de maio de 2015 ao presente artigo foram incorporados os parágrafos seguintes:

> § 1º A administração pública direta e indireta poderá utilizar-se da arbitragem para dirimir conflitos relativos a direitos patrimoniais disponíveis.
>
> § 2º A autoridade ou o órgão competente da administração pública direta para a celebração de convenção de arbitragem é a mesma para a realização de acordos ou transações.

Observa-se que toda a discussão se relaciona ao fato de que supostamente as lides envolvendo os direitos individuais trabalhistas tratam de direitos materiais indisponíveis e, portanto, não se inserem no objeto da lei da arbitragem.

Carlos Alberto Carmona[102] se posiciona no sentido de que "tanto para as questões ligadas aos direitos coletivos quanto para aquelas atinentes aos individuais pode incidir a Lei nº 9.307/96, cujos dispositivos são plenamente aplicáveis também à arbitragem trabalhista".

No mesmo sentido, defendendo a aplicabilidade da arbitragem às lides individuais de trabalho, J. E. Carreira Alvim[103] assinala que "excluem alguns ordenamentos jurídicos do âmbito da arbitragem – assim procede o italiano,

---

[102] CARMONA, Carlos Alberto. *Arbitragem e processo*: um comentário à Lei nº 9.307/96. São Paulo: Malheiros, 1998, 51.

[103] CARREIRA ALVIM, J.E. *Comentários à Lei da Arbitragem*. Rio de Janeiro: Lumen Juris, 2004, p. 32.

art. 806 – as controvérsias individuais de trabalho, o que não acontece entre nós, onde a Lei nº 9.307/96 não faz qualquer restrição neste sentido".

Este notável doutrinador defende o célebre adágio de que onde a lei não restringe, não cabe ao intérprete fazê-lo.

Francisco Ferreira Jorge Neto e Jouberto Pessoa Cavalcante[104] aduzem que "a doutrina trabalhista tem apresentado grande resistência à aplicação da arbitragem aos conflitos entre empregado e empregador, por serem os direitos individuais para o trabalhador. A Lei nº 9.307, art. 25, prevê que se no curso da arbitragem sobrevier controvérsia acerca de direito indisponível, o árbitro deverá remeter as partes ao Judiciário, como questão prejudicial".

E, ainda sobre as características da arbitragem, podemos mencionar Fredie Didier Jr.,[105] que assinala as seguintes: "a) há a possibilidade de escolha da norma de direito material a ser aplicada (art. 2º, §§ 1º e 2º): as partes podem escolher qual a regra a ser aplicável, podendo ainda convencionar que o julgamento se realize com base nos princípios gerais do direito, nos usos e costumes e nas regras internacionais de comércio; b) árbitro (art. 13 da Lei nº 9.307/96): dois são os requisitos exigidos pela lei para o exercício das funções de árbitro: ser pessoa física e ser capaz. Os árbitros têm o *status* de juiz de direito e de fato, sendo equiparados aos servidores públicos para efeitos penais; c) desnecessidade de homologação judicial da sentença arbitral (art. 31 da Lei nº 9.307/96), que produz efeitos imediatamente; d) a sentença arbitral é título executivo judicial (art. 31 da Lei nº 9.307/96; art. 475-N, IV, CPC): o árbitro pode decidir, mas não tem poder para tomar nenhuma providência executiva; e) possibilidade de reconhecimento e execução de sentenças arbitrais produzidas no exterior (art. 34 e segs. da Lei nº 9.307/96)".

8.6.7. Considerações

Considerando e respeitando todas as posições em contrário, nos posicionamos a favor da aplicação voluntária, e de comum acordo, da arbitragem no direito individual do trabalho, agora inclusive albergada pela Lei nº 13.467/2017, da Reforma Trabalhista, de acordo com o art. 507-A, que sem dúvida poderia dar uma enorme contribuição no esvaziamento das causas individuais laborais, especialmente as de grande monta, de trabalhadores do conhecimento e da informação, que podem arcar com as despesas processuais/honorários arbitrais, com base nos seguintes fundamentos:

---

[104] JORGE NETO, Francisco Ferreira; CAVALCANTE, Jouberto Pessoa. *Direito processual do trabalho*. 7. ed. São Paulo: Atlas, 2015, p. 1447.
[105] DIDIER JR., Fredie. *Curso de direito processual civil*. Salvador: Juspodivm, 2013, v. 1, p. 121.

a) Trata-se de uma forma alternativa de resolução ou pacificação de conflito, coletivo ou individual, que não deve ser afastada no Judiciário Trabalhista, pelo contrário, consoante dispõe o novo Código de Processo Civil, deve ser privilegiada, incentivada e disponibilizada às partes que querem se valer deste instituto e tenham condições de arcar com os respectivos custos/despesas do processo arbitral.

b) Da mesma forma como entendem alguns doutrinadores acima citados, a hermenêutica é clara ao aduzir que onde a lei não discrimina ou restringe, não cabe ao interprete fazê-lo, e não encontramos qualquer vedação legal à não utilização do instituto da arbitragem às lides individuais de trabalho.

c) Entendemos que o instituto também não agride ou colide com princípios basilares do Direito Individual do Trabalho, como o da proteção e sua tríplice vertente, irrenunciabilidade, indisponibilidade, igualdade etc., pois tais princípios se aplicam ao direito material individual e não ao direito processual (ou instrumental) do trabalho, no qual devem prevalecer a imparcialidade e os poderes assistenciais do magistrado, aptos a fazer valer o princípio da paridade de armas, uma vez que ele não é um mero convidado de pedra no processo.

d) Desta forma, a arbitragem é plenamente aplicável às lides individuais de trabalho, da mesma forma que as CCPs – Comissões de Conciliação Prévia (Lei nº 9.958/2000). Se algum vício sobrevier no curso das arbitragens, da mesma forma que ocorre em relação às CCPs, as partes podem recorrer ao Judiciário para requerer sua nulidade.

e) A arbitragem se aplica geralmente a direitos materiais individuais disponíveis, sujeitos à transação,[106] na medida em que as partes buscam a arbitragem apenas após a resolução do contrato individual de trabalho, ou seja, quando o contrato de trabalho está morto, restando claro que direitos indisponíveis trabalhistas somente têm guarida no contrato de trabalho vivo, que possui o guarda-chuva protetor do Direito do Trabalho.

f) Enquanto o contrato de trabalho está vivo, em curso, remanescem todos os direitos individuais, *in full force and effect*, que são indisponíveis e vários deles de ordem pública (relacionados à saúde, medicina, segurança e meio ambiente laboral), o que já não ocorre quando o contrato de trabalho é rescindido. Neste caso, os direitos indisponíveis trabalhistas, a partir do momento da rescisão (morte) do contrato laboral se transmuta em "créditos",

---

[106] Art. 11. A pretensão quanto a créditos resultantes das relações de trabalho prescreve em cinco anos para os trabalhadores urbanos e rurais, até o limite de dois anos após a extinção do contrato de trabalho.
Observe que a norma legal fala em créditos, e não em direitos indisponíveis.

e daí, ser objeto de transação nas lides individuais em juízo (conciliação judicial na audiência), e também de eventual arbitragem.

g) É crível (e seria ingenuidade pensar de modo diferente) que não é todo trabalhador que se submeterá à arbitragem, que deverá ser mais um instrumento colocado à disposição de trabalhadores do conhecimento e da informação, com subordinação invertida[107] ou mitigada, que detêm condições econômico-financeiras para arcar com os custos da arbitragem, o que não acontecerá com a grande maioria dos trabalhadores hipossuficientes subordinados, que dependem da gratuidade de justiça e que não possuem condições de arcar com os custos do processo, sem prejuízo próprio e de sua família.

h) Se a nova Lei da Arbitragem permite a aplicação da arbitragem no seio da Administração Pública brasileira, entendo que, no atual cenário econômico, social e político se não há óbice, pelo contrário, há o favorecimento de utilização deste importante instituto negocial com vistas a pacificar conflitos de interesse entre servidores públicos e órgãos da Administração do Estado, considerando inclusive que o instituto da arbitragem foi erigido, juntamente com a negociação coletiva, à hierarquia constitucional, por força do art. 114, § 1º, da Constituição Federal de 1988.

8.7. CONCLUSÕES

O presente capítulo teve por objetivo discutir e apresentar uma vertente positiva sobre a negociação coletiva de trabalho no setor público, considerando as últimas novidades jurídicas, no campo jurisprudencial e doutrinário, a realidade e a experiência brasileira, a recente ratificação de Convenções da OIT alusivas ao tema e, especialmente, o clamor das ruas, isto é, a movimentação de servidores públicos, que vêm lutando há anos, com a colaboração de seus sindicatos, pela recomposição de seus subsídios em face do Estado.

Paralelamente, enquanto já assistimos a uma situação de relativa calma e pacificação social no setor privado da economia, graças à prática constante e reiterada da negociação coletiva de trabalho, por meio da qual os seres coletivos vêm celebrando, ano após ano, acordos e convenções coletivas e contemplando as categorias profissionais com reajustes salariais, em vários casos superiores aos índices inflacionários oficiais, ao revés, no setor público, nos deparamos com um quadro de insatisfação e de sentimento de

---

[107] Hipóteses de trabalhadores parassubordinados, ou com subordinação invertida, ou seja, quando a subordinação ou dependência é da empresa em relação ao empregado, dotado de *expertise* técnica e científica, ou *brainpower* – privilegiado –, que constitui o "cérebro" do empreendimento, sem o qual a empresa poderá até mesmo sucumbir perante a concorrência.

desvalorização das categorias, pela ausência de diálogo social e da prática da negociação coletiva em seus vários níveis.

Em grande parte, esse sentimento de desconforto, disseminado no âmbito da Administração Pública brasileira, foi motivado pela ausência de qualquer forma de diálogo perene ou negociação coletiva de trabalho, estabelecimento e implementação de planos de evolução nas carreiras, ou de valorização profissional e, em especial, pela recalcitrância do Poder Executivo em atender ao mandamento constitucional do art. 37, inciso X, da Constituição Federal. A exceção é o Poder Legislativo, especialmente o federal, na medida em que os parlamentares votaram e conseguiram ajustar os seus próprios vencimentos de forma equivalente aos dos Ministros do STF.

Foi isto justamente o que aconteceu há cerca de cinco anos atrás. Vários sindicatos profissionais representativos de servidores públicos estatutários inicialmente deflagraram uma greve, que durou meses, e posteriormente, com o aceno do Poder Executivo na concessão de um reajustamento salarial de 15,8%, em três parcelas anuais, com efeitos diferidos, aceitaram negociar coletivamente com o Ministério do Planejamento, o que culminou com a assinatura de vários acordos coletivos de trabalho, posteriormente incluídos no orçamento nacional pelo Congresso Nacional.

Outra ilação que podemos extrair da defasagem dos subsídios no setor público se relaciona ao fato de que, qualquer reajuste deve passar pelo crivo do Poder Executivo e, após, pelo Legislativo, para que se transforme em lei. Surge então, a necessidade de encontrar um ambiente político favorável nestas duas instâncias, o que raramente acontece ultimamente, em face da constante crise entre estes dois poderes da República, recentemente abalados por inúmeras denúncias e processos judiciais que tramitam no Poder Judiciário envolvendo agentes políticos do Parlamento e do Poder Executivo.

Não resta dúvida que a melhor solução para a pacificação dos conflitos coletivos se encontra há muito tempo a sua disposição dos atores sociais, por meio da negociação coletiva de trabalho. Em outras palavras, é dialogando (ou negociando) que as partes se entendem. E isto se aplica para todos os setores, inclusive para os servidores públicos, embora para estes a negociação coletiva seja mais complexa em face de suas peculiaridades e influências (orçamento, arrecadação, cenário internacional etc.).

A ideia de que as condições de trabalho no setor público só poderiam ser fixadas unilateralmente remontam à concepção de Estado como ente englobador da sociedade, autoritário, arbitrário, antidemocrático, num espaço infenso aos demais poderes, que por muito tempo impediu a sindicalização no setor público. Hodiernamente, os tempos são outros. Os poderes devem ser harmônicos entre si e não pode haver a preponderância de um Poder sobre os demais em um Estado Democrático.

Em que pese a liberdade sindical ser amplamente reconhecida como direito humano fundamental, da qual decorrem os direitos à negociação coletiva e à greve, no caso brasileiro recente, se apresentaram duas posições sobre a admissibilidade da negociação coletiva de trabalho no setor público.

Para a corrente positiva, à qual nos filiamos, a omissão do art. 39, § 3º, da Constituição Federal, que silenciou a respeito do inciso XXVI do art. 7º, que trata do reconhecimento pelo Estado dos acordos e convenções coletivas, não é motivo suficiente para a não fruição desse direito pelos servidores públicos estatutários, pois não existe vedação constitucional expressa. A diferença em relação ao setor privado é que a negociação coletiva no setor público, envolvendo estatutários, somente poderá ser realizada por meio de acordo coletivo e não convenção coletiva de trabalho, pela inexistência de sindicatos patronais na Administração Pública.

Para robustecer esta posição doutrinária, o Brasil além de ratificar a Convenção nº 151 da OIT, contou com a alteração, pelo Colendo TST, da OJ nº 5 da SDC do TST, ocorrida em 14.9.2012, por meio da qual aquela Corte passou a se posicionar, no sentido de permitir o dissídio coletivo de natureza social no setor público, envolvendo empregados públicos, regidos pela CLT. Observe que o óbice aqui envolve justamente o princípio da legalidade, o que pode ser superado pela negociação coletiva por meio de acordos coletivos, posteriormente com trâmite nos demais poderes por meio de projetos de lei, ao envolver matéria econômica.

Na mesma esteira, existem, no Brasil, várias experiências bem-sucedidas de negociação coletiva no setor público, mesmo antes da ratificação da Convenção nº 151 da OIT. Em outras palavras, a falta de previsão legal não impediu a celebração de acordos coletivos de trabalho, que foram capazes de pôr fim às reivindicações e greves dos sindicatos dos servidores públicos.

Por serem inegáveis os benefícios da negociação coletiva de trabalho na solução dos conflitos trabalhistas e considerando, ainda, que a corrente negativista em relação à negociação coletiva de trabalho no setor público no presente momento não mais se sustenta, pois todas as suas argumentações são amplamente superadas, nos posicionamos pela inevitabilidade do diálogo e da negociação no setor público para colocar o Brasil, em definitivo, em linha com os países de economia avançada.

No entanto, com o advento da Lei nº 13.467/2017, e da Medida Provisória nº 808/2017, que tem como um de seus principais vetores a supremacia da negociação coletiva de trabalho em face das disposições legais, os atores sociais terão pela frente um dos momentos históricos mais férteis para o pleno desenvolvimento do diálogo social e da negociação coletiva no Brasil, inclusive no setor público.

CONSIDERAÇÕES FINAIS

Sem prejuízo das conclusões a que chegamos no curso do presente trabalho, apresentamos, de forma tópica, as principais reflexões obtidas nesse desenvolvimento, como segue:

1. O PAPEL DOS DIREITOS HUMANOS FUNDAMENTAIS NAS RELAÇÕES ENTRE CAPITAL E TRABALHO

Os direitos humanos fundamentais: à liberdade, à vida, à saúde, ao trabalho, à dignidade etc. são, entre os demais direitos, os mais universais, posto que o homem os possui pelo simples fato de ser homem. Por este caráter universal, os direitos humanos podem ser reclamados por qualquer indivíduo, seja qual for sua posição econômica, social ou jurídica.

No processo de conquista e de desenvolvimento dos direitos humanos fundamentais tivemos importantes antecedentes históricos, advindos de várias declarações de direitos até a promulgação da Declaração Universal dos Direitos Humanos, de 1948, que se tornou a matriz suprema dessa conquista.

A consagração normativa dos direitos humanos fundamentais coube à França, em 1789, por meio de Assembleia Nacional, quando promulgou a Declaração dos Direitos do Homem e do Cidadão.

Uma maior efetivação dos direitos humanos fundamentais continuou durante o constitucionalismo liberal do século XIX, bem como o início do século XX, que trouxe diplomas constitucionais essencialmente marcados pelas preocupações sociais, como se percebe por seus principais textos: Constituição Mexicana, de 1917; Constituição de Weimar, 1919; seguida pela primeira Constituição Soviética, 1918; e Carta do Trabalho, da Itália fascista de 1927, utilizada posteriormente por Getúlio Vargas no Brasil, em 1937.

Tais textos legais, em especial a Constituição de Weimar e a Carta do Trabalho, trouxeram grande avanço em relação aos direitos sociais dos trabalhadores, como direitos fundamentais a que todo indivíduo faz jus.

No Brasil, a Constituição Federal de 1988 não apenas demarca, no campo jurídico, o processo de democratização de nosso país, mediante a ruptura com o regime autoritário militar instaurado em 1964, como também pode ser considerada o marco da institucionalização dos direitos humanos fundamentais, uma vez que é o documento mais abrangente e pormenorizado sobre os direitos humanos já implementado no Brasil.

O principal direito fundamental garantido pela nossa Constituição Federal de 1988 é o da dignidade da pessoa humana, que constitui o arcabouço para a fruição dos demais direitos individuais e coletivos, como podemos depreender do art. 1º, inciso III, da CF/88. Logo, o fundamento da dignidade humana pode ser considerado como o princípio nuclear para a hermenêutica de todos os direitos e garantias conferidos às pessoas. Metaforicamente, poderíamos visualizar esses direitos como eflúvios do espírito humano, enraizados e agregados intrinsecamente à nossa própria alma pelo simples fato de termos nascido na condição humana.

A Constituição Federal de 1988 acolheu, inclusive, o preceito da caridade, que se aproxima ao da compaixão, isto é, ao amor sobrenatural fundado no amor de Deus em relação aos homens, e destes entre si, o substituindo por solidariedade, ao evocar no art. 3º, I, dentre os objetivos fundamentais da República do Brasil: "construir uma sociedade livre, justa e solidária", bem como por fazer do primado da dignidade da pessoa humana um dos alicerces do texto constitucional.

No Brasil, os direitos dos trabalhadores raramente são exercidos *a priori*. O Judiciário Trabalhista exerce seu papel, no mais das vezes, *a posteriori*, especialmente quando o trabalhador perde seu emprego e jaz no limbo do desemprego. Raríssimas são as exceções, em que nossos Pretórios prolatam liminares e antecipações de tutela objetivando resguardar direitos dos trabalhadores.

Geralmente, em uma reclamação trabalhista, o trabalhador é obrigado a aguardar meses pela sentença de primeiro grau e vários anos para o resultado final da lide, em grave atentado e desrespeito à sua pessoa, dado o caráter alimentício dessa prestação.

Por essa razão, defendemos a inversão desse procedimento, pela natureza dessa prestação jurisdicional, que se deve pautar pela utilização eficaz de mecanismos poderosos, que ajam *a priori* na garantia dos direitos dos trabalhadores.

Agora, com o advento da Lei nº 13.467/2017, da Reforma Trabalhista, e da Medida Provisória nº 808/2017, passaremos a viver um novo e crucial momento histórico na reconquista de vários direitos e interesses trabalhistas que foram afastados pela novel legislação, e daí a importância da negociação coletiva de trabalho como instrumento de pacificação de conflitos coletivos, do microssistema de tutela coletiva e de conquista de novos direitos para a classe trabalhadora.

2. O PAPEL DA NEGOCIAÇÃO COLETIVA DE TRABALHO NA EDIFICAÇÃO DOS DIREITOS FUNDAMENTAIS DO TRABALHADOR

Não concebemos outro instrumento jurídico mais adequado, oportuno e conveniente, do que a negociação coletiva de trabalho, à semelhança do que se pratica efetivamente, de forma perene, e não apenas nas datas-bases, mas no dia a dia das relações nos países de capitalismo avançado, nos quais a concertação social entre empresários e trabalhadores, além do papel de pacificação social, exerce a missão de arrefecer o processo de descoletivização e, destarte, de valorização das associações de trabalhadores.

Ademais, a negociação coletiva é, inclusive, um dos meios mais eficazes para diminuir as desigualdades sociais e fortalecer a autoestima e capacidade dos cidadãos, posto que facilita sua participação, pelo sindicato, no processo de tomada e implementação de decisões que afetam o seu próprio desenvolvimento. Os sindicatos e a negociação coletiva de trabalho prestam-se a essa evolução humana uma vez que buscam a consecução de seus anseios individuais e coletivos.

Podemos dizer seguramente, que ela é considerada o melhor meio para a solução dos conflitos ou problemas que surgem entre o capital e o trabalho. Por meio dela, trabalhadores e empresários estabelecem não apenas condições de trabalho e de remuneração, como todas as demais relações entre si, por meio de um procedimento dialético, previamente definido, que se deve pautar pelo bom senso, proporcionalidade, boa-fé, razoabilidade e equilíbrio entre os atores sociais.

A negociação coletiva de trabalho, além de ter sido erigida a instituto constitucional, disposta em vários de seus artigos (7º, 8º e 114), é considerada um direito social fundamental, e está inserida inclusive na Declaração dos Direitos Fundamentais dos Trabalhadores, de 1998 da OIT.

Cada empresa constitui uma unidade diferenciada, com necessidades e anseios próprios, que só serão correspondidos na medida em que forem enfrentados por meio de negociações coletivas específicas, conduzidas para a solução dos problemas localizados e particularizados.

Com o advento da Lei nº 13.467/2017 e da Medida Provisória nº 808/2017, os artigos nºs 611-A e 611-B da CLT adotaram a tese da supremacia dos acordos e convenções coletivas sobre as disposições legais trabalhistas, que assim dispõem:

> Art. 611-A. A convenção coletiva e o acordo coletivo de trabalho, observados os incisos III e IV do *caput* do art. 8º, da Constituição, têm prevalência sobre a lei quando, entre outros, dispuserem sobre:
>
> I – pacto quanto à jornada de trabalho, observados os limites constitucionais;
>
> II – banco de horas anual;
>
> III – intervalo intrajornada, respeitado o limite mínimo de trinta minutos para jornadas superiores a seis horas;
>
> IV – adesão ao Programa Seguro-Emprego (PSE), de que trata a Lei 13.189, de 19 de novembro de 2015;
>
> V – plano de cargos, salários e funções compatíveis com a condição pessoal do empregado, bem como identificação dos cargos que se enquadram como funções de confiança;
>
> VI – regulamento empresarial;
>
> VII – representante dos trabalhadores no local de trabalho;
>
> VIII – teletrabalho, regime de sobreaviso, e trabalho intermitente;
>
> IX – remuneração por produtividade, incluídas gorjetas percebidas pelo empregado, e remuneração por desempenho individual;
>
> X – modalidade de registro de jornada de trabalho;
>
> XI – troca do dia de feriado;
>
> XII – enquadramento do grau de insalubridade e prorrogação de jornada em locais insalubres, incluída a possibilidade de contratação de perícia, afastada a licença prévia das autoridades competentes do Ministério do Trabalho, desde que respeitadas, na integralidade, as normas de saúde, higiene e segurança do trabalho previstas em lei ou em normas regulamentadoras do Ministério do Trabalho; (REDAÇÃO ALTERADA pela MP nº 808/2017)
>
> XIII – prorrogação de jornada em ambientes insalubres, sem licença prévia das autoridades competentes do Ministério do Trabalho; (REVOGADO pela MP nº 808/2017).
>
> XIV – prêmios de incentivo em bens ou serviços, eventualmente concedidos em programas de incentivo;
>
> XV – participação nos lucros ou resultados da empresa.
>
> § 1º No exame da convenção coletiva ou do acordo coletivo de trabalho, a Justiça do Trabalho observará o disposto no § 3º do art. 8 desta Consolidação.

§ 2º A inexistência de expressa indicação de contrapartidas recíprocas em convenção coletiva ou acordo coletivo de trabalho não ensejará sua nulidade por não caracterizar um vício do negócio jurídico.

§ 3º Se for pactuada cláusula que reduza o salário ou a jornada, a convenção coletiva ou o acordo coletivo de trabalho deverão prever a proteção dos empregados contra dispensa imotivada durante o prazo de vigência do instrumento coletivo.

§ 4º Na hipótese de procedência de ação anulatória de cláusula de convenção coletiva ou de acordo coletivo de trabalho, quando houver a cláusula compensatória, esta deverá ser igualmente anulada, sem repetição do indébito.

§ 5º Os sindicatos subscritores de convenção coletiva ou de acordo coletivo de trabalho, participarão como litisconsortes necessários, em ação coletiva, que tenha como objeto a anulação de cláusulas desses instrumentos, vedada a apreciação por ação individual. (ALTERADO PELA MP nº 808/2017).

Art. 611-B. Constituem objeto ilícito de convenção coletiva ou de acordo coletivo de trabalho, exclusivamente, a supressão ou a redução dos seguintes direitos:

I – normas de identificação profissional, inclusive as anotações na Carteira de Trabalho e Previdência Social;

II – seguro-desemprego, em caso de desemprego involuntário;

III – valor dos depósitos mensais e da indenização rescisória do Fundo de Garantia do Tempo de Serviço (FGTS);

IV– salário mínimo;

V – valor nominal do décimo terceiro salário;

VI – remuneração do trabalho noturno superior à do diurno;

VII – proteção do salário na forma da lei, constituindo crime sua retenção dolosa;

VIII – salário-família;

IX – repouso semanal remunerado;

X – remuneração do serviço extraordinário superior, no mínimo, em 50% (cinquenta por cento) à do normal;

XI – número de dias de férias devidas ao empregado;

XII – gozo de férias anuais remuneradas com, pelo menos, um terço a mais do que o salário normal;

XIII – licença-maternidade com a duração mínima de cento e vinte dias;

XIV – licença-paternidade nos termos fixados em lei;

XV – proteção do mercado de trabalho da mulher, mediante incentivos específicos, nos termos da lei;

XVI – aviso prévio proporcional ao tempo de serviço, sendo no mínimo de trinta dias, nos termos da lei;

XVII – normas de saúde, higiene e segurança do trabalho previstas em lei ou em normas regulamentadoras do Ministério do Trabalho;

XVIII – adicional de remuneração para as atividades penosas, insalubres ou perigosas;

XIX – aposentadoria;

XX – seguro contra acidentes do trabalho, a cargo do empregador;

XXI – ação, quanto aos créditos resultantes das relações de trabalho, com prazo prescricional de cinco anos para os trabalhadores urbanos e rurais, até o limite de dois anos após a extinção do contrato de trabalho;

XXII – proibição de qualquer discriminação no tocante a salário e critérios de admissão do trabalhador com deficiência;

XXIII – proibição de trabalho noturno, perigoso ou insalubre a menores de dezoito anos e de qualquer trabalho a menores de dezesseis anos, salvo na condição de aprendiz, a partir dos quatorze anos;

XXIV – medidas de proteção legal de crianças e adolescentes;

XXV – igualdade de direitos entre o trabalhador com vínculo empregatício permanente e o trabalhador avulso;

XXVI – liberdade de associação profissional ou sindical do trabalhador, inclusive o direto de não sofrer, sem sua expressa e prévia anuência, qualquer cobrança ou desconto salarial estabelecidos em convenção coletiva ou acordo coletivo de trabalho;

XXVII – direito de greve, competindo aos trabalhadores decidir sobre a oportunidade de exercê-lo e sobre os interesses que devam por meio dele defender;

XXVIII – definição legal sobre os serviços ou atividades essenciais e disposições legais sobre o atendimento das necessidades inadiáveis da comunidade em caso de greve;

XXIX – tributos e outros créditos de terceiros;

XXX – as disposições previstas nos arts. 373- A, 390, 392, 392- A, 394, 394-A, 395, 396 e 400 desta Consolidação.

Parágrafo único. Regras sobre duração do trabalho e intervalos não são consideradas como normas de saúde, higiene e segurança do trabalho para os fins do disposto neste artigo.

Observamos, assim, que o art. 611-B funcionará como uma cláusula de contenção ou de barreira a uma maior liberdade na negociação coletiva de trabalho, em relação aos direitos fundamentais trabalhistas ali enumerados, já que a negociação coletiva terá supremacia em relação à legislação.

Certo é que teremos um Direito do Trabalho menos rígido, menos formal, e mais neutro, mais maleável, desprovido de seu núcleo protetor e de sua tríplice vertente (norma mais favorável, condição mais benéfica, e *in dubio pro operario*).

Como não existe nada de novo debaixo do sol, como já dizia Salomão em Eclesiastes, o Brasil replicou, com a Lei nº 13.467/2017, inúmeros fundamentos do Código do Trabalho de Portugal, de 2009, inclusive o fato de que a CLT se apresenta suscetível de interpretação em uma estrutura bifronte, bivalente, ou bidimensional: uma leitura interpretativa quando disser respeito ao Direito Individual do Trabalho e outra em relação ao Direito Coletivo do Trabalho, mais especificamente em relação ao instituto da negociação coletiva de trabalho, por meio de seus instrumentos jurídicos: acordo e convenção coletiva de trabalho.

Esta estrutura de interpretação bivalente ou bidimensional leva ao entendimento que, tanto em Portugal, como no Brasil, para o trabalhador hipossuficiente individualmente considerado se aplica a CLT com a estatura de normas de imperatividade relativa ou absoluta, enquanto as mesmas normas da CLT, quando se trata da negociação coletiva de trabalho, se transmutam em normas dispositivas ou facultativas (convênio-dispositivas, ou coletivo-dispositivas), já que há a supremacia das normas negociadas sobre a legislação trabalhista, na ótica do princípio da inversão das fontes normativas.

No Brasil, em que foi criada a figura do trabalhador hipersuficiente (aquele que tem curso superior e remuneração superior a duas vezes o teto da Previdência Social) diversamente de Portugal, o marco regulatório se verifica com uma nuance, como segue:

- Aplica-se a CLT (Lei nº 13.467/2017), como norma de imperatividade relativa ou absoluta em relação ao trabalhador hipossuficiente;
- A mesma CLT (Lei nº 13.467/2017) se transmuta em norma facultativa, supletiva, ou dispositiva (convênio-dispositiva) quando se trata dos contratos de trabalho celebrados entre o empregador e o empregado hipersuficiente (art. 444, parágrafo único) e em relação à contratação coletiva (acordos e convenções coletivas), que poderá afastá-las *in pejus*, como se pode observar do quadro sintético:

PORTUGAL/BRASIL

Normas trabalhistas bidimensionais	Normas trabalhistas bidimensionais
Contrato individual de trabalho	Contrato individual de trabalho
Normas de imperatividade relativa e absoluta (inderrogáveis) – art. 3, letra 3	Normas trabalhistas bidimensionais
Todos os trabalhadores débeis ou hipossuficientes	Todos os trabalhadores hipossuficientes
Marco regulatório	**Marco regulatório**
	Trabalhadores com diploma superior e com remuneração acima de 2 vezes o teto do INSS
Normas convênio-dispositivas, facultativas ou colectivo-dispositivas (livre negociação). Normas facultativas – art. 3, letra 3, C.T.	Normas convênio-dispositivas ou coletivo-dispositivas (livre negociação) – art. 611-A da CLT
Direito coletivo de trabalho	Direito coletivo de trabalho e empregados hipersuficientes
Convenção coletiva de trabalho	Acordos ou convenções coletivas de trabalho

Observamos que o contrato de trabalho do empregado hipersuficiente encontra-se hierarquivamente acima dos acordos e convenções coletivas, enquanto que a norma legal também estabeleceu a prevalência dos acordos coletivos em face das convenções coletivas de trabalho (art. 620 da CLT).

Importante destacar que temos três correntes doutrinárias a respeito do negociado *versus* o legislado.

A primeira corrente preconiza a prevalência da tese do princípio do *favor laboratoris*, a aplicação do tratamento mais favorável ao trabalhador, considerando que os direitos trabalhistas (constitucionais) do art. 7º são direitos humanos fundamentais (dignidade da pessoa humana, valor social do trabalho) e não podem ser dispostos *in pejus*, nem de forma individual, nem pela autonomia coletiva, e que a negociação coletiva não tem autorização para dispor destes direitos, só podendo atuar *in mellius*.

A segunda corrente, invocando a separação do direito individual e coletivo nas economias mais avançadas do mundo, bem como as normas individuais e coletivas, defende um Direito do Trabalho mais flexível, menos rígido, com prevalência da autonomia coletiva, que a vontade do grupo prevalece sobre a vontade individual, e que se nem a lei se incorpora ao patrimônio individual (pode ser revogada), o mesmo sucedendo com a norma coletiva. Desta forma, o direito adquirido só se adquire no plano individual e não no coletivo.

Esta corrente ainda preconiza a extinção do poder normativo da Justiça do Trabalho, pela Emenda Constitucional nº 45/2004, que teria criado a arbitragem pública facultativa, a pedido das partes (art. 114, § 2º). Alerta para o fato de que o Poder Judiciário não pode criar leis, havendo decisões do STF neste sentido ("Cláusulas normativas só podem ser impostas se encontrar suporte na lei", Min. Mauricio Corrêa). Além disso, considera a Súmula 277 do TST um grave retrocesso em face das tendências modernas do Direito Coletivo nos sistemas jurídicos modernos, pois incorpora a norma coletiva ao contrato individual de trabalho, sem prazo, rigidez incompatível com a natureza do Direito Coletivo. Aduz ainda que a negociação deve ter flexibilidade para mudar condições contratuais ou até mesmo para derrogar cláusulas, como no direito moderno alemão.

Esta segunda corrente ainda aduz que vantagens coletivamente obtidas que resultam em benefícios individuais não afastam a natureza jurídica da norma produzida de forma coletiva e autônoma, com duração predeterminada, e que a norma coletiva sempre continua a ser norma coletiva, expressão da autonomia coletiva, e que negociar para melhor e para pior enriquece a ação sindical. Informa também que, no direito espanhol, o direito adquirido só deriva de condições mais benéficas negociadas individualmente pelas partes, não se podendo adotar o mesmo critério quando se tratar de normas coletivas, havendo um marco regulatório (divisor) entre norma individual e coletiva.

Assinala, ainda, que somente condições negociadas individualmente não podem mais ser retiradas ou alteradas para pior, e que a norma coletiva (autonomia coletiva) e a norma heterônoma (estatal) não se confundem com a cláusula contratual individual e assim têm validade restrita a seu termo de vigência. Apenas cláusulas ajustadas individualmente aderem de forma definitiva e absoluta à relação individual de trabalho (França) e vantagens dependentes de eventos futuros e incertos não se incorporam ao contrato individual do trabalhador (França), e finalmente que adquiridos são os direitos cujo implemento de condição se dá no período de vigência da norma coletiva, os quais efetivamente se incorporam ao patrimônio do empregado.

Até mesmo a norma legal só se aplica aos contratos individuais durante sua vigência. Sendo revogada a norma, não há incorporação. As súmulas do STF perdem eficácia diante da revogação da lei que lhe deu sustentação A incorporação da norma coletiva aos contratos individuais deve vir condicionada à vontade expressa das partes, no instrumento respectivo.

Somos partidários da terceira corrente, para a qual o melhor caminho é o meio-termo. Nem um extremo nem outro, ou seja, nem quebrar a espinha dorsal do Direito do Trabalho nem torná-lo totalmente rígido, hermético. Em um ou outro caso, nesta ou naquela matéria, pode ocorrer negociação *in pejus*, mas, só a título de exceção, e jamais como regra. Se a própria CF/88 permite a flexibilização do Direito do Trabalho, em alguns direitos dos trabalhadores, sem colidir com o núcleo duro constitucional, como, por ex: cláusulas que se repetem a cada ano – devem ser incorporadas se o instrumento assim o declarar, e cláusulas inovadoras, que a cada ano se alteram, sujeitas a condição, que se modificam de acordo com as condições de mercado (evento futuro e incerto) não devem ser incorporadas ao contrato individual

3. O PAPEL DOS SINDICATOS NO NOVO MODELO SINDICAL BRASILEIRO

Atuando em uma democracia pluralista, em permanente conexão com outros corpos intermediários nacionais (partidos políticos, seitas religiosas, ONGs, associações civis, entidades comunitárias, filantrópicas, de fomento, organizações de minorias etc.) e internacionais (organizações sindicais internacionais e outras associações ou entidades comunitárias), os sindicatos desempenham funções vitais na sociedade multifacetária atual, contribuindo eficazmente para a busca da justiça social e consolidação dos direitos fundamentais da pessoa humana.

Os sindicatos de trabalhadores apresentam-se no mundo moderno como uma das únicas instituições capazes de defender, de maneira efetiva, os interesses individuais e coletivos de seus associados, pois detêm legitimidade, representatividade, poder político e reconhecimento por parte dos empresários, do Estado e da sociedade civil. No exercício de suas obrigações contratuais, em especial das elaborações normativas que resultam da negociação coletiva de trabalho, desenvolvem sua mais alta e solene função, assegurando melhores e mais equilibradas condições de trabalho, de remuneração e outros benefícios à classe trabalhadora.

O Direito Coletivo do Trabalho moderno deve ter como princípios nucleares os valores éticos, a sociabilidade, a cooperação e a solidariedade humana (não a simples caridade), o respeito aos direitos fundamentais da pessoa humana, pela exigência da probidade e da boa-fé, que devem nortear não apenas a feitura e conclusão, como também a execução dos negócios jurídicos, entre eles os contratos coletivos de trabalho, sob as mais variadas configurações.

Por isso, ele presta-se ao importante papel de suscitar melhores padrões de justiça social, maior equilíbrio nas relações trabalhistas e valorização da dignidade da pessoa do trabalhador, em obediência à famosa tríade da Revolução Francesa: liberdade, igualdade e solidariedade.

Os sindicatos modernos, portanto, exercem um papel de grande importância no cenário jurídico atual. São essenciais no mundo do trabalho porque conseguem reduzir as desigualdades econômicas e sociais, ajudam a aumentar salários e benefícios, são fontes de educação profissional e treinamento, proveem serviços médicos, odontológicos, planos de pensão, recolocação profissional. São substitutos processuais dos associados e parceiros de empregadores responsáveis interessados em prover produtos de qualidade para seus consumidores.

Além dessas tradicionais funções econômicas, sociais, jurídicas e políticas, os sindicatos têm prestado importante papel como veículos da democracia em vários países do mundo e atualmente estão sendo chamados a participar do intenso debate nacional, em vários temas que perpassam a dimensão social e penetram em todos os demais setores da coletividade, para colaborarem com o Estado na formulação e implementação de políticas macro e microeconômicas, que levam à modernização das instituições democráticas.

O sindicalismo autêntico, em todos os seus níveis (sindicatos, federações, confederações e centrais sindicais), apto a representar seus associados e defendê-los, sociológica, política e juridicamente, lhes permite se aprofundar progressivamente nos diversos âmbitos da vida moderna.

O local de trabalho (a empresa, estabelecimento, ou grupo de empresas, em caso de identidade patronal), com um número razoável de trabalhadores, constitui o *locus* por excelência da consolidação de uma efetiva solidariedade e união dos trabalhadores. É no ambiente da empresa que o trabalhador despende a maior parte de seu tempo diário, até maior do que aquela que passa no convívio familiar, desenvolvendo laços de amizade, de afeto, de solidariedade, e estabelece relacionamentos até mesmo conjugais.

Os instrumentos coletivos que defluem da negociação coletiva de trabalho, no Brasil, são atualmente a convenção coletiva de trabalho mais ampla, o acordo coletivo de trabalho e o contrato coletivo de trabalho da nova Lei dos Portuários (Lei nº 12.815/2013). Tais instrumentos colaboram para a modernização do Direito do Trabalho, já que eles são veículos pelos quais surge a lei das partes, em contraste com a lei do patrão ou a lei monocrática do Estado.

As relações coletivas trabalhistas somente podem ser compreendidas no âmbito da teoria tridimensional do Direito: fato, valor e norma, de modo que o comportamento dos atores sociais na negociação coletiva de trabalho passa a ter valor com a norma, que cria direitos e deveres para os membros dos sindicatos convenentes, enquanto perdurar a convenção coletiva.

A fruição dos direitos não é mais absoluta, mas limitada pela existência dos interesses coletivos e difusos, dentre eles os de ordem pública, e, portanto, cogentes e imperativos, e os da própria sociedade. Os sindicatos contribuem para a positivação desse interesse geral de toda a sociedade, ao se envolverem não apenas na dialética da negociação coletiva de trabalho, como também na discussão, elaboração e implementação de políticas públicas e macroeconômicas em conjunto com o Estado e com os empresários, em diversificada gama de matérias estratégicas para a coletividade.

Se esse trabalho conjunto (trabalhadores, sindicatos, empresários e Estado) é possível na prática, também podemos ser levados a crer que, na seara específica das relações de trabalho, se os trabalhadores e os empresários se considerassem mutuamente "sócios do empreendimento" – o empresário como sócio do capital, e o trabalhador, representado pelo sindicato, sócio do trabalho – e invertessem suas posturas, de confronto ou antagonismo para a cooperação e solidariedade, todos teriam benefícios sociais, políticos, econômicos e humanitários em larga escala.

A solução para os problemas oriundos das relações de trabalho, que podem ser mediados por meio de um inteligente esforço de negociação coletiva, somente poderá ser encontrada de forma definitiva se enfrentarmos a questão de um ponto de vista moral e espiritual. Se essa relação for considerada por um ângulo mais elevado do que salários e acumulação de riqueza, teremos uma relação revitalizada por preceitos de amizade, colaboração e solidariedade, sob o fundamento máximo do respeito à dignidade humana.

Dessa forma, empresários, trabalhadores e sindicatos poderiam conseguir maiores e melhores resultados para todos, mediante um esforço cooperativo, que poderia ser engendrado por intermédio da negociação coletiva de trabalho e de seus instrumentos jurídicos, dentro da qual cada uma das partes passaria a defender os interesses dos outros que, no fundo, são os seus próprios.

É fato comprovado que quando o homem passa a defender o interesse do outro, e não apenas os seus próprios, o espírito mágico da cooperação e da solidariedade vem tomar o lugar do conflito, dando ensejo à harmonia e ao equilíbrio das relações sociais.

Além disso, os sindicatos, com sua natureza jurídica de associação, além de terem sido erigidos a instituições constitucionais, passando a ter um artigo próprio na Constituição Federal de 1988 "para chamar de seu", o art. 8º, e a ostentar a condição de legitimado nas ações coletivas (arts. 5º da Lei nº 7.347/85 e 82 da Lei nº 8.078/90), com amplo poder de substituição processual dos trabalhadores de sua categoria profissional, com o cancelamento da Súmula nº 310 do TST, bem como se apresentam também no conjunto de instituições que compõem os novos canais de acesso ao sistema de justiça, engendrado pela Constituição Federal.

Passaram também a contar não apenas com o Ministério do Trabalho e Emprego na pacificação de conflitos coletivos, por meio das mesas-redondas e das mediações, mas também com o Ministério Público do Trabalho, que ao receber denúncias e representações dos sindicatos tem legitimidade para instaurar inquéritos civis, que poderão culminar em celebração de Termos de Ajuste de Conduta (TAC), ou eventualmente ajuizamento de ações civis públicas ou ações civis coletivas na Justiça do Trabalho, tudo com o fim de defesa de direitos sociais indisponíveis da classe obreira, que se incluam entre os direitos difusos, coletivos e individuais homogêneos, da 3ª dimensão de direitos humanos.

O próprio sindicato, embora não tenha legitimidade para desenvolver os poderosos instrumentos manejados pelo Ministério Público do Trabalho, como a requisição e o inquérito civil, que poderão culminar na celebração de TACs, tem, ao seu dispor, o manejo das ações civis coletivas, na defesa de direitos individuais homogêneos, disciplinados na parte processual do Código de Defesa do Consumidor (Lei nº 8.078/90), no sentido de buscar a concretização dos direitos materiais dos trabalhadores da respectiva categoria profissional.

Por esta e outras razões, sempre temos dito a nossos alunos que, na verdade, até agora, passados vários anos da promulgação da Emenda Constitucional nº 45/2004, e do texto constitucional de 1988, os sindicatos ainda não se deram conta do tamanho poder que passaram a ostentar em nosso ordenamento jurídico, especialmente o constitucional, na defesa dos direitos dos trabalhadores.

Em suma, para concebermos um mundo mais justo, democrático, que paute suas relações sob os preceitos dos direitos humanos e da dignidade da pessoa humana, faz-se imprescindível a presença do ser coletivo que o sindicato representa, bem como a utilização da negociação coletiva pelo mesmo. A ausência do sindicato, nos cenários social e político, levaria a um enorme vácuo de poder, que seria quase impossível ser sanado.

Porém, com a eliminação da contribuição sindical obrigatória e o advento da Lei nº 13.467/2017, os sindicatos passam a enfrentar um enorme desafio, pela grande responsabilidade que ostentam no mundo do trabalho, como também pelo papel preponderante que passam a representar no cenário do direito coletivo do trabalho no Brasil, na reconstrução de vários direitos e interesses que foram afastados pela reforma trabalhista.

4. O POTENCIAL DA NECESSÁRIA REFORMA DA ORGANIZAÇÃO SINDICAL BRASILEIRA

Atualmente, vislumbramos a necessidade de reforma da organização sindical brasileira, para sua adequação aos modelos vigentes em economias mais avançadas, como segue:

- a eliminação gradual de ajuizamento de dissídios coletivos no Poder Judiciário, com a sua resolução/pacificação por meio dos membros do Ministério Público do Trabalho, que possuem a *expertise* jurídica na defesa dos direitos sociais e indisponíveis dos trabalhadores (difusos, coletivos e individuais homogêneos);
- a limitação do poder normativo dos Tribunais do Trabalho, que devem ficar adstritos a julgar as lides de natureza jurídica. Os dissídios coletivos de natureza jurídica somente deverão ser direcionados para o Poder Judiciário, se o *Parquet* Laboral não pacificar o conflito, seja por meio de mediação, arbitragem, ou na colaboração na celebração dos acordos e convenções coletivas, ou até mesmo de Termos de Ajuste de Conduta (TAC);
- o desaparecimento do conceito de datas-bases das categorias profissionais para o fim de se entabular as negociações coletivas, com sua substituição por elementos mais modernos, como ramos da atividade econômica, ou que sejam definidos na própria negociação coletiva;
- com o fim da contribuição sindical obrigatória pela Lei nº 13.467/2017, deverá ocorrer sua substituição por outras formas de custeio, que serão feitas pelos sindicatos mais representativos, sob a forma de taxas negociais, associativas ou contribuições de negociação, devidamente aprovadas pela Assembleia dos trabalhadores;
- a criação de um Conselho Nacional de Relações de Trabalho, órgão de caráter tripartite, com a participação de representantes do Estado (Ministério do Trabalho e do Emprego e Ministério Público do Trabalho), dos empresários, dos trabalhadores;
- a criação de órgãos bipartidários, conjuntamente com câmaras paritárias (compostas por representantes dos empresários e dos trabalhadores), com o objetivo de fomentar o relacionamento entre esses atores sociais, com a mediação do Estado;
- a adoção de critérios de representatividade, com base em parâmetros de aferição para a escolha dos sindicatos mais representativos dos trabalhadores e dos empregadores. Em princípio, coteja-se fixar como critério o número de associados ou trabalhadores representados nas respectivas categorias, em níveis nacional, estadual e municipal;
- a criação de bases de representação sindical no local de trabalho, seguindo a tendência moderna de representação dos trabalhadores já praticada pelos sindicatos dos países economicamente mais avançados. A Lei nº 13.467/2017 apresentou uma novidade neste aspecto ao estabelecer, no art. 510-A, a representação dos trabalhadores nas

empresas: "Nas empresas com mais de duzentos empregados, é assegurada a eleição de uma comissão para representá-los, com a finalidade de promover-lhes o entendimento direto com os empregadores";
- a criação de normas jurídicas de coibição de práticas desleais de trabalho (*unfair labour practices*), com o estabelecimento de multas e sanções para os infratores, sejam sindicatos de trabalhadores ou de empresários;
- o estabelecimento de instrumentos públicos e privados de solução de conflitos coletivos, caso a negociação coletiva de trabalho não prospere no caso concreto, após o prazo de 90 dias do termo final do acordo ou convenção coletiva, seja por meio de mediação, conciliação ou arbitragem, e intermediação de órgãos federais (Ministério do Trabalho e Emprego e Ministério Público do Trabalho);
- o estabelecimento de uma regra de transição para que as organizações sindicais (profissionais e econômicas) se adaptem às novas regras de representação sindical;
- a negociação coletiva de trabalho em todos os níveis e âmbitos de representação, inclusive no setor público;
- a fixação de princípios e procedimentos de negociação coletiva de trabalho, bem como os atores sociais, conteúdo, abrangência, vigência, inter-relacionamento entre os vários níveis de negociação e requisitos de validade dos instrumentos jurídicos que defluem da negociação coletiva de trabalho;
- a negociação coletiva no setor público e nas atividades essenciais, cujos acordos coletivos celebrados seriam transformados em projetos de lei e votados nos parlamentos respectivos (Câmara Municipal, Assembleias Estaduais e Congresso Nacional), para sanção do titular do respectivo Poder Executivo, com revisão periódica e anual dos subsídios, de forma a dar pleno cumprimento ao texto constitucional (art. 37, XIII e art. 39, § 4º, CF/88);
- pelo fato especial da inexistência de sindicatos patronais na Administração Pública, a negociação coletiva deverá ser desenvolvida pelos sindicatos dos trabalhadores diretamente com a Secretaria/Ministério do Planejamento e de Finanças, em todos os níveis da federação, e o instrumento celebrado será tão somente o acordo coletivo de trabalho, dada a impossibilidade jurídica de existência de convenção coletiva.

Diante de tais considerações, na reforma no modelo de organização sindical brasileira, a negociação coletiva de trabalho passará a ostentar, no

Direito Trabalhista pátrio, a posição de proeminência que já ocupa há décadas no Direito Comparado, com ascendência a instituto nuclear, destinada a exercer papel fundamental e, por que não dizer, quase que virtualmente compulsório, na solução dos conflitos entre capital e trabalho, haja vista que a recusa em participar da negociação poderá suscitar prática desleal de trabalho.

Considerando essas inovações no campo do Direito Coletivo do Trabalho, à negociação coletiva de trabalho está sendo reservado um papel de destaque até então sem precedentes na resolução dos conflitos coletivos de trabalho no Brasil, posição que, aliás, ela exerce soberanamente há longas décadas nos países de capitalismo avançado, notadamente na União Europeia (Inglaterra, França, Alemanha, Itália) e nos Estados Unidos da América, pelo fato de ser considerada o meio mais eficaz na solução dos conflitos ou problemas que surgem entre o capital e o trabalho.

REFERÊNCIAS BIBLIOGRÁFICAS

ALMEIDA, Guilherme Assis de. A declaração universal dos direitos humanos de 1948: matriz do direito internacional dos direitos humanos. In: ALMEIDA, Guilherme Assis de; PERRONE-MOISÉS, Cláudia (Coord.). *Direitos internacionais dos direitos humanos*. São Paulo: Atlas, 2002.

AMADEO, Edward. *Sob o guarda-chuva da negociação coletiva*. Disponível em: <http://BuscaLegis.ccj.ufsc.br>.

ANDRADE, Vera Regina Pereira de. *Dogmática jurídica*: esforço de sua configuração e identidade. Porto Alegre: Livraria do Advogado, 1996.

ARAUJO, Luiz Alberto David; NUNES JÚNIOR, Vidal Serrano. *Curso de direito constitucional*. 11. ed. rev. e atual. São Paulo: Saraiva, 2007.

ARENDT, Hannah. *A condição humana*. Rio de Janeiro: Forense: Salamandra; São Paulo: Universidade de São Paulo, 1981 (a edição norte-americana, sob o título *The human condition*, foi publicada em Chicago em 1958).

_____. *Origens do totalitarismo*. São Paulo: Companhia das Letras, 2000.

ARISTÓTELES. *Política*. São Paulo: Nova Cultural, 1999 (Os Pensadores).

AROUCA, José Carlos. *Curso básico de direito sindical*. 3. ed. São Paulo: LTr, 2012.

ATHAYDE, Austregésilo de; IKEDA, Daisaku. *Diálogo direitos humanos no século XXI*. Rio de Janeiro: Record, 2000.

BARELLI, Suzana. Eles vivem de negociação. *Folha de S. Paulo*, São Paulo, Caderno Dinheiro, p. 1, 18 jan. 1998.

BARROSO, Luís Roberto. *O direito constitucional e a efetividade de suas normas*: limites e possibilidades da Constituição brasileira. 2. ed. Rio de Janeiro: Renovar, 1993.

BASTOS, Celso. *Curso de direito constitucional*. 20. ed. atual. São Paulo: Saraiva, 1999.

BAUMAN, Zygmunt. *A sociedade sitiada*. Lisboa: Instituto Piaget.

_____. *Liquid modernity*. Cambridge: Polity Press.

BAYLOS, Antonio. La nueva posición de la negociación colectiva en la regulación de las relaciones de trabajo españolas. *Contextos – Revista Crítica de Derecho Social*, Buenos Aires: Editores del Puerto, n. 1, 1997.

BAYÓN, Chacón; PEREZ, Botija. *Manual de derecho del trabajo*. 9. ed. Madrid: Marcial Pons, 1975. t. 2.

BERNARDES, Hugo Gueiros. O desenvolvimento da negociação coletiva no Brasil. *Revista LTr*, São Paulo, v. 54, n. 12, p. 1445, dez. 1990.

_____. Princípios da negociação coletiva. In: TEIXEIRA FILHO, João de Lima (Coord.). *Relações coletivas de trabalho*: estudo em homenagem ao ministro Arnaldo Süssekind. São Paulo: LTr, 1989.

BLYTH, Mark. *Austeridade*: a história de uma ideia perigosa. São Paulo: Editora BH, 2016.

BOBBIO, Norberto. *A era dos direitos*. Tradução de Carlos Nelson Coutinho. Rio de Janeiro: Campus, 1992.

_____. *Estado, governo, sociedade*: para uma teoria geral da política. Tradução de Marco Aurelio Nogueira. Rio de Janeiro: Paz e Terra, 1995.

_____. _____. São Paulo: Paz e Terra, 2012.

_____. *Teoria do ordenamento jurídico*. 7. ed. Brasília: Universidade de Brasília, 1996.

BONAVIDES, Paulo. *Curso de direito constitucional*. São Paulo: Malheiros, 2000.

BOURDIEU, Pierre. A máquina infernal: o neoliberalismo em choque. *Folha de S. Paulo*, São Paulo, Caderno Mais, p. 5-7, 22 jul. 2002.

BRASIL. Código Civil. *Lei nº 10.406, de 10 de janeiro de 2002*.

BRAUSER, Hans. A evolução do sistema de negociação coletiva na Alemanha. In: TEIXEIRA, Nelson Gomes. *O futuro do sindicalismo no Brasil*. São Paulo: Pioneira, 1990.

BUEN, Nestor de; Cosmópolis, Mario Pasco (Coord.). *Los sindicatos en Iberoamerica*. Lima: Aele, 1988.

BUERTENTHAL, Thomas. *International human rights*. Minnesota: West, 1988.

CALDWELL, Taylor. *O grande amigo de Deus*. 6. ed. Rio de Janeiro: Record, 1996.

CALVEZ, Jean-Yvez; PERRIN, Jacques. Igreja e sociedade econômica – ensino social dos papas: de Leão XIII a Pio XII (1878-1958). *Caridade e justiça*. Carta aos bispos da Polônia, Bp. IV, p. 66, 19. mar. 1895.

CANÇADO TRINDADE, Antônio Augusto. *Proteção internacional dos direitos humanos*. São Paulo: Saraiva, 1991.

_____. *Tratado de direito internacional dos direitos humanos*. Porto Alegre: Sergio Antonio Fabris, 1997. v. 1.

CANOTILHO, J. J. Gomes. *Direito constitucional e teoria da constituição*. 3. ed. Coimbra: Almedina, 1998.

_____. *Direito constitucional*. 6. ed. Coimbra: Almedina, 1993.

CAPPELLETTI, Mauro. Formações sociais e interesses coletivos diante da justiça civil. *Revista de Processo*, São Paulo, ano 2, n. 5, p. 137-139, 1977.

CARMONA, Carlos Alberto. *Arbitragem e processo:* um comentário à Lei nº 9.307/96. São Paulo: Malheiros, 1998.

CARREIRA ALVIM, J. E. *Comentários à Lei de Arbitragem (Lei nº 9.307, de 23.9.1996)*. Rio de Janeiro: Lumen Juris, 2004.

CAVALCANTE, Jouberto de Quadros Pessoa; JORGE NETO, Francisco Ferreira. *O empregado público*. 3. ed. São Paulo: LTr, 2012.

CHAUI, Marilena. *Convite à filosofia*. São Paulo: Ática, 1994.

CHEVALLIER, Jean-Jacques. *As grandes obras políticas de Maquiavel a nossos dias*. Rio de Janeiro: Agir, 1982.

COELHO, Fábio Ulhoa. *Curso de direito comercial*. 2. ed. rev. e atual. São Paulo: Saraiva, 1999. v. 1.

_____. *Manual de direito comercial*. 9. ed. rev. e atual. São Paulo: Saraiva, 1997.

COMPARATO, Fábio Konder. *A afirmação histórica dos direitos humanos*. São Paulo: Saraiva, 1999.

COSMÓPOLIS, Mario Pasco. *Negociación colectiva*. Lima: Ari, 1977.

COSTA, Orlando Teixeira da. *Direito coletivo do trabalho e crise econômica*. São Paulo: LTr, 1991.

CUEVA, Mario de la. El trabajador público y los convenios colectivos. *Revista de Derecho Laboral*, Montevideo, n. 143, jul./sep. 1986.

DÁVILA, Sergio. Merck bate novo recorde de fraude nos EUA. *Folha de S. Paulo*, São Paulo, Caderno Dinheiro, p. B1, 7 jul. 2002.

DELGADO, Mauricio Godinho. *Curso de direito do trabalho*. 9. ed. São Paulo: LTr, 2010.

_____. *Princípios de direito individual e coletivo do trabalho*. 3. ed. São Paulo: LTr, 2010.

DE PLÁCIDO E SILVA. *Vocabulário jurídico*. 3. ed. Rio de Janeiro: Forense, 1993. v. III e IV.

DESCARTES, René. *Vida e obra*: meditações. São Paulo: Nova Cultural, 1999 (Os Pensadores).

DIDIER JR., Fredie. *Curso de direito processual civil*. Salvador: Juspodivm, 2013. v. 1.

DI PIETRO, Maria Sylvia Zanella. *Direito administrativo*. 22. ed. São Paulo: Atlas, 2009.

DIEESE. *A situação do trabalho no Brasil na primeira década dos anos 2000*. São Paulo: DIEESE, 2012.

DONATO, Messias Pereira. Liberdade sindical. In: MAGANO, Octavio Bueno (Org.). *Curso de direito do trabalho*: estudos em homenagem a Mozart Victor Russomano. São Paulo: Saraiva, 1991.

DURAND, Paul; VITU, André. *Traité de droit du travail*. Paris: Dalloz, 1956. t. 3.

ELFFMAN, Mario. La polémica historia del derecho del trabajo. *Derecho Laboral*, Montevideo, n. 152, p. 737, 1988.

ETALA, Carlos Alberto. *Derecho colectivo del trabajo*. Buenos Aires: Astrea, 2001.

FERREIRA, Aurélio Buarque de Holanda. *Novo dicionário Aurélio básico da língua portuguesa*. Rio de Janeiro: Nova Fronteira, 1995.

FERREIRA, Antonio Casimiro. A sociedade da austeridade: poder, medo e direito do trabalho de exceção. *Revista Crítica de Ciências Sociais* (on-line), 2012. Disponível em: <https://goo.gl/T7Q6AJ>. Acesso em: 27 fev. 2018.

FERREIRA, Waldemar. *Tratado de direito comercial*: o estatuto histórico e dogmático do direito comercial. São Paulo: Saraiva, 1960. v. I.

FERRI, Luigi. La autonomía privada. *Revista de Derecho Privado*, Madrid, 1969.

_____. *L'autonomia privata*. Milão: Giuffrè, 1959.

FIORILLO, Celso Antonio Pacheco. *O direito de antena em face do direito ambiental no Brasil*. São Paulo: Saraiva, 2000.

_____. *Os sindicatos e a defesa dos interesses difusos no direito processual civil brasileiro*. São Paulo: Revista dos Tribunais, 1995.

FLORA, P.; HEIDENHEIMER, A. (Org.). *The development of welfare states in Europe and America*. Londres: Transaction Books, 1981.

FOLCH, Alejandro Gallart. *El sindicalismo como fenómeno social*. Buenos Aires: Victor P. Zavalla, 1957.

GARCÍA ABELLÁN, Juan. *Introducción al derecho sindical*. Madrid: Aguilar, 1961.

GENRO, Tarso Fernando. Em defesa do poder normativo e reforma do estado. *Revista LTr*, São Paulo, v. 56, n. 4, p. 414, 1992.

GIUGNI, Gino; CURZIO, Pietro; GIOVANNI, Mario. *Direito sindical*. Tradução de Eiko Lúcia Itioka. São Paulo: LTr, 1991.

GOMES, Orlando. *A convenção coletiva de trabalho*. São Paulo: LTr, 1995.

_____. *Contratos*. 12. ed. Rio de Janeiro: Forense, 1991.

_____; GOTTSCHALK, Élson. *Curso de direito do trabalho*. 16. ed. rev. e atual. de acordo com a Constituição de 1988 por Jose Augusto Rodrigues Pinto. Rio de Janeiro: Forense, 2002.

GOMES NETO, Indalecio. Modalidades da negociação coletiva. *Gênesis*, Curitiba, n. 35, p. 566, 1995.

GUERRA, Rita Brandão; BOTELHO, Leonete. Tribunal constitucional deixa passar lei das 40 horas na função pública. Disponível em: <https://goo.gl/AMvRtr>. Acesso em: 17 fev. 2018.

GUGEL, Maria Aparecida. Abordagem de alguns aspectos do sistema legal trabalhista dos Estados Unidos da América do Norte na área do direito coletivo do trabalho. NATIONAL LABOR RELATIONS BOARD. *Revista do Ministério Público do Trabalho*, Brasília, n. 8, p. 71-72, set. 1994.

HOBBES, Thomas. *De cive:* elementos filosóficos a respeito do cidadão. Petrópolis: Vozes, 1993.

_____. *Leviatã ou matéria, forma e poder de um estado eclesiástico e civil.* Tradução de João Paulo Monteiro. São Paulo: Nova Cultural, 1999 (Os Pensadores).

HOUAISS, Antônio. *Dicionário eletrônico Houaiss da língua portuguesa 1.0.* Rio de Janeiro: Objetiva, 2009.

JARDIM, Rodrigo Guimarães. O princípio da proibição do retrocesso sob o enfoque da jurisprudência luso-brasileira. Disponível em: <https://goo.gl/njGxJn>. Acesso em: 17 fev. 2018.

JASPER, Margaret C. *Labor law.* New York: Oceana, 1998.

JAVILLIER, Jean-Claude. *Droit du travail.* 4. ed. Paris: LGDJ, 1992.

_____. *Manual de direito do trabalho.* São Paulo: LTr, 1988.

JORGE NETO, Francisco Ferreira; CAVALCANTE, Jouberto Pessoa. *Direito processual do trabalho.* 7. ed. São Paulo: Atlas, 2015.

JUSTICE, Betty W. *Unions, workers and the law.* Washington: Bureau of National Affairs, 1983.

KANT, Immanuel. *Fundamentos da metafísica dos costumes.* Tradução de Antônio Maia da Rocha. Lisboa: Didáctica, 1999.

KROTOSCHIN, Ernesto. *Instituciones del derecho del trabajo.* Buenos Aires: Depalma, 1947. v. I.

LABRUNE, Monique; JAFFRO, Laurent. *A construção da filosofia ocidental.* São Paulo: Mandarim, 1996 (*Gradus Philosophicus*).

LAFER, Celso. *A reconstrução dos direitos humanos:* um diálogo com o pensamento de Hannah Arendt. São Paulo: Companhia das Letras, 1988.

_____. *A ruptura totalitária e a reconstrução dos direitos humanos:* um diálogo com Hannah Arendt. 3. reimp. São Paulo: Companhia das Letras, 1999.

LÉVY-STRAUSS, Claude. *Athropologie structurale deux.* Paris: Plon, 1973.

LOCKE, John. *Segundo tratado sobre o governo civil.* Madrid: Alianza, 1990.

LUCA, Carlos Moreira de. *Convenção coletiva de trabalho:* um estudo comparado. São Paulo: LTr, 1991.

LUÑO, Peréz; CASTRO, J. L. Cascajo; CID, B. Castro; TORRES, C. Gómes. *Los derechos humanos:* significación, estatuto jurídico y sistema. Sevilha: Universidad de Sevilla, 1979.

LYON-CAEN, Gérard. Tentativa de definição de negociação coletiva. In: GONÇALVES, Nair Lemos; ROMITA, Arion Sayão (Org.). *Curso de direito do trabalho:* homenagem a Evaristo de Moraes Filho. São Paulo: LTr, 1998.

_____; PÉLISSIER, Jean. *Droit du travail.* 16. ed. Paris: Dalloz, 1992.

MACHADO, Juliano. Jurista Maria do Rosário Palma Ramalho aborda a reforma trabalhista portuguesa em aula inaugural da escola judicial do TRT-RS. Disponível em: <https://goo.gl/Q2dbzu>. Acesso em: 16 fev. 2018.

MAGANO, Octavio Bueno. *Manual de direito do trabalho:* direito coletivo do trabalho. 2. tir. São Paulo: LTr, 1986. v. III.

_____. Tutela e autocomposição: convenção coletiva mostra-se um instrumento de flexibilidade superior. *O Estado de S. Paulo,* São Paulo, Caderno de Economia, p. B2, 29 jun. 1998.

_____; MALLET, Estêvão. *O direito do trabalho na constituição.* Rio de Janeiro: Forense, 1993.

MAIOR, Jorge Luiz. *Curso de direito do trabalho*: teoria geral do direito do trabalho. São Paulo: LTr, 2011. v. I, parte I.

MANCUSO, Rodolfo Camargo. *Comentários ao Código de proteção do consumidor.* São Paulo: Saraiva, 1991.

MANNRICH, Nelson. A administração pública do trabalho em face da autonomia privada coletiva. In: MALLET, Estêvão; ROBORTELLA, Luiz Carlos Amorim (Coord.). *Direito e processo do trabalho:* estudos em homenagem a Octavio Bueno Magano. São Paulo: LTr, 1996.

MANUS, Pedro Paulo Teixeira. *Negociação coletiva e contrato individual de trabalho.* São Paulo: Atlas, 2001.

MARANHÃO, Délio. *Direito do trabalho.* 15. ed. Rio de Janeiro: Fundação Getulio Vargas, 1988.

MARTINS, Sergio Pinto. *Direito do trabalho.* 14. ed. São Paulo: Atlas, 2001.

_____. *Convenções da OIT.* São Paulo: Atlas, 2009.

_____. *Direito processual do trabalho.* 17. ed. São Paulo: Atlas, 2001.

_____. *O pluralismo no direito do trabalho.* São Paulo: Atlas, 2001.

MARTINS FILHO, Ives Gandra. *Processo coletivo do trabalho.* São Paulo: LTr, 1994.

_____. Métodos alternativos de solução de conflitos laborais: viabilizar a jurisdição pelo prestígio à negociação coletiva. *Revista LTr,* São Paulo, ano 79, p. 792-793, jul. 2015.

MAZZONI, Giuliano. *Manuale di diritto del lavoro.* Milano: Giuffrè, 1990. v. II.

_____. _____. Milano: Giuffrè, 1977. t. 2.

_____. *Relações coletivas de trabalho.* São Paulo: Revista dos Tribunais, 1972.

MELLO, Celso Antônio Bandeira de. *Curso de direito administrativo.* 8. ed. São Paulo: Malheiros, 1997.

MELLO, Celso D. Albuquerque. *Direitos humanos e conflitos armados.* Rio de Janeiro: Renovar, 1997.

MELO, Raimundo Simão de. *Processo coletivo do trabalho:* dissídio coletivo, ação de cumprimento, ação anulatória. 2. ed. São Paulo: LTr, 2011.

MISAILIDIS, Mirta Lerena de. *Os desafios do sindicalismo brasileiro diante das atuais tendências.* São Paulo: LTr, 2001.

MONTESQUIEU, Charles de Secondat. *Mes pensées*. Paris: Gallimard, 1978. v. 1 (Oeuvres Complètes).

MORAES, Alexandre de. *Direitos humanos fundamentais*. 4. ed. São Paulo: Atlas, 2002.

MORAES FILHO, Evaristo de. *Temas atuais de trabalho e previdência*. São Paulo: LTr, 1976.

NABAIS, José Casalta; SILVA, Suzana Tavares da. *Congresso 10 anos do IDET*. O memorando da "troika" e as empresas. Coimbra, 2011; Lisboa, Almedina, 2012.

NAISBITT, John. *Paradoxo global*: nações, empresas, indivíduos. Quanto maior a economia mundial, mais poderosos são os seus protagonistas menores. 8 ed. Tradução de Ivo Korytovski. Rio de Janeiro: Campus, 1994.

NASCIMENTO, Amauri Mascaro. *Compêndio de direito sindical*. 2. ed. São Paulo: LTr, 2000.

_____. Contrato coletivo como alteração do modelo de relações de trabalho. *Revista LTr*, São Paulo, v. 57, n. 2, p. 196, fev. 1993.

_____. *Curso de direito do trabalho*. 17. ed. rev. e atual. São Paulo: Saraiva, 2001.

_____. O debate sobre negociação coletiva. *Revista LTr*, São Paulo, v. 64, n. 9, p. 1115, set. 2000.

_____. *Curso de direito do trabalho*. 8. ed. São Paulo: Saraiva, 1989.

_____. *Teoria geral do direito do trabalho*. São Paulo: LTr, 1998.

NUNES, Rizzatto. *O princípio constitucional da dignidade da pessoa humana*. São Paulo: Saraiva, 2002.

OFFE, Claus. *Some contradictions of the modern Welfare State*. Massachusetts: MIT Press, 1984.

ORGANIZAÇÃO INTERNACIONAL DO TRABALHO (OIT). *A liberdade sindical*. Tradução de Edílson Alkmin Cunha. São Paulo: LTr, 1993.

_____. *La negociación colectiva en países industrializados con economía de mercado*. Genebra: OIT, 1974.

PADILHA, Paula Zarth. A reforma trabalhista em Portugal e no Brasil. Disponível em: <https://goo.gl/DRKcbr>. Acesso em: 16 fev. 2018.

PALERMO, Antonio. *Interessi collettivi e diritto sindacali*: il diritto del lavoro. Roma: Diritto del Lavoro, 1964. v. 38.

PASTORE, José. As lições de uma mega-greve: greve na GM mostra quão desnecessária é a intervenção da justiça em conflito de natureza econômica. *O Estado de S. Paulo*, São Paulo, p. B2, 4 ago. 1998.

PEDREIRA, Luiz de Pinho. A autonomia coletiva profissional. In: ROMITA, Arion Sayão (Org.). *Sindicalismo, economia e estado democrático*: estudos. São Paulo: LTr, 1993.

PERELMAN, Chaim. *Ética e direito*. São Paulo: Martins Fontes, 1999.

PICARELLI, Márcia Flávia Santini. *A convenção coletiva de trabalho.* São Paulo: LTr, 1986.

PINTO, José Augusto Rodrigues. *Direito sindical e coletivo do trabalho.* São Paulo: LTr, 1998.

PIOVESAN, Flávia. *Direitos humanos e direito constitucional internacional.* São Paulo: Max Limonad, 1996.

_____. A proteção dos direitos humanos no sistema constitucional brasileiro. *Revista da Procuradoria Geral do Estado de São Paulo,* São Paulo, p. 87, jan./dez. 1999.

PIRENNE, Henri. *História econômica e social da Idade Média.* 5. ed. São Paulo: Mestre Jou, 1979.

PONTES DE MIRANDA, Francisco Cavalcanti. *Tratado de direito privado.* 3. ed. Rio de Janeiro: Borsoi, 1970.

PUGLIATTI, Salvatore. Autonomia privata. In: *Enciclopedia del Diritto.* Milano: Giuffrè, 1959. v. IV.

RADBRUCH, Gustav. *Filosofia do direito.* 5. ed. Tradução de L. Cabral de Moncada. Coimbra: Arménio Amado, 1974.

RAO, Vicente. *O direito e a vida dos direitos.* 3. ed. rev. e atual. por Ovídio Rocha Barros Sandoval. São Paulo: Revista dos Tribunais, 1991. v. 1.

RAWLS, John. *Uma teoria da justiça.* Tradução de Carlos Pinto Correia. Lisboa: Presença, 1993.

RAY, Douglas E.; SHARPE, Calvin William; STRASSFELD, Robert N. *Understanding labor law.* New York: Matthew Bender, 1999.

REALE, Miguel. *Fundamentos do direito.* 3. ed. São Paulo: Revista dos Tribunais, 1998. (*fac símile* da 2. ed.).

_____. *Lições preliminares de direito.* 16. ed. São Paulo: Saraiva, 1988.

_____. *Nova fase do direito moderno.* 2. ed. rev. São Paulo: Saraiva, 2001.

_____. *O direito como experiência:* introdução à epistemologia jurídica. São Paulo: Saraiva, 1968.

RESENDE, Renato de Sousa. *Negociação coletiva de servidor público.* São Paulo: LTr, 2012.

ROBORTELLA, Luiz Carlos Amorim. O conceito moderno de negociação coletiva. In: PRADO, Ney (Coord.). *Direito sindical brasileiro.* São Paulo: LTr, 1998.

RODRIGUEZ, Americo Plá. *Princípios de direito do trabalho.* São Paulo: LTr, 1978.

RODRÍGUEZ, Rafael Forero. La buena o mala fe patronal. In: *Juslaboralismo en Iberoamerica*: libro homenaje al dr. Víctor M. Álvarez. Caracas: Academia de Ciencias Políticas y Sociales, 1990.

ROMITA, Arion Sayão. Dissídio coletivo: significado político e aspectos processuais. *Gênesis – Revista de direito do trabalho,* Curitiba, n. 9, p. 175, 1996.

ROPPO, Enzo. *O contrato.* Coimbra: Almedina, 1988.

ROUSSEAU, Jean-Jacques. *Do contrato social ou os princípios do direito político*. Tradução de Lourdes Santos Machado. São Paulo: Nova Cultural, 1999. livro I (Os Pensadores).

RÜDIGER, Dorothée Susanne. *O contrato coletivo no direito privado*: contribuições do direito do trabalho para a teoria geral do contrato. São Paulo: LTr, 1999.

RUPRECHT, Alfredo J. *Os princípios do direito do trabalho*. São Paulo: LTr, 1995.

_____. *Relações coletivas de trabalho*. Tradução de Edílson Alkmin Cunha. São Paulo: LTr, 1995.

RUSSOMANO, Mozart Victor. *Princípios gerais de direito sindical*. 2. ed. Rio de Janeiro: Forense, 2002.

SALA FRANCO, Tomás; ALBIOL MONTESINOS, Ignácio. *Derecho sindical*. 3. ed. Valência: Tirant lo Blanch, 1994.

SANTORO-PASSARELLI, Francesco. *Noções de direito do trabalho*. São Paulo: Revista dos Tribunais, 1973.

_____. *Saggi di diritto civile*. Nápoles: Eugenio Jovene, 1961.

SANTOS, Enoque Ribeiro dos. *Direito coletivo moderno*: da LACP e do CDC ao direito de negociação coletiva no setor público. São Paulo: LTr, 2006.

_____. *Direitos humanos na negociação coletiva*: teoria e prática jurisprudencial. São Paulo: LTr, 2004.

_____. *O direito do trabalho e o desemprego*. São Paulo: LTr, 1999.

_____. *O microssistema de tutela coletiva*: parceirização trabalhista. São Paulo: LTr, 2012.

_____; MALLET, Estêvão (Org.). *Tutela processual coletiva trabalhista*: temas. São Paulo: LTr, 2010.

_____. *Temas modernos de direito do trabalho*. Leme: BH, 2006. v. I.

SEGADAS, Vianna; Teixeira FILHO, João de Lima. Negociação coletiva de trabalho. In: SÜSSEKIND, Arnaldo; MARANHÃO, Délio; VIANNA, Segadas; SEN, Amartya. *Instituições de direito do trabalho*. 13. ed.

SEN, Amartya. *Development as freedom*. New York: Knopf, 1988.

SILVA, Antônio Álvares da. Contratação coletiva. In: MALLET, Estêvão; ROBORTELLA, Luiz Carlos Amorim (Coord.). *Direito e processo do trabalho*: estudos em homenagem a Octavio Bueno Magano. São Paulo: LTr, 1996.

_____. *Direito coletivo do trabalho*. Rio de Janeiro: Forense, 1979.

_____. *Questões polêmicas de direito do trabalho*. São Paulo: LTr, 1993, v. IV.

SILVA, José Afonso da. *Direito constitucional positivo*. 21. ed. São Paulo: Malheiros, 2002.

_____. *Poder constituinte e poder popular*. São Paulo: Malheiros, 2000.

SILVA, Luiz de Pinho Pedreira da. A negociação coletiva do setor público. In: PRADO, Ney (Coord.). *Direito sindical brasileiro*: estudos em homenagem ao prof. Arion Sayão Romita. São Paulo: LTr, 1998.

SILVA, Otávio Pinto e. *A contratação coletiva como fonte do direito do trabalho*. São Paulo: LTr, 1998.

SILVA, Walküre Lopes Ribeiro da. Autonomia privada coletiva e modernização do direito do trabalho. In: NASCIMENTO, Amauri Mascaro (Coord.). *Anais... Jornal do Congresso Brasileiro de Direito Coletivo do Trabalho*, 9, São Paulo: LTr, 1994.

_____. Autonomia privada, ordem pública e flexibilização do direito do trabalho. In: NASCIMENTO, Amauri Mascaro (Coord.). *Anais... Jornal do Congresso Brasileiro de Direito Coletivo do Trabalho*, 9, São Paulo: LTr, 23-25 nov. 1994.

SILVA FILHO, José Carlos Moreira da. *Filosofia jurídica da alteridade*: por uma aproximação entre o pluralismo jurídico e a filosofia da libertação latino-americana. Curitiba: Juruá, 1999.

SIQUEIRA NETO, José Francisco. *Contrato coletivo de trabalho*. São Paulo: LTr, 1991.

SMITH, Adam. *Richesse des nations*. Paris: Canan, 1937.

SOURIAC, Marie-Armelle. Conflits du travail et negociation collective, quelques aspects. *Droit Social*, n. 7-8, p. 707, juin/août 2001.

SOUZA JÚNIOR, Antonio Umberto de; SOUZA, Fabiano Coelho de; MARANHÃO, Ney; AZEVEDO NETO, Platon Teixeira de. *Reforma trabalhista*: análise comparativa e crítica da Lei n. 13.467/2017. São Paulo: Rideel, 2017.

STOLL, Luciana Bullamah. *Negociação coletiva no setor público*. São Paulo: LTr, 2007.

STRECK, Lênio Luiz; MORAIS, José Luís Bolzan de. *Ciência política e teoria do Estado*. 7. ed. Porto Alegre: Livraria do Advogado, 2012.

SÜSSEKIND, Arnaldo. A justiça do trabalho 55 anos depois. *Revista LTr*, São Paulo, p. 882, v. 60, n. 7, 1996.

_____. *Direito constitucional do trabalho*. 4. ed. ampl. e atual. Rio de Janeiro: Renovar, 2010.

TEIXEIRA FILHO, João de Lima et al. *Instituições de direito do trabalho*. 16. ed. São Paulo: LTr, 1996. v. 2.

_____. Negociação coletiva de trabalho. In: TEIXEIRA FILHO, João de Lima et al. *Instituições de direito do trabalho*. 18. ed. São Paulo: LTr, 1999. v. 2.

_____. Princípios da negociação coletiva. In: SILVESTRE, Rita Maria; NASCIMENTO, Amauri Mascaro (Coord.). *Os novos paradigmas do direito do trabalho*: homenagem a Valentin Carrion. São Paulo: Saraiva, 2001.

TELLES JÚNIOR, Goffredo. *Filosofia do direito*. São Paulo: Max Limonad, 1967. t. 2.

TOBEÑAS, José Castan. *Los derechos del hombre*. Madrid: Reus, 1976.

TORRES, Ricardo Lobo. *Direitos humanos e a tributação*: imunidades e isonomia. Rio de Janeiro: Renovar, 1995.

TUPINAMBÁ NETO, Hermes Afonso. Negociação coletiva. In: FRANCO FILHO, Georgenor de Sousa (Coord.). *Direito do trabalho e a nova ordem constitucional.* São Paulo: LTr, 1991.

UNESCO. *Les dimensions internationales des droits de l'homme*, 1978.

URIARTE, Oscar Ermida. *Apuntes sobre la huelga.* Montevideo: FCU, 1983.

VIANNA, Segadas. Antecedentes históricos. In: Süssekind, Arnaldo; Maranhão, Délio; ViaNna, Segadas; Teixeira Filho, João de Lima. *Instituições de direito do trabalho.* 18. ed. atual. por Arnaldo Süssekind e Lima Teixeira. São Paulo: LTr, 1999. v. 1.

_____; TEIXEIRA FILHO, João de Lima. Negociação coletiva de trabalho. In: SÜSSEKIND, Arnaldo; MARANHÃO, Délio; VIANNA, Segadas; TEIXEIRA FILHO, João de Lima. *Instituições de direito do trabalho.* 13. ed. São Paulo: LTr, 1993.

VIDAL NETO, Pedro. *Do poder normativo da justiça do trabalho.* São Paulo: LTr, 1983.

WEBER, Max. *Economia e sociedade.* 3. ed. Tradução de Regis Barbosa; Karen Elsabe Barbosa. Brasília: Universidade de Brasília, 1994. v. 1.

WOLF, Martin. Um plano de resgate para o capitalismo. *Folha de S. Paulo,* São Paulo, p. B-4, 7 jul. 2002.

WOLKMER, Antônio Carlos. *Pluralismo jurídico*: fundamentos de uma nova cultura no direito. São Paulo: Alfa-Ômega, 1994.

SITES UTILIZADOS

IBGE, Disponível em: <www.ibge.gov.br>.

INFORMATIVO N. 485 DO STF. Disponível em:<https://goo.gl/rqv3dj>. Acesso em: 26 fev. 2018.

ORGANIZAÇÃO INTERNACIONAL DO TRABALHO (OIT). Disponível em: <https://goo.gl/k66Dcd>. Acesso em: 16 fev. 2018.

SECRETARIA GERAL DA PRESIDÊNCIA DA REPÚBLICA. Disponível em: <https://goo.gl/2UPzn7>. Acesso em: 26 fev. 2018.

SUPREMO TRIBUNAL FEDERAL. Disponível em: <https://goo.gl/yfuWWD>. Acesso em: 26 fev. 2018.

Pré-impressão, impressão e acabamento

GRÁFICA SANTUÁRIO

grafica@editorasantuario.com.br
www.editorasantuario.com.br

Aparecida-SP